安徽省地方标准

公路养护工程施工招标指南

Guide for bidding of highway maintenance engineering construction

DB 34/T 3268—2018

人民交通出版社股份有限公司
北 京

图书在版编目(CIP)数据

公路养护工程施工招标指南：DB 34/T 3268—2018 /
安徽省公路管理服务中心主编. — 北京：人民交通出版
社股份有限公司，2020.8

ISBN 978-7-114-16559-7

Ⅰ. ①公… Ⅱ. ①安… Ⅲ. ①公路养护—工程施工—
招标—安徽—指南 Ⅳ. ①U418. 2-62

中国版本图书馆 CIP 数据核字(2020)第 082083 号

Gonglu Yanghu Gongcheng Shigong Zhaobiao Zhinan

标准名称：**公路养护工程施工招标指南**
标准编号：DB 34/T 3268—2018
主编单位：安徽省公路管理服务中心
责任编辑：牛家鸣　卢　珊
责任校对：孙国靖　龙　雪
责任印制：刘高彤
出版发行：人民交通出版社股份有限公司
地　　址：(100011)北京市朝阳区安定门外外馆斜街 3 号
网　　址：http://www.ccpcl.com.cn
销售电话：(010)59757973
总 经 销：人民交通出版社股份有限公司发行部
经　　销：各地新华书店
印　　刷：北京市密东印刷有限公司
开　　本：880×1230　1/16
印　　张：27.5
字　　数：704 千
版　　次：2020 年 8 月　第 1 版
印　　次：2020 年 8 月　第 1 次印刷
书　　号：ISBN 978-7-114-16559-7
定　　价：150.00 元

(有印刷、装订质量问题的图书，由本公司负责调换)

前　言

本标准结合安徽省普通干线公路养护工程特点和工程招投标要求，参考借鉴了国内相关法律法规和标准规范，规定了公路养护工程施工的招标方式、招标组织、招标程序、招标要求等内容，编制了相关招标文件和技术条款，对提高安徽省普通干线公路养护工程招标文件编制质量，进一步规范招标投标活动具有指导作用。

本标准按照GB/T 1.1—2009给出的规则起草。

本标准由安徽省交通运输厅提出并归口。

本标准起草单位：安徽省公路管理服务中心、安徽宏泰交通工程设计研究院有限公司。

本标准主要起草人：胡文友、汪波、刘军、周银宝、倪敬松、汪国亮、余同应、余宜林、丁祖跃、夏凯、叶东祥、叶代青、周建林。

目　次

公路养护工程施工招标指南

1 适用范围

本标准规定了公路养护工程施工的招标方式、招标组织、招标程序、招标要求等内容,编制了公路养护工程施工招标示范文本和相关技术条款。

本标准适用于安徽省普通干线公路养护工程(预防养护、修复养护、专项养护)施工招标。应急养护可以根据应急处置工作需要,直接委托具备相应能力的专业队伍实施,其他公路养护工程施工招标可参照使用。

2 规范性引用文件

下列文件对于本文件的应用是必不可少的。凡是注日期的引用文件,仅注日期的版本适用于本文件。凡是不注日期的引用文件,其最新版本(包括所有的修改单)适用于本文件。

中华人民共和国主席令第八十六号　中华人民共和国招标投标法

中华人民共和国国务院令第 613 号　中华人民共和国招标投标法实施条例

交通运输部令 2015 年第 24 号　公路工程建设项目招标投标管理办法

交通运输部交公路发〔2018〕33 号　公路养护工程管理办法

JTG B01　公路工程技术标准

JTG F80/1　公路工程质量检验评定标准　第一册　土建工程

JTG H10　公路养护技术规范

JTJ 073.2　公路沥青路面养护技术规范

JTJ 073.1　公路水泥混凝土路面养护技术规范

JTG H11　公路桥涵养护规范

JTG H12　公路隧道养护技术规范

JTG F40　公路沥青路面施工技术规范

JTG/T F50　公路桥涵施工技术规范

JTG/T J23　公路桥梁加固施工技术规范

JTG H30　公路养护安全作业规程

DB 34/T 3262.1　普通公路养护预算　第一部分:编制办法

DB 34/T 3262.2　普通公路养护预算　第二部分:定额

3 术语和定义

下列术语和定义适用于本文件。

3.1

公路养护工程　highway maintenance engineering

一段时间内集中实施并按照项目进行管理的公路养护作业,不包括日常养护和公路改扩建工作。

3.2

预防养护工程　preventive maintenance engineering

公路整体性能良好但有轻微病害,为延缓性能过快衰减、延长使用寿命而预先采取的主动防护工程。

3.3

修复养护工程　repair and maintenance engineering

公路出现明显病害或部分丧失服务功能，为恢复技术状况而进行的功能性、结构性修复或定期更换，包括大修、中修、小修。

3.4

专项养护工程　special maintenance engineering

为恢复、保持或提升公路服务功能而集中实施的完善增设、加固改造、拆除重建、灾后恢复等工程。

3.5

技术复杂的养护工程　complex maintenance engineering

施工难度大、技术复杂的养护工程。

4　招标要求

4.1　原则

4.1.1　施工招标投标活动应当遵循公开、公平、公正和诚实信用的原则。

4.1.2　依法必须进行招标的项目，其招标投标活动不受地区或者部门的限制。任何单位和个人不得违法限制或者排斥本地区、本系统以外的法人或者其他组织参加投标，不得以任何方式非法干涉招标投标活动。

4.2　招标方式

招标分为公开招标和邀请招标。公路养护工程施工应当采用资格后审方式公开招标，但有下列情形之一的，可以邀请招标：

(1)技术复杂、有特殊要求或者受自然环境限制，只有少量潜在投标人可供选择；

(2)采用公开招标方式的费用占项目合同金额的比例过大。

4.3　招标组织

4.3.1　招标人可以自行组织招标，也可以委托具备相应能力的招标代理机构代理招标。任何单位和个人不得以任何方式为招标人指定招标代理机构。委托代理机构招标时须签订招标代理合同。

4.3.2　招标人组织招标。招标人具有编制招标文件和组织评标能力的，可以自行组织招标，并在发布招标公告或发出投标邀请书的 7 日前，向上级交通运输主管部门备案，报送下列材料：

(1)按照国家有关规定办理审批手续的各项批准文件；

(2)证明其具有编制招标文件和组织评标能力的有关材料；

(3)法律、法规、规章规定的其他材料。

4.3.3　招标代理机构组织招标。受委托的招标代理机构应当具备相应能力，招标代理机构与行政机关和其他国家机关不得存在隶属关系或者其他利益关系。招标代理机构应当在招标人委托的范围内办理招标事宜，并遵守《中华人民共和国招标投标法》关于招标人的规定。

4.4　招标人要求

4.4.1　招标人采用公开招标方式的，应当通过国家指定的报刊、信息网络或者其他媒介发布招标公告。招标公告应当载明招标人的名称和地址，招标项目的性质、数量、实施地点和时间以及获取招标文件的办法等事项。

4.4.2　招标人采用邀请招标方式的，应当向 3 个以上具备承担招标项目的能力、资信良好的特定的法人或者其他组织发出投标邀请书。招标人可以根据招标项目本身的要求,在招标公告或者投标邀请书中,要求潜在投标人提供有关资质证明文件和业绩情况,并对潜在投标人进行资格审查;国家对投标人的资格条件有规定的,依照其规定。招标人不得以不合理的条件限制或者排斥潜在投标人,不得对潜在投标人实行歧视待遇。

4.4.3 招标人应当根据招标项目的特点和需求编制招标文件。招标文件应当包括招标项目的技术要求、对投标人资格审查的标准、投标报价要求和评标标准等所有实质性要求和条件以及拟签订合同的主要条款。

4.4.4 国家对招标项目的技术、标准有规定的,招标人应当按照其规定在招标文件中提出相应要求。招标项目需要划分标段、确定工期的,招标人应当合理划分标段、确定工期,并在招标文件中载明。

4.5 项目现场踏勘

招标人根据招标项目的具体情况,可以组织潜在投标人踏勘项目现场,但不得组织单个或者部分潜在投标人踏勘现场。

5 招标准备

5.1 工程概况和编制范围

5.1.1 工程概况包括工程规模、工程特征、计划工期、施工现场实际情况、交通运输情况、自然地理条件等内容。

5.1.2 编制范围应按招标人意图反映招标项目的全部内容。

5.2 工程量清单及控制价编制

5.2.1 工程量清单编制由招标人根据附录A公路养护工程施工招标文件、招标项目具体特点和实际需要编制,并与"投标人须知""通用合同条款""项目专用合同条款""技术规范""图纸"相衔接。附录A公路养护工程施工招标文件第五章所附表格可根据有关规定作相应的调整和补充。

5.2.2 控制价的编制应依据《安徽省普通公路养护预算编制办法及定额》及相关规定和工程造价管理机构发布的工程造价信息进行编制,应以综合单价形式体现,在编制过程中应与招标文件相应条款中的计量、计价、支付和变更条款等相对应。

5.3 招标文件编制

5.3.1 招标文件应根据养护工程招标项目特点和需求,按照附录A公路养护工程施工招标文件编制。招标文件主要分为商务部分和技术部分:

　　(1)商务部分包括资质、业绩、信誉、项目负责人等要求设置,施工标段划分,施工工期约定及质量目标等(详见附录A公路养护工程施工招标文件);

　　(2)技术部分包括项目施工方案,工期、质量、安全体系与保证措施,组织设计,项目管理机构等(详见附录B公路养护工程施工招标技术条款)。

5.3.2 招标文件设定的投标人资质、业绩、信誉、执业人员等资格条件应符合法律法规的规定,并与招标项目具体特点和实际需求相适应。

5.3.3 招标文件必须明确投标人实质性响应的内容和否决投标的情形。招标文件中实质性要求和否决投标的相关内容应当具体、清晰、无争议,宜以醒目的方式提示,避免使用原则性、模糊的或者容易引起歧义的词句。

5.3.4 招标文件不得违法限制、排斥或保护潜在投标人,应当合理划分招标人和投标人之间的权利、义务和风险责任,不得将应由招标人承担的义务、责任和风险转嫁给投标人。招标文件规定的各项技术标准应符合国家强制性标准,不得要求或标明某一特定专利、商标、名称、设计、原产地或生产供应者,不得含有倾向性或者排斥潜在投标人的其他内容,不得以特定地区或者行业的业绩、奖项作为资格或加分条件。

5.3.5 招标文件语言文字要规范、严谨、准确、精炼,避免出现歧义。招标文件商务部分和技术部分应协调一致,避免重复和矛盾。

5.4 招标文件审查

5.4.1 招标文件编制完成后,招标人可以根据需要邀请相关专家组织招标文件审查。审查委员会由招标人、监督部门、招标代理机构等有关单位和部门的代表及邀请的专家共同参加。专家的专业类别应对应、齐全,人数和技术结构应当与工程规模、技术特点和复杂程度相适应。

5.4.2 招标文件审查应形成会议审查纪要(表),与会代表和专家应填写审查意见表。

5.5 招标文件备案

对会议提出的意见和建议,招标人应根据专家意见修改完善并提交交通运输主管部门或有关行政监督部门备案。

6 招标程序

6.1 招标公告

项目招标时,招标人向监督部门和公共资源交易机构提出监督申请和进场交易,并按相关规定在指定的媒体上发布招标公告,在不同媒介发布的同一招标项目的招标公告的内容应当一致。招标人应当按照招标公告或者投标邀请书规定的时间、地点发售招标文件,招标文件的发售期不得少于5日。

6.2 开标

6.2.1 招标人应当确定投标人编制投标文件所需要的合理时间。依法必须进行招标的项目,自招标文件开始发出之日起至投标人提交投标文件截止之日止,不得少于20日。

6.2.2 招标人应按招标文件规定的时间地点组织公开开标。开标由招标人主持,也可以由招标人委托的招标代理机构主持。开标应按照招标文件规定的程序进行,所有的投标人或其授权代表均可参加开标;投标文件需当众拆封,投标人的名称、投标报价等投标文件的主要内容需公开唱读,并做好记录。

6.2.3 在开标过程中,投标人对开标有异议的,应现场提出,招标人应当场核实并予以答复,如发生工作人员唱标或其他工作失误,应现场纠正。招标人以及监督机构代表等不应在开标现场对投标文件是否有效作出判断,应提交评标委员会评定。

6.2.4 投标截止后,招标人应确认成功提交投标文件的投标人数量,投标人少于3个的,不得开标,招标人应将接收的投标文件原封退回投标人。依法必须进行招标的项目,招标人在分析招标失败的原因并采取相应措施后,应当依法重新组织招标。

6.3 评标

6.3.1 评标由招标人依法组建的评标委员会负责。评标委员会专家的组成、抽取、监督等工作应当按照《中华人民共和国招标投标法》和《中华人民共和国招标投标法实施条例》有关规定执行。

6.3.2 招标人应当向评标委员会提供评标所必需的信息,但不得明示或者暗示其倾向或者排斥特定投标人。

6.3.3 评标委员会成员应当按照招标文件规定的评标标准和方法,客观、公正地对投标文件提出评审意见。招标文件没有规定的评标标准和方法不得作为评标的依据。评标完成后,评标委员会应当向招标人提交书面评标报告和中标候选人名单,并推荐合格的中标候选人。

6.4 公示

6.4.1 依法必须进行招标的公路养护工程项目,招标人应当自收到评标报告之日起 3 日内,在对该项目招标具有监督职责的交通运输主管部门政府网站或者其指定的其他网站上公示中标候选人,公示期不得少于 3 日。公示内容包括:

　　(1)中标候选人排序、名称、投标报价;
　　(2)中标候选人在投标文件中承诺的主要人员姓名、个人业绩、相关证书编号;
　　(3)中标候选人在投标文件中填报的项目业绩;
　　(4)被否决投标的投标人名称、否决依据和原因;
　　(5)招标文件规定公示的其他内容。

6.4.2 投标人或者其他利害关系人对招标的公路养护工程项目的评标结果有异议的,应当在中标候选人公示期间提出。招标人应当自收到异议之日起 3 日内做出答复;做出答复前,应当暂停招标投标活动。

6.5 定标

6.5.1 招标人根据评标委员会提出的书面评标报告和推荐的中标候选人确定中标人。招标人也可以授权评标委员会直接确定中标人。

6.5.2 国有资金占控股或者主导地位的公路养护工程项目,招标人应当确定排名第一的中标候选人为中标人。排名第一的中标候选人放弃中标、因不可抗力不能履行合同、不按照招标文件要求提交履约保证金,或者被查实存在影响中标结果的违法行为等情形,不符合中标条件的,招标人可以按照评标委员会提出的中标候选人名单排序依次确定其他中标候选人为中标人,也可以重新招标。

6.6 中标通知书

　　中标人确定后,招标人应当向中标人发出中标通知书,并同时将中标结果通知所有未中标的投标人。

7 签订合同

　　招标人和中标人应当自中标通知书发出之日起 30 日内,按照招标文件和中标人的投标文件订立书面合同。招标人和中标人不得再行订立背离合同实质性内容的其他协议。

8 标后管理

　　标后管理主要包括关键岗位人员管理、主要机械设备管理、施工现场管理等工作。

8.1 关键岗位人员管理

　　施工单位派驻现场的项目负责人、项目技术负责人、专业工程师等关键岗位人员应与投标文件承诺的人员或签订的合同一致。工程实施期间,不得擅自变更项目负责人(项目建造师)、项目技术负责人等主要管理人员。因不可抗拒等原因确需变更的,应当经建设单位同意并报交通运输主管部门、招标投标管理部门审批后方可变更,并将变更基本情况及变更原因同时向交通运输主管部门、招标投标管理部门备案。

8.2 主要机械设备管理

施工单位现场投入的主要机械设备应与投标文件承诺的机械设备或签订的合同一致，且必须满足施工需要。工程实施期间，不得随意撤离。

8.3 施工现场管理

施工单位应当严格履行招标文件、合同的相关条款，加强对施工现场的质量、安全、进度、环保管理，并积极配合建设单位和有关行政主管部门开展工程施工监管工作，及时整改存在的问题。

附录 A 公路养护工程施工招标文件

使 用 说 明

一、为加强安徽省公路养护工程施工招标管理，规范招标文件编制工作，安徽省公路管理服务中心组织安徽宏泰交通工程设计研究院有限公司编写了《公路养护工程施工招标指南》(以下简称"本指南")，用于指导安徽省公路养护工程施工招投标工作。

二、本指南以《中华人民共和国招标投标法》《中华人民共和国招标投标法实施条例》《公路工程建设项目招标投标管理办法》(交通运输部2015年第24号令)、《公路养护工程施工招标投标管理暂行规定》(交公路发〔2003〕89号)、《公路养护工程管理办法》(2018年版)等有关法律法规为依据，参考《中华人民共和国标准施工招标文件》(2007年版)、《公路工程标准施工招标文件》(2018年版)等部分内容，并结合安徽省公路养护工程的特点和管理需要编写而成。

三、本指南适用于安徽省普通干线公路养护工程(预防养护、修复养护、专项养护等)施工招标。

四、招标人根据本指南编制项目招标文件时，不得修改"投标人须知"和"评标办法"正文，但可在前附表中对"投标人须知"和"评标办法"进行补充、细化，补充和细化的内容不得与"投标人须知"和"评标办法"正文内容相抵触。

五、招标人在根据本指南编制项目招标文件中的"项目专用合同条款"时，可根据招标项目的具体特点和实际需要，对"通用合同条款"进行补充、细化，除"通用合同条款"明确"专用合同条款"可作出不同约定外，补充和细化的内容不得与"通用合同条款"强制性规定相抵触。同时，补充、细化或约定的不同内容，不得违反法律、行政法规的强制性规定及平等、自愿、公平和诚实信用原则。

六、本指南用相同序号标示的章、节、条、款、项、目，供招标人选择使用；以空格标示的由招标人填写的内容，招标人应根据招标项目具体特点和实际需要具体化，确实没有需要填写的，在空格中用"/"标示。

七、招标人按照本指南第一章的格式发布招标公告或发出投标邀请书后，将实际发布的招标公告或实际发出的投标邀请书编入发出的招标文件中，作为招标文件的组成部分。其中，招标公告应同时注明发布的所有媒介名称。

八、第三章包括合理低价法、综合评分法、技术评分最低标价法和经评审的最低投标价法四种评标方法，应当采用双信封形式，招标人应根据招标项目具体特点和实际需要选择使用。

招标人选择使用综合评分法时，在满足相关规定的前提下，各评审因素的评审标准、分值和权重等由招标人自主确定。

前附表应列明全部评审因素和评审标准，并在第三章（前附表及正文）标明投标人不满足其要求即导致废标的全部条款。废标条款应以醒目的方式提示。

九、第五章由招标人根据本指南、招标项目具体特点和实际需要编制，并与"投标人须知""通用合同条款""专用合同条款""技术规范""图纸"相衔接。第五章所附表格可根据有关规定作相应的调整和补充。

十、第六章由招标人根据本指南、招标项目具体特点和实际需要编制，并与"投标人须知""通用合同条款""专用合同条款""技术规范"相衔接。

十一、第七章由招标人根据本指南、招标项目具体特点和实际需要编制。"技术条款"中的各项技术标准应符合国家强制性标准，不得要求或标明某一特定的专利、商标、名称、设计、原产地或生产供应者不得含有倾向或者排斥潜在投标人的其他内容。如果必须引用某一生产供应者的技术标准才能准确或清楚地说明拟招标项目的技术标准，则应当在参照后面加上"或相当于"字样。

十二、自招标文件开始发售之日起至投标人递交投标文件截止时间止，不得少于 20 日。

安徽省_____市(县、区)

_____(项目名称)_____养护工程施工

招 标 文 件

招 标 人：_____(盖单位章)

监督单位：_____(盖单位章)

招标代理：_____(盖单位章)

_____年____月____日

招标文件目录

第一章　招标公告/投标邀请书

一、招标公告（未进行资格预审）

_____（项目名称）_____养护工程施工招标公告

1. 招标条件

本招标项目_____（项目名称）已由_____（项目审批、核准或备案机关名称）列入_____养护计划，项目业主为_____，养护资金来源为_____，出资比例为_____，招标人为_____。项目已具备招标条件，现对该项目的施工以资格后审方式进行公开招标。

2. 项目概况与招标范围

2.1　工程地点：_____
2.2　工程规模：_____
2.3　招标范围：_____
2.4　标段划分：_____
2.5　计划工期：_____
2.6　其他_____

3. 投标人资格要求

3.1　本次招标要求投标人须具备公路养护工程施工从业资质（或公路工程施工资质），_____业绩，并在人员、设备、资金等方面具有相应的施工能力。

3.2　本次招标_____（接受或不接受）联合体投标。联合体投标的，应满足下列要求：_____。

3.3　每个投标人最多可对_____（最多数量）个标段投标，且允许中____个标；在公路建设市场信用信息管理系统最新公布的公路养护工程施工（或公路工程施工）单位信用评价等级为 AA 信用等级的养护工程投标人（如有），最多可对____（具体数量）个标段投标，且允许中____个标❶。

_____

❶ 对于被安徽省交通运输厅评定为 AA 信用等级的投标人，招标人可给予增加参与投标标段数量的优惠。

3.4 与招标人存在利害关系可能影响招标公正性的法人、其他组织或者个人，不得参加投标。单位负责人为同一人或者存在控股、管理关系的不同单位，不得参加同一标段投标或者未划分标段的同一招标项目投标。违反前两款规定的，相关投标均无效。

3.5 投标人提供了近＿＿＿＿＿＿＿年内投标人、投标人法定代表人（如有更换，则需全部提供）、拟委任的项目经理的无行贿犯罪行为承诺书。

3.6 未被认定为"失信被执行人"（以评标期间在"信用中国"网站 http：//www. creditchina. gov. cn/查询信息为准）。

4. 招标文件的获取

4.1 凡有意参加投标者，请于＿＿＿年＿＿＿月＿＿＿日至＿＿＿年＿＿＿月＿＿＿日，每日上午＿＿＿时至＿＿＿时，下午＿＿＿时至＿＿＿时（北京时间，下同），在＿＿＿＿＿＿＿（详细地址）持企业法人营业执照副本原件、企业资质证书副本原件、企业安全生产许可证副本原件、单位介绍信、经办人身份证及上述资料复印件❶一套，购买招标文件。参加多个标段投标的投标人必须分别购买相应标段的招标文件，并对每个标段单独递交投标文件。

4.2 招标文件每套售价＿＿＿元❷，图纸每套售价＿＿＿元，招标人根据对本合同工程评定、检测勘察所取得的水文、地质、气象和料场分布、取土场、弃土场位置等资料编制的参考资料每套售价＿＿＿元，售后不退❸。

5. 投标文件的递交

5.1 招标人将于下列时间和地点组织进行工程现场踏勘并召开投标预备会❹。
踏勘现场时间：＿＿＿年＿＿＿月＿＿＿日＿＿＿时，集中地点：＿＿＿＿＿＿＿；
投标预备会时间：＿＿＿年＿＿＿月＿＿＿日＿＿＿时，地点：＿＿＿＿＿＿＿。

5.2 投标文件递交的截止时间（投标截止时间，下同）为＿＿＿年＿＿＿月＿＿＿日＿＿＿时＿＿＿分❺，投标人应于当日＿＿＿时至＿＿＿时＿＿＿分将投标文件递交至＿＿＿＿＿＿＿。

5.3 逾期送达的或者未送达指定地点的投标文件，招标人不予受理。

6. 发布公告的媒介

本次招标公告同时在＿＿＿＿＿＿＿（发布公告的媒介名称）上发布。

---

❶ 招标文件中所有复印件均指彩色扫描件或彩色复印件。

❷ 招标文件中提到的货币单位除有特别说明外，均指人民币元。

❸ 每套招标文件中售价只计工本费，参考资料也应只计工本费。

❹ 投标预备会与发售招标文件的时间应有一定的间隔，一般不得少于 3 日，以便投标人阅读招标文件和准备提出问题。

❺ 自招标文件开始发售之日起至投标人递交投标文件截止时间止，不得少于 20 日。

7. 联系方式

招　标　人：＿＿＿＿＿＿＿　　招标代理机构：＿＿＿＿＿＿＿
地　　　址：＿＿＿＿＿＿＿　　地　　　　址：＿＿＿＿＿＿＿
邮 政 编 码：＿＿＿＿＿＿＿　　邮 政 编 码：＿＿＿＿＿＿＿
联　系　人：＿＿＿＿＿＿＿　　联　系　人：＿＿＿＿＿＿＿
电　　　话：＿＿＿＿＿＿＿　　电　　　话：＿＿＿＿＿＿＿

监督部门：＿＿＿＿＿＿＿
地　　　址：＿＿＿＿＿＿＿
邮 政 编 码：＿＿＿＿＿＿＿
联　系　人：＿＿＿＿＿＿＿
电　　　话：＿＿＿＿＿＿＿
传　　　真：＿＿＿＿＿＿＿

8. 其他事项

8.1　进入公共资源交易中心交易的相关事项说明

8.2　……

附件：

1. 评标办法
2. 资格审查条件

＿＿＿年＿＿＿月＿＿＿日

二、投标邀请书（适用于邀请招标）❶

_____（项目名称）_____养护工程施工投标邀请书

_____（被邀请单位名称）：

1. 招标条件

本招标项目_____（项目名称）已由_____（项目审批、核准或备案机关名称）列入_____养护计划，项目业主为_____，养护资金来源为_____，出资比例为_____，招标人为_____。项目已具备招标条件，现邀请你单位参加_____（项目名称）_____标段养护工程投标。

2. 项目概况与招标范围

2.1　工程地点：_____
2.2　工程规模：_____
2.3　招标范围：_____
2.4　标段划分：_____
2.5　计划工期：_____
2.6　其他_____

3. 投标人资格要求

3.1　本次招标要求投标人须具备公路养护工程施工从业_____资质（或公路工程施工资质），_____业绩，并在人员、设备、资金等方面具有相应的施工能力。

3.2　你单位_____（可以或不可以）组成联合体投标。联合体投标的，应满足下列要求：_____。

3.3　投标人提供了近_____年内投标人、投标人法定代表人（如有更换，则需全部提供）、拟委任的项目经理的无行贿犯罪行为承诺书。

3.4　未被认定为"失信被执行人"（以评标期间在"信用中国"网站 http：//

---

❶　招标人可根据项目具体特点和实际需要对本章内容进行补充、细化，但应遵守《中华人民共和国招标投标法》等有关法律法规的规定。

www. creditchina. gov. cn/查询信息为准）。

4. 招标文件的获取

4.1 凡有意参加投标者，请于＿＿年＿＿月＿＿日至＿＿年＿＿月＿＿日（法定公休日、法定节假日除外），每日上午＿＿时至＿＿时，下午＿＿时至＿＿时（北京时间，下同），在＿＿＿＿＿＿＿＿（详细地址）持企业法人营业执照副本原件、企业资质证书副本原件、企业安全生产许可证副本原件、单位介绍信、经办人身份证及上述资料复印件❶一套，购买招标文件。参加多个标段投标的投标人必须分别购买相应标段的招标文件，并对每个标段单独递交投标文件。

4.2 招标文件每套售价＿＿元，图纸每套售价＿＿元，招标人根据对本合同工程勘察所取得的水文、地质、气象和料场分布、取土场、弃土场位置等资料编制的参考资料每套售价＿＿元，售后不退。

5. 投标文件的递交

5.1 招标人将于下列时间和地点组织进行工程现场踏勘并召开投标预备会❷。
踏勘现场时间：＿＿年＿＿月＿＿日＿＿时，集中地点：＿＿＿＿＿＿＿＿；
投标预备会时间：＿＿年＿＿月＿＿日＿＿时，地点：＿＿＿＿＿＿＿＿。
5.2 投标文件递交的截止时间（投标截止时间，下同）为＿＿年＿＿月＿＿日＿＿时＿＿分❸，投标人应于当日＿＿时＿＿分至＿＿时＿＿分将投标文件递交至＿＿＿＿＿＿＿＿。
5.3 逾期送达的或者未送达指定地点的投标文件，招标人不予受理。

6. 确认

你单位收到本邀请书后，请于＿＿＿年＿＿月＿＿日＿＿时＿＿分前，以书面形式确认是否参加投标。在本邀请书规定的时间内未表示是否参加投标或明确表示不参加投标的，不得再参加投标。

7. 联系方式

招 标 人：＿＿＿＿＿＿＿＿　　招标代理机构：＿＿＿＿＿＿＿＿

---

❶ 招标文件中所有复印件均指彩色扫描件或彩色复印件。
❷ 投标预备会与发售招标文件的时间应有一定的间隔，一般不得少于 3 日，以便投标人阅读招标文件和准备提出问题。
❸ 自招标文件开始发售之日起至投标人递交投标文件截止时间止，一般不得少于 20 日。

地　　　址：＿＿＿＿＿＿＿　　　　地　　　址：＿＿＿＿＿＿＿

邮政编码：＿＿＿＿＿＿＿　　　　邮 政 编 码：＿＿＿＿＿＿＿

联 系 人：＿＿＿＿＿＿＿　　　　联 系 人：＿＿＿＿＿＿＿

电　　　话：＿＿＿＿＿＿＿　　　　电　　　话：＿＿＿＿＿＿＿

传　　　真：＿＿＿＿＿＿＿　　　　传　　　真：＿＿＿＿＿＿＿

监督部门：＿＿＿＿＿＿＿

地　　　址：＿＿＿＿＿＿＿

邮政编码：＿＿＿＿＿＿＿

联 系 人：＿＿＿＿＿＿＿

电　　　话：＿＿＿＿＿＿＿

传　　　真：＿＿＿＿＿＿＿

8. 其他事项

8.1　进入公共资源交易中心交易的相关事项说明

8.2　……

附件：

1．评标办法

2．资格审查条件

＿＿＿年＿＿＿月＿＿＿日

三、投标邀请书（代资格预审通过通知书）❶

＿＿＿＿＿＿＿＿（项目名称）＿＿＿＿养护工程施工投标邀请书

＿＿＿＿＿＿＿＿（被邀请单位名称）：

你单位已通过资格预审，现邀请你单位按招标文件规定的内容，参加＿＿＿（项目名称）＿＿＿＿＿＿＿＿标段养护工程施工投标。

请你单位于＿＿＿年＿＿＿月＿＿＿日至＿＿＿年＿＿＿月＿＿＿日（法定公休日、法定节假日除外），每日上午＿＿＿时至＿＿＿时，下午＿＿＿时至＿＿＿时（北京时间，下同），在＿＿＿＿＿＿＿＿（详细地址）持本投标邀请书、单位介绍信及经办人身份证购买招标文件。

招标文件每套售价为＿＿＿元，图纸每套售价＿＿＿元，招标人根据对本合同工程勘察所取提的水文、地质、气象和料场分布、取土场、弃土场位置等资料编制的参考资料每套售价元，售后不退。

招标人将于下列时间和地点组织进行工程现场踏勘并召开投标预备会❷。

踏勘现场时间：＿＿＿年＿＿＿月＿＿＿日＿＿＿时，集中地点：＿＿＿＿＿＿＿＿；

投标预备会时间：＿＿＿年＿＿＿月＿＿＿日＿＿＿时，地点：＿＿＿＿＿＿＿＿。

递交投标文件的截止时间（投标截止时间，下同）为＿＿＿年＿＿＿月＿＿＿日＿＿＿时＿＿＿分❸，投标人应于当日＿＿＿时＿＿＿分至＿＿＿时＿＿＿分将投标文件递交至＿＿＿＿＿＿＿＿。

逾期送达的或者未送达指定地点的投标文件，招标人不予受理。

你单位收到本邀请书后，请于＿＿＿年＿＿＿月＿＿＿日＿＿＿时＿＿＿分前，以书面形式确认是否参加投标。在本邀请书规定的时间内未表示是否参加投标或明确表示不参加投标的，不得再参加投标。

招 标 人：＿＿＿＿＿＿＿＿＿　　招标代理机构：＿＿＿＿＿＿＿＿

地　　　址：＿＿＿＿＿＿＿＿＿　　地　　　址：＿＿＿＿＿＿＿＿

邮 政 编 码：＿＿＿＿＿＿＿＿＿　　邮 政 编 码：＿＿＿＿＿＿＿＿

---

❶ 招标人可根据项目具体特点和实际需要对本章内容进行补充、细化，但应遵守《中华人民共和国招标投标法》等有关法律法规的规定。

❷ 投标预备会与发售招标文件的时间应有一定的间隔，一般不得少于 3 日，以便投标人阅读招标文件和准备提出问题。

❸ 自招标文件开始发售之日起至投标人递交投标文件截止时间止，一般不得少于 20 日。

联 系 人：＿＿＿＿＿＿＿＿＿　　联　系　人：＿＿＿＿＿＿＿＿

电　话：＿＿＿＿＿＿＿＿＿　　电　　话：＿＿＿＿＿＿＿＿

传　真：＿＿＿＿＿＿＿＿＿　　传　　真：＿＿＿＿＿＿＿＿

监督部门：＿＿＿＿＿＿＿＿＿

地　址：＿＿＿＿＿＿＿＿＿

邮政编码：＿＿＿＿＿＿＿＿＿

联 系 人：＿＿＿＿＿＿＿＿＿

电　话：＿＿＿＿＿＿＿＿＿

传　真：＿＿＿＿＿＿＿＿＿

＿＿年＿＿月＿＿日

第二章　投标人须知

投标人须知前附表❶

条 款 号	条 款 名 称	编 列 内 容
1.1.2	招标人	名称： 地址： 联系人： 电话：
1.1.3	招标代理机构	名称： 地址： 联系人： 电话：
1.1.4	项目名称	
1.1.5	建设地点	
1.2.1	资金来源	
1.2.2	出资比例	
1.2.3	资金落实情况	
1.3.1	招标范围	
1.3.2	计划工期	计划工期：_____日历天 计划开工日期：____年____月____日 计划竣工日期：____年____月____日❷
1.3.3	质量要求	
1.3.4	安全目标	无安全责任事故
1.4.1❸	投标人资质条件、能力和信誉	资质条件：见附录1 财务要求：见附录2 业绩要求：见附录3 信誉要求：见附录4 项目经理(项目总工程师)资格：见附录5 其他要求：
1.4.2❹	是否接受联合体投标	□不接受 □接受，但联合体所有成员数量不得超过____家；还应满足下列要求：

❶ a. "投标人须知前附表"用于进一步明确正文中的未尽事宜，由招标人根据招标项目具体特点和实际需要编制和填写，但务必做到与招标文件中其他章节的衔接，并不得与本章正文内容相抵触。
　b. "投标人须知前附表"中的附录表格同属"投标人须知前附表"内容，具有同等效力。
❷ 招标人如有阶段工期要求，请在此补充。
❸ 本项适用于未进行资格预审的情况。
❹ 本项适用于未进行资格预审的情况。

续上表

条 款 号	条 款 名 称	编 列 内 容
1.9.1	踏勘现场	□不组织 □组织，踏勘时间： 踏勘集中地点：
1.10.1	投标预备会	□不召开 □召开，召开时间： 召开地点：
1.10.2	投标人提出问题的截止时间	递交投标文件截止之日_____天前
1.10.3	招标人书面澄清的时间	递交投标文件截止之日_____天前
1.11	分包	□不允许 □允许
1.12	偏离	□不允许 □允许
2.1	构成招标文件的其他材料	
2.2.1	投标人要求澄清 招标文件的截止时间	递交投标文件截止之日_____天前
2.2.2	投标截止时间	____年____月____日____时____分
2.2.3	投标人确认收到 招标文件澄清的时间	收到澄清后_____小时内（以发出时间为准）
2.3.2	投标人确认收到 招标文件修改的时间	收到修改后_____小时内（以发出时间为准）
3.1.1	构成投标文件的其他材料	
3.2.1	工程量清单的填写方式	□投标人按照招标人提供的工程量固化清单电子文件填写工程量清单 □投标人按照招标人提供的书面工程量清单填写工程量清单
3.2.5	是否接受调价函❶	□是 □否
3.3.1	投标有效期	自投标人提交投标文件截止之日起计算_____天
3.4.1	投标保证金	投标保证金的金额：———— 投标保证金的形式：———— 投标保证金的递交截止时间为： ____年____月____日____时之前 招标人的开户银行及账号如下： 招标人：_____ 开户银行：_____ 账号：_____

---

❶　一般情况下建议招标人不接受调价函。

续上表

条 款 号	条 款 名 称	编 列 内 容
3.5.2❶	近年财务状况的年份要求	_____年至_____年
3.5.3❶	近年完成的类似项目的年份要求	_____年至_____年
3.5.5❶	近年发生的诉讼及仲裁情况的年份要求	_____年至_____年
3.6	是否允许递交备选投标方案	□不允许 □允许
3.7.3	签字或盖章要求	
3.7.4	投标文件副本份数	____份,另加1份投标文件电子版(光盘或U盘,如需要)
3.7.5	装订要求	
4.1.2	封套上写明	投标文件第一个信封(商务及技术文件) 内层封套: 投标人邮政编码:_____ 投标人地址:_____ 投标人名称:_____ 投标人联系人:_____ 投标人联系电话:_____ 招标人地址及名称:_____(寄) 投标文件第一个信封(商务及技术文件) 外层封套:_____ 招标人地址:_____ 招标人名称:_____ _____(项目名称)_____标段养护工程施工招标第一个信封(商务及技术文件)投标文件 在___年___月___日___时___分前不得开启 投标文件第二个信封(报价文件)内层封套: 投标人邮政编码:_____ 投标人地址:_____ 投标人名称:_____ 投标人联系人:_____ 投标人联系电话:_____ 招标人地址及名称:_____(寄) 投标文件第二个信封(报价文件)外层封套: 招标人地址:_____ 招标人名称:_____ _____(项目名称)_____标段养护工程施工招标第二个信封(报价文件)投标文件 在___年___月___日___时___分前不得开启

❶ 本项适用于未进行资格预审的情况。

条 款 号	条 款 名 称	编 列 内 容
4.2.2	递交投标文件地点	
4.2.3	是否退还投标文件	□否 □是
4.2.6	招标人通知延后投标 截止时间的时间	原定投标截止时间_____天前
5.1	开标时间和地点	投标文件第一个信封(商务及技术文件)开标时间：同投标截止时间 投标文件第一个信封(商务及技术文件)开标地点：_____ 投标文件第二个信封(报价文件)开标时间：_____ 投标文件第二个信封(报价文件)开标地点：_____
5.2.1	开标程序	(4)密封情况检查❶：_____ (5)开标顺序：_____
6.1.1	评标委员会的组建❷	评标委员会构成：____人，其中招标人代表____人，专家____人； 评标专家确定方式：从_____专家库中随机抽取
7.1	是否授权评标委员会确定中标人	□是 □否，推荐的中标候选人的人数为____名
7.3.1	履约担保	履约担保金额：____%签约合同价❸，被招标项目所在地省级交通主管部门评为最高信用等级的中标人，履约担保金额为____%签约合同价❹(适用于采用合理低价法或综合评分法确定的中标人) 履约担保形式(由中标单位自主选择)： □银行保函 □银行保函＋现金(电汇或银行汇票形式) 采用银行保函时，出具履约担保的银行级别：_____

---

❶ 投标文件的密封情况可由监标人或投标人代表检查。

❷ 评标委员会应由招标人代表和有关方面的专家组成，人数为 5 人以上单数，其中技术、经济专家人数应不少于成员总数的三分之二。

❸ 履约担保金额一般为 10%签约合同价。

❹ 对于被安徽省交通运输厅评为 AA 信用等级的中标人，招标人可在履约担保方面给予一定的优惠，具体优惠幅度由招标人自行确定。

续上表

条 款 号	条 款 名 称	编 列 内 容
9.5	监督部门	监督部门：＿＿＿＿＿＿＿＿＿ 地　　址：＿＿＿＿＿＿＿＿＿ 电　　话：＿＿＿＿＿＿＿＿＿ 传　　真：＿＿＿＿＿＿＿＿＿ 邮政编码：＿＿＿＿＿＿＿＿＿
	需要补充的其他内容	

附录1 资格审查条件(资质最低条件)^❶

企业资质等级要求

---

❶ 具体资质要求需在满足公路养护工程从业资质及国家相关法律法规前提下，根据招标项目具体特点和实际情况确定。

附录 2 资格审查条件(财务最低要求)[1]

财务要求

---

[1] 具体财务要求由招标人在满足国家相关法律法规前提下,根据招标项目具体特点和实际情况确定。

附录 3   资格审查条件(业绩最低要求)❶

业绩要求

---

❶ 具体养护工程业绩要求由招标人在满足国家相关法律法规前提下，根据招标项目具体特点和实际情况确定，
   但不得设置过高的业绩资格条件。

附录 4 资格审查条件(信誉最低要求) [1]

信誉要求

---

[1] 具体信誉要求由招标人在满足国家相关法律法规前提下，根据招标项目具体特点和实际情况确定。

附录5 资格审查条件［项目经理(项目总工程师)最低要求］●

人 员	数 量	资 格 要 求
项目经理		
项目总工程师		

● 对项目经理和项目总工程师的具体资格要求由招标人在满足国家相关法律法规前提下，根据招标养护工程项目规模、技术复杂程度确定项目经理、项目总工程师具体要求，但不得设置过高的资格条件。

1. 总则

1.1 项目概况

1.1.1 根据《中华人民共和国招标投标法》等有关法律、法规和规章的规定，本招标项目已具备招标条件，现对本标段养护工程施工进行招标。

1.1.2 本招标项目招标人：见投标人须知前附表。

1.1.3 本标段招标代理机构：见投标人须知前附表。

1.1.4 本招标项目名称：见投标人须知前附表。

1.1.5 本标段建设地点：见投标人须知前附表。

1.2 资金来源和落实情况

1.2.1 本招标项目的资金来源：见投标人须知前附表。

1.2.2 本招标项目的出资比例：见投标人须知前附表。

1.2.3 本招标项目的资金落实情况：见投标人须知前附表。

1.3 招标范围、计划工期和质量要求

1.3.1 本次招标范围：见投标人须知前附表。

1.3.2 本标段的计划工期：见投标人须知前附表。

1.3.3 本标段的质量要求：见投标人须知前附表。

1.3.4 本标段的安全要求：见投标人须知前附表。

1.4 投标人资格要求（适用于未进行资格预审的）

1.4.1 投标人应具备承担本标段施工的资质条件、能力和信誉。

(1)资质条件：见投标人须知前附表；

(2)财务要求：见投标人须知前附表；

(3)业绩要求：见投标人须知前附表；

(4)信誉要求：见投标人须知前附表；

(5)项目经理资格：见投标人须知前附表；

(6)其他要求：见投标人须知前附表。

1.4.2 投标人须知前附表规定接受联合体投标的，除应符合本章第1.4.1项和投标人须知前附表的要求外，还应遵守以下规定：

(1)联合体各方应按招标文件提供的格式签订联合体协议书，明确联合体牵头人和各方权利义务；

(2)由同一专业的单位组成的联合体，按照资质等级较低的单位确定资质等级；

(3)联合体各方不得再以自己名义单独或参加其他联合体在同一标段中投标；

(4)联合体所有成员数量不得超过投标人须知前附表规定的数量；

(5)联合体牵头人所承担的工程量必须超过总工程量的50%；

(6)联合体各方应分别按照本招标文件的要求，填写投标文件中的相应表格，并由联合体牵头人

负责对联合体各成员的资料进行统一汇总后一并提交给招标人；联合体牵头人所提交的投标文件应认为已代表了联合体各成员的真实情况；

（7）尽管委任了联合体牵头人，但联合体各成员在投标、签约与履行合同过程中，仍负有连带的和各自的法律责任。

1.4.3 投标人不得存在下列情形之一：

（1）为招标人不具有独立法人资格的附属机构（单位）；

（2）为本标段前期准备提供设计或咨询服务的，但设计施工总承包的除外；

（3）为本标段的监理人；

（4）为本标段的代建人；

（5）为本标段提供招标代理服务的；

（6）与本标段的监理人或代建人或招标代理机构同为一个法定代表人的；

（7）与本标段的监理人或代建人或招标代理机构相互控股或参股的；

（8）与本标段的监理人或代建人或招标代理机构相互任职或工作的；

（9）被责令停业的；

（10）被暂停或取消投标资格的；

（11）财产被接管或冻结的；

（12）在最近三年内有骗取中标或严重违约或重大工程质量问题的；

（13）涉及正在诉讼的案件，或涉及正在诉讼的案件但经审查委员会认定不会对承担本项目造成重大影响；

（14）被省级及以上交通主管部门取消项目所在地的投标资格或禁止进入该区域公路建设市场且处于有效期内；

（15）为投资参股本项目的法人单位。

1.5 费用承担

投标人准备和参加投标活动发生的费用自理。

1.6 保密

参与招标投标活动的各方应对招标文件和投标文件中的商业和技术等秘密保密，违者应对由此造成的后果承担法律责任。

1.7 语言文字

除专用术语外，与招标投标有关的语言均使用中文。必要时专用术语应附有中文注释。

1.8 计量单位

所有计量均采用中华人民共和国法定计量单位。

1.9 踏勘现场

1.9.1 投标人须知前附表规定组织踏勘现场的，招标人按投标人须知前附表规定的时间、地点组织投标人踏勘项目现场。

1.9.2 投标人踏勘现场发生的费用自理。

1.9.3 除招标人的原因外，投标人自行负责在踏勘现场中所发生的人员伤亡和财产损失。

1.9.4 招标人在踏勘现场中介绍的工程场地和相关的周边环境情况，供投标人在编制投标文件时参考，招标人不对投标人据此作出的判断和决策负责。

1.9.5 招标人提供的本合同工程的水文、地质、气象和料场分布、取土场和弃土场位置等参考资料，并不构成合同文件的组成部分，投标人应对自己对上述资料的解释、推论和应用负责，招标人不对投标人据此作出的判断和决策承担任何责任。

1.10 投标预备会

1.10.1 投标人须知前附表规定召开投标预备会的，招标人按投标人须知前附表规定的时间和地点召开投标预备会，澄清投标人提出的问题。

1.10.2 投标人应在投标人须知前附表规定的时间前，以书面形式将提出的问题送达招标人，以便招标人在会议期间澄清。

1.10.3 投标预备会后，招标人在投标人须知前附表规定的时间内，将对投标人所提问题的澄清，以书面方式通知所有购买招标文件的投标人。该澄清内容为招标文件的组成部分。

1.11 分包

本项目严禁转包和违法分包，且不得再次分包。投标人拟在中标后将中标项目的部分非主体、非关键性工作进行分包的，应符合以下规定：

分包内容要求：允许分包的工程范围仅限于非关键性工程或者适合专业化队伍施工的专业工程；

接受分包的第三人资质要求：分包人的资格能力应与其分包工程的标准和规模相适应，具备相应的专业承包资质或劳务分包资质；

其他要求：投标人如有分包计划，应按第八章"投标文件格式"的要求填写"拟分包项目情况表"，且投标人中标后的分包应满足合同条款第4.3款的相关要求。

1.12 偏离

投标人须知前附表允许投标文件偏离招标文件某些要求的，偏离应当符合招标文件规定的偏离范围和幅度。

偏离即偏差，偏差分重大偏差和细微偏差❶。

1.12.1 投标文件不符合第三章"评标办法"第2.1款所列的初步评审标准以及按照第三章"评标办法"第3.2.3项和第3.2.4项的规定对投标价进行算术性错误修正及其他错误修正后，最终投标报价超过投标控制价上限(如有)的，属于重大偏差，视为对招标文件未作出实质性响应，按废标处理。

1.12.2 投标文件中的下列偏差为细微偏差：

(1)在按照第三章"评标办法"第3.2.3项和第3.2.4项的规定对投标价进行算术性错误修正及其他错误修正后，最终投标报价未超过投标控制价上限(如有)的情况下，出现第三章"评标办法"第3.2.3项所列的投标报价的算术性错误和第三章"评标办法"第3.2.4项所列的投标报价的其他错误；

---

❶ 如由投标人按照招标人提供的工程量固化清单电子文件填写工程量清单，无须按照第三章"评标办法"第3.2.3项和第3.2.4项的规定对投标报价进行修正，则本款与之相关内容不适用。

（2）施工组织设计（含关键工程技术方案）和项目管理机构不够完善。

1.12.3　评标委员会对投标文件中的细微偏差按如下规定处理：

（1）对于本章第 1.12.2（1）目所述的细微偏差，按照第三章"评标办法"第 3.2.3 项和第 3.2.4 项的规定予以修正并要求投标人进行澄清；

（2）对于本章第 1.12.2（2）目所述的细微偏差，如果采用合理低价法或经评审的最低投标价法评标，应要求投标人对细微偏差进行澄清，只有投标人的澄清文件被评标委员会接受，投标人才能参加评标价的最终评比。如果采用综合评分法评标，评标委员会可在相关评分因素的评分中酌情扣分，但最多不得超过各评分因素权重分值的 40%。

2. 招标文件

2.1　招标文件的组成

本招标文件包括：

（1）招标公告（或投标邀请书）；

（2）投标人须知；

（3）评标办法；

（4）合同条款及格式；

（5）工程量清单；

（6）图纸；

（7）技术规范；

（8）投标文件格式；

（9）投标人须知前附表规定的其他材料。

根据本章第 1.10 款、第 2.2 款和第 2.3 款对招标文件所作的澄清、修改，构成招标文件的组成部分。

当招标文件、招标文件的澄清或修改等在同一内容的表述上不一致时，以最后发出的书面文件为准。

2.2　招标文件的澄清

2.2.1　投标人应仔细阅读和检查招标文件的全部内容。如发现缺页或附件不全，应及时向招标人提出，以便补齐。如有疑问，应在投标人须知前附表规定的时间前以书面形式（包括信函、电报、传真等可以有形地表现所载内容的形式，下同），要求招标人对招标文件予以澄清。

2.2.2　招标文件的澄清将在投标人须知前附表规定的投标截止时间 15 天前以书面形式发给所有购买招标文件的投标人，但不指明澄清问题的来源。如果澄清发出的时间距投标截止时间不足 15 天，相应延长投标截止时间。招标人有责任保证所有购买招标文件的投标人收到招标文件的澄清。

2.2.3　投标人在收到澄清后，应在投标人须知前附表规定的时间内以书面形式通知招标人，确认已收到该澄清。

2.3 招标文件的修改

2.3.1 在投标截止时间 15 天前，招标人可以书面形式修改招标文件，并通知所有已购买招标文件的投标人。如果修改招标文件的时间距投标截止时间不足 15 天，相应延长投标截止时间。招标人有责任保证所有购买招标文件的投标人收到招标文件的修改。

2.3.2 投标人收到修改内容后，应在投标人须知前附表规定的时间内以书面形式通知招标人，确认已收到该修改。

3. 投标文件

3.1 投标文件的组成

3.1.1 投标文件应采用双信封形式密封，包括下列内容：

第一个信封(商务及技术文件)：

(1)投标函及投标函附录；

(2)法定代表人身份证明或附有法定代表人身份证明的授权委托书；

(3)联合体协议书；

(4)投标保证金；

(5)施工组织设计；

(6)项目管理机构；

(7)拟分包项目情况表；

(8)资格审查资料；

(9)承诺函；

(10)投标人须知前附表规定的其他材料。

第二个信封(报价文件)：

(1)投标函；

(2)已标价工程量清单；

(3)调价函及调价后的工程量清单(如有)。

3.1.2 投标人须知前附表规定不接受联合体投标的，或投标人没有组成联合体的，投标文件不包括本章第 3.1.1(3)目所指的联合体协议书。

3.2 投标报价

3.2.1 投标人应按第五章"工程量清单"的要求填写相应表格。

工程量清单的填写分为下列两种方式。投标人应按投标人须知前附表规定的方式填写工程量清单。

(1)本项目招标采用工程量固化清单❶，招标人在出售招标文件的同时向投标人提供工程量固化

---

❶ 为减少评标阶段对投标报价进行修正的工程量，建议招标人在出售招标文件时，同时提供"工程量固化清单"，清单的数据、格式及运算定义应保证投标人无法修改。投标人只需填写各子目单价或总额价，即可自动生成投标报价。

清单电子文件(光盘或 U 盘)。投标人填写工程量清单中的单价及总额价，即可完成投标工程量清单的编制，确定投标报价，并打印出投标工程量清单，编入投标文件。投标人未在工程量清单中填入单价或总额价的工程子目，将被认为其已包含在工程量清单其他子目的单价和总额价中，招标人将不予支付。

投标人必须严格遵循工程量固化清单电子文件中的数据、格式及运算定义，并将已填写完毕的投标工程量清单电子文件单独拷入招标人提供的光盘(或 U 盘)中，密封在投标文件正本内一并交回。严禁投标人修改工程量固化清单电子文件中的数据、格式及运算定义。

投标人根据招标人提供的工程量固化清单电子文件填报完成并打印的投标文件工程量清单中的投标报价和投标函大写金额报价应一致，如果报价金额出现差异，则以投标函大写金额报价为准。

(2)本项目招标由招标人提供书面工程量清单，由投标人按照招标人提供的工程量清单填写本合同各工程子目的单价、合价和总额价。评标委员会将按照第三章"评标办法"第 3.2.3 项和第 3.2.4 项的规定对投标价进行算术性错误修正及其他错误修正。

3.2.2 投标人在投标截止时间前修改投标函中的投标总报价，应同时修改第五章"工程量清单"中的相应报价。此修改须符合本章第 4.3 款的有关要求。

3.2.3 投标人如果发现工程量清单中的数量与图纸中数量不一致，应立即通知招标人核查，除非招标人以书面方式予以更正，否则，应以工程量清单中列出的数量为准。

3.2.4 投标人应根据《公路水运工程安全生产监督管理办法》，在投标总价中计入安全生产费用，安全生产费用应符合合同条款第 9.2.5 项的规定。工程量清单 100 章内列有上述安全生产费的支付子目，由投标人按招标文件的规定填写总额价。

3.2.5 除投标人须知前附表另有规定外，招标人不接受调价函。若招标人接受调价函，则应在招标文件中给出调价函的格式。投标人若有调价函则应遵循如下规定:

(1)调价函必须采用招标文件规定的格式;调价函应说明调价后的最终报价，并以最终报价为准，而且投标人只能有一次调价的机会。

(2)工程量清单中招标人指定的报价不允许调价。

(3)调价函必须附有调价后的工程量清单;调价函必须粘贴或机械装订在投标文件正本首页，与投标文件一起密封提交。

若投标人未提交调价后的工程量清单，或调价函未装在投标文件正本首页，调价函均视为无效，仍以原报价作为最终报价。若投标人提交的调价函多于一个，或对不允许调价的内容进行了调价，或调价函有附加条件，投标文件作为废标处理。

(4)若招标人接受调价函，投标人调价后的工程量清单和有效调价函的大写金额报价应保持一致，如果报价金额出现差异，则以有效调价函的大写金额报价为准。

3.2.6 在合同实施期间，投标人填写的单价、合价和总额价是否由于物价波动进行价格调整按照合同条款第 16.1 款的规定处理。如果按照合同条款第 16.1.1 项的规定采用价格调整公式进行价格调整，由招标人根据项目实际情况测算确定价格调整公式中的变值权重范围，并在投标函附录价格指数和权重表中约定范围;投标人在此范围内填写各可调因子的权重，合同实施期间将按此权重进行调价。

3.3 投标有效期

3.3.1 在投标人须知前附表规定的投标有效期内，投标人不得要求撤销或修改其投标文件。

3.3.2 出现特殊情况需要延长投标有效期的，招标人以书面形式通知所有投标人延长投标有效期。投标人同意延长的，应相应延长其投标保证金的有效期，但不得要求或被允许修改或撤销其投标文件；投标人拒绝延长的，其投标失效，但投标人有权收回其投标保证金。

3.4 投标保证金

3.4.1 投标人在递交投标文件的同时，应按投标人须知前附表规定的金额❶、担保形式和第八章"投标文件格式"规定的投标保证金格式递交投标保证金，并作为其投标文件的组成部分。联合体投标的，其投标保证金由牵头人递交，并应符合投标人须知前附表的规定。

投标保证金必须选择下列某一种形式：电汇、银行保函或招标人规定的其他形式。

(1)若采用电汇，投标人应在投标人须知前附表规定的投标保证金递交截止时间之前，将投标保证金由投标人的基本账户一次性汇入招标人指定账户，否则视为投标保证金无效。招标人的开户银行及账号见投标人须知前附表。

(2)若采用银行保函，则应由投标人开立基本账户的银行开具。银行保函应采用招标文件提供的格式，且应在投标有效期满后 30 天内保持有效，招标人如果按本章第 3.3.2 项的规定延长了投标有效期，则投标保证金的有效期也相应延长。银行保函原件应装订在投标文件的正本之中。

3.4.2 投标人不按本章第 3.4.1 项要求提交投标保证金的，其投标文件作废标处理。

3.4.3 招标人与中标人签订合同后 5 个工作日内，向未中标的投标人和中标人退还投标保证金。

3.4.4 有下列情形之一的，投标保证金将不予退还：

(1)投标人在规定的投标有效期内撤销或修改其投标文件；

(2)中标人在收到中标通知书后，无正当理由拒签合同协议书或未按招标文件规定提交履约担保；

(3)投标人不接受依据评标办法的规定对其投标文件中细微偏差进行澄清和补正；

(4)投标人提交了虚假资料。

3.5 资格审查资料(适用于未进行资格预审的)

3.5.1 "投标人基本情况表"应附企业法人营业执照副本(全本)的复印件(并加盖单位章)、(养护)施工资质证书副本(全本)的复印件(并加盖单位章)、安全生产许可证副本(全本)的复印件(并加盖单位章)、基本账户开户许可证的复印件(并加盖单位章)。

"拟委任的项目经理和项目总工程师资历表"应附项目经理和项目总工程师的身份证、职称资格证书以及资格审查条件所要求的其他相关证书(如建造师注册证书、安全生产考核合格证书等)的复印件，并应提供其担任类似项目的项目经理和项目总工程师的相关业绩证明材料复印件，并应附投标人所属社保机构出具的拟委任的项目经理和项目总工程师参加社保的有效证明材料(并加盖社保机构单位章)。

3.5.2 "近年财务状况表"应附经会计师事务所或审计机构审计的财务会计报表，包括资产负债表、现金流量表、利润表和财务情况说明书的复印件，具体年份要求见投标人须知前附表。

3.5.3 "近年完成的类似项目情况表"应附中标通知书和(或)合同协议书、工程接收证书(工程

---

❶ 投标保证金一般为投标总价的 1%～2%，招标人应据此测算出具体金额。投标保证金的金额应符合国家有关规定。

竣工验收证书)的复印件，具体年份要求见投标人须知前附表。每张表格只填写一个项目，并标明序号。

工程接收证书(工程竣工验收证书)可以是发包人出具的公路工程(标段)交工验收证书或竣工验收委员会出具的公路工程竣工验收鉴定书或质量监督机构对各参建单位签发的工作综合评价等级证书。

3.5.4 "正在养护和新承接的项目情况表"应附中标通知书和(或)合同协议书复印件。每张表格只填写一个项目，并标明序号。

3.5.5 "近年发生的诉讼及仲裁情况"应说明相关情况，并附法院或仲裁机构作出的判决、裁决等有关法律文书复印件，具体年份要求见投标人须知前附表。

3.5.6 投标人须知前附表规定接受联合体投标的，本章第3.5.1项~第3.5.5项规定的表格和资料应包括联合体各方相关情况。

3.5.7 投标人在投标文件中填报的项目经理和项目总工程师原则上不允许更换。

3.5.8 招标人将进一步核查投标人在投标文件中提供的材料，若在评标期间发现投标人提供了虚假资料，招标人有权对投标人的投标文件作废标处理，并没收其投标担保；若在评标结果公示期间发现作为中标候选人的投标人提供了虚假资料，招标人有权取消其中标资格，并没收其投标担保；若在合同实施期间发现投标人提供了虚假资料，招标人有权从工程支付款或履约保证金中扣除不超过10%签约合同价的金额作为违约金。同时招标人将投标人以上弄虚作假行为上报省级交通主管部门，作为不良记录纳入公路建设市场信用信息管理系统。

3.6 备选投标方案

3.6.1 除投标人须知前附表另有规定外，投标人不得递交备选投标方案。

3.6.2 允许投标人递交备选投标方案的，只有中标人所递交的备选投标方案方可予以考虑。评标委员会认为中标人的备选投标方案优于其按照招标文件要求编制的投标方案的，招标人可以接受该备选投标方案。

3.7 投标文件的编制

3.7.1 投标文件应按第八章"投标文件格式"进行编写，如有必要，可以增加附页，作为投标文件的组成部分。其中，投标函附录在满足招标文件实质性要求的基础上，可以提出比招标文件要求更有利于招标人的承诺。

3.7.2 投标文件应当对招标文件有关工期、投标有效期、质量要求、技术标准和要求、招标范围等实质性内容作出响应。

3.7.3 投标文件应用不褪色的材料书写或打印，投标函及投标函附录、承诺函、已标价工程量清单[包括工程量清单说明、投标报价说明、计日工说明、其他说明及工程量清单各项表格(工程量清单表5.1~表5.5)]、调价函及调价后的工程量清单(如有)的内容应由投标人的法定代表人或其委托代理人逐页签署姓名(本页正文内容已由投标人的法定代表人或其委托代理人签署姓名的可不签署)并逐页加盖投标人单位章(本页正文内容已加盖单位章的除外)。

如果投标文件由委托代理人签署，则投标人需提交附有法定代表人身份证明的授权委托书，授权委托书应按规定的书面方式出具，并由法定代表人和委托代理人亲笔签名，不得使用印章、签名章或其他电子制版签名代替。

如果由投标人的法定代表人亲自签署投标文件，则投标人提交法定代表人身份证明，身份证明应当符合第九章"投标文件格式"的要求。

以联合体形式参与投标的，投标文件由联合体牵头人的法定代表人或其委托代理人按上述规定出具并公证。

投标文件应尽量避免涂改、行间插字或删除。如果出现上述情况，改动之处应加盖单位章，或由投标人的法定代表人或其授权的代理人签字确认。

签字或盖章的其他要求见投标人须知前附表。

3.7.4 投标文件正本一份，副本份数见投标人须知前附表。正本和副本的封面上应清楚地标记"正本"或"副本"的字样。当副本和正本不一致时，以正本为准。

3.7.5 投标文件的正本与副本应分别装订成册（A4 纸幅），并编制目录，且逐页标注连续页码。投标文件不得采用活页夹装订，否则，招标人对由于投标文件装订松散而造成的丢失或其他后果不承担任何责任。装订的其他要求见投标人须知前附表。

3.7.6 投标人应按以下要求编制投标文件电子文件：

第一个信封电子文件（商务及技术文件电子文件），编制内容见投标人须知前附表，并存入第一个信封 U 盘中。

第二个信封电子文件（报价文件电子文件），编制内容见投标人须知前附表，并存入第二个信封 U 盘中。

4. 投标

4.1 投标文件的密封和标记

4.1.1 本次招标采用双信封形式，投标文件第一个信封（商务及技术文件）以及第二个信封（报价文件）应单独密封包装。

第一个信封（商务及技术文件）的正本与副本应分别包装在相应的内层封套里，然后统一密封在一个外层封套中。

第二个信封（报价文件）的正本与副本应分别包装在相应的内层封套里，然后统一密封在一个外层封套中。

内层和外层封套应加贴封条，内层封套的封口处应加盖投标人单位章。外层封套上不应有任何投标人的识别标志。

密封和标记的其他要求见投标人须知前附表。

4.1.2 投标文件的内层封套上应清楚地标记"正本"或"副本"字样，投标文件第一个信封（商务及技术文件）以及第二个信封（报价文件）封套上应写明的其他内容见投标人须知前附表。

4.1.3 未按本章第 4.1.1 项或第 4.1.2 项要求密封和加写标记的投标文件，招标人拒绝接收。

4.2 投标文件的递交

4.2.1 投标人应在本章第 2.2.2 项规定的投标截止时间前递交投标文件。

4.2.2 投标人递交投标文件的地点见投标人须知前附表。

4.2.3 除投标人须知前附表另有规定外，投标人所递交的投标文件不予退还。

4.2.4　招标人收到投标文件后，向投标人出具签收凭证。

4.2.5　逾期送达的或者未送达指定地点的投标文件，招标人拒绝接收。

4.2.6　在特殊情况下，招标人如果决定延后递交投标截止时间，应在投标人须知前附表规定的时间前，以书面形式通知送达所有投标人延后投标截止时间。在此情况下，招标人和投标人的权利和义务相应延后至新的投标截止时间。

4.3　投标文件的修改与撤回

4.3.1　在本章第2.2.2项规定的投标截止时间前，投标人可以修改或撤回已递交的投标文件，但应以书面形式通知招标人。

4.3.2　投标人修改或撤回已递交投标文件的书面通知应按照本章第3.7.3项的要求签字或盖章。招标人收到书面通知后，向投标人出具签收凭证。

4.3.3　修改的内容为投标文件的组成部分。修改的投标文件应按照本章第3条、第4条规定进行编制、密封、标记和递交，并标明"修改"字样。

5.　开标

5.1　开标时间和地点

招标人在本章第2.2.2项规定的投标截止时间（开标时间）和投标人须知前附表规定的地点对收到的投标文件第一个信封（商务及技术文件）公开开标，并邀请所有投标人的法定代表人或其委托代理人准时参加。

招标人在投标人须知前附表规定的时间和地点对投标文件第二个信封（报价文件）进行开标，并邀请所有投标人的法定代表人或其委托代理人准时参加。

投标人若未派法定代表人或委托代理人出席开标活动，视为该投标人默认开标结果。

5.2　开标程序

5.2.1　主持人按下列程序对投标文件第一个信封（商务及技术文件）进行开标：

（1）宣布开标纪律；

（2）公布在投标截止时间前递交投标文件的投标人名称，并点名确认投标人是否派人到场；

（3）宣布开标人、唱标人、记录人、监标人等有关人员姓名；

（4）按照投标人须知前附表规定检查投标文件的密封情况；

（5）按照投标人须知前附表的规定确定并宣布投标文件开标顺序；

（6）按照宣布的开标顺序当众开标，公布投标人名称、标段名称、投标保证金的递交情况、质量目标、工期及其他内容，并记录在案；

（7）投标人代表、招标人代表、监标人、记录人等有关人员在开标记录上签字确认；

（8）开标会议结束。

5.2.2　若招标人宣读的内容与投标文件不符，投标人有权在开标现场提出异议，经监标人当场核查确认之后，可重新宣读其投标文件。若投标人现场未提出异议，则认为投标人已确认招标人宣读的内容。

5.2.3　投标文件第二个信封（报价文件）不予开封，并交监标人密封保存。

5.2.4 招标人将按照本章第5.1款规定的时间和地点对投标文件第二个信封（报价文件）进行开标。主持人按下列程序进行开标：

(1) 宣布开标纪律；

(2) 当众拆开投标文件第一个信封（商务及技术文件）评审结果的密封袋，宣布通过投标文件第一个信封（商务及技术文件）评审的投标人名单，并点名确认投标人是否派人到场；

(3) 宣布开标人、唱标人、记录人、监标人❶等有关人员姓名；

(4) 按照投标人须知前附表规定检查投标文件情况；

(5) 按照投标人须知前附表的规定确定并宣布投标文件开标顺序；

(6) 设有标底的，公布标底；

(7) 按照宣布的开标顺序当众开标，开标人在拆封投标文件第二个信封（报价文件）外层封套后，按照内层封套上写明的投标人名称公布通过投标文件第一个信封（商务及技术文件）评审的投标文件第二个信封（报价文件）的投标人名称、标段名称、投标报价❷及其他内容，并记录在案，将未通过投标文件第一个信封（商务及技术文件）评审的投标文件第二个信封（报价文件）退还给投标人；

(8) 投标人代表、招标人代表、监标人、记录人等有关人员在开标记录上签字确认；

(9) 开标会议结束。

5.2.5 第二个信封（报价文件）开标过程中，若招标人发现投标文件出现以下任一情况，经监标人确认并当场宣布为废标：

(1) 未在投标函上填写投标总价；

(2) 投标报价或调价函中的报价超出招标人公布的投标控制价上限❸（如有）。

5.2.6 若招标人宣读的内容与投标文件不符，投标人有权在开标现场提出异议，经监标人当场核查确认之后，可重新宣读其投标文件。若投标人现场未提出异议，则认为投标人已确认招标人宣读的内容。

6. 评标

6.1 评标委员会

6.1.1 评标由招标人依法组建的评标委员会负责。评标委员会由招标人或其委托的招标代理机构熟悉相关业务的代表，以及有关技术、经济等方面的专家组成。评标委员会成员人数以及技术、经济等方面专家的确定方式见投标人须知前附表。

6.1.2 评标委员会成员有下列情形之一的，应当回避：

(1) 招标人或投标人的主要负责人的近亲属；

(2) 项目主管部门或者行政监督部门的人员；

(3) 与投标人有经济利益关系，可能影响对投标公正评审的；

(4) 曾因在招标、评标以及其他与招标投标有关活动中从事违法行为而受过行政处罚或刑事处罚的。

---

❶ 监标人可由监督部门或公证机构的人员组成。

❷ 若投标函中的投标价大小写金额不一致，应以大写金额为准。

❸ 若招标人设有投标控制价上限，应在招标文件中提前公布投标控制价上限。

6.2 评标原则

评标活动遵循公平、公正、科学和择优的原则。

6.3 评标

评标委员会按照第三章"评标办法"规定的方法、评审因素、标准和程序对投标文件进行评审。第三章"评标办法"没有规定的方法、评审因素和标准，不作为评标依据。

7. 合同授予

7.1 定标方式

除投标人须知前附表规定评标委员会直接确定中标人外，招标人依据评标委员会推荐的中标候选人确定中标人，评标委员会推荐中标候选人的人数见投标人须知前附表。

7.2 中标通知

在本章第3.3款规定的投标有效期内，招标人以书面形式向中标人发出中标通知书，同时将中标结果通知未中标的投标人。

7.3 履约担保

7.3.1 在签订合同前，中标人应按投标人须知前附表规定的金额、担保形式和招标文件第四章"合同条款及格式"规定的履约担保格式向招标人提交履约担保。联合体中标的，其履约担保由牵头人递交，并应符合投标人须知前附表规定的金额、担保形式和招标文件第四章"合同条款及格式"规定的履约担保格式要求。

采用银行保函时，出具银行保函的银行级别在投标人须知前附表中说明，所需的费用由中标人承担，中标人应保证银行保函有效。

7.3.2 中标人不能按本章第7.3.1项要求提交履约担保的，视为放弃中标，其投标保证金不予退还；给招标人造成的损失超过投标保证金数额的，中标人还应当对超过部分予以赔偿。

7.4 签订合同

7.4.1 招标人和中标人应当自中标通知书发出之日起30天内，根据招标文件和中标人的投标文件订立书面合同。中标人无正当理由拒签合同的，招标人取消其中标资格，其投标保证金不予退还；给招标人造成的损失超过投标保证金数额的，中标人还应当对超过部分予以赔偿。

7.4.2 发出中标通知书后，招标人无正当理由拒签合同的，招标人向中标人退还投标保证金；给中标人造成损失的，还应当赔偿损失。

7.4.3 签约合同价的确定原则如下❶：

（1）按照评标办法规定对投标报价进行修正后，若修正后的最终投标报价小于开标时的投标函文

---

❶ 如由投标人按照招标人提供的工程量固化清单电子文件填写工程量清单，无须按照第三章"评标办法"第3.2.3项和第3.2.4项的规定对投标报价进行修正，则本项不适用。

字报价，则签订合同时以修正后的最终投标为准；

（2）按照评标办法规定对投标报价进行修正后，若修正后的最终投标报价大于开标时的投标函文字报价，则签订合同时以开标时的投标函文字报价为准，同时按比例修正相应子目的单价或合价。

7.4.4 合同协议书经双方法定代表人或其授权的代理人签署并加盖单位章后生效。若为联合体投标，则联合体各成员的法定代表人或其授权的代理人都应在合同协议书上签署并加盖单位章。发包人和中标人在签订合同协议书的同时需按照本招标文件规定的格式和要求签订廉政合同及安全生产合同，明确双方在廉政建设、安全生产方面的权利和义务以及应承担的违约责任。

7.4.5 如果根据本章第3.5.3项（适用于已进行资格预审的）、第3.5.8项（适用于未进行资格预审的）、第7.3.2项或第7.4.1项规定，招标人取消了中标人的中标资格，在此情况下，招标人可将合同授予下一个中标候选人，或者按规定重新组织招标。

8. 重新招标和不再招标

8.1 重新招标

有下列情形之一的，招标人将重新招标：
（1）投标截止时间止，投标人少于3个的；
（2）经评标委员会评审后否决所有投标的；
（3）中标候选人均未与招标人签订合同的；
（4）法律规定的其他情形。

8.2 不再招标

重新招标后投标人仍少于3个或者所有投标被否决的，属于必须审批或核准的工程建设项目，经原审批或核准部门批准后不再进行招标。

9. 纪律和监督

9.1 对招标人的纪律要求

招标人不得泄露招标投标活动中应当保密的情况和资料，不得与投标人串通损害国家利益、社会公共利益或者他人合法权益。

9.2 对投标人的纪律要求

投标人不得相互串通投标或者与招标人串通投标，不得向招标人或者评标委员会成员行贿谋取中标，不得以他人名义投标或者以其他方式弄虚作假骗取中标；投标人不得以任何方式干扰、影响评标工作。

9.3 对评标委员会成员的纪律要求

评标委员会成员不得收受他人的财物或者其他好处，不得向他人透漏对投标文件的评审和比较、中标候选人的推荐情况以及评标有关的其他情况。在评标活动中，评标委员会成员不得擅离职守，影响评标程序正常进行，不得使用第三章"评标办法"没有规定的评审因素和标准进行评标。

9.4 对与评标活动有关的工作人员的纪律要求

与评标活动有关的工作人员不得收受他人的财物或者其他好处，不得向他人透漏对投标文件的评审和比较、中标候选人的推荐情况以及评标有关的其他情况。在评标活动中，与评标活动有关的工作人员不得擅离职守，影响评标程序正常进行。

9.5 投诉

投标人和其他利害关系人认为本次招标活动违反法律、法规和规章规定的，有权向有关行政监督部门投诉。

监督部门的联系方式见投标人须知前附表。

10. 需要补充的其他内容

10.1 自购买招标文件之日起，投标人应保证其提供的联系方式(电话、传真、电子邮件)一直有效，以保证往来函件(招标文件的澄清、修改等)能及时通知投标人，并能及时反馈信息，否则招标人不承担由此引起的一切后果。

需要补充的其他内容：见投标人须知前附表。

附件一 开标记录表[1]

_____（项目名称）_____养护工程施工开标记录表
第一封信（商务及技术文件）

开标时间：_____年___月___日___时___分

序号	投标人	送达情况	密封情况	投标保证金的递交情况	是否超过投标控制价上限	备注	签名

招标人代表：_____ 唱标人：_____ 记录人：_____监标人：_____

_____年___月___日

---

[1] 招标人可根据项目具体特点和实际情况进行修改。

_____（项目名称）_____养护工程施工开标记录表

第二封信（报价文件）

开标时间：_____年___月___日___时___分

序号	投标人	密封情况	投标报价 （元）	是否超过投标 控制价上限	备注	签名

招标人代表：_____ 唱标人：_____ 记录人：_____监标人：_____

_____年___月___日

附件二　问题澄清通知

问题澄清通知

编号：

_____（投标人名称）：

_____（项目名称）_____养护工程施工招标的评标委员会，对你方的投标文件进行了仔细的审查，现需你方对下列问题以书面形式予以澄清：

1.

2.

……

请将上述问题的澄清于____年____月____日____时前递交至_____（详细地址）或传真至_____（传真号码）。采用传真方式的，应在____年____月____日____时前将原件递交至_____（详细地址）。

____（项目名称）____养护工程施工招标评标委员会

招标人：_____（签字）

____年____月____日

附件三 问题的澄清

问题的澄清

编号：

_____（项目名称）_____养护工程施工招标评标委员会：

问题澄清通知（编号：_____）已收悉，现澄清如下：

1.

2.

……

投标人：_____（盖单位章）

法定代表人或其委托代理人：_____（签字）

___年___月___日

附件四　　中标通知书

中标通知书

_____（中标人名称）：

你方于_____（投标日期）所递交的_____（项目名称）_____养护工程施工投标文件已被我方接受，被确定为中标人。

中　标　价：_____元。

工　　　期：_____日历天。

工　程　质　量：符合_____标准。

项　目　经　理：_____（姓名）。

项目总工程师：_____（姓名）。

请你方在接到本通知书后的_____日内到_____（指定地点）与我方签订施工承包合同，在此之前按招标文件第二章"投标人须知"第 7.3 款规定向我方提交履约担保。

特此通知。

招标人：_____（盖单位章）

招标代理：_____（盖单位章）

____年____月____日

附件五 中标结果通知书

中标结果通知书

_____（未中标人名称）：

我方已接受_____（中标人名称）于_____（投标日期）所递交的_____（项目名称）_____养护工程施工投标文件，确定_____（中标人名称）为中标人。

感谢你单位对我们工作的大力支持！

招标人：_____（盖单位章）

招标代理：_____（盖单位章）

____年____月____日

附件六　确认通知

确 认 通 知

＿＿＿＿＿＿＿＿＿（招标人名称）：

你方于＿＿年＿＿月＿＿日发出的＿＿＿＿＿＿＿＿＿＿＿（项目名称）＿＿养护工程施工招标关于＿＿＿＿＿＿＿＿＿＿＿＿＿＿的通知，我方已于＿＿年＿＿月＿＿日收到。

特此确认。

投标人：＿＿＿＿＿＿＿＿＿（盖单位章）

＿＿年＿＿月＿＿日

第三章 评标办法

一、合理低价法^❶

评标办法前附表^❷

条 款 号		评审因素与评审标准
2.1.1 2.1.3	形式评审与响应性评审标准	第一个信封(商务和技术文件)评审标准: (1)投标文件按照招标文件规定的格式、内容填写,字迹清晰可辨; a. 投标函按招标文件规定填报了工期及工程质量目标和安全目标,招标人名称填写正确; b. 投标函附录的所有数据均符合招标文件规定; c. 投标文件组成齐全完整,内容均按规定填写; d. 按照招标文件规定的格式、内容编制了施工组织设计及项目管理机构相关图表; e. 投标文件组成齐全完整(含补遗书等),内容均按规定填写; f. 投标文件第一个信封(商务和技术文件)中未出现有关投标报价的内容。 (2)投标文件上法定代表人或其授权代理人的签字、投标人的单位章盖章齐全,符合招标文件规定: 投标函及投标函附录、承诺函,应由投标人的法定代表人或其授权代理人逐页签署姓名(本页正文内容已由投标人的法定代表人或其授权代理人签署姓名的可不签署)并逐页加盖投标人单位章(本页正文内容已加盖单位章的除外)。 (3)投标人按照招标文件规定的金额、形式、时效和内容提供了投标担保: a. 投标担保金额符合招标文件规定的金额; b. 投标人在投标人须知前附表规定的时间之前,由投标人的基本账户将投标保证金一次性汇入至招标人指定账户; c. 若采用银行保函,银行保函的格式、开具保函的银行、银行保函的有效期均满足招标文件要求,且银行保函原件装订在投标文件的正本之中。 (4)投标人法定代表人授权委托代理人签署投标文件的,需提交授权委托书,且授权人和被授权人均在授权委托书上签名,未使用印章、签名章或其他电子制版签名代替。 (5)投标人法定代表人亲自签署投标文件的,提供了法定代表人身份证明,且法定代表人在法定代表人身份证明上签名,未使用印章、签名章或其他电子制版签名。 (6)投标人必须独立投标的,不得以联合体形式投标。 (7)投标人如有分包计划,应按第八章"投标文件格式"的要求填写"拟分包项目情况表"。 (8)投标文件载明的招标项目完成期限未超过招标文件规定的时限,质量目标、安全目标满足招标文件规定。 (9)投标文件未附有招标人不能接受的条件。 (10)权利义务符合招标文件规定: a. 投标人应接受招标文件规定的风险划分原则,未提出新的风险划分办法; b. 投标人未增加发包人的责任范围,或减少投标人义务; c. 投标人未提出不同的工程验收、计量、支付办法; d. 投标人对合同纠纷、事故处理办法未提出异议; e. 投标人在投标活动中无欺诈行为; f. 投标人未对合同条款有重要保留。 ……

---

❶ 合理低价法,是指对通过初步审查和资格审查的投标人,不再对其施工组织设计、项目管理机构、技术能力等因素进行评分,仅依据评标基准价对评标价进行评分,按照得分由高到低排序,推荐中标候选人的评标办法。

❷ "评标办法前附表"用于明确评标的方法、因素、标准和程序。招标人应根据招标项目具体特点和实际需要,详细列明全部评审因素、标准,没有列明的因素和标准不得作为评标的依据。

续上表

条　款　号		评审因素与评审标准
2.1.1 2.1.3	形式评审与响应性评审标准	第二个信封(报价文件)评审标准： (1)投标文件按照招标文件规定的格式、内容填写，字迹清晰可辨： a. 投标函按招标文件规定填报了投标价； b. 已标价工程量清单及说明文字与招标文件规定一致，未进行修改和删减； c. 投标文件组成齐全完整，内容均按规定填写。 (2)投标文件上法定代表人或其授权代理人的签字、投标人的单位章盖章齐全，符合招标文件规定： 投标函及已标价工程量清单(包括工程量清单及说明、投标报价说明、计日工说明、其他说明及工程量清单各项表格)的内容应由投标人的法定代表人或其委托代理人逐页签署姓名(本页正文内容已由投标人的法定代表人或其委托代理人签署姓名的可不签署)并逐页加盖投标人单位章(本页正文内容已加盖单位章的除外)。 (3)一份投标文件应只有一个投标报价，不得提交选择性报价。 (4)投标人未以调价函的形式进行投标报价。 (5)投标人的投标报价未超过招标人公布的上限控制价。 (6)安全生产费用符合招标文件规定。❶
2.1.2	资格评审标准❷	(1)投标人具备有效的营业执照、资质证书、安全生产许可证和基本账户开户许可证； (2)投标人的资质等级符合招标文件规定； (3)投标人的财务状况符合招标文件规定； (4)投标人的类似项目业绩符合招标文件规定； (5)投标人的信誉符合招标文件规定； (6)投标人的项目经理和项目总工程师资格符合招标文件规定； (7)投标人的其他要求符合招标文件规定； (8)投标人不存在第二章"投标人须知"第1.4.3项规定的任何一种情形； ……

条　款　号	条款内容	编列内容
2.2.1	分值构成(总分100分)	评标价：100分 其他因素分值均为0分
2.2.2	评标基准价计算方法	评标基准价的计算： 在开标现场，招标人将当场计算并宣布评标基准价。 (1)评标价的确定： 方法一：评标价＝投标函文字报价 方法二：评标价＝投标函文字报价－暂估价－暂列金额(不含计日工总额) (2)评标价平均值的计算： 除按第二章"投标人须知"第5.2.5项规定开标现场被宣布为废标的投标报价之外，所有投标人的评标价去掉一个最高值和一个最低值❸后的算术平均值即为评标价平均值(如果参与评标价平均值计算的有效投标人少于5家，则计算评标价平均值时不去掉最高值和最低值)。

---

❶　应明确安全生产费用比例或金额，例如"安全生产费按招标人公布的投标控制价上限的＿＿％计。"

❷　本项适用于未进行资格预审的情况。

❸　进入第二信封评审的投标人过多时，招标人可视不同情况去掉若干个高值和低值，个数宜为1～3个，但去掉高低值后参与评标价平均值计算的投标人数量不应过少。

续上表

条 款 号	条款内容	编列内容
2.2.2	评标基准价计算方法	(3)评标基准价的确定❶: 方法一:将评标价平均值直接作为评标基准价。 方法二:将评标价平均值下浮____%,作为评标基准价。 方法三:招标人设置评标基准价系数,由投标人代表或监标人现场抽取,评标价平均值乘以现场抽取的评标基准价系数作为评标基准价。 方法四:…… 　如果投标人认为某一标段的评标基准价计算有误,有权在开标现场提出,经监标人当场核实确认之后,可重新宣布评标基准价。确认后的评标基准价在整个评标期间保持不变,不随通过初步评审和详细评审的投标人的数量发生变化。
2.2.3	评标价的偏差率计算公式	偏差率 = 100% × (投标人评标价 – 评标基准价)/评标基准价 偏差率保留____位小数
2.2.4	评标价	100 分 评标价得分计算公式示例: (1)如果投标人的评标价 > 评标基准价,则评标价得分 = 100 – 偏差率 × 100 × E_1; (2)如果投标人的评标价 ≤ 评标基准价,则评标价得分 = 100 + 偏差率 × 100 × E_2; 　其中: E_1 是评标价每高于评标基准价一个百分点的扣分值; E_2 是评标价每低于评标基准价一个百分点的扣分值。招标人可依据招标项目具体特点和实际需要设置 E_1、E_2,但 E_1 应大于 E_2。
需要补充的其他内容: ……		

---

❶ 招标人可依据招标项目特点和实际需要,选择或制定适合项目的评标基准价计算方法。

1. 评标方法

本次评标采用合理低价法。评标委员会对满足招标文件实质要求的投标文件，根据本章第2.2款规定的评分标准标准进行打分，并按得分由高到低的顺序推荐中标候选人，或根据招标人授权直接确定中标人，但投标报价低于其成本的除外。评标价得分相等时，以投标报价低的优先；投标报价也相等的，招标人可采用在安徽省公路建设市场信用信息管理系统公布的公路施工企业信用评价获得较高信用等级的投标人优先；信用等级也一样时，可采用递交投标文件时间较前的投标人优先或其他方法确定第一中标候选人。

2. 评审标准

2.1 初步评审标准

2.1.1 形式评审标准：见评标办法前附表。

2.1.2 资格评审标准：见评标办法前附表。

2.1.3 响应性评审标准：见评标办法前附表。

2.2 分值构成与评分标准

2.2.1 分值构成

评标价：100分，其他因素分值均为0分。

2.2.2 评标基准价计算

评标基准价计算方法：见评标办法前附表。

2.2.3 投标报价的偏差率计算

投标报价的偏差率计算公式：见评标办法前附表。

2.2.4 评分标准

投标报价评分标准：见评标办法前附表。

3. 评标程序

3.1 第一个信封(商务及技术文件)评审

招标人按照第二章"投标人须知"第5.2.1项～第5.2.3项的规定对投标文件第一个信封(商务及技术文件)进行开标。

3.1.1 评标委员会对第一个信封(商务及技术文件)进行形式评审、响应性评审和资格评审，确定通过第一个信封(商务及技术文件)评审的投标人名单。

3.1.2 评标委员会依据本章第2.1款规定的标准对投标文件进行初步评审。有一项不符合评审标准的，否决其投标。

3.1.3 投标人有以下情形之一的，其投标作废标处理：

（1）第二章"投标人须知"第 1.4.3 项规定的任何一种情形的；

（2）串通投标或弄虚作假或有其他违法行为的；

（3）不按评标委员会要求澄清、说明或补正的。

3.1.4 如果通过第一个信封（商务及技术文件）评审的投标人少于 3 个，评标委员会可以否决全部投标。未否决全部投标的，评标委员会应当在评标报告中阐明理由，招标人按照规定的程序进行第二个信封（报价文件）开标。

3.2 第二个信封（报价文件）评审

招标人按照第二章"投标人须知"第 5.2.4 项～第 5.2.6 项的规定对通过投标文件第一个信封（商务及技术文件）评审的投标文件第二个信封（报价文件）进行开标。

招标人在第二个信封开标现场宣布通过第一个信封（商务及技术文件）评审的投标人名单，对其第二个信封（报价文件）进行开标，宣读投标报价。按招标文件规定现场计算并公布评标基准价。对未通过第一个信封（商务及技术文件）评审的投标人，对其第二个信封（报价文件）不予拆封，并退还给投标人。

3.2.1 评标委员会对投标文件第二个信封（报价文件）进行评审，并按本章第 2.2.4 项规定的评分标准对评标报价进行评分（分值计算保留小数点后两位，小数点后第三位"四舍五入"）。

3.2.2 对于通过第一个信封（商务及技术文件）评审的投标人少于 3 个且评标委员会未否决全部投标的第二个信封（报价文件）的情况，评标委员会在进行评审时人有权否决全部投标；评标委员会未在报价文件评审时否决全部投标的，评标委员会应当在评标报告中阐明理由。

3.2.3❶ 投标报价有算术错误的，评标委员会按以下原则对投标报价进行修正，修正的价格经投标人书面确认后具有约束力。投标人不接受修正价格的，其投标作废标处理，并没收其投标担保。

（1）投标文件中的大写金额与小写金额不一致的，以大写金额为准；

（2）总价金额与依据单价计算出的结果不一致的，以单价金额为准修正总价，但单价金额小数点有明显错误的除外；

（3）当单价与数量相乘不等于合价时，以单价计算为准，如果单价有明显的小数点位置差错，应以标出的合价为准，同时对单价予以修正；

（4）当各子目的合价累计不等于总价时，应以各子目合价累计数为准，修正总价。

3.2.4 工程量清单中的投标报价有其他错误的，评标委员会按以下原则对投标报价进行修正，修正的价格经投标人书面确认后具有约束力。投标人不接受修正价格的，其投标作废标处理，并没收其投标担保。

（1）在招标人给定的工程量清单中漏报了某个工程子目的单价、合价或总额价，或所报单价、合价或总额价减少了报价范围，则漏报的工程子目单价、合价和总额价或单价、合价和总额价中减少的报价内容视为已含入其他工程子目的单价、合价和总额价之中。

---

❶ 如果本项目招标采用第二章"投标人须知"第 3.2.1（2）目规定的由投标人按照招标人提供的工程量清单填写本合同各工程子目的单价、合价和总额价方式，则评标委员会按照本章第 3.2.3 项和第 3.2.4 项的规定对投标人的投标报价进行修正。如果本项目招标采用第二章"投标人须知"第 3.2.1（1）目规定的投标人按照招标人提供的工程量固化清单电子文件填写工程量清单，无须按照本章第 3.2.3 项和第 3.2.4 项的规定对投标报价进行修正，第 3.2.3 项～第 3.2.6 项内容不适用。

（2）在招标人给定的工程量清单中多报了某个工程子目的单价、合价或总额价，或所报单价、合价或总额价增加了报价范围，则从投标报价中扣除多报的工程子目报价或工程子目报价中增加了报价范围的部分报价。

（3）当单价与数量的乘积与合价（金额）虽然一致，但投标人修改了该子目的工程数量，则其合价按招标人给定的工程数量乘以投标人所报单价予以修正。

3.2.5 修正后的最终投标报价若超过投标控制价上限（如有），则投标人的投标文件作废标处理。

3.2.6 修正后的最终投标报价仅作为签订合同的一个依据，不参与评标价得分的计算。

3.2.7 评标委员会发现投标人的报价明显低于其他投标报价，或者在设有标底时明显低于标底，使得其投标报价可能低于其个别成本的，应当要求该投标人作出书面说明并提供相应的证明材料。投标人不能合理说明或者不能提供相应证明材料的，由评标委员会认定该投标人以低于成本报价竞标，其投标作废标处理。

3.2.8 投标人有以下情形之一的，否决其投标：

（1）串通投标或弄虚作假或有其他违法行为的；

（2）不按评标委员会要求澄清、说明或补正的。

3.3 投标文件的澄清和补正

3.3.1 在评标过程中，评标委员会可以书面形式要求投标人对所提交投标文件中不明确的内容进行书面澄清或说明，或者对细微偏差进行补正。评标委员会不接受投标人主动提出的澄清、说明或补正。

3.3.2 澄清、说明和补正不得改变投标文件的实质性内容（算术性错误修正的除外）。投标人的书面澄清、说明和补正属于投标文件的组成部分。

3.3.3 评标委员会对投标人提交的澄清、说明或补正有疑问的，可以要求投标人进一步澄清、说明或补正，直至满足评标委员会的要求。

3.3.4 凡超出招标文件规定的或给发包人带来未曾要求的利益的变化、偏差或其他因素在评标时不予考虑。

3.4 评标结果

3.4.1 除第二章"投标人须知"前附表授权直接确定中标人外，评标委员会按照得分由高到低的顺序推荐中标候选人。

3.4.2 评标委员会完成评标后，应当向招标人提交书面评标报告。

二、综合评分法❶

评标办法前附表❷

条 款 号		评审因素与标准
2.1.1 2.1.3	形式评审与响应性评审标准	第一个信封(商务和技术文件)评审标准： (1).投标文件按照招标文件规定的格式、内容填写，字迹清晰可辨； a. 投标函按招标文件规定填报了工期及工程质量目标和安全目标，招标人名称填写正确； b. 投标函附录的所有数据均符合招标文件规定； c. 投标文件组成齐全完整，内容均按规定填写； d. 按照招标文件规定的格式、内容编制了施工组织设计及项目管理机构相关图表； e. 投标文件组成齐全完整(含补遗书等)，内容均按规定填写； f. 投标文件第一个信封(商务和技术文件)中未出现有关投标报价的内容。 (2)投标文件上法定代表人或其授权代理人的签字、投标人的单位章盖章齐全，符合招标文件规定： 投标函及投标函附录、承诺函，应由投标人的法定代表人或其授权代理人逐页签署姓名(本页正文内容已由投标人的法定代表人或其授权代理人签署姓名的可不签署)并逐页加盖投标人单位章(本页正文内容已加盖单位章的除外)。 (3)投标人按照招标文件规定的金额、形式、时效和内容提供了投标担保： a. 投标担保金额符合招标文件规定的金额； b. 投标人在投标人须知前附表规定的时间之前，由投标人的基本账户将投标保证金一次性汇入至招标人指定账户； c. 若采用银行保函，银行保函的格式、开具保函的银行、银行保函的有效期均满足招标文件要求，且银行保函原件装订在投标文件的正本之中。 (4)投标人法定代表人授权委托代理人签署投标文件的，需提交授权委托书，且授权人和被授权人均在授权委托书上签名，未使用印章、签名章或其他电子制版签名代替。 (5)投标人法定代表人亲自签署投标文件的，提供了法定代表人身份证明，且法定代表人在法定代表人身份证明上签名，未使用印章、签名章或其他电子制版签名。 (6)投标人必须独立投标的，不得以联合体形式投标。 (7)投标人如有分包计划，应按第八章"投标文件格式"的要求填写"拟分包项目情况表"。 (8)投标文件载明的招标项目完成期限未超过招标文件规定的时限，质量目标、安全目标满足招标文件规定。 (9)投标文件未附有招标人不能接受的条件。 (10)权利义务符合招标文件规定： a. 投标人应接受招标文件规定的风险划分原则，未提出新的风险划分办法； b. 投标人未增加发包人的责任范围，或减少投标人义务； c. 投标人未提出不同的工程验收、计量、支付办法； d. 投标人对合同纠纷、事故处理办法未提出异议； e. 投标人在投标活动中无欺诈行为； f. 投标人未对合同条款有重要保留。 ……

---

❶　综合评分法，是指对通过初步评审的投标人的评标价、施工组织设计、项目管理机构、技术能力等因素进行评分，按照综合得分由高到低的顺序，推荐中标候选人的方法。其中评标价的评分权重不得低于50%。适用于技术复杂的养护工程施工招标采用的评标办法。

❷　"评标办法前附表"用于明确评标的方法、因素、标准和程序。招标人应根据招标项目具体特点和实际需要，详细列明全部评审因素、标准，没有列明的因素和标准不得作为评标的依据。

条　款　号		评审因素与评审标准
2.1.1 2.1.3	形式评审与响应性评审标准	第二个信封(报价文件)评审标准 (1)投标文件按照招标文件规定的格式、内容填写，字迹清晰可辨： a. 投标函按招标文件规定填报了投标价； b. 已标价工程量清单及说明文字与招标文件规定一致，未进行修改和删减； c. 投标文件组成齐全完整，内容均按规定填写。 (2)投标文件上法定代表人或其授权代理人的签字、投标人的单位章盖章齐全，符合招标文件规定： 投标函及已标价工程量清单(包括工程量清单及说明、投标报价说明、计日工说明、其他说明及工程量清单各项表格)的内容应由投标人的法定代表人或其委托代理人逐页签署姓名(本页正文内容已由投标人的法定代表人或其委托代理人签署姓名的可不签署)并逐页加盖投标人单位章(本页正文内容已加盖单位章的除外)。 (3)一份投标文件应只有一个投标报价，不得提交选择性报价。 (4)投标人未以调价函的形式进行投标报价。 (5)投标人的投标报价未超过招标人公布的上限控制价。 (6)安全生产费用符合招标文件规定❶。
2.1.2	资格评审标准❷	(1)投标人具备有效的营业执照、资质证书、安全生产许可证和基本账户开户许可证； (2)投标人的资质等级符合招标文件规定； (3)投标人的财务状况符合招标文件规定； (4)投标人的类似项目业绩符合招标文件规定； (5)投标人的信誉符合招标文件规定； (6)投标人的项目经理和项目总工程师资格符合招标文件规定； (7)投标人的其他要求符合招标文件规定； (8)投标人不存在第二章"投标人须知"第1.4.3项规定的任何一种情形； ……

条　款　号	条款内容	编列内容
2.2.1	分值构成(总分 100分)	(1)评标价：＿＿＿＿＿＿分 (2)施工组织设计：＿＿＿＿＿分 (3)项目管理机构：＿＿＿＿＿分 (4)业绩：＿＿＿＿＿＿分 (5)财务能力：＿＿＿＿＿分 (6)履约信誉：＿＿＿＿＿分 (7)其他：＿＿＿＿＿＿分

---

❶ 应明确安全生产费用比例或金额，例如"安全生产费按招标人公布的投标控制价上限的＿＿％计."
❷ 本项适用于未进行资格预审的情况。

条　款　号	条　款　内　容	编　列　内　容
2.2.2	评标基准价计算方法	评标基准价的计算： 在开标现场，招标人将当场计算并宣布评标基准价。 (1)评标价的确定： 方法一：评标价 = 投标函文字报价 方法二：评标价 = 投标函文字报价 − 暂估价 − 暂列金额(不含计日工总额) (2)评标价平均值的计算： 除按第二章"投标人须知"第5.2.5项规定开标现场被宣布为废标的投标报价之外，所有投标人的评标价去掉一个最高值和一个最低值❶后的算术平均值即为评标价平均值(如果参与评标价平均值计算的有效投标人少于5家，则计算评标价平均值时不去掉最高值和最低值)。 (3)评标基准价的确定❷： 方法一：将评标价平均值直接作为评标基准价。 方法二：将评标价平均值下浮＿＿＿%，作为评标基准价。 方法三：招标人设置评标基准价系数，由投标人代表或监标人现场抽取，评标价平均值乘以现场抽取的评标基准价系数作为评标基准价。 方法四：…… 如果投标人认为某一标段的评标基准价计算有误，有权在开标现场提出，经监标人当场核实确认之后，可重新宣布评标基准价。确认后的评标基准价在整个评标期间保持不变，不随通过初步评审和详细评审的投标人的数量发生变化。
2.2.3	评标价的偏差率计算公式	偏差率 = 100% × (投标人评标价 − 评标基准价)/评标基准价 偏差率保留＿＿＿位小数

❶ 进入第二信封评审的投标人过多时，招标人可视项目情况去掉若干个高值和低值，个数宜为 1~3 个，但去掉高低值后参与评标价平均值计算的投标人数量不应过少。

❷ 招标人可依据招标项目特点和实际需要，选择或制定适合项目的评标基准价计算方法。

续上表

条 款 号	评分因素与权重分值❶				评分标准❷
	评分因素	评分因素权重分值	各评分因素细分项	分值	
2.2.4（1）	施工组织设计	＿＿分	施工组织总体设计	＿＿分	……
			主要工程项目的施工方案、方法与技术措施	＿＿分	……
			工期保证体系及保证措施	＿＿分	……
			工程质量管理体系及保证措施	＿＿分	……
			安全生产管理体系及保证措施	＿＿分	……
			环境保护保证体系及保证措施	＿＿分	……
			施工保通、文明施工措施	＿＿分	……
			项目风险预测与防范，事故应急预案	＿＿分	……
			……	＿＿分	
2.2.4（2）	项目管理机构❸	＿＿分	项目经理任职资格与业绩	＿＿分	……
			项目总工程师任职资格与业绩	＿＿分	……
2.2.4（3）	评标价❹	＿＿分	投标人评标价得分的计算（保留两位小数）： （1）投标人的评标价＝评标基准价的，得 F 分； （2）投标人的评标价＞评标基准价的： $$评标价得分 = F - 偏差率 \times 100 \times E_1$$ （3）投标人的评标价≤评标基准价的： $$评标价得分 = F + 偏差率 \times 100 \times E_2$$ 式中：F——评标价所占的权重分数； 　　　E_1——评标价每高于评标基准价一个百分点的扣分值； 　　　E_2——评标价每低于评标基准价一个百分点的扣分值。 招标人可依据招标项目具体特点和实际需要设置 E_1、E_2，但 E_1 应大于 E_2。		

❶ 招标人应根据项目具体情况确定各评分因素及评分因素权重分值，并对各评分进行细分（如有），确定各评分因素细分项的分值，各评分因素权重分值合计应为 100 分。各评分因素（评标价除外）得分均不应低于其权重分值的 60%，且各评分因素得分应以评标委员会各成员的打分平均值确定。评标委员会成员总数为 7 人以上时，该平均值以去掉一个最高值和一个最低值后计算。

❷ 招标人应列明各评分因素或各评分因素细分项（如有）的评分标准并作为评标委员会进行评分的依据。

❸ 对于采用综合评分法进行评标的技术复杂的养护工程，还应将其他主要管理人员和技术人员列为项目管理机构的评分因素进行评分。

❹ 评标价所占权重不应低于 50%。

续上表

条　款　号	评分因素与权重分值					评分标准
	评分因素	评分因素权重分值	各评分因素细分项	分值		
2.2.4(4)	其他因素					
	财务能力	＿＿分	……	＿＿分		……
	业绩	＿＿分	…	＿＿分		……
	履约信誉❶	＿＿分	……	＿＿分		……
	设备配置	＿＿分	……	＿＿分		……
	……	＿＿分	……	＿＿分		……
需要补充的其他内容：						

---

❶ 招标人可结合交通运输部和安徽省交通运输厅对投标人的信用评级对其履约信用进行评分，但不得任意设置歧视性条款并不得任意设立行政许可。

77

1. 评标方法

本次评标采用综合评分法。评标委员会对满足招标文件实质性要求的投标文件，按照本章第2.2款规定的评分标准进行打分，并按得分由高到低的顺序推荐中标候选人，或根据招标人授权直接确定中标人，但投标报价低于其成本的除外。综合评分相等时，以投标报价低的优先；投标报价也相等的，招标人可采用在公路建设市场信用信息管理系统最新公布的公路施工企业评价获得较高信用等级的投标人优先；信用等级也一样时，可采用递交投标文件时间较前的投标人优先或其他方法确定第一中标候选人。

2. 评审标准

2.1 初步评审标准

2.1.1 形式评审标准：见评标办法前附表。

2.1.2 资格评审标准：见评标办法前附表(适用于未进行资格预审的)。

2.1.3 资格评审标准：见资格预审文件第三章"资格审查办法"详细审查标准(适用于已进行资格预审的)。

2.1.4 响应性评审标准：见评标办法前附表。

2.2 分值构成与评分标准

2.2.1 分值构成

(1)施工组织设计：见评标办法前附表。

(2)项目管理机构：见评标办法前附表。

(3)投标报价：见评标办法前附表。

(4)其他评分因素：见评标办法前附表。

2.2.2 评标基准价计算

评标基准价计算方法：见评标办法前附表。

2.2.3 投标报价的偏差率计算

投标报价的偏差率计算公式：见评标办法前附表。

2.2.4 评分标准

(1)施工组织设计评分标准：见评标办法前附表。

(2)项目管理机构评分标准：见评标办法前附表。

(3)投标报价评分标准：见评标办法前附表。

(4)其他因素评分标准：见评标办法前附表。

3. 评标程序

3.1 第一个信封(商务及技术文件)评审

招标人按照第二章"投标人须知"第5.2.1项～第5.2.3项的规定对投标文件第一个信封(商务及

技术文件)进行开标。

3.1.1 评标委员会对第一个信封(商务及技术文件)进行形式评审、响应性评审和资格评审。

3.1.2 评标委员会依据本章第 2.2 款规定的量化因素和分值对通过形式评审、响应性评审和资格评审的投标文件第一个信封(商务及技术文件)进行打分,并计算出第一个信封综合评估得分。

(1)按本章第 2.2.4(1)目规定的评审因素和分值对施工组织设计计算出得分 A;

(2)按本章第 2.2.4(2)目规定的评审因素和分值对项目管理机构计算出得分 B;

(3)按本章第 2.2.4(3)目规定的评审因素和分值对其他部分计算出得分 C。

3.1.3 除评标价和履约信誉评分项外,评标委员会成员对投标人商务和技术各项因素的评分一般不得低于招标文件规定的该因素满分值的 60%;评分低于满分值 60% 的,评标委员会成员应当在评标报告中作出说明;各因素得分应以评标委员会各成员的打分平均值确定,评标委员会成员总数为 7 人以上时,该平均值以去掉一个最高值和一个最低值后计算。

3.1.4 评分分值计算保留小数点后两位,小数点后第三位"四舍五入"。

3.1.5 投标人第一个信封(商务及技术文件)得分 $= A + B + C$。

3.1.6 评标委员会可以要求投标人提交第二章"投标人须知"第 3.5.1 项~3.5.5 项规定的有关证明和证件的原件,以便核验。评标委员会依据本章第 2.1 款规定的标准对投标文件进行初步评审。有一项不符合评审标准的,否决其投标。评标委员会应当查询交通运输主管部门的公路建设市场信用信息管理系统,对投标人的资质、业绩主要人员资历和目前在岗情况、信用等级等信息进行核实。若投标文件载明的信息与公路建设市场信用信息管理系统发布的信息不符,使得投标人的资格条件不符合招标文件规定的,评标委员会应当否决其投标。

3.1.7 投标人有以下情形之一的,否决其投标:

(1)第二章"投标人须知"第 1.4.3 项规定的任何一种情形的;

(2)串通投标或弄虚作假或有其他违法行为的;

(3)不按评标委员会要求澄清、说明或补正的。

3.1.8 如果通过第一个信封(商务及技术文件)评审的投标人少于 3 个,评标委员会可以否决全部投标。未否决全部投标的,评标委员会应当在评标报告中阐明理由,招标人按照规定的程序进行第二个信封(报价文件)开标。

3.2 第二个信封(报价文件)评审

招标人按照第二章"投标人须知"第 5.2.4 项~第 5.2.6 项的规定对通过投标文件第一个信封(商务及技术文件)评审的投标文件第二个信封(报价文件)进行开标。

招标人在第二个信封开标现场宣布通过第一个信封(商务及技术文件)评审的投标人名单,对其第二个信封(报价文件)进行开标,宣读投标报价。对未通过第一个信封(商务及技术文件)评审的投标人,对其第二个信封(报价文件)不予拆封,并退还给投标人。

3.2.1 评标委员会对投标文件第二个信封(报价文件)进行评审,并按本章第 2.2.4 项规定的评分标准计算出投标文件第二个信封(报价文件)得分 D(分值计算保留小数点后两位,小数点后第三位"四舍五入")。

3.2.2 对于通过第一个信封(商务及技术文件)评审的投标人少于 3 个且评标委员会未否决全部投标的第二个信封(报价文件)的情况,评标委员会在进行评审时人有权否决全部投标;评标委员会未在报价文件评审时否决全部投标的，评标委员会应当在评标报告中阐明理由。

3.2.3❶　投标报价有算术错误的，评标委员会按以下原则对投标报价进行修正，修正的价格经投标人书面确认后具有约束力。投标人不接受修正价格的，其投标作废标处理，并没收其投标担保。

（1）投标文件中的大写金额与小写金额不一致的，以大写金额为准；

（2）总价金额与依据单价计算出的结果不一致的，以单价金额为准修正总价，但单价金额小数点有明显错误的除外；

（3）当单价与数量相乘不等于合价时，以单价计算为准，如果单价有明显的小数点位置差错，应以标出的合价为准，同时对单价予以修正；

（4）当各子目的合价累计不等于总价时，应以各子目合价累计数为准，修正总价。

3.2.4　工程量清单中的投标报价有其他错误的，评标委员会按以下原则对投标报价进行修正，修正的价格经投标人书面确认后具有约束力。投标人不接受修正价格的，否决其投标，其投标担保不予退还。

（1）在招标人给定的工程量清单中漏报了某个工程子目的单价、合价或总额价，或所报单价、合价或总额价减少了报价范围，则漏报的工程子目单价、合价和总额价或单价、合价和总额价中减少的报价内容视为已含入其他工程子目的单价、合价和总额价之中。

（2）在招标人给定的工程量清单中多报了某个工程子目的单价、合价或总额价，或所报单价、合价或总额价增加了报价范围，则从投标报价中扣除多报的工程子目报价或工程子目报价中增加了报价范围的部分报价。

（3）当单价与数量的乘积与合价（金额）虽然一致，但投标人修改了该子目的工程数量，则其合价按招标人给定的工程数量乘以投标人所报单价予以修正。

3.2.5　修正后的最终投标报价若超过投标控制价上限（如有），则投标人的投标文件作废标处理。

3.2.6　修正后的最终投标报价仅作为签订合同的一个依据，不参与评标价得分的计算。

3.2.7　评标委员会发现投标人的报价明显低于其他投标报价，或者在设有标底时明显低于标底，使得其投标报价可能低于其个别成本的，应当要求该投标人作出书面说明并提供相应的证明材料。

投标人不能合理说明或者不能提供相应证明材料的，由评标委员会认定该投标人以低于成本报价竞标，其投标作废标处理。

3.2.8　投标人有以下情形之一的，否决其投标：
（1）串通投标或弄虚作假或有其他违法行为的；
（2）不按评标委员会要求澄清、说明或补正的。

3.3　投标文件的澄清和补正

3.3.1　在评标过程中，评标委员会可以书面形式要求投标人对所提交投标文件中不明确的内容

❶ 如果本项目招标采用第二章"投标人须知"第3.2.1(2)目规定的由投标人按照招标人提供的工程量清单填写本合同各工程子目的单价、合价和总额价方式，则评标委员会按照本章第3.2.3项和第3.2.4项的规定对投标人的投标报价进行修正。如果本项目招标采用第二章"投标人须知"第3.2.1(1)目规定的投标人按照招标人提供的工程量固化清单电子文件填写工程量清单，无须按照本章第3.2.3项和第3.2.4项的规定对投标报价进行修正，第3.2.3项～第3.2.6项内容不适用。

进行书面澄清或说明，或者对细微偏差进行补正。评标委员会不接受投标人主动提出的澄清、说明或补正。

3.3.2 澄清、说明和补正不得改变投标文件的实质性内容(算术性错误修正的除外)。投标人的书面澄清、说明和补正属于投标文件的组成部分。

3.3.3 评标委员会对投标人提交的澄清、说明或补正有疑问的，可以要求投标人进一步澄清、说明或补正，直至满足评标委员会的要求。

3.3.4 凡超出招标文件规定的或给发包人带来未曾要求的利益的变化、偏差或其他因素在评标时不予考虑。

3.4 评标结果

3.4.1 评标委员会计算投标文件综合得分 = 第一个信封(商务及技术文件)得分 + 第二个信封(报价文件)得分。

3.4.2 除第二章"投标人须知"前附表授权直接确定中标人外，评标委员会按照得分由高到低的顺序推荐中标候选人。

3.4.3 评标委员会完成评标后，应当向招标人提交书面评标报告。

三、技术评分最低标价法❶

评标办法前附表❷

条 款 号		评审因素与标准
2.1.1 2.1.3	形式评审与响应性评审标准	第一个信封(商务和技术文件)评审标准: (1)投标文件按照招标文件规定的格式、内容填写,字迹清晰可辨; a. 投标函按招标文件规定填报了工期及工程质量目标和安全目标,招标人名称填写正确; b. 投标函附录的所有数据均符合招标文件规定; c. 投标文件组成齐全完整,内容均按规定填写; d. 按照招标文件规定的格式、内容编制了施工组织设计及项目管理机构相关图表; e. 投标文件组成齐全完整(含补遗书等),内容均按规定填写; f. 投标文件第一个信封(商务和技术文件)中未出现有关投标报价的内容。 (2)投标文件上法定代表人或其授权代理人的签字、投标人的单位章盖章齐全,符合招标文件规定: 投标函及投标函附录、承诺函,应由投标人的法定代表人或其授权代理人逐页签署姓名(本页正文内容已由投标人的法定代表人或其授权代理人签署姓名的可不签署)并逐页加盖投标人单位章(本页正文内容已加盖单位章的除外)。 (3)投标人按照招标文件规定的金额、形式、时效和内容提供了投标担保: a. 投标担保金额符合招标文件规定的金额; b. 投标人在投标人须知前附表规定的时间之前,由投标人的基本账户将投标保证金一次性汇入至招标人指定账户; c. 若采用银行保函,银行保函的格式、开具保函的银行、银行保函的有效期均满足招标文件要求,且银行保函原件装订在投标文件的正本之中。 (4)投标人法定代表人授权委托代理人签署投标文件的,需提交授权委托书,且授权人和被授权人均在授权委托书上签名,未使用印章、签名章或其他电子制版签名代替。 (5)投标人法定代表人亲自签署投标文件的,提供了法定代表人身份证明,且法定代表人在法定代表人身份证明上签名,未使用印章、签名章或其他电子制版签名。 (6)投标人必须独立投标的,不得以联合体形式投标。 (7)投标人如有分包计划,应按第八章"投标文件格式"的要求填写"拟分包项目情况表"。 (8)投标文件载明的招标项目完成期限未超过招标文件规定的时限,质量目标、安全目标满足招标文件规定。 (9)投标文件未附有招标人不能接受的条件。

---

❶ 技术评分最低标价法,是指对通过初步评审和资格审查的投标人的施工组织设计、项目管理机构、技术能力等因素进行评分,按照综合得分由高到低的顺序,对排名在招标文件规定的数量以内的投标人的投标报价进行评审,按照评标价由高到低的顺序推荐中标候选人的方法。招标人在招标文件中规定的参与报价文件评审的投标人数量不得少于 3 人。

❷ "评标办法前附表"用于明确评标的方法、因素、标准和程序。招标人应根据招标项目具体特点和实际需要,详细列明全部评审因素、标准,没有列明的因素和标准不得作为评标的依据。

条　款　号		评审因素与评审标准
2.1.1 2.1.3	形式评审与响应性评审标准	(10)权利义务符合招标文件规定： a. 投标人应接受招标文件规定的风险划分原则，未提出新的风险划分办法； b. 投标人未增加发包人的责任范围，或减少投标人义务； c. 投标人未提出不同的工程验收、计量、支付办法； d. 投标人对合同纠纷、事故处理办法未提出异议； e. 投标人在投标活动中无欺诈行为； f. 投标人未对合同条款有重要保留。 …… 第二个信封(报价文件)评审标准： (1)投标文件按照招标文件规定的格式、内容填写，字迹清晰可辨： a. 投标函按招标文件规定填报了投标价； b. 已标价工程量清单及说明文字与招标文件规定一致，未进行修改和删减； c. 投标文件组成齐全完整，内容均按规定填写。 (2)投标文件上法定代表人或其授权代理人的签字、投标人的单位章盖章齐全，符合招标文件规定： 投标函及已标价工程量清单(包括工程量清单及说明、投标报价说明、计日工说明、其他说明及工程量清单各项表格)的内容应由投标人的法定代表人或其委托代理人逐页签署姓名(本页正文内容已由投标人的法定代表人或其委托代理人签署姓名的可不签署)并逐页加盖投标人单位章(本页正文内容已加盖单位章的除外)。 (3)一份投标文件应只有一个投标报价，不得提交选择性报价。 (4)投标人未以调价函的形式进行投标报价。 (5)投标人的投标报价未超过招标人公布的上限控制价。 (6)安全生产费用符合招标文件规定❶。
2.1.2	资格评审标准❷	(1)投标人具备有效的营业执照、资质证书、安全生产许可证和基本账户开户许可证； (2)投标人的资质等级符合招标文件规定； (3)投标人的财务状况符合招标文件规定； (4)投标人的类似项目业绩符合招标文件规定； (5)投标人的信誉符合招标文件规定； (6)投标人的项目经理和项目总工程师资格符合招标文件规定； (7)投标人的其他要求符合招标文件规定； (8)投标人不存在第二章"投标人须知"第1.4.3项规定的任何一种情形； ……

条　款　号	条 款 内 容	编 列 内 容
2.2.1	分值构成（总分100分）❸	第一个信封(商务及技术文件)评分分值构成： (1)施工组织设计：＿＿＿＿＿＿分 (2)项目管理机构：＿＿＿＿＿＿分 (3)业绩：＿＿＿＿＿＿分 (4)财务能力：＿＿＿＿＿＿分 (5)履约信誉：＿＿＿＿＿＿分 (6)其他：＿＿＿＿＿＿分 ……

---

❶ 应明确安全生产费用比例或金额，例如"安全生产费按招标人公布的投标控制价上限的＿＿＿%计。"

❷ 本项适用于未进行资格预审的情况。

❸ 各评分因素权重分值范围如下：施工组织设计 25～40 分；主要人员 25～40 分；技术能力 10～20 分；履约信誉 15～25 分。

续上表

条 款 号	条款内容	编列内容
2.2.3	评标价	评标价计算公式： 方法一：评标价＝修正后的投标报价 方法二：评标价＝修正后的投标报价－暂估价－暂列金额(不含计日工总额)❶。
3.2.4	通过第一个信封详细评审的投标人数量	按照投标人的商务和技术得分由高到低排序，选择前____❷名通过详细评审。

条款号	评分因素与权重分值❸				评分标准❹
	评分因素	评分因素权重分值	各评分因素细分项	分值	
2.2.4(1)	施工组织设计	____分	施工组织总体设计	____分	……
			主要工程项目的施工方案、方法与技术措施	____分	……
			工期保证体系及保证措施	____分	……
			工程质量管理体系及保证措施	____分	……
			安全生产管理体系及保证措施	____分	……
			环境保护保证体系及保证措施	____分	……
			施工保通、文明施工措施	____分	……
			项目风险预测与防范，事故应急预案	____分	……
			……	____分	……
2.2.4(2)	项目管理机构	____分	项目经理任职资格与业绩	____分	……
			项目总工任职资格与业绩	____分	……

---

❶ 如果本项目招标采用第二章"投标人须知"第3.2.1(1)目规定的投标人按照招标人提供的工程量固化清单电子文件填写工程量清单，无须按照本章第3.2.3项和第3.2.4项的规定对投标报价进行修正。

❷ 该数量的设置应避免本办法演变为经评审的最低投标价法，该数量应不少于3名，最高不宜超过10名。

❸ 招标人应根据项目具体情况确定各评分因素及评分因素权重分值，并对各评分因素进行细分(如有)，确定各评分因素细分项的分值，各评分因素权重分值合计应为100分。各评分因素(评标价和履约信誉除外)得分均不应低于其权重分值的60%，且各评分因素得分应以评标委员会各成员的打分平均值确定，评标委员会成员总数为7人以上时，该平均值以去掉一个最高值和一个最低值后计算；评标委员会成员对某一项评分因素的评分低于权重值分值的60%的，应在评标报告中作出说明。

❹ 招标人应列明各评分因素或各评分因素细分项(如有)的评分标准并作为评标委员会进行评分的依据。

续上表

条 款 号	评分因素与权重分值					评分标准
	评分因素	评分因素权重分值	各评分因素细分项		分值	
2.2.4(3)	财务能力	＿＿分	……		＿＿分	……
	业绩	＿＿分	……		＿＿分	……
	履约信誉❶	＿＿分	……		＿＿分	……
	设备配置	＿＿分	……		＿＿分	……
	……	＿＿分	……		＿＿分	……

需要补充的其他内容：
1. 针对不同工程，招标人确定进入第二个信封（报价文件）投标人的具体数量或数值的确定方式。
2. ……

---

❶ 招标人可结合交通运输部和安徽省交通运输厅对投标人的信用评级对其履约信用进行评分，但不得任意设置歧视性条款并不得任意设立行政许可。

1. 评标方法

本次评标采用技术评分最低标价法。评标委员会对满足招标文件实质性要求的投标文件，按照本章第 2.2 款规定的评分标准对第一个信封(商务及技术文件)进行评分，并按得分由高到低的顺序确定排名前 N 名(N≥3)的投标人进入第二个信封(报价文件)评审。对通过第二个信封(报价文件)按评标价由低到高的顺序，依次推荐中标候选人。投标报价也相等的，可采用第一个信封(商务及技术文件)评分高的投标人优先；第一个信封(商务及技术文件)评分也相等时，招标人可采用在安徽省公路建设市场信用信息管理系统最新公布的公路施工企业评价获得较高信用等级的投标人优先；信用等级也一样时，可采用递交投标文件时间较前的投标人优先或其他方法确定第一中标候选人。

2. 评审标准

2.1 初步评审标准

2.1.1 形式评审标准：见评标办法前附表。
2.1.2 资格评审标准：见评标办法前附表(适用于未进行资格预审的)。
2.1.3 响应性评审标准：见评标办法前附表。

2.2 分值构成与评分标准

2.2.1 分值构成
(1)施工组织设计：见评标办法前附表。
(2)项目管理机构：见评标办法前附表。
(3)其他评分因素：见评标办法前附表。
2.2.2 评分标准
(1)施工组织设计评分标准：见评标办法前附表。
(2)项目管理机构评分标准：见评标办法前附表。
(3)其他因素评分标准：见评标办法前附表。

3. 评标程序

3.1 第一个信封(商务及技术文件)评审

招标人按照第二章"投标人须知"第 5.2.1 项~第 5.2.3 项的规定对投标文件第一个信封(商务及技术文件)进行开标。

3.1.1 评标委员会对第一个信封(商务及技术文件)进行形式评审、响应性评审和资格评审。

3.1.2 评标委员会依据本章第 2.2 款规定的量化因素和分值对通过形式评审、响应性评审和资格评审的投标文件第一个信封(商务及技术文件)进行打分，并计算出第一个信封综合评估得分。
(1)按本章第 2.2.4(1)目规定的评审因素和分值对施工组织设计计算出得分 A；
(2)按本章第 2.2.4(2)目规定的评审因素和分值对项目管理机构计算出得分 B；
(3)按本章第 2.2.4(3)目规定的评审因素和分值对其他部分计算出得分 C。

3.1.3 除评标价和履约信誉评分项外，评标委员会成员对投标人商务和技术各项因素的评分一般不得低于招标文件规定的该因素满分值的 60%；评分低于满分值 60% 的，评标委员会成员应当在评标报告中作出说明，各因素得分应以评标委员会各成员的打分平均值确定，该平均值以去掉一个最高值和一个最低值后计算。

3.1.4 评分分值计算保留小数点后两位，小数点后第三位"四舍五入"。

3.1.5 投标人第一个信封（商务及技术文件）得分 $= A + B + C$。

3.1.6 评标委员会按第一个信封（商务及技术文件）评分由高到低的排序，确定排名前 N 名（$N \geq 3$）的投标人进入第二个信封（报价文件）文件评审。

3.1.7 评标委员会可以要求投标人提交第二章"投标人须知"第 3.5.1 项～3.5.5 项规定的有关证明和证件的原件，以便核验。评标委员会依据本章第 2.1 款规定的标准对投标文件进行初步评审。有一项不符合评审标准的，否决其投标。评标委员会应当查询交通运输主管部门的公路建设市场信用信息管理系统，对投标人的资质、业绩主要人员资历和目前在岗情况、信用等级等信息进行核实。若投标文件载明的信息与公路建设市场信用信息管理系统发布的信息不符，使得投标人的资格条件不符合招标文件规定的，评标委员会应当否决其投标。

3.1.8 投标人有以下情形之一的，否决其投标：

（1）第二章"投标人须知"第 1.4.3 项规定的任何一种情形的；

（2）串通投标或弄虚作假或有其他违法行为的；

（3）不按评标委员会要求澄清、说明或补正的。

3.1.9 如果通过第一个信封（商务及技术文件）评审的投标人少于 3 个，评标委员会可以否决全部投标。未否决全部投标的，评标委员会应当在评标报告中阐明理由，招标人按照规定的程序进行第二个信封（报价文件）开标。

3.2 第二个信封（报价文件）评审

招标人按照第二章"投标人须知"第 5.2.4 项～第 5.2.6 项的规定对通过投标文件第一个信封（商务及技术文件）评审的投标文件第二个信封（报价文件）进行开标。

招标人在第二个信封开标现场宣布通过第一个信封（商务及技术文件）评审的投标人名单，对其第二个信封（报价文件）进行开标，宣读投标报价。对未进入第二个信封（报价文件）开标的投标人，对其第二个信封（报价文件）不予拆封，并退还给投标人。

3.2.1 评标委员会对投标文件第二个信封（报价文件）进行评审。

3.2.2 对于通过第一个信封（商务及技术文件）评审的投标人少于 3 个且评标委员会未否决全部投标的第二个信封（报价文件）的情况，评标委员会在进行评审时有权否决全部投标；评标委员会未在报价文件评审时否决全部投标的，评标委员会应当在评标报告中阐明理由。

3.2.3❶ 投标报价有算术错误的，评标委员会按以下原则对投标报价进行修正，修正的价格经投标人书面确认后具有约束力。投标人不接受修正价格的，其投标作废标处理，并没收其投标担保。

（1）投标文件中的大写金额与小写金额不一致的，以大写金额为准；

（2）总价金额与依据单价计算出的结果不一致的，以单价金额为准修正总价，但单价金额小数点有明显错误的除外；

（3）当单价与数量相乘不等于合价时，以单价计算为准，如果单价有明显的小数点位置差错，应以标出的合价为准，同时对单价予以修正；

---

❶ 如果本项目招标采用第二章"投标人须知"第 3.2.1（2）目规定的由投标人按照招标人提供的工程量清单填写本合同各工程子目的单价、合价和总额价方式，则评标委员会按照本章第 3.2.3 项和第 3.2.4 项的规定对投标人的投标报价进行修正。如果本项目招标采用第二章"投标人须知"第 3.2.1（1）目规定的投标人按照招标人提供的工程量固化清单电子文件填写工程量清单的，无须按照本章第 3.2.3 项和第 3.2.4 项的规定对投标报价进行修正，第 3.2.3 项～第 3.2.6 项内容不适用。

(4) 当各子目的合价累计不等于总价时，应以各子目合价累计数为准，修正总价。

3.2.4 工程量清单中的投标报价有其他错误的，评标委员会按以下原则对投标报价进行修正，修正的价格经投标人书面确认后具有约束力。投标人不接受修正价格的，否决其投标，其投标担保不予退还。

(1) 在招标人给定的工程量清单中漏报了某个工程子目的单价、合价或总额价，或所报单价、合价或总额价减少了报价范围，则漏报的工程子目单价、合价和总额价或单价、合价和总额价中减少的报价内容视为已含入其他工程子目的单价、合价和总额价之中。

(2) 在招标人给定的工程量清单中多报了某个工程子目的单价、合价或总额价，或所报单价、合价或总额价增加了报价范围，则从投标报价中扣除多报的工程子目报价或工程子目报价中增加了报价范围的部分报价。

(3) 当单价与数量的乘积与合价(金额)虽然一致，但投标人修改了该子目的工程数量，则其合价按招标人给定的工程数量乘以投标人所报单价予以修正。

3.2.5 修正后的最终投标报价若超过投标控制价上限(如有)，则投标人的投标文件作废标处理。

3.2.6 评标委员会发现投标人的报价明显低于其他投标报价，或者在设有标底时明显低于标底，使得其投标报价可能低于其个别成本的，应当要求该投标人作出书面说明并提供相应的证明材料。

投标人不能合理说明或者不能提供相应证明材料的，由评标委员会认定该投标人以低于成本报价竞标，其投标作废标处理。

3.2.7 投标人有以下情形之一的，否决其投标：
(1) 串通投标或弄虚作假或有其他违法行为的；
(2) 不按评标委员会要求澄清、说明或补正的。

3.3 投标文件的澄清和补正

3.3.1 在评标过程中，评标委员会可以书面形式要求投标人对所提交投标文件中不明确的内容进行书面澄清或说明，或者对细微偏差进行补正。评标委员会不接受投标人主动提出的澄清、说明或补正。

3.3.2 澄清、说明和补正不得改变投标文件的实质性内容(算术性错误修正的除外)。投标人的书面澄清、说明和补正属于投标文件的组成部分。

3.3.3 评标委员会对投标人提交的澄清、说明或补正有疑问的，可以要求投标人进一步澄清、说明或补正，直至满足评标委员会的要求。

3.3.4 凡超出招标文件规定的或给发包人带来未曾要求的利益的变化、偏差或其他因素在评标时不予考虑。

3.4 评标结果

3.4.1 除第二章"投标人须知"前附表授权直接确定中标人外，评标委员会按照评标价由低到高的顺序推荐中标候选人。

3.4.2 评标委员会完成评标后，应当向招标人提交书面评标报告。

四、经评审的最低投标价法❶

评标办法前附表❷

条 款 号		评审因素与标准
2.1.1 2.1.3	形式评审与响应性评审标准	第一个信封(商务和技术文件)评审标准： (1)投标文件按照招标文件规定的格式、内容填写，字迹清晰可辨； a. 投标函按招标文件规定填报了工期及工程质量目标和安全目标，招标人名称填写正确； b. 投标函附录的所有数据均符合招标文件规定； c. 投标文件组成齐全完整，内容均按规定填写； d. 按照招标文件规定的格式、内容编制了施工组织设计及项目管理机构相关图表； e. 投标文件组成齐全完整(含补遗书等)，内容均按规定填写； f. 投标文件第一信封(商务和技术文件)中未出现有关投标报价的内容。 (2)投标文件上法定代表人或其授权代理人的签字、投标人的单位章盖章齐全，符合招标文件规定： 投标函及投标函附录、承诺函，应由投标人的法定代表人或其授权代理人逐页签署姓名(本页正文内容已由投标人的法定代表人或其授权代理人签署姓名的可不签署)并逐页加盖投标人单位章(本页正文内容已加盖单位章的除外)。 (3)投标人按照招标文件规定的金额、形式、时效和内容提供了投标担保： a. 投标担保金额符合招标文件规定的金额； b. 投标人在投标人须知前附表规定的时间之前，由投标人的基本账户将投标保证金一次性汇入至招标人指定账户； c. 若采用银行保函，银行保函的格式、开具保函的银行、银行保函的有效期均满足招标文件要求，且银行保函原件装订在投标文件的正本之中。 (4)投标人法定代表人授权委托代理人签署投标文件的，需提交授权委托书，且授权人和被授权人均在授权委托书上签名，未使用印章、签名章或其他电子制版签名代替。 (5)投标人法定代表人亲自签署投标文件的，提供了法定代表人身份证明，且法定代表人在法定代表人身份证明上签名，未使用印章、签名章或其他电子制版签名。 (6)投标人必须独立投标的，不得以联合体形式投标。 (7)投标人如有分包计划，应按第八章"投标文件格式"的要求填写"拟分包项目情况表"。 (8)投标文件载明的招标项目完成期限未超过招标文件规定的时限，质量目标、安全目标满足招标文件规定。 (9)投标文件未附有招标人不能接受的条件。 (10)权利义务符合招标文件规定： a. 投标人应接受招标文件规定的风险划分原则，未提出新的风险划分办法； b. 投标人未增加发包人的责任范围，或减少投标人义务； c. 投标人未提出不同的工程验收、计量、支付办法； d. 投标人对合同纠纷、事故处理办法未提出异议； e. 投标人在投标活动中无欺诈行为； f. 投标人未对合同条款有重要保留。 ……

❶ 经评审的最低投标价法，是指对通过初步审核和资格审查的投标人，不再对其施工组织设计、项目管理机构、技术能力等因素进行评分，按照评标价由低到高的顺序，推荐中标候选人的评标办法。
❷ "评标办法前附表"用于明确评标的方法、因素、标准和程序。招标人应根据招标项目具体特点和实际需要，详细列明全部评审因素、标准，没有列明的因素和标准不得作为评标的依据。

条 款 号		评审因素与标准
2.1.1 2.1.3	形式评审与响应性评审标准	第二个信封(报价文件)评审标准： (1)投标文件按照招标文件规定的格式、内容填写，字迹清晰可辨： a. 投标函按招标文件规定填报了投标价； b. 已标价工程量清单及说明文字与招标文件规定一致，未进行修改和删减； c. 投标文件组成齐全完整，内容均按规定填写。 (2)投标文件上法定代表人或其授权代理人的签字、投标人的单位章盖章齐全，符合招标文件规定： 投标函及已标价工程量清单(包括工程量清单及说明、投标报价说明、计日工说明、其他说明及工程量清单各项表格)的内容应由投标人的法定代表人或其委托代理人逐页签署姓名(本页正文内容已由投标人的法定代表人或其委托代理人签署姓名的可不签署)并逐页加盖投标人单位章(本页正文内容已加盖单位章的除外)。 (3)一份投标文件应只有一个投标报价，不得提交选择性报价。 (4)投标人未以调价函的形式进行投标报价。 (5)投标人的投标报价未超过招标人公布的上限控制价。 (6)安全生产费用符合招标文件规定❶。
2.1.2	资格评审标准❷	(1)投标人具备有效的营业执照、资质证书、安全生产许可证和基本账户开户许可证； (2)投标人的资质等级符合招标文件规定； (3)投标人的财务状况符合招标文件规定； (4)投标人的类似项目业绩符合招标文件规定； (5)投标人的信誉符合招标文件规定； (6)投标人的项目经理和项目总工程师资格符合招标文件规定； (7)投标人的其他要求符合招标文件规定； (8)投标人不存在第二章"投标人须知"第1.4.3项规定的任何一种情形； ……
2.1.4	施工组织设计和项目管理机构评审标准	无

条 款 号		量化因素	量化标准
2.2	详细评审标准	评标价计算	第二个信封(报价文件) 方法一：评标价＝修正后的投标报价❸ 方法二：评标价＝修正后的投标报价－修正后的暂估价－修正后的暂列金额(不含计日工总额)

需要补充的其他内容：

---

❶ 应明确安全生产费用比例或金额，例如"安全生产费按招标人公布的投标控制价上限的____％计。"

❷ 本项适用于未进行资格预审的情况。

❸ 如果本项目招标采用第二章"投标人须知"第3.2.1(1)目规定的投标人按照招标人提供的工程量固化清单电子文件填写工程量清单的，无须按照本章第3.2.3项和第3.2.4项的规定对投标报价进行修正。

1. 评标方法

本次评标采用经评审的最低投标价法。评标委员会对满足招标文件实质性要求的投标文件，根据本章第 2.2 款规定的量化因素及量化标准进行价格折算，按照经评审的投标价由低到高的顺序推荐中标候选人，或根据招标人授权直接确定中标人，但投标报价低于其成本的除外。经评审的投标价相等时，招标人可采用在安徽省公路建设市场信用信息管理系统公布的公路施工企业信用评价获得较高信用等级的投标人优先；信用等级也一样时，可采用递交投标文件时间较前的投标人优先或其他方法确定第一中标候选人。

2. 评审标准

2.1 初步评审标准

2.1.1 形式评审标准：见评标办法前附表。

2.1.2 资格评审标准：见评标办法前附表。

2.1.3 响应性评审标准：见评标办法前附表。

2.1.4 施工组织设计和项目管理机构评审标准：见评标办法前附表。

2.2 分值构成与评分标准

详细评审标准：见评标办法前附表。

3. 评标程序

3.1 第一个信封(商务及技术文件)评审

招标人按照第二章"投标人须知"第 5.2.1 项～第 5.2.3 项的规定对投标文件第一个信封(商务及技术文件)进行开标。

3.1.1 评标委员会对第一个信封(商务及技术文件)进行形式评审、响应性评审和资格评审，确定通过第一个信封(商务及技术文件)评审的投标人名单。

3.1.2 评标委员会可以要求投标人提交第二章"投标人须知"第 3.5.1 项～第 3.5.5 项规定的有关证明和证件的原件，以便核验。评标委员会依据本章第 2.1 款规定的标准对投标文件进行初步评审。有一项不符合评审标准的，否决其投标。评标委员会应当查询交通运输主管部门的公路建设市场信用信息管理系统，对投标人的资质、业绩主要人员资历和目前在岗情况、信用等级等信息进行核实。若投标文件载明的信息与公路建设市场信用信息管理系统发布的信息不符，使得投标人的资格条件不符合招标文件规定的，评标委员会应当否决其投标。

3.1.3 投标人有以下情形之一的，其投标作废标处理：

(1)第二章"投标人须知"第 1.4.3 项规定的任何一种情形的；

(2)串通投标或弄虚作假或有其他违法行为的；

（3）不按评标委员会要求澄清、说明或补正的。

3.1.4　如果通过第一个信封（商务及技术文件）评审的投标人少于3个，评标委员会可以否决全部投标。未否决全部投标的，评标委员会应当在评标报告中阐明理由，招标人按照规定的程序进行第二个信封（报价文件）开标。

3.2　第二个信封（报价文件）评审

招标人按照第二章"投标人须知"第5.2.4项～第5.2.6项的规定对通过投标文件第一个信封（商务及技术文件）评审的投标文件第二个信封（报价文件）进行开标。

招标人在第二个信封开标现场宣布通过第一个信封（商务及技术文件）评审的投标人名单，对其第二个信封（报价文件）进行开标，宣读投标报价。按招标文件规定现场计算并公布评标基准价。对未通过第一个信封（商务及技术文件）评审的投标人，对其第二个信封（报价文件）不予拆封，并退还给投标人。

3.2.1　评标委员会对投标文件第二个信封（报价文件）进行评审。

3.2.2　对于通过第一个信封（商务及技术文件）评审的投标人少于3个且评标委员会未否决全部投标的第二个信封（报价文件）的情况，评标委员会在进行评审时有权否决全部投标；评标委员会未在第二个信封（报价文件）评审时否决全部投标的，评标委员会应当在评标报告中阐明理由。

3.2.3❶　投标报价有算术错误的，评标委员会按以下原则对投标报价进行修正，修正的价格经投标人书面确认后具有约束力。投标人不接受修正价格的，其投标作废标处理，并没收其投标担保。

（1）投标文件中的大写金额与小写金额不一致的，以大写金额为准；

（2）总价金额与依据单价计算出的结果不一致的，以单价金额为准修正总价，但单价金额小数点有明显错误的除外；

（3）当单价与数量相乘不等于合价时，以单价计算为准，如果单价有明显的小数点位置差错，应以标出的合价为准，同时对单价予以修正；

（4）当各子目的合价累计不等于总价时，应以各子目合价累计数为准，修正总价。

3.2.4　工程量清单中的投标报价有其他错误的，评标委员会按以下原则对投标报价进行修正，修正的价格经投标人书面确认后具有约束力。投标人不接受修正价格的，其投标作废标处理，并没收其投标担保。

（1）在招标人给定的工程量清单中漏报了某个工程子目的单价、合价或总额价，或所报单价、合价或总额价减少了报价范围，则漏报的工程子目单价、合价和总额价或单价、合价和总额价中减少的报价内容视为已含入其他工程子目的单价、合价和总额价之中。

（2）在招标人给定的工程量清单中多报了某个工程子目的单价、合价或总额价，或所报单价、合价或总额价增加了报价范围，则从投标报价中扣除多报的工程子目报价或工程子目报价中增加了报价范围的部分报价。

（3）当单价与数量的乘积与合价（金额）虽然一致，但投标人修改了该子目的工程数量，则其合价

---

❶　如果本项目招标采用第二章"投标人须知"第3.2.1（2）目规定的由投标人按照招标人提供的工程量清单填写本合同各工程子目的单价、合价和总额价方式，则评标委员会按照本章第3.2.3项和第3.2.4项的规定对投标人的投标报价进行修正。如果本项目招标采用第二章"投标人须知"第3.2.1（1）目规定的投标人按照招标人提供的工程量固化清单电子文件填写工程量清单的，无须按照本章第3.2.3项和第3.2.4项的规定对投标报价进行修正，第3.2.3项～第3.2.6项内容不适用。

按招标人给定的工程数量乘以投标人所报单价予以修正。

3.2.5 修正后的最终投标报价若超过投标控制价上限（如有），则投标人的投标文件作废标处理。

3.2.6 修正后的最终投标报价仅作为签订合同的一个依据，不参与评标价得分的计算。

3.2.7 评标委员会发现投标人的报价明显低于其他投标报价，或者在设有标底时明显低于标底，使得其投标报价可能低于其个别成本的，应当要求该投标人作出书面说明并提供相应的证明材料。投标人不能合理说明或者不能提供相应证明材料的，由评标委员会认定该投标人以低于成本报价竞标，其投标作废标处理。

3.2.8 投标人有以下情形之一的，否决其投标：

（1）串通投标或弄虚作假或有其他违法行为的；

（2）不按评标委员会要求澄清、说明或补正的。

3.3 投标文件的澄清和补正

3.3.1 在评标过程中，评标委员会可以书面形式要求投标人对所提交投标文件中不明确的内容进行书面澄清或说明，或者对细微偏差进行补正。评标委员会不接受投标人主动提出的澄清、说明或补正。

3.3.2 澄清、说明和补正不得改变投标文件的实质性内容（算术性错误修正的除外）。投标人的书面澄清、说明和补正属于投标文件的组成部分。

3.3.3 评标委员会对投标人提交的澄清、说明或补正有疑问的，可以要求投标人进一步澄清、说明或补正，直至满足评标委员会的要求。

3.3.4 凡超出招标文件规定的或给发包人带来未曾要求的利益的变化、偏差或其他因素在评标时不予考虑。

3.4 评标结果

3.4.1 除第二章"投标人须知"前附表授权直接确定中标人外，评标委员会按照经评审的投标报价由低到高的顺序推荐中标候选人。

3.4.2 评标委员会完成评标后，应当向招标人提交书面评标报告。

第四章　合同条款及格式

第一节　通用合同条款

1. 一般约定

1.1　词语定义

通用合同条款、专用合同条款中的下列词语应具有本款所赋予的含义。

1.1.1　合同

1.1.1.1　合同文件（或称合同）：指合同协议书、中标通知书、投标函及投标函附录、专用合同条款、通用合同条款、技术标准和要求、图纸、已标价工程量清单，以及其他合同文件。

1.1.1.2　合同协议书：指第1.5款所指的合同协议书。

1.1.1.3　中标通知书：指发包人通知承包人中标的函件。

1.1.1.4　投标函：指构成合同文件组成部分的由承包人填写并签署的投标函。

1.1.1.5　投标函附录：指附在投标函后构成合同文件的投标函附录。

1.1.1.6　技术规范：指本合同所约定的技术标准和要求，是合同文件的组成部分。通用合同条款中"技术标准和要求"一词具有相同含义。

1.1.1.7　图纸：指包含在合同中的工程图纸，以及由发包人按合同约定提供的任何补充和修改的图纸，包括配套的说明。

1.1.1.8　已标价工程量清单：指构成合同文件组成部分的已标明价格、经算术性错误修正及其他错误修正（如有）且承包人已确认的最终的工程量清单，包括工程量清单说明、投标报价说明、其他说明及工程量清单各项表格。

1.1.1.9　其他合同文件：指经合同双方当事人确认构成合同文件的其他文件。

1.1.1.10　补遗书：指发出招标文件之后由招标人向取得招标文件的投标人发出的、编号的，对招标文件所作的澄清、修改书。

1.1.2　合同当事人和人员

1.1.2.1　合同当事人：指发包人和（或）承包人。

1.1.2.2　发包人：指专用合同条款中指明并与承包人在合同协议书中签字的当事人。

1.1.2.3　承包人：指其投标已为发包人所接受，并与发包人签订了实施本合同公路养护工程合同协议书的当事人（承包人），以及取得该当事人（承包人）资格的合法继承人（承包人）。

1.1.2.4　承包人项目经理：指由承包人书面委派常驻现场负责执行本合同和管理本合同公路养护工程的代表。

1.1.2.5　分包人：指从承包人处分包合同中某一部分工程，并与其签订分包合同的分包人。

1.1.2.6　监理人：指发包人为实施本合同委托的承担本合同工程监理工作的独立法人。必须是经工商注册并持有交通主管部门核发的资质证书或资信登记的专职监理企业，依照核定的监理业务范围，承担相应公路工程的监理业务；或由市公路管理部门或发包人组织的内部专业监理，并须将设置的项目监理组织机构、到岗人员及项目监理工作计划报市交通工程质监站，审批后方可开展工作。

监理组织必须接受市交通工程质监站对其监理资格、监理质量控制体系及监理工作质量的监督检查。

1.1.2.7 总监理工程师(总监)：指由监理人委派常驻养护工程施工场地对合同履行实施管理的全权负责人。

1.1.2.8 承包人项目总工程师：指由承包人书面委派常驻现场负责执行、管理本合同公路养护工程的总工程师或技术总负责人。

1.1.3 工程和设备

1.1.3.1 预防养护工程：指公路整体性能良好但有轻微病害，为延缓性能过快衰减、延长使用寿命而预先采取的主动防护工程。

1.1.3.2 修复养护工程：指公路出现明显病害或部分丧失服务功能，为恢复技术状况而进行的功能性、结构性修复或定期更换，包括大修、中修、小修。

1.1.3.3 专项养护工程：指为恢复、保持或提升公路服务功能而集中实施的完善增设、加固改造、拆除重建、灾后恢复等工程。

1.1.3.4 应急养护工程：指在突发情况下造成公路损毁、中断、产生重大安全隐患等，为较快恢复公路安全通行能力而实施的应急性抢通、保通、抢修。

1.1.3.5 小修保养工程(适用于小修保养工程)：指保持公路及其附属设施的正常使用功能，进行经常性保养和修补其轻微损坏部分的作业。

1.1.3.6 中修工程(适用于中修养护工程)：指对公路及其沿线设施的一般损坏部分进行定期的修理加固，以恢复公路原有技术状况的工程。

1.1.3.7 大修工程(适用于大修养护工程)：指对公路及其沿线设施的较大损坏进行周期性的综合修理，以全面恢复到原技术标准，或在原技术等级范围内进行局部改善和个别增建，以逐步提高公路通行能力的工程项目。

1.1.3.8 技术复杂的养护工程：包括桥梁维修加固改造类、地质灾害处治类、面层再生类及采用新技术新工艺类等项目。

1.1.3.9 永久工程：指按合同约定建造并移交给发包人的工程，包括工程设备。

1.1.3.10 临时工程：指为完成合同约定的永久工程所修建的各类临时性工程，不包括施工设备。

1.1.3.11 单位工程：指在养护工程项目中，根据签订的合同，具有独立施工条件的养护工程。

1.1.3.12 工程设备：指构成或计划构成永久工程一部分的机电设备、金属结构设备、仪器装置及其他类似的设备和装置。

1.1.3.13 施工设备：指为完成合同约定的各项工作所需的设备、器具和其他物品，不包括临时工程和材料。

1.1.3.14 临时设施：指为完成合同约定的各项工作所服务的临时性生产和生活设施。

1.1.3.15 承包人设备：指承包人自带的施工设备。

1.1.3.16 施工场地(或称工地、现场)：指用于合同工程施工的场所，以及在合同中指定作为施工场地组成部分的其他场所，包括永久占地和临时占地。

1.1.3.17 永久占地：指为实施合同工程需永久占用的土地，包括公路两侧路权范围内的用地。

1.1.3.18 临时占地：指为实施合同工程需临时占用的土地，包括施工所用的临时支线、便道、便桥和现场的临时出入通道，以及生产(办公)、生活等临时设施用地等。

1.1.3.19 分部工程：指在单位工程中，按结构部位、路段长度及施工特点或施工任务划分的若干个工程。

1.1.3.20 分项工程：指在分部工程中，按不同的施工方法、材料、工序及路段长度等划分的若干个工程。

1.1.4 日期

1.1.4.1 开工通知：指监理人按第 11.1 款通知承包人开工的函件。

1.1.4.2 开工日期：指监理人按第 11.1 款发出的开工通知中写明的开工日期。

1.1.4.3 工期：指承包人在投标函中承诺的完成合同工程所需的期限，包括按第 11.3 款、第 11.4 款和第 11.6 款约定所作的变更。

1.1.4.4 竣工日期：指第 1.1.4.3 目约定工期届满时的日期。实际竣工日期以工程接收证书中写明的日期为准。

1.1.4.5 缺陷责任期：指履行第 19.2 款约定的缺陷责任的期限，具体期限由专用合同条款约定，包括根据第 19.3 款约定所作的延长。

1.1.4.6 基准日期：指投标截止时间前 28 天的日期。

1.1.4.7 天：除特别指明外，指日历天。合同中按天计算时间的，开始当天不计入，从次日开始计算。期限最后一天的截止时间为当天 24：00。

1.1.5 合同价格和费用

1.1.5.1 签约合同价：指签订合同时合同协议书中写明的，包括了暂列金额、暂估价的合同总金额。

1.1.5.2 合同价格：指承包人按合同约定完成了包括缺陷责任期内的全部承包工作后，发包人应付给承包人的金额，包括在履行合同过程中按合同约定进行的变更和调整。

1.1.5.3 费用：指为履行合同所发生的或将要发生的所有合理开支，包括管理费和应分摊的其他费用，但不包括利润。

1.1.5.4 暂列金额：指已标价工程量清单中所列的暂列金额，用于在签订协议书时尚未确定或不可预见变更的施工及其所需材料、工程设备、服务等的金额，包括以计日工方式支付的金额。

1.1.5.5 暂估价：指发包人在工程量清单中给定的用于支付必然发生但暂时不能确定价格的材料、设备以及专业工程的金额。

1.1.5.6 计日工：指对零星工作采取的一种计价方式，按合同中的计日工子目及其单价计价付款。

1.1.5.7 质量保证金（或称保留金）：指按第 17.4.1 项约定用于保证在缺陷责任期内履行缺陷修复义务的金额。

1.1.6 其他

1.1.6.1 书面形式：指合同文件、信函、电报、传真等可以有形地表现所载内容的形式。

1.1.6.2 转包：指承包人违反法律和不履行合同规定的责任和义务，将中标工程全部委托或以专业分包的名义将中标工程肢解后全部委托给其他养护企业施工的行为。

1.1.6.3 专业分包：指承包人与具有相应资质的施工企业签订专业分包合同，由分包人承担承包人委托的分部工程、分项工程或适合专业化队伍施工的其他工程，整体结算，并能独立控制工程质量、施工进度、材料采购、生产安全的施工行为。

1.1.6.4 劳务分包：指承包人与具有劳务分包资质的劳务企业签订劳务分包合同，由劳务企业提供劳务人员及机具，由承包人统一组织施工，统一控制工程质量、施工进度、材料采购、生产安全的施工行为。

1.1.6.5 雇用民工：指承包人与具有相应劳动能力的自然人签订劳动合同，由承包人统一组织管理，从事分项工程施工或配套工程施工的行为。

1.1.6.6 进度付款证书：指在最后支付证书之外的、由监理人（或发包人）签发的任何支付证书。

1.2 语言文字

除专用术语外，合同使用的语言文字为中文。必要时专用术语应附有中文注释。

1.3 适用法律

适用于合同的法律包括中华人民共和国法律、行政法规、部门规章，以及工程所在地的地方法规、自治条例、单行条例和地方政府规章。

1.4 合同文件的优先顺序

组成合同的各项文件应互相解释，互为说明。除专用合同条款另有约定外，解释合同文件的优先顺序如下：

（1）合同协议书及各种合同附件（含廉政合同和安全生产合同，评标期间和合同谈判过程中的澄清文件和补充资料）；

（2）中标通知书；

（3）投标函及投标函附录；

（4）项目专用合同条款；

（5）公路养护工程专用合同条款；

（6）通用合同条款；

（7）技术标准和要求；

（8）图纸（含招标文件补遗书中与此有关部分）；

（9）已标价工程量清单；

（10）承包人有关人员、设备投入、财务能力的承诺及投标文件中的养护工程作业方案；

（11）其他合同文件。

1.5 合同协议书

承包人按中标通知书规定的时间与发包人签订合同协议书。除法律另有规定或合同另有约定外，发包人和承包人的法定代表人或其委托代理人在合同协议书上签字并盖单位章后，合同生效。

1.6 图纸和承包人文件

1.6.1 图纸的提供

除专用合同条款另有约定外，图纸应在合理的期限内按照合同约定的数量提供给承包人。由于发包人未按时提供图纸造成工期延误的，按第11.3款的约定办理。

1.6.2 承包人提供的文件

按专用合同条款约定由承包人提供的文件，包括部分工程的大样图、加工图等，承包人应按约定的数量和期限报送监理人。监理人应在专用合同条款约定的期限内批复。

1.6.3 图纸的修改

图纸需要修改和补充的，应由监理人取得发包人同意后，在该工程或工程相应部位施工前的合理期限内签发图纸修改图给承包人，具体签发期限在专用合同条款中约定。承包人应按修改后的图纸施工。

1.6.4 图纸的错误

当承包人在查阅合同文件或在本合同工程实施过程中，发现有关的工程设计、技术规范、图纸或其他资料中的任何差错、遗漏或缺陷后，应及时通知监理人或业主代表人。监理人或业主代表人接到该通知后，应立即就此做出决定，并通知承包人和发包人。

1.6.5 图纸和承包人文件的保管

监理人和承包人均应在施工场地各保存一套完整的包含第1.6.1项、第1.6.2项、第1.6.3项约定内容的图纸和承包人文件。

1.7 联络

1.7.1 与合同有关的通知、批准、证明、证书、指示、要求、请求、同意、意见、确定和决定等，均应采用书面形式。

1.7.2 第1.7.1项中的通知、批准、证明、证书、指示、要求、请求、同意、意见、确定和决定等来往函件，均应在合同约定的期限内送达指定地点和接收人，并办理签收手续。

1.8 转让

除合同另有约定外，未经对方当事人同意，一方当事人不得将合同权利全部或部分转让给第三人，也不得全部或部分转移合同义务。

1.9 严禁贿赂

合同双方当事人不得以贿赂或变相贿赂的方式，谋取不当利益或损害对方权益。因贿赂造成对方损失的，行为人应赔偿损失，并承担相应的法律责任。

1.10 化石、文物

1.10.1 在施工场地发掘的所有文物、古迹以及具有地质研究或考古价值的其他遗迹、化石、钱币或物品属于国家所有。一旦发现上述文物，承包人应采取有效合理的保护措施，防止任何人员移动或损坏上述物品，并立即报告当地文物行政部门，同时通知监理人。发包人、监理人和承包人应按文物行政部门要求采取妥善保护措施，由此导致费用增加和（或）工期延误由发包人承担。

1.10.2 承包人发现文物后不及时报告或隐瞒不报，致使文物丢失或损坏的，应赔偿损失，并承担相应的法律责任。

1.11 专利技术

1.11.1 承包人在使用任何材料、承包人设备、工程设备或采用施工工艺时，因侵犯专利权或其他知识产权所引起的责任，由承包人承担，但由于遵照发包人提供的设计或技术标准和要求引起的除外。

1.11.2 承包人在投标文件中采用专利技术的，专利技术的使用费包含在投标报价内。

1.11.3 承包人的技术秘密和声明需要保密的资料和信息，发包人和监理人不得为合同以外的目的泄露给他人。

1.12 图纸和文件的保密

1.12.1 发包人提供的图纸和文件，未经发包人同意，承包人不得为合同以外的目的泄露给他人或公开发表与引用。

1.12.2 承包人提供的文件，未经承包人同意，发包人和监理人不得为合同以外的目的泄露给他人或公开发表与引用。

2. 发包人义务

2.1 遵守法律

发包人在履行合同过程中应遵守法律，并保证承包人免于承担因发包人违反法律而引起的任何责任。

2.2 发出开工通知

发包人应委托监理人按第11.1款的约定向承包人发出开工通知。

2.3 提供施工场地

发包人应按专用合同条款约定向承包人提供施工场地，以及施工场地内地下管线和地下设施等有关资料，并保证资料的真实、准确、完整。

2.4 协助承包人办理证件和批件

发包人应协助承包人办理法律规定的有关施工证件和批件。

2.5 组织设计交底

发包人应根据合同进度计划，组织设计单位向承包人进行设计交底。

2.6 支付合同价款

发包人应按合同约定向承包人及时支付合同价款。

2.7 组织竣工验收

发包人应按合同约定及时组织竣工验收。

2.8 其他义务

发包人应履行合同约定的其他义务。

3. 监理人

3.1 监理人的职责和权力

3.1.1 监理人受发包人委托，享有合同约定的权力。监理人在行使某项权力前需要经发包人事先批准而通用合同条款没有指明的，应在专用合同条款中指明。

监理人在行使下列权力前需要经发包人事先批准：

(1)根据第4.3款，同意分包本工程的某非主体部分和非关键性工作；

(2)确定第4.11款下产生的费用增加额；

(3)根据第11.1款、第12.3款、第12.4款发布开工通知、暂停施工指示或复工通知；

(4)决定第11.3款、第11.4款下的工期延期；

(5)根据第15.3款发出的变更指令，其单项工程变更涉及的金额超过了该单项工程原合同价的5%或累计变更超过了原总合同价的3%；如在《监理服务合同》中另有规定者，从其规定，并就此通知承包人；

(6)确定第15.4款下变更工作的单价；

(7)按照第15.6款决定有关暂列金额的使用；

(8)确定第23.1款下的索赔额。

如果发生紧急情况，监理人认为将造成人员伤亡，或危及本工程或邻近的财产需立即采取行动，监理人有权在未征得发包人的批准情况下发布处理紧急情况所必需的指令，承包人应予执行，由此造成的费用增加由监理人按第3.5款商定或确定。

3.1.2 监理人发出的任何指示应视为已得到发包人的批准，但监理人无权免除或变更合同约定的发包人和承包人的权利、义务和责任。

3.1.3 合同约定应由承包人承担的义务和责任，不因监理人对承包人提交文件的审查或批准，对工程、材料和设备的检查和检验，以及为实施监理作出的指示等职务行为而减轻或解除。

3.2 总监理工程师

发包人应在发出开工通知前将总监理工程师的任命通知承包人。总监理工程师更换时，应在调离14天前通知承包人。总监理工程师短期离开施工场地的，应委派代表代行其职责，并通知承包人。

3.3 监理人员

3.3.1 总监理工程师可以授权其他监理人员负责执行其指派的一项或多项监理工作。总监理工程师应将被授权监理人员的姓名及其授权范围通知承包人。被授权的监理人员在授权范围内发出的指示视为已得到总监理工程师的同意，与总监理工程师发出的指示具有同等效力。总监理工程师撤销某项授权时，应将撤销授权的决定及时通知承包人。

3.3.2 监理人员对承包人的任何工作、工程或其采用的材料和工程设备未在约定的或合理的期限内提出否定意见的，视为已获批准，但不影响监理人在以后拒绝该项工作、工程、材料或工程设备的权利。

3.3.3 承包人对总监理工程师授权的监理人员发出的指示有疑问的，可向总监理工程师提出书面异议，总监理工程师应在48小时内对该指示予以确认、更改或撤销。

3.3.4 除专用合同条款另有约定外，总监理工程师不应将第3.5款约定应由总监理工程师作出确定的权力授权或委托给其他监理人员。

3.4 监理人的指示

3.4.1 监理人应按第3.1款的约定向承包人发出指示，监理人的指示应盖有监理人授权的施工场地机构章，并由总监理工程师或总监理工程师按第3.3.1项约定授权的监理人员签字。

3.4.2 承包人收到监理人按第3.4.1项作出的指示后应遵照执行。指示构成变更的，应按第15条处理。

3.4.3 在紧急情况下，总监理工程师或被授权的监理人员可以当场签发临时书面指示，承包人应遵照执行。承包人应在收到上述临时书面指示后24小时内，向监理人发出书面确认函。监理人在收到书面确认函后24小时内未予答复的，该书面确认函应被视为监理人的正式指示。

3.4.4 除合同另有约定外，承包人只从总监理工程师或按第3.3.1项被授权的监理人员处取得指示。

3.4.5 由于监理人未能按合同约定发出指示、指示延误或指示错误而导致承包人费用增加和（或）工期延误的，由发包人承担赔偿责任。

3.5 商定或确定

3.5.1 合同约定总监理工程师应按照本款对任何事项进行商定或确定时，总监理工程师应与合同当事人协商，尽量达成一致。不能达成一致的，总监理工程师应认真研究后审慎确定。如果这项商定或确定导致费用增加和（或）工期延长，或者涉及确定变更工程的价格，则总监理工程师在发出通知前，应征得发包人的同意。

3.5.2 总监理工程师应将商定或确定的事项通知合同当事人，并附详细依据。对总监理工程师的确定有异议的，构成争议，按照第24条的约定处理。在争议解决前，双方应暂按总监理工程师的确定执行，按照第24条的约定对总监理工程师的确定作出修改的，按修改后的结果执行。

4. 承包人

4.1 承包人的一般义务

4.1.1 遵守法律

（1）交工验收证书颁发前，承包人应负责照管和维护工程及将用于或安装在本工程中的材料、设备。交工验收证书颁发时尚有部分未交工工程的，承包人还应负责该未交工工程、材料、设备的照管和维护工作，直至交工后移交给发包人为止。

（2）在承包人负责照管与维护期间，如果本工程或材料、设备等发生损失或损害，除不可抗力原因之外，承包人均应自费弥补，并达到合同要求。承包人还应对按第19条规定而实施作业的过程中由承包人造成的对工程的任何损失或损害负责。

4.1.2 依法纳税

承包人应按有关法律规定纳税，应缴纳的税金包括在合同价格内。

4.1.3 完成各项承包工作

承包人应按合同约定以及监理人根据第3.4款作出的指示，实施、完成全部工程，并修补工程中的任何缺陷。除专用合同条款另有约定外，承包人应提供为完成合同工作所需的劳务、材料、施工设备、工程设备和其他物品，并按合同约定负责临时设施的设计、建造、运行、维护、管理和拆除。

4.1.4 对施工作业和施工方法的完备性负责

承包人应按合同约定的工作内容和施工进度要求，编制养护工程作业方案和施工措施计划，并对所有养护作业和施工方法的完备性和安全可靠性负责。

承包人应对全部现场作业和施工方法的适用性、可靠性和安全性承担全部责任。承包人应根据发包人提供的原有公路技术状况，进行认真的核查，协助和配合发包人进行各项检查，发现病害及时查明原因，为消除病害，提交经补充修改后的养护作业方案。

4.1.5 保证工程施工和人员的安全

承包人应按第9.2款约定采取施工安全措施，确保工程及其人员、材料、设备和设施的安全，防止因工程施工造成的人身伤害和财产损失。

在实施和完成养护工程的整个过程中，承包人应该充分关注和保障所有在现场工作的人员安全，采取有效措施，使养护作业现场和本合同养护工程的实施保持有条不紊，以免人员的安全受到威胁：

（1）按施工人员的2%~4%配备专职安全员且不少于1人，并设一名安全生产负责人，同时每个施工作业点必须有安全员。

（2）承包人的垂直运输机械作业人员、施工船舶作业人员、爆破作业人员、安装拆卸工、起重信号工、电工、焊工等国家规定的特种作业人员，必须按照国家规定经过专门的安全作业培训，并取得特种作业操作资格证书后，方可上岗作业。

（3）承包人应当在施工现场建立消防安全责任制度，对于易燃易爆的材料除应专门妥善保管之外，还应确定消防安全责任人，制定用火、用电、使用易燃易爆材料等各项消防管理制度和操作规程，设置消防通道，配备相应的消防设施和灭火器材，所有施工人员都应熟悉消防设备的性能和使用方法。

（4）所有施工机具设备和高空作业的设备均应定期检查，并有安全生产负责人的签字记录。

（5）根据大中修养护工程的性质和施工特点，严格执行《公路工程施工安全技术规程》（JTG F90—2015）和《公路养护作业安全规程》（JTG H30—2015）的具体规定。

4.1.6 负责施工场地及其周边环境与生态的保护工作

承包人应按照第9.4款约定负责施工场地及其周边环境与生态的保护工作。

4.1.7 避免施工对公众与他人的利益造成损害

承包人在进行合同约定的各项工作时，不得侵害发包人与他人使用公用道路、水源、市政管网等公共设施的权利，避免对邻近的公共设施产生干扰。承包人占用或使用他人的施工场地，影响他人作业或生活的，应承担相应责任。

承包人在养护过程中必须采取一切措施，确保车辆正常运行，做到养护作业、车辆通行两不误。

实施养护作业路段应配备交通标志等设施，指定专人维持车辆通行秩序。如因承包人措施不力，导致阻车或事故频发而造成较大影响，引起索赔、赔偿或养护费用增加，应由承包人承担一切责任和费用。

4.1.8 为他人提供方便

承包人应按监理人的指示为他人在施工场地或附近实施与工程有关的其他各项工作提供可能的条件。除合同另有约定外，提供有关条件的内容和可能发生的费用，由监理人按第 3.5 款商定或确定。

为保护实施的养护工程免遭损坏，或为了现场附近和过往群众的方便与安全，在确有必要的时候和地方，或当监理人或有关主管部门要求时，应自费提供照明、警卫、护栏、警告标志等安全防护设施。

4.1.9 工程的维护和照管

工程接收证书颁发前，承包人应负责照管和维护工程。工程接收证书颁发时尚有部分未竣工工程的，承包人还应负责该未竣工工程的照管和维护工作，直至竣工后移交给发包人为止。

4.1.10 其他义务

承包人应履行合同约定的其他义务。

(1)除项目专用合同条款另有约定外，承包人应承担并支付为获得本合同工程所需的石料、砂、砾石、黏土或其他当地材料等所发生的料场使用费及其他开支或补偿费。

(2)承包人应严格遵守国家有关解决拖欠工程款和外来务工人员工资的法律、法规，及时支付工程中的材料、设备货款及外来务工人员工资等费用。

承包人应在本养护工程中严格按照有关规定支付外来务工人员工资，不得拖欠或克扣，并接受项目所在地交通行政部门对执行情况的监督检查。

承包人的项目经理部是外来务工人员工资支付行为的主体，承包人的项目经理是外来务工人员工资支付的责任人。项目经理部要建立全体外来务工人员花名册和工资支付表，确保将工资直接发给外来务工人员本人，或委托银行发放外来务工人员工资，严禁发放给"包工头"或其他不具备用工主体资格的组织和个人。

工资支付表应如实记录支付单位、支付时间、支付对象(包括身份证号和签字)、支付数额等信息。外来务工人员花名册和工资支付表应报监理人备查。

(3)承包人在递交投标文件的同时，应按招标文件第八章投标文件格式填写一份《临时占地计划表》(临时用地范围包括承包人驻地的办公和生活用地、仓库和料场用地、预制场用地、借土场地及临时堆土场地、工地试验室用地、临时道路用地等)。中标后应在此表范围内按实际需要与先后次序，提出具体计划报监理人同意，并报发包人。租地费用列入工程量清单第 100 章中由承包人报价。临时用地退还前，承包人应自费恢复到临时用地使用前的状况。如因承包人撤离后未按要求对临时用地进行恢复或虽进行了恢复但未达到使用标准的，将由发包人委托第三方进行恢复，所发生的费用将从应付给承包人的任何款项内扣除。超出《临时占地计划表》的临时用地由承包人自行办理并自付费用。

(4)承包人应履行项目专用合同条款约定的其他义务。

4.2 履约担保

承包人应保证其履约担保在发包人颁发工程接收证书前一直有效。发包人应在工程接收证书颁发后 28 天内把履约担保退还给承包人。

4.3 分包

4.3.1 承包人不得将其承包的全部工程转包给第三人，或将其承包的全部工程肢解后以分包的名义转包给第三人。

4.3.2 承包人不得将工程主体、关键性工作分包给第三人。经发包人同意，承包人可将工程的其他部分或工作分包给第三人。分包包括专业分包和劳务分包。

4.3.3 专业分包。

在工程施工过程中，承包人进行专业分包必须遵守以下规定：

(1) 专业分包人的资格能力(含安全生产能力)应与其分包工程的标准和规模相适应，具备相应的专业承包资质。

(2) 专业分包工程不得再次分包。

(3) 承包人和专业分包人应当依法签订专业分包合同，并按照合同履行约定的义务。专业分包合同必须明确约定工程款支付条款、结算方式以及保证按期支付的相应措施，确保工程款的支付。

(4) 承包人对施工现场安全负总责，并对专业分包人的安全生产进行培训和管理。专业分包人应将其专业分包工程的施工组织设计和施工安全方案报承包人备案。专业分包人对分包施工现场安全负责，发现事故隐患，应及时处理。

(5) 所有专业分包计划和专业分包合同须报监理人审批，并报发包人核备。监理人审批专业分包并不解除合同规定的承包人的任何责任或义务。

(6) 按照国家和交通运输部相关规定。

4.3.4 劳务分包。

在工程施工过程中，承包人进行劳务分包必须遵守以下规定：

(1) 劳务分包人应具有劳务分包资质。

(2) 劳务分包应当依法签订劳务分包合同，劳务分包合同必须由承包人的法定代表人或其委托代理人与劳务分包人直接签订，不得由他人代签。承包人的项目经理部、项目经理、施工班组等不具备用工主体资格，不能与劳务分包人签订劳务分包合同。承包人应向发包人和监理人提交劳务分包合同副本并报项目所在地劳动保障部门备案。

(3) 承包人雇用的劳务作业应加入承包人的施工班组统一管理。有关施工质量、施工安全、施工进度、环境保护、技术方案、试验检测、材料保管与供应、机械设备等都必须由承包人管理与调配，不得以包代管。

(4) 承包人应当对劳务分包人员进行安全培训和管理，劳务分包人不得将其分包的劳务作业再次分包。

违反上述规定之一者属违规分包。

4.3.5 承包人应与分包人就分包工程向发包人承担连带责任。

4.3.6 发包人对承包人与分包人之间的法律与经济纠纷不承担任何责任和义务。

4.4 联合体

4.4.1 联合体各方应共同与发包人签订合同协议书。联合体各方应为履行合同承担连带责任。

4.4.2 联合体协议经发包人确认后作为合同附件。在履行合同过程中，未经发包人同意，不得修改联合体协议。

4.4.3 联合体牵头人负责与发包人和监理人联系，并接受指示，负责组织联合体各成员全面履行合同。

4.4.4 未经发包人事先同意，联合体的组成和结构不得变动。

4.5 承包人项目经理

4.5.1 承包人应按合同约定指派项目经理，并在约定的期限内到职。承包人更换项目经理应事先征得发包人同意，并应在更换 14 天前通知发包人和监理人。承包人项目经理短期离开施工场地，应事先征得监理人同意，并委派代表代行其职责。

4.5.2 承包人项目经理应按合同约定以及监理人按第 3.4 款作出的指示，负责组织合同工程的实施。在情况紧急且无法与监理人取得联系时，可采取保证工程和人员生命财产安全的紧急措施，并在采取措施后 24 小时内向监理人提交书面报告。

4.5.3 承包人为履行合同发出的一切函件均应盖有承包人授权的施工场地管理机构章，并由承包人项目经理或其授权代表签字。

4.5.4 承包人项目经理可以授权其下属人员履行其某项职责，但事先应将这些人员的姓名和授权范围通知监理人。

4.6 承包人人员的管理

4.6.1 承包人应在接到开工通知后 28 天内，向监理人提交承包人在施工场地的管理机构以及人员安排的报告，其内容应包括管理机构的设置、各主要岗位的技术和管理人员名单及其资格，以及各工种技术工人的安排状况。承包人应向监理人提交施工场地人员变动情况的报告。

4.6.2 为完成合同约定的各项工作，承包人应向施工场地派遣或雇佣足够数量的下列人员：

（1）具有相应资格的专业技工和合格的普工；

（2）具有相应施工经验的技术人员；

（3）具有相应岗位资格的各级管理人员。

4.6.3 承包人安排在施工场地的主要管理人员和技术骨干应与承包人承诺的名单一致，并保持相对稳定。未经监理人批准，上述人员不应无故不到位或被替换；若确认无法到位或需替换，需经监理人审核并报发包人批准后，用同等资质和经历的人员替换。

4.6.4 特殊岗位的工作人员均应持有相应的资格证明，监理人有权随时检查。监理人认为有必要时，可进行现场考核。

4.6.5 尽管承包人已按承诺派遣了上述各类人员，但若这些人员仍不能满足合同进度计划和（或）质量要求，监理人有权要求承包人继续增派或雇用这类人员，并书面通知承包人、抄送发包人。承包人在接到上述通知后应立即执行监理人的上述指示，不得无故拖延。由此增加的费用和（或）工期延误由承包人承担。

4.7 撤换承包人项目经理和其他人员

承包人应对其项目经理和其他人员进行有效管理。监理人要求撤换不能胜任本职工作、行为不端或玩忽职守的承包人项目经理和其他人员的，承包人应予以撤换，同时委派经发包人与监理人同意的新的项目经理和其他人员。

4.8 保障承包人人员的合法权益

4.8.1 承包人应与其雇佣的人员签订劳动合同，并按时发放工资。

4.8.2 承包人应按劳动法的规定安排工作时间，保证其雇佣人员享有休息和休假的权利。因工程施工的特殊需要占用休假日或延长工作时间的，应不超过法律规定的限度，并按法律规定给予补休或付酬。

4.8.3 承包人应为其雇佣人员提供必要的食宿条件，以及符合环境保护和卫生要求的生活环境，在远离城镇的施工场地，还应配备必要的伤病防治和急救的医务人员与医疗设施。

4.8.4 承包人应按国家有关劳动保护的规定，采取有效的防止粉尘、降低噪声、控制有害气体和保障高温、高寒、高空作业安全等劳动保护措施。其雇佣人员在施工中受到伤害的，承包人应立即采取有效措施进行抢救和治疗。

4.8.5 承包人应按有关法律规定和合同约定，为其雇佣人员办理保险。

4.8.6 承包人应负责处理其雇佣人员因工伤亡事故的善后事宜。

4.9 工程价款应专款专用

发包人按合同约定支付给承包人的各项价款应专用于合同工程。承包人必须在发包人指定的银行开户，并应向发包人授权进行本合同工程开户银行工程资金的查询。发包人支付的工程进度款应为本工程的专款专用资金，不得转移或用于其他工程。发包人的期中支付款将转入该银行所设的专门账户，发包人及其派出机构有权不定期对承包人工程资金使用情况进行检查，发现问题及时责令承包人限期改正。否则，将终止月支付，直至承包人改正为止。

4.10 承包人现场查勘

4.10.1 发包人提供的本合同工程的道路现状、交通流量、水文、地质、气象以及料场分布、取土场、弃土场位置等资料均属于参考资料，并不构成合同文件的组成部分，承包人应对自身就上述资料的解释、推论和应用负责，发包人不对承包人据此做出的判断和决策承担任何责任。

4.10.2 承包人在送交投标文件之前，应认为已进行了现场考察，对现场和其周围环境以及可得到的有关资料进行了查看和核查，在考察时间允许的情况下已经查明了以下方面：

（1）现场的地形地貌和特征，包括地表以下的情况；

（2）水文和气象条件；

（3）实施和完成本合同养护工程的工作范围、性质以及所需的材料采购和加工；

（4）附近道路和水、电、食宿供应条件；

（5）当地的乡规民约和风俗习惯。

因此认为，承包人的投标文件是以发包人所提供资料和其查看和核查为依据的，承包人已取得了可能对投标有影响或起作用的风险、意外等必要资料。

还应认为，在全部合同工作中，承包人已充分估计了应承担的责任和风险。

4.11 不利物质条件

4.11.1 不利物质条件，除专用合同条款另有约定外，是指承包人在施工场地遇到的不可预见的自然物质条件、非自然的物质障碍和污染物，包括地下和水文条件，但不包括气候条件。

4.11.2 承包人遇到不可预见的不利物质条件时，应采取适应不利物质条件的合理措施继续施工，并及时通知监理人。监理人应当及时发出指示，指示构成变更的，按第 15 条约定办理。监理人没有发出指示的，承包人因采取合理措施而增加的费用和(或)工期延误，由发包人承担。

4.11.3 可预见的不利物质条件：

(1)对于项目专用合同条款中已经明确指出的不利物质条件，无论承包人是否有相关经历和经验均视为承包人在接受合同时已预见其影响，并已在签约合同价中计入因其影响而可能发生的一切费用。

(2)对于项目专用合同条款未明确指出，但在不利物质条件发生之前，监理人已经指示承包人有可能发生，但承包人未能及时采取有效措施而导致的损失和后果均由承包人承担。

4.12 投标文件的完备性

合同双方一致认为，承包人在递交投标文件前，对本养护工程的投标文件和已标价工程量清单中开列的单价和总额价是正确和完备的。投标的单价和总额价应已包括了合同中规定的承包人的全部义务(包括提供货物、材料、设备、服务的义务，并包括了暂列金额和暂估价范围内的额外工作的义务)以及为实施和完成本合同养护工程及其缺陷修复所必需的一切工作和条件。

5. 材料和工程设备

5.1 承包人提供的材料和工程设备

5.1.1 除专用合同条款另有约定外，承包人提供的材料和工程设备均由承包人负责采购、运输和保管。承包人应对其采购的材料和工程设备负责。

5.1.2 承包人应按专用合同条款的约定，将各项材料和工程设备的供货人及品种、规格、数量和供货时间等报送监理人审批。承包人应向监理人提交其负责提供的材料和工程设备的质量证明文件，并满足合同约定的质量标准。

5.1.3 对承包人提供的材料和工程设备，承包人应会同监理人进行检验和交货验收，查验材料合格证明和产品合格证书，并按合同约定和监理人指示，进行材料的抽样检验和工程设备的检验测试，检验和测试结果应提交监理人，所需费用由承包人承担。

5.2 发包人提供的材料和工程设备

5.2.1 发包人提供的材料和工程设备，应在专用合同条款中写明材料和工程设备的名称、规格、数量、价格、交货方式、交货地点和计划交货日期等。

5.2.2 承包人应根据合同进度计划的安排，向监理人报送要求发包人交货的日期计划。发包人应按照监理人与合同双方当事人商定的交货日期，向承包人提交材料和工程设备。

5.2.3 发包人应在材料和工程设备到货 7 天前通知承包人，承包人应会同监理人在约定的时间内，赴交货地点共同进行验收。除专用合同条款另有约定外，发包人提供的材料和工程设备验收后，由承包人负责接收、运输和保管。

承包人负责接收并按规定对材料进行抽样检验、对工程设备进行检验测试，若发现材料和工程设备存在缺陷，承包人应及时通知监理人，发包人应及时改正通知中指出的缺陷。承包人负责接收后的运输和保管，因承包人的原因发生丢失、损坏或进度拖延，由承包人承担相应责任。

5.2.4 发包人要求向承包人提前交货的，承包人不得拒绝，但发包人应承担承包人由此增加的费用。

5.2.5 承包人要求更改交货日期或地点的，应事先报请监理人批准。由于承包人要求更改交货时间或地点所增加的费用和(或)工期延误由承包人承担。

5.2.6 发包人提供的材料和工程设备的规格、数量或质量不符合合同要求，或由于发包人原因发生交货日期延误及交货地点变更等情况的，发包人应承担由此增加的费用和(或)工期延误，并向承包人支付合理利润。

5.3 材料和工程设备专用于合同工程

5.3.1 运入施工场地的材料、工程设备，包括备品备件、安装专用工器具与随机资料，必须专用于合同工程，未经监理人同意，承包人不得运出施工场地或挪作他用。

5.3.2 随同工程设备运入施工场地的备品备件、专用工器具与随机资料，应由承包人会同监理人按供货人的装箱单清点后共同封存，未经监理人同意不得启用。承包人因合同工作需要使用上述物品时，应向监理人提出申请。

5.4 禁止使用不合格的材料和工程设备

5.4.1 监理人有权拒绝承包人提供的不合格材料或工程设备，并要求承包人立即进行更换。监理人应在更换后再次进行检查和检验，由此增加的费用和(或)工期延误由承包人承担。

5.4.2 监理人发现承包人使用了不合格的材料和工程设备，应即时发出指示要求承包人立即改正，并禁止在工程中继续使用不合格的材料和工程设备。

5.4.3 发包人提供的材料或工程设备不符合合同要求的，承包人有权拒绝，并可要求发包人更换，由此增加的费用和(或)工期延误由发包人承担。

6. 施工设备和临时设施

6.1 承包人提供的施工设备和临时设施

6.1.1 承包人应按合同进度计划的要求，及时配置施工设备和修建临时设施。进入施工场地的承包人设备需经监理人核查后才能投入使用。承包人更换合同约定的承包人设备的，应报监理人批准。

6.1.2 承包人应自行承担修建临时设施的费用，需要临时占地的，应由承包人按第4.1.10(1)目的规定办理。

6.2 发包人提供的施工设备和临时设施

发包人提供的施工设备或临时设施在专用合同条款中约定。

6.3 要求承包人增加或更换施工设备

承包人承诺的施工设备必须按时达到现场，不得拖延、缺短或任意更换。尽管承包人已按承诺提供了上述设备，但若承包人使用的施工设备不能满足合同进度计划和(或)质量要求，监理人有权要求承包人增加或更换施工设备，承包人应及时增加或更换，由此增加的费用和(或)工期延误由承包人承担。

6.4 施工设备和临时设施专用于合同工程

6.4.1 除合同另有约定外，运入施工场地的所有施工设备以及在施工场地建设的临时设施应专用于合同工程。未经监理人同意，不得将上述施工设备和临时设施中的任何部分运出施工场地或挪作他用。

6.4.2 经监理人同意，承包人可根据合同进度计划撤走闲置的施工设备。

7. 交通运输

7.1 道路通行权和场外设施

承包人应根据合同工程的施工需要，负责办理取得出入施工场地的专用和临时道路的通行权，以及取得为工程建设所需修建场外设施的权利，并承担有关费用。需要发包人协调时，发包人应协助承包人办理相关手续。

7.2 场内施工道路

7.2.1 除专用合同条款另有约定外，承包人应负责修建、维修、养护和管理施工所需的临时道路和交通设施，包括维修、养护和管理发包人提供的道路和交通设施，并承担相应费用。

7.2.2 除专用合同条款另有约定外，承包人修建的临时道路和交通设施应免费提供发包人和监理人使用。

7.3 场外交通

7.3.1 承包人车辆外出行驶所需的场外公共道路的通行费、养路费和税款等由承包人承担。

7.3.2 承包人应遵守有关交通法规，严格按照道路和桥梁的限制荷重安全行驶，并服从交通管理部门的检查和监督。

7.4 超大件和超重件的运输

由承包人负责运输的超大件或超重件，应由承包人负责向交通管理部门办理申请手续，发包人给予协助。运输超大件或超重件所需的道路和桥梁临时加固改造费用和其他有关费用，由承包人承担，但专用合同条款另有约定除外。

7.5 道路和桥梁的损坏责任

因承包人运输造成施工场地内外公共道路和桥梁损坏的，由承包人承担修复损坏的全部费用和可能引起的赔偿。

7.6 水路和航空运输

本条上述各款的内容适用于水路运输和航空运输，其中"道路"一词的含义包括河道、航线、船闸、机场、码头、堤防以及水路或航空运输中其他相似结构物；"车辆"一词的含义包括船舶和飞机等。

8. 测量放线

8.1 施工控制网

8.1.1 发包人应在专用合同条款约定的期限内，通过监理人向承包人提供测量基准点、基准线和水准点及其书面资料。除专用合同条款另有约定外，承包人应根据国家测绘基准、测绘系统和工程测量技术规范，按上述基准点(线)以及合同工程精度要求，测设施工控制网，并在专用合同条款约定的期限内，将施工控制网资料报送监理人审批。

8.1.2 承包人应负责管理施工控制网点。施工控制网点丢失或损坏的，承包人应及时修复。承包人应承担施工控制网点的管理与修复费用，并在工程竣工后将施工控制网点移交发包人。

8.2 施工测量

8.2.1 承包人应负责施工过程中的全部施工测量放线工作，并配置合格的人员、仪器、设备和其他物品。

8.2.2 监理人可以指示承包人进行抽样复测，当复测中发现错误或出现超过合同约定的误差时，承包人应按监理人指示进行修正或补测，并承担相应的复测费用。

8.3 基准资料错误的责任

发包人应对其提供的测量基准点、基准线和水准点及其书面资料的真实性、准确性和完整性负责。发包人提供上述基准资料错误导致承包人测量放线工作的返工或造成工程损失的，发包人应当承担由此增加的费用和(或)工期延误，并向承包人支付合理利润。承包人发现发包人提供的上述基准资料存在明显错误或疏忽的，应及时通知监理人。

8.4 监理人使用施工控制网

监理人需要使用施工控制网的，承包人应提供必要的协助，发包人不再为此支付费用。

经监理人批准，其他相关承包人也可免费使用施工控制网。

9. 施工安全、治安保卫和环境保护

9.1 发包人的施工安全责任

9.1.1 发包人应按合同约定履行安全职责，授权监理人按合同约定的安全工作内容监督、检查承包人安全工作的实施，组织承包人和有关单位进行安全检查。

9.1.2 发包人应对其现场机构雇佣的全部人员的工伤事故承担责任，但由于承包人原因造成发包人人员工伤的，应由承包人承担责任。

9.1.3 发包人应负责赔偿以下各种情况造成的第三者人身伤亡和财产损失：

(1)工程或工程的任何部分对土地的占用所造成的第三者财产损失；

(2)由于发包人原因在施工场地及其毗邻地带造成的第三者人身伤亡和财产损失。

9.2 承包人的施工安全责任

9.2.1 承包人应按合同约定履行安全职责，执行监理人有关安全工作的指示，并在专用合同条款约定的期限内，按合同约定的安全工作内容，编制施工安全措施计划报送监理人审批。

9.2.2 承包人应加强施工作业安全管理，特别应加强易燃、易爆材料、火工器材、有毒与腐蚀性材料和其他危险品的管理，以及对爆破作业和地下工程施工等危险作业的管理。

9.2.3 承包人应严格按照国家安全标准制定施工安全操作规程，配备必要的安全生产和劳动保护设施，加强对承包人人员的安全教育，并发放安全工作手册和劳动保护用具。

9.2.4 承包人应按监理人的指示制定应对灾害的紧急预案，报送监理人审批。承包人还应按预案做好安全检查，配置必要的救助物资和器材，切实保护好有关人员的人身和财产安全。

9.2.5　除项目专用合同条款另有约定外，安全生产费按招标人公布的投标控制价上限的＿＿％计或由招标人另行规定。安全生产费用应用于施工安全防护用具及设施的采购和更新、安全施工措施的落实、安全生产条件的改善，不得挪作他用。如果承包人在此基础上增加安全生产费用以满足项目施工需要，则承包人应在本项目工程量清单其他相关子目的单价或总额价中予以考虑，发包人不再另行支付。因采取合同未约定的特殊防护措施增加的费用，由监理人按第 3.5 款商定或确定。

9.2.6　承包人应对其履行合同所雇佣的全部人员，包括分包人人员的工伤事故承担责任，但由于发包人原因造成承包人人员工伤事故的，应由发包人承担责任。

9.2.7　由于承包人原因在施工场地内及其毗邻地带造成的第三者人员伤亡和财产损失，由承包人负责赔偿。

9.2.8　承包人应充分关注和保障所有现场工作人员的安全，采取以下有效措施，使现场和本合同工程的实施有条不紊，以免上述人员的安全受到威胁。

（1）按《公路水运工程安全生产监督管理办法》（交通运输部令 2017 年第 25 号）规定的最低数量和资质条件配备专职安全生产管理人员。

（2）承包人的垂直运输机械作业人员、施工船舶作业人员、爆破作业人员、安装拆卸工、起重信号工、电工、焊工等国家规定的特种作业人员，必须按照国家规定经过专门的安全作业培训，并取得特种作业操作资格证书后，方可上岗作业。

（3）所有施工机具设备和高空作业设备均应定期检查，并有安全员的签字记录。

（4）根据本合同各单位工程的特点，严格执行《公路水运工程安全生产监督管理办法》（交通运输部令 2017 年第 25 号）、《公路工程施工安全技术规范》（JTG F90—2015）与《公路筑养路机械操作规程》（JZ 0030—1995）的具体规定。

9.2.9　为保护本合同工程免遭损坏，或为了现场附近和过往群众的安全与方便，在确有必要的时候和地方，或当监理人或有关主管部门要求时，承包人应自费提供照明、警卫、护栏、警告标志等安全防护设施。

9.2.10　在通航水域施工时，承包人应与当地主管部门取得联系，设置必要的导航标志，及时发布航行通告，确保施工水域安全。

9.2.11　在整个施工过程中对承包人采取的施工安全措施，发包人和监理人有权监督，并向承包人提出整改要求。如果由于承包人未能对其负责的上述事项采取各种必要的措施而导致或发生与此有关的人身伤亡、罚款、索赔、损失补偿、诉讼费用及其他一切责任应由承包人负责。

9.3　治安保卫

9.3.1　除合同另有约定外，发包人应与当地公安部门协商，在现场建立治安管理机构或联防组织，统一管理施工场地的治安保卫事项，履行合同工程的治安保卫职责。

9.3.2　发包人和承包人除应协助现场治安管理机构或联防组织维护施工场地的社会治安外，还应做好包括生活区在内的各自管辖区的治安保卫工作。

9.3.3　除合同另有约定外，发包人和承包人应在工程开工后，共同编制施工场地治安管理计划，并制定应对突发治安事件的紧急预案。在工程施工过程中，发生暴乱、爆炸等恐怖事件，以及群殴、械斗等群体性突发治安事件的，发包人和承包人应立即向当地政府报告。发包人和承包人应积极协助当地有关部门采取措施平息事态，防止事态扩大，尽量减少财产损失和避免人员伤亡。

9.4 环境保护

9.4.1 承包人在施工过程中，应遵守有关环境保护的法律，履行合同约定的环境保护义务，并对违反法律和合同约定义务所造成的环境破坏、人身伤害和财产损失负责。

9.4.2 承包人应按合同约定的环保工作内容，编制施工环保措施计划，报送监理人审批。

9.4.3 承包人应按照批准的施工环保措施计划有序地堆放和处理施工废弃物，避免对环境造成破坏。因承包人任意堆放或弃置施工废弃物造成妨碍公共交通、影响城镇居民生活、降低河流行洪能力、危及居民安全、破坏周边环境，或者影响其他承包人施工等后果的，承包人应承担责任。

9.4.4 承包人应按合同约定采取有效措施，对施工开挖的边坡及时进行支护，维护排水设施，并进行水土保护，避免因施工造成的地质灾害。

9.4.5 承包人应按国家饮用水管理标准定期对饮用水源进行监测，防止施工活动污染饮用水源。

9.4.6 承包人应按合同约定，加强对噪声、粉尘、废气、废水和废油的控制，努力降低噪声，控制粉尘和废气浓度，做好废水和废油的治理和排放。

9.4.7 承包人应切实执行技术规范中有关环境保护方面的条款和规定。

（1）对于来自施工机械和运输车辆的施工噪声，为保护施工人员的健康，应遵守《中华人民共和国环境噪声污染防治法》，合理安排工作人员轮流操作筑路机械，减少接触高噪声的时间，或间歇安排高噪声的工作。对距噪声源较近的施工人员，除采取使用防护耳塞或头盔等有效措施外，还应当缩短其劳动时间。同时，要注意对机械的经常性保养，尽量使其噪声降低到最低水平。为保护施工现场附近居民的夜间休息，对居民区150m以内的施工现场，施工时间应加以控制。

（2）对于公路施工中粉尘污染的主要污染源——灰土拌和以及施工车辆和筑路机械运行和运输产生的扬尘，应采取有效措施减轻施工现场的大气污染，保护人员健康，如：

①拌和设备应具有较好的密封性，或具备防尘设备。

②施工通道、沥青混凝土拌和站、灰土拌和站应经常进行洒水降尘。

③路面施工应注意保持水分，以免扬尘。

④隧道出渣和桥梁钻孔灌注桩施工时排出的泥浆要进行妥善处理，严禁向河流或农田排放。

（3）采取可靠措施保证原有交通的正常通行，维持沿线村镇的居民饮水、农田灌溉、生产生活用电及通信等管线的正常使用。

9.4.8 在整个施工过程中对承包人采取的环境保护措施，发包人和监理人有权监督，并向承包人提出整改要求。如果由于承包人未能对其负责的上述事项采取各种必要的措施而导致或发生与此有关的人身伤亡、罚款、索赔、损失补偿、诉讼费用及其他一切责任应由承包人负责。

9.4.9 在施工期间，承包人应随时保持现场整洁，施工设备和材料、工程设备应整齐妥善存放和储存，废料、垃圾及不再需要的临时设施应及时从现场清除、拆除并运走。

9.4.10 在施工期间，承包人应严格遵守《关于在公路建设中实行最严格的耕地保护制度的若干意见》的相关规定，规范用地、科学用地、合理用地和节约用地。承包人应合理利用所占耕地地表的耕作层，用于重新造地；合理设置取土坑和弃土场，取土坑和弃土场的施工防护要符合要求，防止水土流失。承包人应严格控制临时占地数量，施工便道、各种料场、预制场要根据工程进度统筹考虑，尽可能设置在公路用地范围内或利用荒坡、废弃地解决，不得占用农田。施工过程中要采取有效措施防止污染农田，项目完工后承包人应将临时占地自费恢复到临时占地使用前的状况。

9.4.11 承包人应严格按照国家有关法规要求，做好施工过程中的生态保护和水土保持工作。施工中要尽可能减少对原地面的扰动，减少对地面草木的破坏，需要爆破作业的，应按规定进行控爆设计。雨季填筑路基应随挖、随运、随压，要完善施工中的临时排水系统，加强施工便道的管理。取（弃）土场必须先挡后弃，严禁在指定的取（弃）土场以外的地方乱挖乱弃。

9.5 事故处理

工程施工过程中发生事故的，承包人应立即通知监理人，监理人应立即通知发包人。发包人和承包人应立即组织人员和设备进行紧急抢救和抢修，减少人员伤亡和财产损失，防止事故扩大，并保护事故现场。需要移动现场物品时，应作出标记和书面记录，妥善保管有关证据。发包人和承包人应按国家有关规定，及时如实地向有关部门报告事故发生的情况，以及正在采取的紧急措施等。

10. 进度计划

10.1 合同进度计划

承包人应按专用合同条款约定的内容和期限，编制详细的施工进度计划和施工方案说明报送监理人。监理人应在专用合同条款约定的期限内批复或提出修改意见，否则该进度计划视为已得到批准。经监理人批准的施工进度计划称合同进度计划，是控制合同工程进度的依据。承包人还应根据合同进度计划，编制更为详细的分阶段或分项进度计划，报监理人审批。

10.2 合同进度计划的修订

不论何种原因造成工程的实际进度与第10.1款的合同进度计划不符时，承包人可以在专用合同条款约定的期限内向监理人提交修订合同进度计划的申请报告，并附有关措施和相关资料，报监理人审批；监理人也可以直接向承包人作出修订合同进度计划的指示，承包人应按该指示修订合同进度计划，报监理人审批。监理人应在专用合同条款约定的期限内批复。监理人在批复前应获得发包人同意。

11. 开工和交工

11.1 开工

11.1.1 监理人应在开工日期7天前向承包人发出开工通知。监理人在发出开工通知前应获得发包人同意。工期自监理人发出的开工通知中载明的开工日期起计算。承包人应在开工日期后尽快施工。

11.1.2 承包人应按第10.1款约定的合同进度计划，向监理人提交工程开工报审表，经监理人审批后执行。开工报审表应详细说明按合同进度计划正常施工所需的施工道路、临时设施、材料设备、施工人员等施工组织措施的落实情况以及工程的进度安排。

11.2 交工

承包人应在第1.1.4.3目约定的期限内完成合同工程。实际交工日期在接收证书中写明。

11.3 发包人的工期延误

在履行合同过程中，由于发包人的下列原因造成工期延误的，承包人有权要求发包人延长工期和

(或)增加费用，并支付合理利润。需要修订合同进度计划的，按照第10.2款的约定办理。

(1)增加合同工作内容；

(2)改变合同中任何一项工作的质量要求或其他特性；

(3)发包人迟延提供材料、工程设备或变更交货地点的；

(4)因发包人原因导致的暂停施工；

(5)提供图纸延误；

(6)未按合同约定及时支付预付款、进度款；

(7)发包人造成工期延误的其他原因。

即使由于上述原因造成工期延误，如果受影响的工程并非处在工程施工进度网络计划的关键线路上，则承包人无权要求延长总工期。

11.4 异常恶劣的气候条件

由于出现专用合同条款规定的异常恶劣气候的条件导致工期延误的，承包人有权要求发包人延长工期。

异常气候条件是指项目所在地30年一遇的罕见气候现象(包括温度、降水、降雪、风等)。异常恶劣的气候条件在项目专用合同条款中作具体规定。

11.5 承包人的工期延误

(1)承包人应严格执行监理人批准的合同进度计划，对工作量计划和形象进度计划分别控制。除符合第11.3款的规定外，承包人的实际工程进度曲线应在合同进度管理曲线规定的安全区域之内。若承包人的实际工程进度曲线处在合同进度管理曲线规定的安全区域的下限之外，则监理人有权认为本合同工程的进度过慢，并通知承包人采取必要措施，以便加快工程进度，确保工程能在预定的工期内交工。承包人应采取措施加快进度，并承担加快进度所增加的费用。

(2)如果承包人在接到监理人通知后的14天内，未能采取加快工程进度的措施，致使实际工程进度进一步滞后，或承包人虽采取了一些措施，仍无法按预计工期交工，则监理人应立即通知发包人。发包人在向承包人发出书面警告通知14天后，发包人可按第22.1款终止对承包人的雇用，也可将本合同工程中的一部分工作交由其他承包人或其他分包人完成。在不解除本合同规定的承包人责任和义务的同时，承包人应承担因此所增加的一切费用。

(3)由于承包人原因造成工期延误，承包人应支付逾期交工违约金。逾期交工违约金的计算方法在项目专用合同条款数据表中约定，时间自预定的交工日期起到交工验收证书中写明的实际交工日期止(扣除已批准的延长工期)，按天计算。逾期交工违约金累计金额最高不超过项目专用合同条款数据表中写明的限额。发包人可以从应付或到期应付给承包人的任何款项中或采用其他方法扣除此违约金。

(4)承包人支付逾期交工违约金，不免除承包人完成工程及修补缺陷的义务。

(5)如果在合同工作完工之前，已对合同工程内按时完工的单位工程签发了工程接收证书，则合同工程的逾期交工违约金，应按已签发交工验收证书的单位工程的价值占合同工程价值的比例予以减少，但本规定不应影响逾期交工违约金的规定限额。

11.6 工期提前

发包人不得随意要求承包人提前交工，承包人也不得随意提出提前交工的建议。如遇特殊情况，确需将工期提前的，发包人和承包人必须采取有效措施，确保工程质量。

如果承包人提前交工，发包人支付奖金的计算方法在项目专用合同条款数据表中约定，时间自交工验收证书中写明的实际交工日期起至预定的交工日期止，按天计算。但奖金最高限额不超过项目专用合同条款数据表中写明的限额。

11.7 工作时间的限制

承包人在夜间或国家规定的节假日进行永久工程的施工，应向监理人报告，以便监理人履行监理职责和义务。

但是当为了抢救生命或保护财产，或为了工程的安全、质量而不可避免地短暂作业，则不必事先向监理人报告。但承包人应在事后立即向监理人报告。

本款规定不适用于习惯上或施工本身要求实行连续生产的作业。

12. 暂停施工

12.1 承包人暂停施工的责任

因下列原因引起的暂停施工增加的费用和(或)工期延误由承包人承担：

(1)承包人违约引起的暂停施工；

(2)由于承包人原因为工程合理施工和安全保障所必需的暂停施工；

(3)承包人擅自暂停施工；

(4)承包人其他原因引起的暂停施工；

(5)现场气候条件导致的必要停工(第11.4款规定的异常恶劣的气候条件除外)；

(6)项目专用合同条款约定的由承包人承担的其他暂停施工。

12.2 发包人暂停施工的责任

由于发包人原因引起的暂停施工造成工期延误的，承包人有权要求发包人延长工期和(或)增加费用，并支付合理利润。

12.3 监理人暂停施工指示

12.3.1 监理人认为有必要时，可向承包人作出暂停施工的指示，承包人应按监理人指示暂停施工。不论由于何种原因引起的暂停施工，暂停施工期间承包人应负责妥善保护工程并提供安全保障。

12.3.2 由于发包人的原因发生暂停施工的紧急情况，且监理人未及时下达暂停施工指示的，承包人可先暂停施工，并及时向监理人提出暂停施工的书面请求。监理人应在接到书面请求后的24小时内予以答复，逾期未答复的，视为同意承包人的暂停施工请求。

12.4 暂停施工后的复工

12.4.1 暂停施工后，监理人应与发包人和承包人协商，采取有效措施积极消除暂停施工的影响。当工程具备复工条件时，监理人应立即向承包人发出复工通知。承包人收到复工通知后，应在监理人指定的期限内复工。

12.4.2 承包人无故拖延和拒绝复工的，由此增加的费用和工期延误由承包人承担；因发包人原因无法按时复工的，承包人有权要求发包人延长工期和(或)增加费用，并支付合理利润。

12.5 暂停施工持续 56 天以上

12.5.1 监理人发出暂停施工指示后 56 天内未向承包人发出复工通知，除了该项停工属于第 12.1 款的情况外，承包人可向监理人提交书面通知，要求监理人在收到书面通知后 28 天内准许已暂停施工的工程或其中一部分工程继续施工。如监理人逾期不予批准，则承包人可以通知监理人，将工程受影响的部分视为按第 15.1(1)项的可取消工作。如暂停施工影响到整个工程，可视为发包人违约，应按第 22.2 款的规定办理。

12.5.2 由于承包人责任引起的暂停施工，如承包人在收到监理人暂停施工指示后 56 天内不认真采取有效的复工措施，造成工期延误，可视为承包人违约，应按第 22.1 款的规定办理。

13. 工程质量

13.1 工程质量要求

13.1.1 工程质量验收按合同约定验收标准执行。

13.1.2 因承包人原因造成工程质量达不到合同约定验收标准的，监理人有权要求承包人返工直至符合合同要求为止，由此造成的费用增加和(或)工期延误由承包人承担。

13.1.3 因发包人原因造成工程质量达不到合同约定验收标准的，发包人应承担由于承包人返工造成的费用增加和(或)工期延误，并支付承包人合理利润。

13.1.4 发包人和承包人应严格遵守《关于严格落实公路工程质量责任制的若干意见》的相关规定，认真执行工程质量责任登记制度并按要求填写工程质量责任登记表。

13.1.5 本项目严格执行质量责任追究制度。质量事故处理实行"四不放过"原则：

事故原因未查清不放过；事故责任者未受到教育不放过；整改措施未落实不放过；相关责任人未处理不放过。

13.2 承包人的质量管理

13.2.1 承包人应在施工场地设置专门的质量检查机构，配备专职质量检查人员，建立完善的质量检查制度。承包人应在合同约定的期限内，提交工程质量保证措施文件，包括质量检查机构的组织和岗位责任、质检人员的组成、质量检查程序和实施细则等，报送监理人审批。

13.2.2 承包人应加强对施工人员的质量教育和技术培训，定期考核施工人员的劳动技能，严格执行规范和操作规程。

13.2.3 承包人必须遵守国家有关法律、法规和规章，严格执行公路工程强制性技术标准、各类技术规范及规程，全面履行工程合同义务，依法对公路工程质量负责。

13.2.4 承包人应加强质量监控，确保规范规定的检验、抽检频率，现场质检的原始资料必须真实、准确、可靠，不得追记，接受质量检查时必须出示原始资料。

13.2.5 承包人必须完善检验手段，根据技术规范的规定配齐检测和试验仪器、仪表，并应及时校正确保其精度；根据合同要求加强工地试验室的管理；加强标准计量基础工作和材料检验工作，不得违规计量，不合格材料严禁用于本工程。

13.2.6 承包人驻工程现场机构应在现场驻地和重要的分部、分项工程施工现场设置明显的工程质量责任登记表公示牌。

13.3 承包人的质量检查

承包人应按合同约定对材料、工程设备以及工程的所有部位及其施工工艺进行全过程的质量检查和检验，并作详细记录，编制工程质量报表，报送监理人审查。

13.4 监理人的质量检查

监理人有权对工程的所有部位及其施工工艺、材料和工程设备进行检查和检验。承包人应为监理人的检查和检验提供方便，包括监理人到施工场地，或制造、加工地点，或合同约定的其他地方进行察看和查阅施工原始记录。承包人还应按监理人指示，进行施工场地取样试验、工程复核测量和设备性能检测，提供试验样品、提交试验报告和测量成果以及监理人要求进行的其他工作。监理人的检查和检验，不免除承包人按合同约定应负的责任。

监理人及其委派的检验人员，应能进入工程现场，以及材料或工程设备的制造、加工或制配的车间和场所，包括不属于承包人的车间或场所进行检查，承包人应为此提供便利和协助。

监理人可以将材料或工程设备的检查和检验委托给一家独立的、有质量检验认证资格的检验单位。该独立检验单位的检验结果应视为监理人完成的。监理人应将这种委托的通知书不少于7天交给承包人。

13.5 工程隐蔽部位覆盖前的检查

13.5.1 通知监理人检查

经承包人自检确认的工程隐蔽部位具备覆盖条件后，承包人应通知监理人在约定的期限内检查。承包人的通知应附有自检记录和必要的检查资料。监理人应按时到场检查。经监理人检查确认质量符合隐蔽要求，并在检查记录上签字后，承包人才能进行覆盖。监理人检查确认质量不合格的，承包人应在监理人指示的时间内修整返工后，由监理人重新检查。当监理人有指示时，承包人应对重要隐蔽工程进行拍摄或照相并应保证监理人有充分的机会对将要覆盖或隐蔽的工程进行检查或量测，特别是在基础以上的任一部分工程修筑之前，对该基础进行检查。

13.5.2 监理人未到场检查

监理人未按第13.5.1项约定的时间进行检查的，除监理人另有指示外，承包人可自行完成覆盖工作，并作相应记录报送监理人，监理人应签字确认。监理人事后对检查记录有疑问的，可按第13.5.3项的约定重新检查。

13.5.3 监理人重新检查

承包人按第13.5.1项或第13.5.2项覆盖工程隐蔽部位后，监理人对质量有疑问的，可要求承包人对已覆盖的部位进行钻孔探测或揭开重新检验，承包人应遵照执行，并在检验后重新覆盖恢复原状。经检验证明工程质量符合合同要求的，由发包人承担由此增加的费用和(或)工期延误，并支付承包人合理利润；经检验证明工程质量不符合合同要求的，由此增加的费用和(或)工期延误由承包人承担。

13.5.4 承包人私自覆盖

承包人未通知监理人到场检查，私自将工程隐蔽部位覆盖的，监理人有权指示承包人钻孔探测或揭开检查，由此增加的费用和(或)工期延误由承包人承担。

13.6 清除不合格工程

13.6.1 承包人使用不合格材料、工程设备，或采用不适当的施工工艺，或施工不当，造成工程不合格的，监理人可以随时发出指示，要求承包人立即采取措施进行替换、补救或拆除重建，直至达到合同要求的质量标准，由此增加的费用和(或)工期延误由承包人承担。

如果承包人未在规定时间内执行监理人的指示，则发包人有权雇用他人执行，由此增加的费用和(或)工期延误由承包人承担。

13.6.2 由于发包人提供的材料或工程设备不合格造成的工程不合格，需要承包人采取措施补救的，发包人应承担由此增加的费用和(或)工期延误，并支付承包人合理利润。

14. 试验和检验

14.1 材料、工程设备和工程的试验和检验

14.1.1 承包人应按合同约定进行材料、工程设备和工程的试验和检验，并为监理人对上述材料、工程设备和工程的质量检查提供必要的试验资料和原始记录。按合同约定应由监理人与承包人共同进行试验和检验的，由承包人负责提供必要的试验资料和原始记录。

14.1.2 监理人未按合同约定派员参加试验和检验的，除监理人另有指示外，承包人可自行试验和检验，并应立即将试验和检验结果报送监理人，监理人应签字确认。

14.1.3 监理人对承包人的试验和检验结果有疑问的，或为查清承包人试验和检验成果的可靠性要求承包人重新试验和检验的，可按合同约定由监理人与承包人共同进行。重新试验和检验的结果证明该项材料、工程设备或工程的质量不符合合同要求的，由此增加的费用和(或)工期延误由承包人承担；重新试验和检验结果证明该项材料、工程设备和工程符合合同要求，由发包人承担由此增加的费用和(或)工期延误，并支付承包人合理利润。

14.2 现场材料试验

14.2.1 承包人根据合同约定或监理人指示进行的现场材料试验，应由承包人提供试验场所、试验人员、试验设备器材以及其他必要的试验条件。

14.2.2 监理人在必要时可以使用承包人的试验场所、试验设备器材以及其他试验条件，进行以工程质量检查为目的的复核性材料试验，承包人应予以协助。

14.3 现场工艺试验

承包人应按合同约定或监理人指示进行现场工艺试验。对大型的现场工艺试验，监理人认为必要时，应由承包人根据监理人提出的工艺试验要求，编制工艺试验措施计划，报送监理人审批。

14.4 试验和检验费用

(1)承包人应负责提供合同和技术规范规定的试验和检验所需的全部样品，并承担其费用。

(2)在合同中明确规定的试验和检验，包括无须在工程量清单中单独列项和已在工程量清单中单独列项的试验和检验，其试验和检验的费用由承包人承担。

(3)如果监理人所要求做的试验和检验为合同未规定的或是在该材料或工程设备的制造、加工、

制配场地以外的场地进行的，则检验结束后，如果操作工艺或材料、工程设备未能符合合同规定，其费用应由承包人承担，否则，其费用应由发包人承担。

15. 变更

15.1 变更的范围和内容

除专用合同条款另有约定外，在履行合同中发生以下情形之一，应按照本条规定进行变更。

（1）取消合同中任何一项工作，但被取消的工作不能转由发包人或其他人实施，由于承包人违约造成的情况除外；

（2）改变合同中任何一项工作的质量或其他特性；

（3）改变合同工程的基线、高程、位置或尺寸；

（4）改变合同中任何一项工作的施工时间或改变已批准的施工工艺或顺序；

（5）为完成工程需要追加的额外工作。

15.2 变更权

在履行合同过程中，经发包人同意，监理人可按第15.3款约定的变更程序向承包人作出变更指示，承包人应遵照执行。没有监理人的变更指示，承包人不得擅自变更。

15.3 变更程序

15.3.1 变更的提出。

（1）在合同履行过程中，可能发生第15.1款约定情形的，监理人可向承包人发出变更意向书。变更意向书应说明变更的具体内容和发包人对变更的时间要求，并附必要的图纸和相关资料。变更意向书应要求承包人提交包括拟实施变更工作的计划、措施和竣工时间等内容的实施方案。发包人同意承包人根据变更意向书要求提交的变更实施方案的，由监理人按第15.3.3项约定发出变更指示。

（2）在合同履行过程中，发生第15.1款约定情形的，监理人应按照第15.3.3项约定向承包人发出变更指示。

（3）承包人收到监理人按合同约定发出的图纸和文件，经检查认为其中存在第15.1款约定情形的，可向监理人提出书面变更建议。变更建议应阐明要求变更的依据，并附必要的图纸和说明。监理人收到承包人书面建议后，应与发包人共同研究，确认存在变更的，应在收到承包人书面建议后的14天内作出变更指示。经研究后不同意作为变更的，应由监理人书面答复承包人。

（4）若承包人收到监理人的变更意向书后认为难以实施此项变更，应立即通知监理人，说明原因并附详细依据。监理人与承包人和发包人协商后确定撤销、改变或不改变原变更意向书。

15.3.2 变更估价。

（1）除专用合同条款对期限另有约定外，承包人应在收到变更指示或变更意向书后的14天内，向监理人提交变更报价书，报价内容应根据第15.4款约定的估价原则，详细开列变更工作的价格组成及其依据，并附必要的施工方法说明和有关图纸。

（2）变更工作影响工期的，承包人应提出调整工期的具体细节。监理人认为有必要时，可要求承包人提交要求提前或延长工期的施工进度计划及相应施工措施等详细资料。

（3）除专用合同条款对期限另有约定外，监理人收到承包人变更报价书后的14天内，根据

122

第 15.4 款约定的估价原则，按照第 3.5 款商定或确定变更价格。

15.3.3 变更指示。

（1）变更指示只能由监理人发出。

（2）变更指示应说明变更的目的、范围、变更内容以及变更的工程量及其进度和技术要求，并附有关图纸和文件。承包人收到变更指示后，应按变更指示进行变更工作。

15.3.4 设计变更程序应执行《公路养护工程管理办法》的相关规定。

15.4 变更的估价原则

除项目专用合同条款另有约定外，因变更引起的价格调整按照本款约定处理。

15.4.1 如果取消某项工作，则该项工作的总额价不予支付。

15.4.2 已标价工程量清单中有适用于变更工作的子目的，采用该子目的单价。

15.4.3 已标价工程量清单中无适用于变更工作的子目，但有类似子目的，可在合理范围内参照类似子目的单价，由监理人按第 3.5 款商定或确定变更工作的单价。

15.4.4 已标价工程量清单中无适用或类似子目的单价，可在综合考虑承包人在投标时所提供的单价分析表的基础上，由监理人按第 3.5 款商定或确定变更工作的单价。

15.4.5 如果本工程的变更指示是因承包人过错、承包人违反合同或承包人责任造成的，则这种违约引起的任何额外费用应由承包人承担。

15.5 承包人的合理化建议

15.5.1 在履行合同过程中，承包人对发包人提供的图纸、技术要求以及其他方面提出的合理化建议，均应以书面形式提交监理人。合理化建议书的内容应包括建议工作的详细说明、进度计划和效益以及与其他工作的协调等，并附必要的设计文件。监理人应与发包人协商是否采纳建议。建议被采纳并构成变更的，应按第 15.3.3 项约定向承包人发出变更指示。

15.5.2 承包人提出的合理化建议缩短了工期，发包人按第 11.6 款的规定给予奖励。

承包人提出的合理化建议降低了合同价格或者提高了工程经济效益的，发包人按项目专用合同条款数据表中规定的金额给予奖励。

15.6 暂列金额

15.6.1 暂列金额应由监理人报发包人批准后指令全部或部分地使用，或者根本不予动用。

15.6.2 对于经发包人批准的每一笔暂列金额，监理人有权向承包人发出实施工程或提供材料、工程设备或服务的指令。这些指令应由承包人完成，监理人应根据第 15.4 款约定的变更估价原则和第 15.7 款的规定，对合同价格进行相应调整。

15.6.3 当监理人提出要求时，承包人应提供有关暂列金额支出的所有报价单、发票、凭证和账单或收据，除非该工作是根据已标价工程量清单列明的单价或总额价进行的估价。

15.7 计日工

15.7.1 发包人认为有必要时，由监理人通知承包人以计日工方式实施变更的零星工作。其价款按列入已标价工程量清单中的计日工计价子目及其单价进行计算。

15.7.2 采用计日工计价的任何一项变更工作，应从暂列金额中支付，承包人应在该项变更的实施过程中，每天提交以下报表和有关凭证报送监理人审批：

（1）工作名称、内容和数量；

（2）投入该工作所有人员的姓名、工种、级别和耗用工时；

（3）投入该工作的材料类别和数量；

（4）投入该工作的施工设备型号、台数和耗用台时；

（5）监理人要求提交的其他资料和凭证。

15.7.3　计日工由承包人汇总后，按第17.3.2项的约定列入进度付款申请单，由监理人复核并经发包人同意后列入进度付款。

15.8　暂估价

15.8.1　发包人在工程量清单中给定暂估价的材料、工程设备和专业工程属于依法必须招标的范围并达到规定的规模标准的，由发包人和承包人以招标的方式选择供应商或分包人。发包人和承包人的权利义务关系在专用合同条款中约定。中标金额与工程量清单中所列的暂估价的金额差以及相应的税金等其他费用列入合同价格。

15.8.2　发包人在工程量清单中给定暂估价的材料和工程设备不属于依法必须招标的范围或未达到规定的规模标准的，应由承包人按第5.1款的约定提供。经监理人确认的材料、工程设备的价格与工程量清单中所列的暂估价的金额差以及相应的税金等其他费用列入合同价格。

15.8.3　发包人在工程量清单中给定暂估价的专业工程不属于依法必须招标的范围或未达到规定的规模标准的，由监理人按照第15.4款进行估价，但专用合同条款另有约定的除外。经估价的专业工程与工程量清单中所列的暂估价的金额差以及相应的税金等其他费用列入合同价格。

16.　价格调整

16.1　物价波动引起的价格调整

（1）除项目专用合同条款另有约定外，因物价波动引起的价格调整应按项目专用合同条款数据表的规定，按照第16.1.1项或第16.1.2项约定的原则处理。

（2）在合同执行期间（包括工期拖延期间），由于人工、材料和设备价格的上涨而引起的工程施工成本增加的风险由承包人自行承担，合同价格不会因此而调整。

16.1.1　采用价格指数调整价格差额

16.1.1.1　价格调整公式

因人工、材料和设备等价格波动影响合同价格时，根据投标函附录中的价格指数和权重表约定的数据，按以下公式计算差额并调整合同价格。

$$\Delta P = P_0 \left[A + \left(B_1 \times \frac{F_{t1}}{F_{01}} + B_2 \times \frac{F_{t2}}{F_{02}} + B_3 \times \frac{F_{t3}}{F_{03}} + \cdots + B_n \times \frac{F_{tn}}{F_{0n}} \right) - 1 \right]$$

式中：　　　　ΔP——需调整的价格差额；

P_0——第17.3.3项、第17.5.2项和第17.6.2项约定的付款证书中承包人应得到的已完成工程量的金额；此项金额应不包括价格调整、不计质量保证金的扣留和支付、预付款的支付和扣回；第15条约定的变更及其他金额已按现行价格计价的，也不计在内；

A——定值权重(即不调部分的权重);

B_1、B_2、$B_3 \cdots B_n$——各可调因子的变值权重(即可调部分的权重)为各可调因子在投标函投标总报价中所占的比例;

F_{t1}、F_{t2}、$F_{t3} \cdots F_{tn}$——各可调因子的现行价格指数,指第 17.3.3 项、第 17.5.2 项和第 17.6.2 项约定的付款证书相关周期最后一天的前 42 天的各可调因子的价格指数;

F_{01}、F_{02}、$F_{03} \cdots F_{0n}$——各可调因子的基本价格指数,指基准日期的各可调因子的价格指数。

采用价格调整公式进行调价时,还应遵守以下规定:

(1)以上价格调整公式中的各可调因子、定值权重以及基本价格指数及其来源,由发包人在投标函附录价格指数和权重表中约定。价格指数应首先采用国家或省、自治区、直辖市价格部门或统计部门提供的价格指数,缺乏上述价格指数时,可采用上述部门提供的价格代替。

(2)价格调整公式中的变值权重,由发包人根据项目实际情况测算确定范围,并在投标函附录价格指数和权重表中约定范围;承包人在投标时在此范围内填写各可调因子的权重,合同实施期间将按此权重进行调价。

16.1.1.2 暂时确定调整差额

在计算调整差额时得不到现行价格指数的,可暂用上一次价格指数计算,并在以后的付款中再按实际价格指数进行调整。

16.1.1.3 权重的调整

按第 15.1 款约定的变更导致原定合同中的权重不合理时,由监理人与承包人和发包人协商后进行调整。

16.1.1.4 承包人工期延误后的价格调整

由于承包人原因未在约定的工期内竣工的,则对原约定竣工日期后继续施工的工程,在使用第 16.1.1.1 目价格调整公式时,应采用原约定竣工日期与实际竣工日期的两个价格指数中较低的一个作为现行价格指数。

16.1.2 采用造价信息调整价格差额

施工期内,因人工、材料、设备和机械台班价格波动影响合同价格时,人工、机械使用费按照国家或省、自治区、直辖市建设行政管理部门、行业建设管理部门或其授权的工程造价管理机构发布的人工成本信息、机械台班单价或机械使用费系数进行调整;需要进行价格调整的材料,其单价和采购数应由监理人复核,监理人确认需调整的材料单价及数量,作为调整工程合同价格差额的依据。

16.2 法律变化引起的价格调整

在基准日后,因法律变化导致承包人在合同履行中所需要的工程费用发生除第 16.1 款约定以外的增减时,监理人应根据法律、国家或省、自治区、直辖市有关部门的规定,按第 3.5 款商定或确定需调整的合同价款。

17. 计量与支付

17.1 计量

17.1.1 计量单位

计量采用国家法定的计量单位。

17.1.2 计量方法

工程的计量以净值为准，除非项目专用合同条款另有约定。工程量清单值各个子目的具体计量方法按本合同文件技术规范中的规定执行。

17.1.3 计量周期

除专用合同条款另有约定外，单价子目已完成工程量按月计量，总价子目的计量周期按批准的支付分解报告确定。

17.1.4 单价子目的计量

（1）已标价工程量清单中的单价子目工程量为估算工程量。结算工程量是承包人实际完成的，并按合同约定的计量方法进行计量的工程量。

（2）承包人对已完成的工程进行计量，向监理人提交进度付款申请单、已完成工程量报表和有关计量资料。

（3）监理人对承包人提交的工程量报表进行复核，以确定实际完成的工程量。对数量有异议的，可要求承包人按第8.2款约定进行共同复核和抽样复测。承包人应协助监理人进行复核并按监理人要求提供补充计量资料。承包人未按监理人要求参加复核，监理人复核或修正的工程量视为承包人实际完成的工程量。

（4）监理人认为有必要时，可通知承包人共同进行联合测量、计量，承包人应遵照执行。

（5）承包人完成工程量清单中每个子目的工程量后，监理人应要求承包人派员共同对每个子目的历次计量报表进行汇总，以核实最终结算工程量。监理人可要求承包人提供补充计量资料，以确定最后一次进度付款的准确工程量。承包人未按监理人要求派员参加的，监理人最终核实的工程量视为承包人完成该子目的准确工程量。

（6）监理人应在收到承包人提交的工程量报表后的7天内进行复核，监理人未在约定时间内复核的，承包人提交的工程量报表中的工程量视为承包人实际完成的工程量，据此计算工程价款。

（7）承包人未在已标价工程量清单中填入单价或总额价的工程子目，将被认为已包含在本合同的其他子目的单价和总额价中，发包人将不另行支付。

工程量清单中的工程量计算规则应按有关国家标准、行业标准的规定，并在合同中约定执行。

17.1.5 总价子目的计量

除专用合同条款另有约定外，总价子目的分解和计量按照下述约定进行。

（1）总价子目的计量和支付应以总价为基础，不因第16.1款中的因素而进行调整。承包人实际完成的工程量，是进行工程目标管理和控制进度支付的依据。

（2）承包人在合同约定的每个计量周期内，对已完成的工程进行计量，并向监理人提交进度付款申请单、专用合同条款约定的合同总价支付分解表所表示的阶段性或分项计量的支持性资料，以及所达到工程形象目标或分阶段需完成的工程量和有关计量资料。

（3）监理人对承包人提交的上述资料进行复核，以确定分阶段实际完成的工程量和工程形象目标。对其有异议的，可要求承包人按第8.2款约定进行共同复核和抽样复测。

（4）除按照第15条约定的变更外，总价子目的工程量是承包人用于结算的最终工程量。

17.2 预付款

17.2.1 预付款

预付款用于承包人为合同工程施工购置材料、工程设备、施工设备、修建临时设施以及组织施工队伍进场等。

预付款包括开工预付款和材料预付款。具体额度和预付办法如下：

（1）开工预付款的金额在项目专用合同条款数据表中约定。在承包人签订了合同协议书并提交了开工预付款保函后，监理人应在当期进度付款证书中向承包人支付开工预付款70%的价款；在承包人承诺的主要设备进场后，再支付开工预付款的30%。

承包人不得将该预付款用于与本工程无关的支出，监理人有权监督承包人对该项费用的使用，如经查实承包人滥用开工预付款，发包人有权立即通过向银行发出通知收回开工预付款保函的方式，将该款收回。

（2）材料预付款按项目专用合同条款数据表中所列主要材料单据费用（进口的材料、设备为到岸价，国内采购的为出厂价或销售价，地方材料为堆场价）的百分比支付。其预付条件为：

①材料符合规范要求并经监理人认可；

②承包人已出具材料费用凭证或支付单据；

③材料已在现场交货，且存储良好，监理人认为材料的存储方法符合要求。

则监理人应将此项金额作为材料预付款计入下一次的进度付款证书中。在预计交工前3个月，将不再支付材料、设备预付款。

17.2.2 预付款保函

除项目专用合同条款另有约定外，承包人应在收到开工预付款前向发包人提交开工预付款保函，开工预付款保函的担保金额应与开工预付款金额相同。出具保函的银行须与第4.2款的要求相同，所需费用由承包人承担。银行保函的正本由发包人保存，该保函在发包人将开工预付款全部扣回之前一直有效，担保金额可根据开工预付款扣回的金额相应递减。

17.2.3 预付款的扣回与还清

预付款扣回办法在专用合同条款中约定。

（1）开工预付款在进度付款证书的累计金额未达到签约合同价的30%之前不予扣回，在达到签约合同价的30%之后，开始按工程进度以固定比例（即每完成签约合同价的1%，扣回开工预付款的2%）分期从各月的进度付款证书中扣回，全部金额在进度付款证书累计金额达到签约合同价的80%时扣完。

（2）当材料已用于养护工程之中时，材料预付款应从进度付款证书中扣回，扣回期不超过3个月。已经支付材料预付款的材料的所有权应属于发包人。

在颁发工程接收证书前，由于不可抗力或其他原因解除合同时，预付款尚未扣清的，尚未扣清的预付款余额应作为承包人的到期应付款。

17.3 工程进度付款

17.3.1 付款周期

付款周期同计量周期。

17.3.2 进度付款申请单

承包人应在每个付款周期末，按监理人批准的格式和专用合同条款约定的份数，向监理人提交进度付款申请单，并附相应的支持性证明文件。除专用合同条款另有约定外，进度付款申请单应包括下列内容：

（1）截至本次付款周期末已实施工程的价款；

（2）根据第 15 条应增加和扣减的变更金额；

（3）根据第 23 条应增加和扣减的索赔金额；

（4）根据第 17.2 款约定应支付的预付款和扣减的返还预付款；

（5）根据第 17.4.1 项约定应扣减的质量保证金；

（6）根据合同应增加和扣减的其他金额。

17.3.3 进度付款证书和支付时间

（1）监理人在收到承包人进度付款申请单以及相应的支持性证明文件后的 14 天内完成核查，提出发包人到期应支付给承包人的金额以及相应的支持性材料，经发包人审查同意后，由监理人向承包人出具经发包人签认的进度付款证书。监理人有权扣发承包人未能按照合同要求履行任何工作或义务的相应金额。如果该付款周期应结算的价款经扣留和扣回后的款额少于项目专用合同条款数据表中列明的进度付款证书的最低金额，则该付款周期监理人可不核证支付，上述款额将按付款周期结转，直至累计应支付的款额达到项目专用合同条款数据表中列明的进度付款证书的最低金额为止。

（2）发包人不按期支付的，按项目专用条款数据表中约定的利率向承包人支付逾期付款违约金。违约金计算基数为发包人的全部未付款额，时间从应付而未付该款额之日算起(不计复利)。

（3）监理人出具进度付款证书，不应视为监理人已同意、批准或接受了承包人完成的该部分工作。

（4）进度付款涉及政府投资资金的，按照国库集中支付等国家相关规定和专用合同条款的约定办理。

17.3.4 工程进度付款的修正

在对以往历次已签发的进度付款证书进行汇总和复核中发现错、漏或重复的，监理人有权予以修正，承包人也有权提出修正申请。经双方复核同意的修正，应在本次进度付款中支付或扣除。

17.4 质量保证金

17.4.1 监理人应从第一个付款周期开始，在发包人的进度付款中，按专用合同条款的约定扣留质量保证金，直至扣留的质量保证金总额达到专用合同条款约定的金额或比例为止。质量保证金的计算额度不包括预付款的支付、扣回以及价格调整的金额。

17.4.2 在第 1.1.4.5 目约定的缺陷责任期满时，承包人向发包人申请到期应返还承包人剩余的质量保证金金额，发包人应在 14 天内会同承包人按照合同约定的内容核实承包人是否完成缺陷责任。如无异议，发包人应当在核实后将剩余保证金返还承包人。

17.4.3 在第 1.1.4.5 目约定的缺陷责任期满时，承包人没有完成缺陷责任的，发包人有权扣留与未履行责任剩余工作所需金额相应的质量保证金余额，并有权根据第 19.3 款约定要求延长缺陷责任期，直至完成剩余工作为止。

128

17.5 交工、竣工验收

17.5.1 交工验收

17.5.1.1 交工验收主要工作内容

(1)检查合同执行情况。

(2)检查施工自检报告、施工总结报告及施工资料。

(3)检查监理单位独立抽检资料、监理工作报告及质量评定资料。

(4)检查工程实体，审查有关资料，包括主要产品的质量抽(检)测报告。

(5)检查工程完工数量是否与批准的设计文件(含批准的设计变更)或者下达的计划相符，是否与工程计量数量一致。

(6)对合同是否全面执行、工程质量是否合格做出结论。

(7)按合同段分别对设计、监理、施工等单位进行初步评价。

17.5.1.2 交工付款申请单

(1)承包人向监理人提交交工付款申请单(包括相关证明材料)的份数在项目专用合同条款数量表中约定；期限为交工验收完毕证书签发后 28 天内。

(2)监理人对交工付款申请单有异议的，有权要求承包人进行修正和提供补充资料。经监理人和承包人协商后，由承包人向监理人提交修正后的交工付款申请单。

17.5.1.3 交工付款证书及支付时间

(1)监理人在收到监理人提交的交工付款申请单后的 14 天内完成核查，提出发包人到期应支付给承包人的价款送发包人审核并抄送承包人。发包人应在收到后 14 天内审核完毕，由监理人向承包人出具经发包人签认的交工付款证书。监理人未在约定时间核查，又未提出具体意见的，视为承包人提交的交工付款申请单已经监理人核查同意；发包人未在约定时间内审核又未提出具体意见的，监理人提出发包人到期应支付给承包人的价款视为已经发包人同意。

(2)发包人应在监理人出具交工付款证书后的 14 天内，将应支付款支付给承包人。发包人不按期支付的，按专用合同条款的约定，将逾期付款违约金支付给承包人。

(3)承包人对发包人签认的交工付款证书有异议的，发包人可出具交工付款申请单中承包人已同意部分的临时付款证书。存在争议的部分，按第 24 条的约定办理。

17.5.2 竣工验收

竣工付款证书及支付时间：

(1)监理人在收到监理人提交的竣工付款申请单后的 14 天内完成核查，提出发包人到期应支付给承包人的价款送发包人审核并抄送承包人。发包人应在收到后 14 天内审核完毕，由监理人向承包人出具经发包人签认的竣工付款证书。监理人未在约定时间核查，又未提出具体意见的，视为承包人提交的竣工付款申请单已经监理人核查同意；发包人未在约定时间内审核又未提出具体意见的，监理人提出发包人到期应支付给承包人的价款视为已经发包人同意。

(2)发包人应在监理人出具交工付款证书后的 14 天内，将应支付款支付给承包人。发包人不按期支付的，按专用合同条款的约定，将逾期付款违约金支付给承包人。

(3)承包人对发包人前人的竣工付款证书有异议的，发包人可出具竣工付款申请单中承包人已同意部分的临时付款证书。存在争议的部分，按第 24 条的约定办理。

17.6 最终结清

17.6.1 最终结清申请单

（1）承包人向监理人提交最终结清申请单（包括相关证明材料）的份数在项目专用合同条款数据表中约定；期限为缺陷责任期终止证书签发后 28 天内。

最终结清申请单中的总金额应认为是代表了根据合同规定应付给承包人的全部款项的最后结算。

（2）发包人对最终结清申请单内容有异议的，有权要求承包人进行修正和提供补充资料，由承包人向监理人提交修正后的最终结清申请单。

17.6.2 最终结清证书和支付时间

（1）监理人收到承包人提交的最终结清申请单后的 14 天内，提出发包人应支付给承包人的价款送发包人审核并抄送承包人。发包人应在收到后 14 天内审核完毕，由监理人向承包人出具经发包人签认的最终结清证书。监理人未在约定时间内核查，又未提出具体意见的，视为承包人提交的最终结清申请已经监理人核查同意；发包人未在约定时间内审核又未提出具体意见的，监理人提出应支付给承包人的价款视为已经发包人同意。

（2）发包人应在监理人出具最终结清证书后的 14 天内，将应支付款支付给承包人。发包人不按期支付的，按第 17.3.3（2）目的约定，将逾期付款违约金支付给承包人。

（3）承包人对发包人签认的最终结清证书有异议的，按第 24 条的约定办理。

（4）最终结清付款涉及政府投资资金的，按第 17.3.3（4）目的约定办理。

对于竣、交工合并验收的：

17.6.3 最终结清申请单

（1）对于竣、交工合并验收的，承包人向监理人提交最终结清申请单（包括相关证明材料）的份数在项目专用合同条款数据表中约定；期限为工程完工 3 个月后、6 个月内。

最终结清申请单中的总金额应认为是代表了根据合同规定应付给承包人的全部款项的最后结算。

（2）发包人对最终结清申请单内容有异议的，有权要求承包人进行修正和提供补充资料，由承包人向监理人提交修正后的最终结清申请单。

17.6.4 最终结清证书和支付时间

（1）监理人收到承包人提交的最终结清申请单后的 14 天内，提出发包人应支付给承包人的价款送发包人审核并抄送承包人。发包人应在收到后 14 天内审核完毕，由监理人向承包人出具经发包人签认的最终结清证书。监理人未在约定时间内核查，又未提出具体意见的，视为承包人提交的最终结清申请已经监理人核查同意；发包人未在约定时间内审核又未提出具体意见的，监理人提出应支付给承包人的价款视为已经发包人同意。

（2）发包人应在监理人出具最终结清证书后的 14 天内，将应支付款支付给承包人。发包人不按期支付的，按专用合同条款的约定，将逾期付款违约金支付给承包人。

（3）承包人对发包人签认的最终结清证书有异议的，按第 24 条的约定办理。

18. 竣工验收

18.1 竣工验收的含义

18.1.1 竣工验收指承包人完成了全部合同工作后，发包人按合同要求进行的验收。

18.1.2 国家验收是政府有关部门根据法律、规范、规程和政策要求，针对发包人全面组织实施的整个工程正式交付投运前的验收。

18.1.3 需要进行国家验收的，竣工验收是国家验收的一部分。竣工验收所采用的各项验收和评定标准应符合国家验收标准。发包人和承包人为竣工验收提供的各项竣工验收资料应符合国家验收的要求。

18.2 竣工验收申请报告

当工程具备以下条件时，承包人即可向监理人报送竣工验收申请报告：

（1）除监理人同意列入缺陷责任期内完成的尾工工程和缺陷修补工作外，合同范围内的全部单位工程以及有关工作，包括合同要求的试验、试运行以及检验和验收均已完成，并符合合同要求；

（2）已按合同约定的内容和份数备齐了符合要求的竣工资料；

竣工资料的内容：承包人应按照《安徽省国省干线公路养护大中修工程竣（交）工验收办法（试行）》（安徽省交通运输厅皖交路〔2010〕494号）的规定，编制竣工图表和施工资料。

竣工资料的份数在项目专用合同条款数据表中约定。

（3）已按监理人的要求编制了在缺陷责任期内完成的尾工（甩项）工程和缺陷修补工作清单以及相应施工计划；

（4）监理人要求在竣工验收前应完成的其他工作；

（5）监理人要求提交的竣工验收资料清单。

18.3 验收

监理人收到承包人按第18.2款约定提交的竣工验收申请报告后，应审查申请报告的各项内容，并按以下不同情况进行处理。

18.3.1 监理人审查后认为尚不具备竣工验收条件的，应在收到竣工验收申请报告后的28天内通知承包人，指出在颁发接收证书前承包人还需进行的工作内容。承包人完成监理人通知的全部工作内容后，应再次提交竣工验收申请报告，直至监理人同意为止。

18.3.2 监理人审查后认为已具备竣工验收条件的，应在收到竣工验收申请报告后的28天内提请发包人进行工程验收。

竣工验收由发包人主持，由发包人、监理人及质监、管理养护等有关部门代表组成交工验收小组，对本项目的养护工程质量进行评定，并出具竣工验收报告报公路主管部门备案。承包人应按发包人的要求提交竣工资料，完成竣工验收准备工作。

18.3.3 发包人经过验收后同意接受工程的，应在监理人收到竣工验收申请报告后的56天内，由监理人向承包人出具经发包人签认的工程接收证书。发包人验收后同意接收工程但提出整修和完善要求的，限期修好，并缓发工程接收证书。整修和完善工作完成后，监理人复查达到要求的，经发包人同意后，再向承包人出具工程接收证书。

18.3.4 发包人验收后不同意接收工程的，监理人应按照发包人的验收意见发出指示，要求承包人对不合格工程认真返工重作或进行补救处理，并承担由此产生的费用。承包人在完成不合格工程的返工重作或补救工作后，应重新提交竣工验收申请报告，按第18.3.1项、第18.3.2项和第18.3.3项的约定进行。

18.3.5　除专用合同条款另有约定外，经验收合格工程的实际竣（交）工日期，以提交竣（交）工验收申请报告的日期为准，并在工程接收证书中写明。

经验收合格工程的实际交工日期，以最终提交交工验收申请报告的日期为准，并在交工验收证书中写明。

18.3.6　发包人在收到承包人竣工验收申请报告56天后未进行验收的，视为验收合格，实际竣工日期以提交竣工验收申请报告的日期为准，但发包人由于不可抗力不能进行验收的除外。

18.3.7　组织办理竣（交）工验收和签发竣（交）工验收证书的费用由发包人承担。但按照第18.3.4项规定达不到合格标准的竣（交）工验收费用由承包人承担。

18.4　单位工程验收

18.4.1　发包人根据合同进度计划安排，在全部工程竣工前需要使用已经竣工的单位工程时，或承包人提出经发包人同意时，可进行单位工程验收。验收的程序可参照第18.2款与第18.3款的约定进行。验收合格后，由监理人向承包人出具经发包人签认的单位工程验收证书。已签发单位工程接收证书的单位工程由发包人负责照管。单位工程的验收成果和结论作为全部工程竣工验收申请报告的附件。

18.4.2　发包人在全部工程竣工前，使用已接收的单位工程导致承包人费用增加的，发包人应承担由此增加的费用和（或）工期延误，并支付承包人合理利润。

18.5　施工期运行

18.5.1　施工期运行是指合同工程尚未全部竣工，其中某项或某几项单位工程或工程设备安装已竣工，根据专用合同条款约定，需要投入施工期运行的，经发包人按第18.4款的约定验收合格，证明能确保安全后，才能在施工期投入运行。

18.5.2　在施工期运行中发现工程或工程设备损坏或存在缺陷的，由承包人按第19.2款约定进行修复。

18.6　试运行

18.6.1　除专用合同条款另有约定外，承包人应按专用合同条款约定进行工程及工程设备试运行，负责提供试运行所需的人员、器材和必要的条件，并承担全部试运行费用。

18.6.2　由于承包人的原因导致试运行失败的，承包人应采取措施保证试运行合格，并承担相应费用。由于发包人的原因导致试运行失败的，承包人应当采取措施保证试运行合格，发包人应承担由此产生的费用，并支付承包人合理利润。

18.7　竣工清场

18.7.1　除合同另有约定外，工程接收证书颁发后，承包人应按以下要求对施工场地进行清理，直至监理人检验合格为止。竣工清场费用由承包人承担。

（1）施工场地内残留的垃圾已全部清除出场；

（2）临时工程已拆除，场地已按合同要求进行清理、平整或复原；

（3）按合同约定应撤离的承包人设备和剩余的材料，包括废弃的施工设备和材料，已按计划撤离施工场地；

（4）工程建筑物周边及其附近道路、河道的施工堆积物，已按监理人指示全部清理；

（5）监理人指示的其他场地清理工作已全部完成。

18.7.2 承包人未按监理人的要求恢复临时占地，或者场地清理未达到合同约定的，发包人有权委托其他人恢复或清理，所发生的金额从拟支付给承包人的款项中扣除。

18.8 施工队伍的撤离

工程接收证书颁发后尽快撤离，除了经监理人同意需在缺陷责任期内继续工作和使用的人员、施工设备和临时工程外，其余的人员、施工设备和临时工程均应撤离施工场地或拆除。除合同另有约定外，缺陷责任期满时，承包人的人员和施工设备应全部撤离施工场地。

18.9 竣（交）工文件

承包人应按照《安徽省国省干线公路养护大中修工程竣（交）工验收办法（试行）》的相关规定，在缺陷责任期内为竣工验收补充竣工资料，并在签发缺陷责任期终止证书之前提交。对于交、竣工合并验收的，应一次性提交全部竣（交）工验收资料。

19. 缺陷责任与保修责任

19.1 缺陷责任期的起算时间

缺陷责任期自实际交工之日起计算。在全部工程交工验收前，已经发包人提前验收的单位工程，其缺陷责任期的起算日期相应提前。

竣、交工合并验收的项目缺陷责任期自实际完工之日起计算。

缺陷责任期的时间由招标人依据相关规定并结合项目特点确定。

19.2 缺陷责任

19.2.1 承包人应在缺陷责任期内对已交付使用的工程承担缺陷责任。

19.2.2 缺陷责任期内，发包人对已接收使用的工程负责日常维护工作。发包人在使用过程中，发现已接收的工程存在新的缺陷或已修复的缺陷部位或部件又遭损坏的，承包人应负责修复，直至检验合格为止。

在缺陷责任期内，承包人应尽快完成在竣（交）工验收证书中写明的未完成工作，并完成对本工程缺陷的修复或监理人指令的修补工作。

19.2.3 监理人和承包人应共同查清缺陷和（或）损坏的原因。经查明属承包人原因造成的，应由承包人承担修复和查验的费用。经查验属发包人原因造成的，发包人应承担修复和查验的费用，并支付承包人合理利润。

19.2.4 承包人不能在合理时间内修复缺陷的，发包人可自行修复或委托其他人修复，所需费用和利润的承担，按第 19.2.3 项约定办理。

19.3 缺陷责任期的延长

由于承包人原因造成某项缺陷或损坏使某项工程或工程设备不能按原定目标使用而需要再次检

查、检验和修复的，发包人有权要求承包人相应延长缺陷责任期，但缺陷责任期最长不超过 2 年。

19.4 进一步试验和试运行

任何一项缺陷或损坏修复后，经检查证明其影响了工程或工程设备的使用性能，承包人应重新进行合同约定的试验和试运行，试验和试运行的全部费用应由责任方承担。

19.5 承包人的进入权

缺陷责任期内承包人为缺陷修复工作需要，有权进入工程现场，但应遵守发包人的保安和保密规定。

承包人在缺陷修复施工过程中，应服从管养单位的有关安全管理规定，由于承包人自身原因造成的人员伤亡、设备和材料的损毁及罚款等责任由承包人自负。

19.6 缺陷责任期终止证书

养护工程具备验收条件后应当及时组织验收工作。

技术复杂程度高或投资规模较大的养护工程按交工验收和竣工验收两阶段执行，其他一般养护工程按一阶段验收执行。

适用于一阶段验收的养护工程项目一般在工程完工交付使用后 6 个月之内完成验收；适用于两阶段验收的养护工程项目，在工程完工后应当及时组织交工验收，一般在养护工程质量缺陷责任期满后 12 个月之内完成竣工验收。

养护工程质量缺陷责任期一般为 6 个月，最长不超过 12 个月。

在第 1.1.4.5 目约定的缺陷责任期，包括根据第 19.3 款延长的期限终止后 14 天内，由监理人根据相关检查或检测结果向承包人出具经发包人签认的缺陷责任期终止证书，并退还剩余的质量保证金。

20. 保险

20.1 人员工伤事故的保险

20.1.1 承包人员工伤事故的保险

承包人应依照有关法律规定参加工伤保险，为其履行合同所雇佣的全部人员，缴纳工伤保险费，并要求其分包人也进行此项保险。

20.1.2 发包人员工伤事故的保险

发包人应依照有关法律规定参加工伤保险，为其现场机构雇佣的全部人员，缴纳工伤保险费，并要求其监理人也进行此项保险。

20.2 人身意外伤害险

20.2.1 发包人应在整个施工期间为其现场机构雇用的全部人员，投保人身意外伤害险，缴纳保险费，并要求其监理人也进行此项保险。

20.2.2 承包人应在整个施工期间为其现场机构雇用的全部人员，投保人身意外伤害险，缴纳保险费，并要求其分包人也进行此项保险。

20.3 第三者责任险

20.3.1 第三者责任系指在保险期内,对因工程意外事故造成的、依法应由被保险人负责的工地上及毗邻地区的第三者人身伤亡、疾病或财产损失(本工程除外),以及被保险人因此而支付的诉讼费用和事先经保险人书面同意支付的其他费用等赔偿责任。

20.3.2 在缺陷责任期终止证书颁发前,承包人应以承包人和发包人的共同名义,投保第20.3.1项约定的第三者责任险,其保险费率、保险金额等有关内容在专用合同条款中约定。

第三者责任险的保险费由承包人报价时列入工程量清单第100章。发包人在接到保险单后,将按照保险单的费用直接向承包人支付。

20.4 其他保险

除专用合同条款另有约定外,承包人应为其施工设备、进场的材料和工程设备等办理保险。

承包人应为其施工设备等办理保险,其投保金额应足以现场重置。办理本款保险的一切费用均由承包人承担,并包括在工程量清单的单价及总额价中,发包人不单独支付。

20.5 对各项保险的一般要求

20.5.1 保险凭证

承包人向发包人提交各项保险生效的证据和保险单副本的期限:开工后56天内。保险单必须与专用合同条款约定的条件保持一致。

20.5.2 保险合同条款的变动

承包人需要变动保险合同条款时,应事先征得发包人同意,并通知监理人。保险人作出变动的,承包人应在收到保险人通知后立即通知发包人和监理人。

20.5.3 持续保险

承包人应与保险人保持联系,使保险人能够随时了解工程实施中的变动,并确保按保险合同条款要求持续保险。在整个合同期内,承包人应按合同条款规定保证足够的保险额。

20.5.4 保险金不足的补偿

保险金不足补偿损失的(包括免赔额和超过赔偿限额的部分),应由承包人和(或)发包人按合同约定负责补偿。

20.5.5 未按约定投保的补救

(1)由于负有投保义务的一方当事人未按合同约定办理保险,或未能使保险持续有效的,另一方当事人可代为办理,所需费用由对方当事人承担。

(2)由于负有投保义务的一方当事人未按合同约定办理某项保险,或未按保险单规定的条件和期限及时间向保险人报告事故情况,或未按要求的保险期限进行投保,或未按要求投保足够的保险金额,导致受益人未能或未能全部得到保险人的赔偿,原应从该项保险得到的保险金应由负有投保义务的一方当事人支付。

20.5.6 报告义务

当保险事故发生时,投保人应按照保险单规定的条件和期限及时向保险人报告。

21. 不可抗力

21.1 不可抗力的确认

21.1.1 不可抗力是指承包人和发包人在订立合同时不可预见，在工程施工过程中不可避免发生并不能克服的自然灾害和社会性突发事件，如地震、瘟疫、水灾、骚乱、暴动、战争和专用合同条款约定的其他情形。

21.1.2 不可抗力发生后，发包人和承包人应及时认真统计所造成的损失，收集不可抗力造成损失的证据。合同双方对是否属于不可抗力或其损失的意见不一致的，由监理人按第 3.5 款商定或确定。发生争议时，按第 24 条的约定办理。

21.2 不可抗力的通知

21.2.1 合同一方当事人遇到不可抗力事件，使其履行合同义务受到阻碍时，应立即通知合同另一方当事人和监理人，书面说明不可抗力和受阻碍的详细情况，并提供必要的证明。

21.2.2 如不可抗力持续发生，合同一方当事人应及时向合同另一方当事人和监理人提交中间报告，说明不可抗力和履行合同受阻的情况，并于不可抗力事件结束后 28 天内提交最终报告及有关资料。

21.3 不可抗力后果及其处理

21.3.1 不可抗力造成损害的责任

除专用合同条款另有约定外，不可抗力导致的人员伤亡、财产损失、费用增加和（或）工期延误等后果，由合同双方按以下原则承担：

（1）永久工程，包括已运至施工场地的材料和工程设备的损害，以及因工程损害造成的第三者人员伤亡和财产损失由发包人承担；

（2）承包人设备的损坏由承包人承担；

（3）发包人和承包人各自承担其人员伤亡和其他财产损失及其相关费用；

（4）承包人的停工损失由承包人承担，但停工期间应监理人要求照管工程和清理、修复工程的金额由发包人承担；

（5）不能按期竣工的，应合理延长工期，承包人不需支付逾期竣工违约金。发包人要求赶工的，承包人应采取赶工措施，赶工费用由发包人承担。

21.3.2 延迟履行期间发生的不可抗力

合同一方当事人延迟履行，在延迟履行期间发生不可抗力的，不免除其责任。

21.3.3 避免和减少不可抗力损失

不可抗力发生后，发包人和承包人均应采取措施尽量避免和减少损失的扩大，任何一方没有采取有效措施导致损失扩大的，应对扩大的损失承担责任。

21.3.4 因不可抗力解除合同

合同一方当事人因不可抗力不能履行合同的，应当及时通知对方解除合同。合同解除后，承包人应按照第 22.2.5 项约定撤离施工场地。已经订货的材料、设备由订货方负责退货或解除订货合同，不能退还的货款和因退货、解除订货合同发生的费用，由发包人承担，因未及时退货造成的损失由责任方承担。合同解除后的付款，参照第 22.2.4 项约定，由监理人按第 3.5 款商定或确定，但由于解除合同应赔偿的承包人损失不予考虑。

22. 违约

22.1 承包人违约

22.1.1 承包人违约的情形

在履行合同过程中发生的下列情况属承包人违约：

（1）承包人违反第 1.8 款或第 4.3 款的约定，私自将合同的全部或部分权利转让给其他人，或私自将合同的全部或部分义务转移给其他人；

（2）承包人违反第 5.3 款或第 6.4 款的约定，未经监理人批准，私自将已按合同约定进入施工场地的施工设备、临时设施或材料撤离施工场地；

（3）承包人违反第 5.4 款的约定使用了不合格材料或工程设备，工程质量达不到标准要求，又拒绝清除不合格工程；

（4）承包人未能按合同进度计划及时完成合同约定的工作，已造成或预期造成工期延误；

（5）承包人在缺陷责任期内，未能对工程接收证书所列的缺陷清单的内容或缺陷责任期内发生的缺陷进行修复，而又拒绝按监理人指示再进行修补；

（6）承包人无法继续履行或明确表示不履行或实质上已停止履行合同；

（7）承包人未能按期开工；

（8）承包人违反第 4.6 款或第 6.3 款的规定，未按承诺或未按监理人的要求及时配备称职的主要管理人员、技术骨干或关键施工设备；

（9）经监理人和发包人检查，发现承包人有安全问题或有违反安全管理规章制度的情况；

（10）承包人不按合同约定履行义务的其他情况。

22.1.2 对承包人违约的处理

（1）承包人发生第 22.1.1(6) 目约定的违约情况时，发包人可通知承包人立即解除合同，并按有关法律处理。

（2）承包人发生除第 22.1.1(6) 目约定以外的其他违约情况时，监理人可向承包人发出整改通知，要求其在指定的期限内改正。承包人应承担其违约所引起的费用增加和（或）工期延误。

（3）经检查证明承包人已采取了有效措施纠正违约行为，具备复工条件的，可由监理人签发复工通知复工。

（4）承包人发生第 22.1.1 项约定的违约情况时，无论发包人是否解除合同，发包人均有权向承包人课以项目专用合同条款中规定的违约金，并由发包人将其违约行为上报省级交通主管部门。

22.1.3 承包人违约解除合同

监理人发出整改通知 28 天后，承包人仍不纠正违约行为的，发包人可向承包人发出解除合同通知。合同解除后，发包人可派员进驻施工场地，另行组织人员或委托其他承包人施工。发包人因继续完成该工程的需要，有权扣留使用承包人在现场的材料、设备和临时设施。但发包人的这一行动不免除承包人应承担的违约责任，也不影响发包人根据合同约定享有的索赔权利。

22.1.4 合同解除后的估价、付款和结清

（1）合同解除后，监理人按第 3.5 款商定或确定承包人实际完成工作的价值，以及承包人已提供

的材料、施工设备、工程设备和临时工程等的价值。

(2)合同解除后，发包人应暂停对承包人的一切付款，查清各项付款和已扣款金额，包括承包人应支付的违约金。

(3)合同解除后，发包人应按第23.4款的约定向承包人索赔由于解除合同给发包人造成的损失。

(4)合同双方确认上述往来款项后，出具最终结清付款证书，结清全部合同款项。

(5)发包人和承包人未能就解除合同后的结清达成一致而形成争议的，按第24条的约定办理。

22.1.5 协议利益的转让

因承包人违约解除合同的，发包人有权要求承包人将其为实施合同而签订的材料和设备的订货协议或任何服务协议利益转让给发包人，并在解除合同后的14天内，依法办理转让手续。

22.1.6 紧急情况下无能力或不愿进行抢救

在工程实施期间或缺陷责任期内发生危及工程安全的事件，监理人通知承包人进行抢救，承包人声明无能力或不愿立即执行的，发包人有权雇佣其他人员进行抢救。此类抢救按合同约定属于承包人义务的，由此发生的金额和(或)工期延误由承包人承担。

22.2 发包人违约

22.2.1 发包人违约的情形

在履行合同过程中发生的下列情形，属发包人违约：

(1)发包人未能按合同约定支付预付款或合同价款，或拖延、拒绝批准付款申请和支付凭证，导致付款延误的；

(2)发包人原因造成停工的；

(3)监理人无正当理由没有在约定期限内发出复工指示，导致承包人无法复工的；

(4)发包人无法继续履行或明确表示不履行或实质上已停止履行合同的；

(5)发包人不履行合同约定其他义务的。

22.2.2 承包人有权暂停施工

发包人发生除第22.2.1(4)目以外的违约情况时，承包人可向发包人发出通知，要求发包人采取有效措施纠正违约行为。发包人收到承包人通知后的28天内仍不履行合同义务，承包人有权暂停施工，并通知监理人，发包人应承担由此增加的费用和(或)工期延误，并支付承包人合理利润。

22.2.3 发包人违约解除合同

(1)发生第22.2.1(4)目的违约情况时，承包人可书面通知发包人解除合同。

(2)承包人按22.2.2项暂停施工28天后，发包人仍不纠正违约行为的，承包人可向发包人发出解除合同通知。但承包人的这一行动不免除发包人承担的违约责任，也不影响承包人根据合同约定享有的索赔权利。

22.2.4 解除合同后的付款

因发包人违约解除合同的，发包人应在解除合同后28天内向承包人支付下列金额，承包人应在此期限内及时向发包人提交要求支付下列金额的有关资料和凭证：

(1)合同解除日以前所完成工作的价款；

(2)承包人为该工程施工订购并已付款的材料、工程设备和其他物品的金额，发包人付款后，该材料、工程设备和其他物品归发包人所有；

（3）承包人为完成工程所发生的，而发包人未支付的金额；

（4）承包人撤离施工场地以及遣散承包人人员的金额；

（5）由于解除合同应赔偿的承包人损失；

（6）按合同约定在合同解除日前应支付给承包人的其他金额。

发包人应按本项约定支付上述金额并退还质量保证金和履约担保，但有权要求承包人支付应偿还给发包人的各项金额。

22.2.5 解除合同后的承包人撤离

因发包人违约而解除合同后，承包人应妥善做好已竣工工程和已购材料、设备的保护和移交工作，按发包人要求将承包人设备和人员撤出施工场地。承包人撤出施工场地应遵守第18.7.1项的约定，发包人应为承包人撤出提供必要条件。

22.3 第三人造成的违约

在履行合同过程中，一方当事人因第三人的原因造成违约的，应当向对方当事人承担违约责任。一方当事人和第三人之间的纠纷，依照法律规定或者按照约定解决。

23. 索赔

23.1 承包人索赔的提出

根据合同约定，承包人认为有权得到追加付款和（或）延长工期的，应按以下程序向发包人提出索赔：

（1）承包人应在知道或应当知道索赔事件发生后28天内，向监理人递交索赔意向通知书，并说明发生索赔事件的事由。承包人未在前述28天内发出索赔意向通知书的，丧失要求追加付款和（或）延长工期的权利；

（2）承包人应在发出索赔意向通知书后28天内，向监理人正式递交索赔通知书。索赔通知书应详细说明索赔理由以及要求追加的付款金额和（或）延长的工期，并附必要的记录和证明材料；

（3）索赔事件具有连续影响的，承包人应按合理时间间隔继续递交延续索赔通知，说明连续影响的实际情况和记录，列出累计的追加付款金额和（或）工期延长天数；

（4）在索赔事件影响结束后的28天内，承包人应向监理人递交最终索赔通知书，说明最终要求索赔的追加付款金额和（或）延长的工期，并附必要的记录和证明材料。

23.2 承包人索赔处理程序

（1）监理人收到承包人提交的索赔通知书后，应及时审查索赔通知书的内容、查验承包人的记录和证明材料，必要时监理人可要求承包人提交全部原始记录副本。

（2）监理人应按第3.5款商定或确定追加的付款和（或）延长的工期，并在收到上述索赔通知书或有关索赔的进一步证明材料后的42天内，将索赔处理结果报发包人批准后答复承包人。如果承包人提出的索赔要求未能遵守第23.1（2）~（4）项规定，则承包人只限于索赔由监理人按当时记当予以核实的那部分款额外负担和（或）工期延长天数。

（3）承包人接受索赔处理结果的，发包人应在作出索赔处理结果答复后28天内完成赔付。承包人不接受索赔处理结果的，按第24条的约定办理。

23.3 承包人提出索赔的期限

23.3.1 承包人按第17.5款的约定接受了竣工付款证书后，应被认为已无权再提出在合同工程接收证书颁发前所发生的任何索赔。

23.3.2 承包人按第17.6款的约定提交的最终结清申请单中，只限于提出工程接收证书颁发后发生的索赔。提出索赔的期限自接受最终结清证书时终止。

23.4 发包人的索赔

23.4.1 发生索赔事件后，监理人应及时书面通知承包人，详细说明发包人有权得到的索赔金额和（或）延长缺陷责任期的细节和依据。发包人提出索赔的期限和要求与第23.3款的约定相同，延长缺陷责任期的通知应在缺陷责任期届满前发出。

23.4.2 监理人按第3.5款商定或确定发包人从承包人处得到赔付的金额和（或）缺陷责任期的延长期。承包人应付给发包人的金额可从拟支付给承包人的合同价款中扣除，或由承包人以其他方式支付给发包人。

24. 争议的解决

24.1 争议的解决方式

发包人和承包人在履行合同中发生争议的，可以友好协商解决或者提请争议评审组评审。合同当事人友好协商解决不成、不愿提请争议评审或者不接受争议评审组意见的，可在专用合同条款中约定下列一种方式解决。

（1）向约定的仲裁委员会申请仲裁；

（2）向有管辖权的人民法院提起诉讼。

24.2 友好解决

在提请争议评审、仲裁或者诉讼前，以及在争议评审、仲裁或诉讼过程中，发包人和承包人均可共同努力友好协商解决争议。

24.3 争议评审

24.3.1 采用争议评审的，发包人和承包人应在开工日后的28天内或在争议发生后，协商成立争议评审组。争议评审组由有合同管理和工程实践经验的专家组成。争议评审组由3人或5人组成，专家的聘请方法可由发包人和承包人共同协商确定，亦可请政府主管部门推荐或通过合同争议调解机构聘请，并经双方认同。争议评审组成员应与合同双方均无利害关系，争议评审组的各项费用由发包人和承包人平均分担。

24.3.2 合同双方的争议，应首先由申请人向争议评审组提交一份详细的评审申请报告，并附必要的文件、图纸和证明材料，申请人还应将上述报告的副本同时提交给被申请人和监理人。

24.3.3 被申请人在收到申请人评审申请报告副本后的28天内，向争议评审组提交一份答辩报告，并附证明材料。被申请人应将答辩报告的副本同时提交给申请人和监理人。

24.3.4 除专用合同条款另有约定外，争议评审组在收到合同双方报告后的 14 天内，邀请双方代表和有关人员举行调查会，向双方调查争议细节；必要时争议评审组可要求双方进一步提供补充材料。

24.3.5 除专用合同条款另有约定外，在调查会结束后的 14 天内，争议评审组应在不受任何干扰的情况下进行独立、公正的评审，作出书面评审意见，并说明理由。在争议评审期间，争议双方暂按总监理工程师的确定执行。

24.3.6 发包人和承包人接受评审意见的，由监理人根据评审意见拟定执行协议，经争议双方签字后作为合同的补充文件，并遵照执行。

24.3.7 发包人或承包人不接受评审意见，并要求提交仲裁或提起诉讼的，应在收到评审意见后的 14 天内将仲裁或起诉意向书面通知另一方，并抄送监理人，但在仲裁或诉讼结束前应暂按总监理工程师的确定执行。

24.4 仲裁

24.4.1 本款适用于采用仲裁方式最终解决争议的项目。

（1）对于未能友好解决或未能通过争议评审解决的争议，发包人或承包人任一方均有权提交给第 24.1 款约定的仲裁委员会仲裁。

（2）仲裁可在交工之前或之后进行，但发包人、监理人和承包人各自的义务不得因在工程实施期间进行仲裁而有所改变。如果仲裁是在终止合同的情况下进行，则对合同工程应采取保护措施，措施费由败诉方承担。

（3）仲裁裁决是终局性的，并对发包人和承包人双方具有约束力。

（4）全部仲裁费用应由败诉方承担，或按仲裁委员会裁决的比例分担。

24.5 仲裁的执行

（1）任何一方不履行仲裁机构的裁决的，对方可以向有管辖权的人民法院申请执行。

（2）任何一方提出证据证明裁决有《中华人民共和国仲裁法》第五十八条规定情形之一的，可以向仲裁委员会所在地的中级人民法院申请撤销裁决。人民法院认定执行该裁决违背社会公共利益的，裁定不予执行。仲裁裁决被人民法院裁定不予执行的，当事人可以根据双方达成的书面仲裁协议重新申请仲裁，也可以向人民法院起诉。

第二节 项目专用合同条款

说明：

1. 招标人在根据《安徽省公路养护工程施工招标指南》编制项目招标文件中的"项目专用合同条款"时，可根据招标项目的具体特点和实际需要，对"通用合同条款"进行补充和细化，除"通用合同条款"明确"专用合同条款"可作出不同约定外，补充和细化的内容不得与"通用合同条款"强制性规定相抵触。同时，补充、细化或约定的不同内容，不得违反法律、行政法规的强制性规定和平等、自愿、公平和诚实信用原则。

2. 项目专用合同条款的编号应与通用合同条款和养护工程合同专用合同条款一致。

3. 项目专用合同条款可对下列内容进行补充和细化：

（1）"通用合同条款"中明确指出"专用合同条款"可对"通用合同条款"进行修改的内容（在"通用合同条款"中用"应按合同约定""应按专用合同条款约定""除合同另有约定外""除专用合同条款另有约定外""在专用合同条款中约定"等多种文字形式表达）；

（2）其他需要约定、补充、细化的内容。

项目专用条款数据表

说明：本数据表是项目专用合同条款中适用于本项目的信息和数据的归纳与提示，是项目专用合同条款的组成部分。第八章"招标文件格式"的投标函附录中的数据(供投标人确认)与本表所列有重复。编写招标文件的单位应仔细校核，不使数据出现差错或不一致。

序　号	条　款　号	信息或数据
1	1.1.2.2	发 包 人： 地　　址：　　　　　　　　邮政编码：
2	1.1.2.6	监 理 人： 地　　址：　　　　　　　　邮政编码：
3	1.1.4.5	缺陷责任期：自实际交工日期起计算____月
4	1.6.3	图纸需要修改和补充的，应由监理人取得发包人同意后，在该项工程或工程相应部位施工前____天签发图纸修改图给承包人
5	3.1.1	监理人在行使下列权利前需要经发包人事先批准： (6)根据第15.3款发出的变更指示，其单项工程变更涉及的金额超过了该单项工程签约时合同价的____%或累计变更超过了签约合同价的____%
6	5.2.4	发包人是否提供材料或工程设备：____(是或否) 如发包人负责提供部分材料或工程设备，相关规定如下：____
7	6.2	发包人是否提供施工设备和临时设施：____(是或否) 如发包人负责提供部分施工设备和临时设施，相关规定如下：____
8	8.1.1	发包人提供测量基准点、基准先和水准点及其书面资料的期限：____ 承包人将施工控制网资料报送监理人审批的期限：____
9	11.5	逾期交工违约金：____元/天
10	11.5	逾期交工违约金限额：____%签约合同价❶
11	11.6	提前交工的奖金：____元/天
12	11.6	提前交工的奖金限额：____%签约合同价
13	15.2.2	承包人提出的合理化建议降低了合同价格或者提高了工程经济效益的，发包人按所节约成本的____%或增加收益的____%给予奖励

---

❶ 逾期交工违约金限额一般应为10%签约合同价。

续上表

序　号	条　款　号	信息或数据
14	16.1	□ 因物价波动引起的价格调整按照第 16.1.1 项或第 16.1.2 项约定的原则处理。若按第 16.1.1 项的约定采用价格调整公式进行调价，每半年或一年按价格调整公式进行一次调整 □ 合同期内不调价❶
15	17.2.1	开工预付款金额：____% 签约合同价❷
16	17.2.1	材料、设备预付款比例：____等主要材料、设备单据所列费用的____%❸
17	17.3.2	承包人在每个付款周期末向监理人提交进度付款申请单的份数：____份
18	17.3.3(1)	进度付款证书最低限额：____% 签约合同价或____万元❹
19	17.3.3(2)	逾期付款违约金的利率：____‰/天❺
20	17.4.1	质量保证金百分比：月支付额的____%
21	17.4.1	质量保证金限额：____% 合同价格❻，若交工验收时承包人具备被招标项目所在地省级交通主管部门评定的最高信用等级，发包人给予____% 合同价格质量保证金的优惠，并在交工验收时向承包人返还质量保证金优惠的金额❼
22	17.5.1	承包人向监理人提交交工付款申请单（包括相关证明材料）的份数：____份
23	17.6.1	承包人向监理人提交最终结清申请单（包括相关证明材料）的份数：____份
24	18.2	竣工资料的份数：____份
25	18.5.1	单位工程或工程设备是否需投入施工期运行：____（是或否） 如单位工程或工程设备需要进行施工期运行，需要施工期运行的单位工程或工程设备规定如下：____
26	18.6.1	本工程及工程设备是否进行试运行：____（是或否） 如本工程及工程设备需要进行试运行，试运行的具体规定如下：____
27	20.4.2	第三者责任险的最低投保金额：____万元人民币，事故次数不限（不计免赔额） 保险费率：____‰

❶ 对于工程规模不大、工期较短的工程（例如工期不超过 12 个月），可以不进行调价。
❷ 开工预付款金额一般应为 10% 签约合同价。
❸ 指主要材料，一般应为 70%～75%，最低不少于 60%。
❹ 国际上一般按月平均支付额的 0.3～0.5 计算，我国可按 0.2～0.3 计，以利承包人资金周转。
❺ 相当于中国人民银行短期贷款利率加手续费。招标人不能自行取消本项内容或降低利率。
❻ 质量保证金一般不超过合同价格的 5%。
❼ 若交工验收时承包人具备被招标项目所在地省级交通主管部门评定的最高信用等级，发包人可在质量保证金方面给予一定的奖励，例如发包人可给予承包人 2% 合同价格质量保证金的优惠，并在交工验收时向承包人返还质量保证金优惠的金额，具体优惠幅度由发包人自行确定。

项目专用合同条款

说明： 本部分所列的项目专用合同条款是对"通用合同条款"中规定必须在专用合同条款中明确的内容的集中，招标人根据本项目的具体特点和实际需要编制的"项目专用合同条款"不限于本部分所列示例性内容。

4.1.10　其他义务

（4）承包人应履行的其他义务：_____

4.11　不利物质条件

4.11.1　不利物质条件的范围：_____

10.1　合同进度计划

承包人编制养护工程作业方案（含保通方案）的内容：_____

第三节　合同附件格式

附件一　合同协议书

合同协议书

　　_____（发包人名称，以下简称"发包人"）为实施_____（项目名称），已接受_____（承包人名称，以下简称"承包人"）对该项目____标（路）段养护工程的投标。发包人和承包人共同达成如下协议。

　　1. 养护工程主要内容：_____（描述养护工程性质）。

　　2. 下列文件应视为构成合同文件的组成部分：

　　（1）本协议书及各种合同附件（含评标期间和合同谈判过程中的澄清文件和补充资料）；

　　（2）中标通知书；

　　（3）投标函及投标函附录；

　　（4）项目专用合同条款；

　　（5）通用合同条款；

　　（6）技术规范；

　　（7）已标价工程量清单；

　　（8）其他合同文件。

　　3. 上述文件互相补充和解释，如有不明确或不一致之处，以合同约定次序在先者为准。

　　4. 签约合同价：人民币（大写）____元（￥____）。

　　5. 承包人项目经理：____；承包人项目总工程师：____。

　　6. 工程质量符合____标准。

　　7. 承包人承诺按合同约定承担工程的实施、完成及缺陷修复。

　　8. 承包人应按照监理人指示开工，承包期为____日历天。

　　9. 本协议书在承包人提供履约担保后，由双方法定代表人或其委托代理人签署并加盖单位章后生效。全部养护工程完工后经交工验收合格后失效。

　　10. 本协议书正本二份、副本____份，合同双方各执正本一份、副本____份，当正本与副本的内容不一致时，以正本为准。

　　11. 合同未尽事宜，双方另行签订补充协议。补充协议是合同的组成部分。

发包人：_____（盖单位章）　　承包人：_____（盖单位章）

法定代表人或其委托代理人：____（签字）　　法定代表人或其委托代理人：____（签字）

　　　　　____年___月___日　　　　　　　　　　　　____年___月___日

附件二　其他主要管理人员和技术人员最低要求❶

人　员	数　量	资 格 要 求

---

❶　a. 招标人应在招标文件中规定若投标人在所投标段中标需派驻的其他主要管理人员和技术人员。招标人将在发出中标通知书之前要求中标人按照本表的最低要求填报派驻本标段的其他主要管理人员和技术人员，在经招标人审批后作为派驻本标段的项目管理机构主要人员且不允许更换。

b. 本表不适用于已按资格预审文件或招标文件要求提供了其他主要管理人员和技术人员的技术复杂的养护工程。

附件三 主要机械设备和试验检测设备最低要求

设 备 名 称	规格、功率及容量	单 位	数 量 要 求

附件四 项目经理委托书

_____(承包人全称)

_____(合同工程名称)项目经理委任书

致_____(发包人全称):

_____(承包人全称)法定代表人_____(职务、姓名)代表本单位委任_____(职务、姓名)为_____(合同工程名称)的项目经理。凡本合同执行中的有关技术、工程进度、现场管理、质量检验、结算与支付等方面工作,由_____(姓名)代表本单位全面负责。

承包人:_____(盖单位章)

法定代表人:_____(职务)

_____(姓名)

_____(签字)

___年___月___日

抄送:_____(监理人)

附件五 履约担保格式

履 约 担 保

_____（发包人名称）：

　　鉴于_____（发包人名称，以下简称"发包人"）接受_____（承包人名称，以下简称"承包人"）于____年____月____日参加_____（项目名称）____标段施工的投标。我方愿意无条件地、不可撤销地就承包人履行与你方订立的合同，向你方提供担保。

　　1. 担保金额人民币（大写）_____元（￥_____）。

　　2. 担保有效期自发包人与承包人签订的合同生效之日起至发包人签发工程接收交工验收证书之日止。

　　3. 在本担保有效期内，因承包人违反合同约定的义务给你方造成经济损失时，我方在收到你方以书面形式提出的在担保金额内的赔偿要求后，在7天内无条件支付，无须你方出具证明或陈述理由。

　　4. 发包人和承包人按合同条款第15条变更合同时，我方承担本担保规定的义务不变。

担 保 人：_____（盖单位章）

法定代表人或其委托代理人：____（签字）

地　　址：_____

邮政编码：_____

电　　话：_____

传　　真：_____

____年____月____日

附件六　廉政合同

参照交通运输部《公路工程标准施工招标文件》（2018 年版）根据养护工程具体管理需要制定。

附件七　安全生产合同

参照交通运输部《公路工程标准施工招标文件》（2018 年版）根据养护工程具体管理需要制定。

附件八　预付款担保

参照交通运输部《公路工程标准施工招标文件》（2018 年版）根据养护工程具体管理需要制定。

附件九　工程资金监管协议

参照交通运输部《公路工程标准施工招标文件》（2018 年版）根据养护工程具体管理需要制定。

第五章　工程量清单

1. 工程量清单说明

1.1 本工程量清单是根据招标文件中包括的、有合同约束力的图纸以及有关工程量清单的国家标准、行业标准、合同条款中约定的工程量计算规则编制的。约定计量规则中没有的子目，其工程量按照有合同约束力的图纸所标示尺寸的理论净量计算。计量采用中华人民共和国法定计量单位。

1.2 本工程量清单应与招标文件中的投标人须知、通用合同条款、专用合同条款、技术规范及图纸等一起阅读和理解。

1.3 本工程量清单中所列工程数量是估算的或设计的预计数量，仅作为投标报价的共同基础，不能作为最终结算与支付的依据。实际支付应按实际完成的工程量，由承包人按技术规范规定的计量方法，以监理人认可的尺寸、断面计量，按本工程量清单的单价和总额价计算支付金额；或者，根据具体情况，按合同条款第15.4款的规定，由监理人确定的单价或总额价计算支付额。

1.4 工程量清单各章是按第七章"技术规范"的相应章次编号的，因此，工程量清单中各章的工程子目的范围与计量等应与"技术规范"相应章节的范围、计量与支付条款结合起来理解或解释。

1.5 对作业和材料的一般说明或规定，未重复写入工程量清单内，在给工程量清单各子目标价前，应参阅第七章"技术规范"的有关内容。

1.6 工程量清单中所列工程量的变动，丝毫不会降低或影响合同条款的效力，也不免除承包人按规定的标准进行施工和修复缺陷的责任。

1.7 图纸中所列的工程数量表及数量汇总表仅是提供资料，不是工程量清单的外延。当图纸与工程量清单所列数量不一致时，以工程量清单所列数量作为报价的依据。

2. 投标报价说明

2.1 工程量清单中的每一子目须填入单价或价格，且只允许有一个报价。

2.2 除非合同另有规定，工程量清单中有标价的单价和总额价均已包括了为实施和完成合同工程所需的劳务、材料、机械、质检(自检)、安装、缺陷修复、管理、保险、税费、利润等费用，以及合同明示或暗示的所有责任、义务和一般风险。

2.3 工程量清单中投标人没有填入单价或价格的子目，其费用视为已分摊在工程量清单中其他相关子目的单价或价格之中。承包人必须按监理人指令完成工程量清单中未填入单价或价格的子目，但不能得到结算与支付。

2.4 符合合同条款规定的全部费用应认为已被计入有标价的工程量清单所列各子目之中，未列子目不予计量的工作，其费用应视为已分摊在本合同工程的有关子目的单价或总额价之中。

2.5 承包人用于本合同工程的各类装备的提供、运输、维护、拆卸、拼装等支付的费用，已包括在工程量清单的单价与总额价之中。

2.6 工程量清单中各项金额均以人民币(元)结算。

2.7 暂列金额(不含计日工总额)的数量及拟用子目的说明：_____。

2.8 暂估价的数量及拟用子目的说明：_____。

3. 计日工说明

3.1 总则

(1)本说明应参照通用合同条款第15.7款一并理解。

(2)未经监理人书面指令,任何工程不得按计日工施工;接到监理人按计日工施工的书面指令,承包人也不得拒绝。

(3)投标人应在计日工单价表中填列计日工子目的基本单价或租价,该基本单价或租价适用于监理人指令的任何数量的计日工的结算与支付。计日工的劳务、材料和施工机械由招标人(或发包人)列出正常的估计数量,投标人报出单价,计算出计日工总额后列入工程量清单汇总表中并进入评标价。

(4)计日工不调价。

3.2 计日工劳务

(1)在计算应付给承包人的计日工工资时,工时应从工人到达施工现场,并开始从事指定的工作算起,到返回原出发地点为止,扣去用餐和休息的时间。只有直接从事指定的工作,且能胜任该工作的工人才能计工,随同工人一起做工的班长应计算在内,但不包括领工(工长)和其他质检管理人员。

(2)承包人可以得到用于计日工劳务的全部工时的支付,此支付按承包人填报的"计日工劳务单价表"所列单价计算,该单价应包括基本单价及承包人的管理费、税费、利润等所有附加费,说明如下:

①劳务基本单价包括:承包人劳务的全部直接费用,如工资、加班费、津贴、福利费及劳动保护费等。

②承包人的利润、管理、质检、保险、税费;易耗品的使用、水电及照明费,工作台、脚手架、临时设施费,手动机具与工具的使用及维修,以及上述各项伴随而来的费用。

3.3 计日工材料

承包人可以得到计日工使用的材料费用(上述3.2款已计入劳务费内的材料费用除外)的支付,此费用按承包人"计日工材料单价表"中所填报的单价计算。该单价应包括基本单价及承包人的管理费、税费、利润等所有附加费,说明如下:

①材料基本单价按供货价加运杂费(到达承包人现场仓库)、保险费、仓库管理费以及运输损耗等计算。

②承包人的利润、管理、质检、保险、税费及其他附加费。

③从现场运至使用地点的人工费和施工机械使用费不包括在上述基本单价内。

3.4 计日工施工机械

(1)承包人可以得到用于计日工作业的施工机械费用的支付,该费用按承包人填报的"计日工施工机械单价表"中的租价计算。该租价应包括施工机械的折旧、利息、维修、保养、零配件、油燃料、保险和其他消耗品的费用以及全部有关使用这些机械的管理费、税费、利润和司机与助手的劳务费等费用。

（2）在计日工作业中，承包人计算所用的施工机械费用时，应按实际工作小时支付。除非经监理人同意，计算的工作小时才能将施工机械从现场某处运到监理人指令的计日工作业另一现场的往返运送时间包括在内。

4. 其他说明

5. 工程量清单

5.1 工程量清单表

工 程 量 清 单

清单　第100章　总则					
子目号	子目名称	单位	数量	单价	合价
101	通则				
101-1	保险费				
-a	按合同条款规定，提供建筑工程一切险	总额			
-b	按合同条款规定，提供第三者责任险	总额			
102	工程管理				
102-1	竣（交）工文件	总额			
102-2	施工环保（含扬尘治理）费	总额			
102-3	安全生产（含交通组织）费	总额			
103	临时工程与设施				
103-1	临时道路修建、养护与拆除（包括原道路的养护费）	总额			
103-2	临时占地	总额			
103-3	临时供电设施	总额			
103-4	电信设施的提供、维修与拆除	总额			
103-5	供水与排污设施	总额			
104	承包人驻地建设				
104-1	承包人驻地建设	总额			
清单100章　合计　人民币					
清单　第200章　路基					
子目号	子目名称	单位	数量	单价	合价
202	场地清理				
202-1	清理与掘除				
-a	清理土路肩垃圾及杂物	m³			
-b	清理下边坡松散土方	m³			
-c	清理上边坡风化碎石	m³			
	……				

续上表

	清单　第 200 章　路基				
子目号	子目名称	单位	数量	单价	合价
202-2	挖除旧路面				
-a	水泥混凝土路面	m³			
-b	沥青混凝土路面	m³			
-c	碎石路面	m³			
-d	老路沥青面层铣刨(厚…mm)	m²			
-e	老路水泥面层铣刨(厚…mm)	m²			
-f	旧路面(桥面)拉毛	m²			
	……				
202-3	拆除结构物				
-a	钢筋混凝土结构	m³			
-b	混凝土结构	m³			
-c	砖、石及其他砌体结构	m³			
-d	拆除警示桩	根			
-e	拆除道口标柱	根			
-f	拆除交通标志	根			
-g	拆除波形梁护栏	m			
	……				
203	局部维修挖方				
203-1	局部维修挖方				
-a	挖土方	m³			
-b	挖石方	m³			
-c	挖除淤泥	m³			
-d	挖除非适用材料	m³			
204	局部维修填方				
204-1	局部维修填方				
-a	利用土方	m³			
-b	利用石方	m³			
-c	利用土石混填	m³			
-d	借土填方	m³			
-e	粉煤灰路堤	m³			
-f	结构物台背回填	m³			
-g	锥坡及台前溜坡填土	m³			
-h	利用旧路材料填筑	m³			
	……				
205	特殊路基处理				

续上表

清单 第 200 章 路基

子目号	子目名称	单位	数量	单价	合价
205-1	路基翻浆处治				
-a	设置透水隔离层	m³			
-b	增设盲沟	m			
205-2	路基注浆处治	m³			
205-3	路基非开挖注浆加固	m²			
207	坡面排水				
207-1	边沟	m			
207-2	排水沟	m			
207-3	截水沟	m			
207-4	急流槽	m			
207-5	盲(渗)沟	m			
207-6	拦水带	m			
207-7	跌水井	个			
208	护坡、护面墙				
208-1	护坡垫层	m³			
208-2	干砌片石护坡	m³			
208-3	浆砌片石护坡				
-a	满铺浆砌片石护坡	m³			
-b	浆砌骨架护坡	m³			
-c	现浇混凝土	m³			
208-4	混凝土护坡				
-a	现浇混凝土满铺护坡	m³			
-b	混凝土预制件满铺护坡	m³			
-c	现浇混凝土骨架护坡	m³			
-d	混凝土预制件骨架护坡	m³			
-e	浆砌片石	m³			
208-5	护面墙				
-a	浆砌片(块)石护面墙	m³			
-b	现浇混凝土护面墙	m³			
-c	预制安装混凝土护面墙	m³			
208-6	封面				
-a	封面	m²			
208-7	捶面				
-a	捶面	m²			
208-8	坡面柔性防护				
-a	主动防护系统	m²			
-b	被动防护系统	m²			

续上表

清单　第200章　路基					
子目号	子目名称	单位	数量	单价	合价
-c	现浇混凝土骨架护坡	m³			
-d	混凝土预制件骨架护坡	m³			
-e	浆砌片石	m³			
209	挡土墙				
209-1	垫层	m³			
209-2	基础				
-a	浆砌片（块）石基础	m³			
-b	混凝土基础	m³			
209-3	砌体挡土墙				
-a	浆砌片（块）石	m³			
209-4	干砌挡土墙	m³			
209-5	混凝土挡土墙				
-a	混凝土	m³			
-b	钢筋	kg			
清单200章　合计　人民币					
清单　第300章　路面					
子目号	子目名称	单位	数量	单价	合价
302	垫层				
302-1	碎石垫层				
-a	厚…mm	m²			
302-2	砂砾垫层				
-a	厚…mm	m²			
302-3	水泥稳定土垫层				
-a	厚…mm	m²			
302-4	石灰稳定土垫层				
-a	厚…mm	m²			
303	石灰稳定土底基层、基层				
303-1	石灰稳定土底基层				
-a	厚…mm	m²			
303-2	搭板、埋板下石灰稳定土底基层	m³			
304	水泥稳定土底基层、基层				
304-1	水泥稳定土底基层				
-a	厚…mm	m²			
304-2	搭板、埋板下水泥稳定土底基层	m³			
304-3	水泥稳定土基层				

子目号	子目名称	单位	数量	单价	合价
	清单 第300章 路面				
-a	厚…mm	m²			
305	水泥稳定就地冷再生				
305-1	就地冷地生基层				
-a	厚…mm	m²			
305-2	就地冷再生调平层	m³			
306	级配碎(砾)石底基层、基层				
306-1	级配碎石底基层				
-a	厚…mm	m²			
306-2	搭板、埋板下级配碎石底基层	m³			
306-3	级配碎石基层				
-a	厚…mm	m²			
306-4	级配砾石底基层				
-a	厚…mm	m²			
306-5	搭板、埋板下级配砾石底基层	m³			
306-6	级配砾石基层				
-a	厚…mm	m²			
307	微表处施工				
307-1	微表处				
-a	微表处罩面	m²			
-b	微表处填补车辙	m²			
308	透层、黏层和封层				
308-1	透层	m²			
308-2	黏层	m²			
308-3	封层	m²			
309	热拌沥青混合料面层				
309-1	细粒式沥青混凝土				
-a	厚…mm	m²			
-b	厚…mm	m²			
309-2	中粒式沥青混凝土				
-a	厚…mm	m²			
-b	厚…mm	m²			
309-3	粗粒式沥青混凝土				
-a	厚…mm	m²			
-b	厚…mm	m²			
310	沥青路面再生				

清单 第300章 路面

子目号	子目名称	单位	数量	单价	合价
310-1	细粒式再生沥青混凝土				
-a	厚…mm	m²			
-b	厚…mm	m²			
310-2	中粒式再生沥青混凝土				
-a	厚…mm	m²			
-b	厚…mm	m²			
310-3	粗粒式再生沥青混凝土				
-a	厚…mm	m²			
-b	厚…mm	m²			
311	改性沥青及改性沥青混合料				
311-1	细粒式改性沥青混凝土				
-a	厚…mm	m²			
-b	厚…mm	m²			
311-2	中粒式改性沥青混凝土				
-a	厚…mm	m²			
-b	厚…mm	m²			
311-3	SMA 路面				
-a	厚…mm	m²			
-b	厚…mm	m²			
312	水泥混凝土面板				
312-1	水泥混凝土面板				
-a	厚…mm（混凝土弯拉强度…MPa）	m²			
-b	厚…mm（混凝土弯拉强度…MPa）	m²			
312-2	钢筋				
-a	光圆钢筋（HPB235、HPB300）	kg			
-b	带肋钢筋（HRB335、HRB400）	kg			
313	路肩培土、中央分隔带回填土、土路肩加固及路缘石				
313-1	培土路肩	m³			
313-2	中央分隔带回填土	m³			
313-3	现浇混凝土加固土路肩(厚…mm)	m			
313-4	混凝土预制块加固土路肩(厚…mm)	m			
313-5	混凝土预制块路缘石	m			
314	原沥青路面车辙类病害处理				
314-1	沥青混凝土回填	m³			
314-2	水泥稳定碎石基层回填	m³			
314-3	中修内病害处理				

清单 第300章 路面

子目号	子目名称	单位	数量	单价	合价
-a	开槽灌缝	m			
-b	病害挖补（10cm）	m²			
-c	病害挖补每增减1cm	m²			
314-4	铣刨沥青路面	m²			
315	注浆				
315-1	注浆	m²			
316	裂缝类病害处治				
316-1	龟裂处治	m²			
316-2	不规则裂缝处治	m²			
316-3	缝宽在5mm以上的纵横向裂缝处治	m²			
317	松散类病害处治				
317-1	坑槽修补				
-a	厚…cm	m²			
-b	厚…cm	m²			
317-2	松散处治	m²			
317-3	麻面处治	m²			
317-4	脱皮处治	m²			
317-5	啃边处治	m²			
318	变形类病害处治				
318-1	沉陷处治	m²			
318-2	波浪处治	m²			
318-3	搓板处治	m²			
318-4	拥包处治	m²			
319	其他类病害处治				
319-1	泛油处治	m²			
319-2	磨光处治	m²			
319-3	翻浆处治	m²			
319-4	冻胀处治	m²			
320	水泥混凝土路面修复和加铺				
320-1	水泥混凝土路面破板修复	m²			
320-2	水泥混凝土路面板底灌浆	m³			
320-3	水泥混凝土路面接缝材料更换	m			
320-4	裂缝维修	m²			
320-5	错台处治	m			
320-6	碎石化	m²			

清单　第300章　路面					
子目号	子目名称	单位	数量	单价	合价
321	原水泥混凝土路面打裂压稳				
321-1	路面冲击压实				
-a	厚…cm水泥混凝土面板	m²			
清单300章　合计　人民币					
清单　第400章　桥梁、涵洞					
子目号	子目名称	单位	数量	单价	合价
402	桥涵拆除				
402-1	桥梁上部结构拆除				
-a	（按不同桥梁结构列）	m²			
402-2	桥梁整体结构拆除				
-a	（按不同桥梁结构列）	m²			
402-3	涵洞拆除				
-a	（按不同涵洞结构类型和孔径列）	m			
402-4	电力、水利等综合管线拆除	m			
403	桥面铺装维修				
403-1	桥面铺装水泥混凝土维修				
-a	桥面铺装水泥混凝土凿除	m³			
-b	桥面铺装混凝土浇筑	m³			
403-2	封闭裂缝	m			
403-3	修补裂缝、粘贴碳纤维布	m²			
403-4	混凝土修补	m²			
403-5	破损露筋修补	m²			
403-6	钢筋制作				
-a	光圆钢筋（HPB235、HPB300）	kg			
-b	带肋钢筋（HRB335、HRB400）	kg			
404	更换铸铁泄水管				
404-1	更换铸铁泄水管	套			
405-1	盆式支座维护	个			
405-2	板式支座脱空处理	个			
405-3	支座更换(一跨内)				
-a	普通橡胶支座	个			
-b	四氟板式橡胶支座	个			
405-4	盆式(板式)支座临时连接钢板解除	套			
405-5	桥梁同步顶升(一跨内)	跨			
406	砌石工程				

续上表

<table>
<tr><td colspan="7" align="center">清单　第400章　桥梁、涵洞</td></tr>
<tr><td>子目号</td><td>子目名称</td><td>单位</td><td>数量</td><td>单价</td><td>合价</td></tr>
<tr><td>406-1</td><td>桥梁锥坡、圬工修复及清理</td><td></td><td></td><td></td><td></td></tr>
<tr><td>-a</td><td>M7.5浆砌片石(利用拆除圬工材料)</td><td>m³</td><td></td><td></td><td></td></tr>
<tr><td>-b</td><td>M7.5浆砌片石</td><td>m³</td><td></td><td></td><td></td></tr>
<tr><td>-c</td><td>锥坡亏土回填(借土、回填、压实)</td><td>m³</td><td></td><td></td><td></td></tr>
<tr><td>-d</td><td>锥坡清理(垃圾、植物)</td><td>m³</td><td></td><td></td><td></td></tr>
<tr><td>-e</td><td>锥坡M10砂浆勾缝(拌砂浆、勾缝、养生)</td><td>m²</td><td></td><td></td><td></td></tr>
<tr><td>407</td><td>桥梁接缝和伸缩装置</td><td></td><td></td><td></td><td></td></tr>
<tr><td>407-1</td><td>伸缩装置更换</td><td></td><td></td><td></td><td></td></tr>
<tr><td>-a</td><td>波形缝伸缩缝及槽口混凝土拆除</td><td>m</td><td></td><td></td><td></td></tr>
<tr><td>-b</td><td>模数式伸缩缝及槽口混凝土拆除</td><td>m</td><td></td><td></td><td></td></tr>
<tr><td>-c</td><td>梳齿板式伸缩缝及槽口混凝土拆除</td><td>m</td><td></td><td></td><td></td></tr>
<tr><td>-d</td><td>异型钢伸缩装置采购安装</td><td>m</td><td></td><td></td><td></td></tr>
<tr><td>-e</td><td>模数式伸缩装置采购安装</td><td>m</td><td></td><td></td><td></td></tr>
<tr><td>-f</td><td>梳齿板式伸缩装置采购安装</td><td>m</td><td></td><td></td><td></td></tr>
<tr><td>-g</td><td>现浇混凝土</td><td>m³</td><td></td><td></td><td></td></tr>
<tr><td>-h</td><td>植筋</td><td>孔</td><td></td><td></td><td></td></tr>
<tr><td>-i</td><td>制作与安装钢筋</td><td>kg</td><td></td><td></td><td></td></tr>
<tr><td>407-2</td><td>伸缩装置槽口混凝土维修</td><td></td><td></td><td></td><td></td></tr>
<tr><td>-a</td><td>波形缝伸缩装置单侧槽口混凝土拆除与现浇混凝土</td><td>m</td><td></td><td></td><td></td></tr>
<tr><td>-b</td><td>模数式伸缩装置单侧槽口混凝土拆除与现浇混凝土</td><td>m</td><td></td><td></td><td></td></tr>
<tr><td>-c</td><td>梳齿板式伸缩装置单侧槽口混凝土拆除与现浇混凝土</td><td>m</td><td></td><td></td><td></td></tr>
<tr><td>-d</td><td>植筋</td><td>孔</td><td></td><td></td><td></td></tr>
<tr><td>-e</td><td>制作与安装钢筋</td><td>kg</td><td></td><td></td><td></td></tr>
<tr><td>407-3</td><td>道路密封胶灌注裂缝</td><td>m</td><td></td><td></td><td></td></tr>
<tr><td>407-4</td><td>更换伸缩装置橡胶封条</td><td>m</td><td></td><td></td><td></td></tr>
<tr><td>408</td><td>桥梁梁体维修与加固</td><td></td><td></td><td></td><td></td></tr>
<tr><td>408-1</td><td>裂缝修补</td><td></td><td></td><td></td><td></td></tr>
<tr><td>-a</td><td>封闭裂缝(<0.15mm)</td><td>m</td><td></td><td></td><td></td></tr>
<tr><td>-b</td><td>封闭裂缝(>0.15mm)</td><td>m</td><td></td><td></td><td></td></tr>
<tr><td>408-2</td><td>混凝土破损修复</td><td></td><td></td><td></td><td></td></tr>
<tr><td>-a</td><td>混凝土缺陷修补</td><td>m²</td><td></td><td></td><td></td></tr>
<tr><td>-b</td><td>修补破损露筋</td><td>m²</td><td></td><td></td><td></td></tr>
<tr><td>-c</td><td>钢筋锈胀修补</td><td>m</td><td></td><td></td><td></td></tr>
<tr><td>408-3</td><td>桥梁加固</td><td></td><td></td><td></td><td></td></tr>
<tr><td>-a</td><td>粘贴钢板</td><td>m²</td><td></td><td></td><td></td></tr>
</table>

清单　第 400 章　桥梁、涵洞

子目号	子目名称	单位	数量	单价	合价
-b	粘贴碳纤维布	m²			
409	桥梁护栏养护				
409-1	桥梁护栏				
-a	环氧树脂维修防撞护栏混凝土	m²			
-b	更换桥梁防落物网（含主材）	m²			
-c	更换桥梁防落物网立柱（含主材）	根			
-d	更换钢扶手（含主材、防腐处理、油漆）	m			
-e	更换钢扶手支撑月牙钢板	块			
-f	新泽西护栏油漆（含除锈、防腐处理、油漆）	m			
410	墩台加固				
410-1	裂缝加固				
-a	增设钢筋混凝土围带	m³			
-b	粘贴钢板箍	kg			
-c	加大墩台截面	m³			
-d	灌缝	m			
410-2	倾斜加固				
-a	加设钢拉杆	kg			
410-3	破损加固				
-a	增设钢筋混凝土套	m³			
-b	包裹碳纤维片材	m²			
410-4	增设墩台				
-a	增设台身	m³			
-b	增设墩柱、墩身	m³			
-c	浇筑新盖梁	m³			
411	桥梁抗震维修加固				
411-1	梁桥防止顺桥向落梁的抗震加固				
-a	桥台胸墙抗震加固	m³			
-b	增设挡块	m³			
-c	固定主梁（板）	处			
-d	主梁连成整体	处			
411-2	梁桥防止横向落梁的抗震加固				
-a	增设横向挡块	m³			
-b	增设横向挡杆、钢拉杆	kg			
-c	固定主梁	处			
-d	桥面改造	m²			

清单 第 400 章 桥梁、涵洞

子目号	子目名称	单位	数量	单价	合价
-e	增设横隔板	m³			
411-3	防止支座破坏的梁桥抗震加固				
-a	增设支座挡块	m³			
-b	增设连接钢筋	kg			
411-4	拱桥的抗震加固				
-a	增设牛腿	m³			
-b	增设钢筋斜拉杆	kg			
-c	浇筑钢筋混凝土	m³			
-d	增设横系梁	m³			
411-5	桥墩抗震加固				
-a	增设横斜撑	kg			
-b	增设钢套管	kg			
-c	增设抗震墩	m³			
-d	加大桥墩断面	m³			
-e	增设套箍	m³			
411-6	桥台抗震加固				
-a	加筑围裙	m³			
-b	增设挡墙	m³			
-c	修筑扶壁或斜撑	m³			
-d	调整桥台形式	座			
-e	顶推调整拱轴线	座			
411-7	基础、地基抗震加固				
-a	水泥浆灌注法	m³			
-b	旋喷灌浆法	m³			
-c	硅化法	m³			
411-8	盖梁、承台抗震加固				
-a	加大截面	m³			
-b	施加预应力	kg			
412	涵洞的维修与重建				
412-1	进、出水口处维修				
-a	浆砌块石	m³			
-b	浆砌片石	m³			
-c	水泥砂浆勾缝	m³			
-d	混凝土抑水墙	m³			
-e	浆砌块石抑水墙	m³			
-f	消力设施	m³			

续上表

清单　第 400 章　桥梁、涵洞					
子目号	子目名称	单位	数量	单价	合价
-g	沉砂井	个			
412-2	侧墙和翼墙维修	m³			
412-3	涵洞接长				
-a	洞(涵)身接长	m			
-b	新建洞口的端墙	m³			
-c	新建护坡	m³			
-d	加高洞口的端墙	m³			
-e	加高加长洞口的翼墙	m³			
412-4	涵洞加固				
-a	混凝土	m³			
-b	钢筋混凝土	m³			
-c	混凝土预制衬砌	m³			
-d	钢筋混凝土预制块衬砌	m³			
-e	现浇衬砌	m³			
412-5	涵洞重建或增设	道			
清单 400 章　合计　人民币					
清单　第 500 章　隧道					
子目号	子目名称	单位	数量	单价	合价
502	洞口与明洞工程维修				
502-1	清除洞口危石、浮土	m³			
502-2	洞口坡面防护维修				
-a	浆砌片石	m³			
-b	浆砌混凝土预制块	m³			
-c	喷射混凝土	m³			
-d	砂浆锚杆	m			
-e	中空注浆锚杆	m			
-f	钢筋网	kg			
-g	种植草皮	m²			
502-3	洞门建筑				
-a	混凝土墙身及帽石	m³			
-b	浆砌料石(片、块石)墙身	m³			
-c	墙身镶面	m²			
502-4	明洞衬砌裂纹、剥离、剥落	m³			
502-5	偏压明洞挡墙	m³			
502-6	遮光棚				

168

清单 第500章 隧道

子目号	子目名称	单位	数量	单价	合价
-a	混凝土	m³			
-b	钢筋	kg			
503	洞身维修				
503-1	无衬砌隧道维修				
-a	无衬砌隧道的碎裂、松动岩石和危石的处理	m³			
-b	无衬砌隧道围岩的渗透漏水处理	m			
-c	无衬砌隧道新增衬砌	m³			
-d	无衬砌隧道新增喷浆	m³			
503-2	衬砌裂纹、剥离、剥落处理				
-a	衬砌背面注浆	m³			
-b	防护网	m²			
-c	喷射混凝土	m³			
-d	锚杆加固	kg			
-e	排水、止水	m			
-f	套拱	m³			
-g	绝热层	m³			
-h	滑坡整治	m³			
-i	围岩压浆	m³			
-j	灌浆锚固	m³			
-k	增设仰拱	m³			
-l	更换衬砌	m³			
-m	防水卷材	m²			
503-3	衬砌的渗漏水处理				
-a	排水、止水	m			
-b	围岩压浆	m³			
-c	更换衬砌	m³			
504	路面及其他设施维修				
504-1	路面维修	处			
-a	挖除老路结构层(厚…mm)				
-b	铺设基层(厚…mm)				
-c	铺设面层(厚…mm)				
504-2	人行和车行横洞维修	处			
504-3	斜(竖)井维修	处			
504-4	风道维修	处			
清单500章 合计 人民币					

清单　第 600 章　安全设施及预埋管线					
子目号	子目名称	单位	数量	单价	合价
602	护栏				
602-1	混凝土设施完善				
-a	C15 混凝土	m³			
-b	C20 混凝土	m³			
-c	C25 混凝土	m³			
602-2	防撞设施完善				
-a	单面波形梁钢护栏	m			
602-3	钢护栏防阻块	个			
602-4	钢护栏立柱				
-a	立柱(路基)	根			
-b	立柱(桥涵)	根			
602-5	波形梁钢护栏起、止端头				
-a	分设型圆头式端头	个			
-b	组合型圆头式端头	个			
602-6	活动式钢护栏	m			
602-7	钢护栏立柱帽	个			
602-8	桥梁护栏钢管扶手				
-a	桥梁护栏扶手钢管焊接	m			
-b	桥梁护栏钢管扶手油漆	m			
603	隔离栅和防落物网				
603-1	隔离栅				
-a	浸塑隔离栅网更换	m			
-b	立柱	根			
603-2	防落物网				
-a	金属编织网	m			
-b	立柱	根			
604	交通标志				
604-1	交通标志牌				
-a	交通标志板面制作安装(含反光膜)	m²			
-b	交通标志牌结构制作安装	t			
604-2	公里牌(含反光膜)	个			
604-3	百米牌(含反光膜)	个			
604-4	反光膜				
-a	二级	m²			
-b	三级	m²			

清单 第600章 安全设施及预埋管线					
子目号	子目名称	单位	数量	单价	合价
-c	四级	m^2			
605	道路交通标线				
605-1	热熔型涂料路面标线				
-a	……	m^2			
605-2	溶剂型涂料路面标线				
-a	……	m^2			
605-3	预成型标线带				
-a	……	m^2			
605-4	突起路标	个			
605-5	轮廓标				
-a	柱式轮廓标	个			
-b	附着式轮廓标	个			
605-6	立面标记	处			
605-7	锥形路标	个			
605-8	减速带	m			
605-9	铲除原有路面标线	m^2			
606	防眩设施				
606-1	防眩板	块			
606-2	防眩网	m			
清单600章 合计 人民币					
清单 第700章 绿化及环境保护设施					
子目号	子目名称	单位	数量	单价	合价
701	加铺表土				
701-1	加铺表土	m^3			
702	绿化补植				
702-1	补播草种	m^2			
702-2	补植草皮	m^2			
702-3	绿地喷灌管道维修	m			
702-4	补植乔木	棵			
702-5	补植灌木	棵			
702-6	补植攀缘植物	棵			
702-7	补植竹类	棵			
702-8	补栽绿篱	m			
702-9	补栽绿色带	m^2			
703	声屏障维修				

续上表

清单　第700章　绿化及环境保护设施					
子目号	子目名称	单位	数量	单价	合价
703-1	声屏障				
-a	拆除	m			
-b	修复	m			
-c	重建或新增	m			
清单700章　合计　人民币					

5.2　计日工表

5.2.1　劳务

编　号	子目名称	单　位	暂定数量	单　价	合　价
101	班长	h			
102	普通工	h			
103	焊工	h			
104	电工	h			
105	混凝土工	h			
106	木工	h			
107	钢筋工	h			
	……				
				劳务小计金额： （计入"计日工汇总表"）	

5.2.2　材料

编　号	子目名称	单　位	暂定数量	单　价	合　价
201	水泥	t			
202	钢筋	t			
203	钢绞线	t			
204	沥青	t			
205	木材	m^3			
206	砂	m^3			
207	碎石	m^3			
208	片石	m^3			
	……				
				材料小计金额： （计入"计日工汇总表"）	

5.2.3 施工机械

编　号	子目名称	单　位	暂定数量	单　价	合　价
301	装载机				
301-1	1.5m³以下	h			
301-2	1.5～2.5m³	h			
301-3	2.5m³以上	h			
302	推土机				
302-1	90kW以下	h			
302-2	90～180kW	h			
302-3	180kW以下	h			
	……				

施工机械小计金额：
（计入"计日工汇总表"）

5.2.4 计日工汇总表

名　称	金　额	备　注
劳务		
材料		
施工机械		

计日工总计：
（计入"投标报价汇总表"）

5.3 暂估价表

5.3.1 材料暂估价表

序　号	名　称	单　位	数　量	单　价	合　价	备　注

5.3.2 工程设备暂估价表

序 号	名 称	单 位	数 量	单 价	合 价	备 注

5.3.3 专业工程暂估价表

序 号	专业工程名称	工 程 内 容	金 额
		小计：	

5.4 投标报价汇总表

_____（项目名称）_____标段

序　号	章　次	科　目　名　称	金额(元)
1	100	总则	
2	200	路基	
3	300	路面	
4	400	桥梁、涵洞	
5	500	隧道	
6	600	安全设施及预埋管线	
7	700	绿化及环境保护设施	
8	第100章～第700章清单合计		
9	已包含在清单合计中的材料、工程设备、专业工程暂估价合计		
10	清单合计减去材料、工程设备、专业工程暂估价合计(8－9＝10)		
11	计日工合计		
12	暂列金额(不含计日工总额)		
13	投标报价(8＋11＋12＝13)		

注:材料、工程设备、专业工程暂估价已包括在清单合计中,不应重复计入投标报价。

5.5 工程量清单单价分析表

序号	编码	子目名称	人工费			材料费					机械使用费	其他	管理费	税费	利润	综合单价
			工日	单价	金额	主材			辅材费	金额						
						主材耗量	单位	单价	主材费								

第六章　图纸(另册)

第七章　技术条款(附录 B)

第八章　投标文件格式[1]

---

[1]　招标人可结合招标项目具体特点和实际需要,对本章内容进行补充、细化。

安徽省_____市(县、区)

_____(项目名称)_____养护工程施工招标

投 标 文 件

(商务及技术文件)

投标人:_____(盖单位章)

_____年____月____日

目　　录

一、投标函及投标函附录

（一）投　标　函

_____（招标人名称）：

1. 我方已仔细研究_____（项目名称）_____标段养护工程施工招标文件的全部内容（含补遗书第____号至第____号），在考察工程现场后，愿意以"报价文件"中标明的投标总报价（或根据招标文件规定修正核实后确定的另一金额），工期_____日历天，按合同约定实施和完成本养护工程实施，修补工程中的任何缺陷，标段工程交工验收的质量评定达到_____标准，竣工验收的质量评定达到_____标准，安全目标：无安全责任事故。

并接受发包人按招标文件规定的检测和考核。

2. 我方承诺在投标有效期内不修改、撤销投标文件。

3. 随同本投标函提交投标保证金一份，金额为人民币（大写）_____元（¥_____）。

4. 如我方中标：

（1）我方承诺在收到中标通知书后，在中标通知书规定的期限内与你方签订合同。

（2）随同本投标函递交的投标函附录属于合同文件的组成部分。

（3）我方承诺在合同约定的向你方递交履约担保。

（4）我方承诺在合同约定的期限内完成并移交全部合同工程。

5. 我方在此声明，所递交的投标文件及有关资料内容完整、真实和准确，且不存在第二章"投标人须知"第1.4.3项规定的任何一种情形。

6. 在合同协议书正式签署生效之前，本投标函连同你方的中标通知书将构成我们双方之间共同遵守的文件，对双方具有约束力。

7. _____（其他补充说明）。

投标人：_____（盖单位章）
法定代表人或其委托代理人：_____（签字）
地　　址：_____
网　　址：_____
电　　话：_____
传　　真：_____

(二) 投标函附录

序 号	条 款 名 称	合同条目号	约 定 内 容	备注
1	逾期交工违约金	11.5	＿＿＿＿＿＿元/天	
2	逾期交工违约金限额	11.5	＿＿＿＿＿＿%签约合同价	
3	提前交工的奖金	11.6	＿＿＿＿＿＿元/天	
4	提前交工的奖金限额	11.6	＿＿＿＿＿＿%签约合同价	
5	价格调整的差额计算	16.1	见项目专用合同条款16.1约定	
6	开工预付款金额	17.2.1	＿＿＿＿＿＿%签约合同价	
7	材料预付款比例	17.2.1	＿＿＿＿＿＿等主要材料单价所列费用的＿＿＿＿＿＿%	
8	进度付款证书最低限额	17.3.3(1)	＿＿＿＿＿＿%签约合同价或万元	
9	逾期付款违约金的利率	17.3.3(2)	＿＿＿＿＿＿‰/天	
10	质量保证金百分比	17.4.1	月支付额的＿＿＿＿＿＿%	
11	质量保证金限额	17.4.1	＿＿＿＿＿＿%合同价	

投标人：＿＿＿＿＿＿＿＿＿＿＿＿＿＿＿＿＿ (盖单位章)

投标文件签署人签名：＿＿＿＿＿＿＿＿＿＿＿＿＿

二、法定代表人身份证明或授权委托书

（一）法定代表人身份证明

投标人名称：_____

单 位 性 质：_____

地　　　 址：_____

成 立 时 间：_____年___月___日

经 营 期 限：_____

姓　　　 名：_____（法定代表人签字）性别：____年龄：____职务：____系
_____（投标人名称）的法定代表人。

特此证明。

投标人：_____（盖单位章）
　　　　　_____年___月___日

注：法定代表人的签字必须是亲笔签名，不得使用印章、签名章或其他电子制版签名代替。

（二）授权委托书

    本人_____（姓名）系_____（投标人名称）的法定代表人，现委托_____（姓名）为我方代理人。代理人根据授权，以我方名义签署、澄清、递交、撤回、修改_____（项目名称）_____标段施工投标文件、签订合同和处理有关事宜，其法律后果由我方承担。

    委托期限：_____。

    代理人无转委托权。

    附：法定代表人身份证明

    如果由投标人的法定代表人亲自签署投标文件，则无须提交授权委托书。

申　请　人：_____（盖单位章）

法定代表人：_____（签字）

身份证号码：_____

委托代理人：_____（签字）

身份证号码：_____

____年___月___日

注：1. 法定代表人和委托代理人必须在授权书上亲笔签名，不得使用印章、签名章或其他电子制版签名代替。

    2. 以联合体形式投标的，本授权委托书应由联合体牵头人的法定代表人按上述规定签署。

三、联合体协议书❶

_____（所有成员单位名称）自愿组成联合体,共同参加_____（项目名称）____养护工程施工投标。现就联合体投标事宜订立如下协议。

1._____（某成员单位名称）为牵头人。

2.联合体牵头人合法代表联合体各成员负责本招标项目投标文件编制和合同谈判活动,代表联合体提交和接收相关的资料、信息及指示,处理与之有关的一切事务,并负责合同实施阶段的主办、组织和协调工作。

3.联合体将严格按照招标文件的各项要求,递交投标文件,履行合同,并对外承担连带责任。

4.联合体牵头人代表联合体签署投标文件,联合体牵头人的所有承诺均认为代表了联合体各成员。

5.联合体各成员单位内部的职责分工如下:_____（牵头人名称）承担专业工程,占总工程量的____%;_____（成员一名称）承担专业工程,占总工程量的____%;……

6.投标工作和联合体在中标后工程实施过程中的有关费用按各自承担的工作量分摊。

7.本协议书自签署之日起生效,合同履行完毕后自动失效。

8.本协议书一式____份,联合体成员和招标人各执一份。

牵头人名称:_____（盖单位章）

法定代表人:_____（签字）

成员一名称:_____（盖单位章）

法定代表人:_____（签字）

成员二名称:_____（盖单位章）

法定代表人:_____（签字）

……

---

❶ 本联合体协议书格式适用于未进行资格预审的、规模较大较复杂的大中修工程项目。

　　　　　　　　　　　　　　　　　　_____年___月___日

四、投标保证金❶

　　若采用电汇,则投标人应在此提供电汇回单的复印件。
　　若采用银行保函,则银行保函原件装订在投标文件的正本之中,格式如下。

　　_____（招标人名称）：

　　鉴于_____（投标人名称）（以下称"投标人"）于_____年___月___日参加_____（项目名称）_____标段养护工程施工的投标,_____（担保人名称,以下简称"我方"）无条件地、不可撤销地保证:投标人在规定的投标文件有效期内撤销或修改其投标文件的,或者投标人不接受评标办法的规定对其投标文件中细微偏差进行澄清和补正,或者投标人提交了虚假资料,或者投标人在收到中标通知书未按招标文件规定提交履约担保或拒绝签订合同协议书的,我方承担保证责任。收到你方书面通知后,在 7 日内无条件向你方支付人民币（大写）_____元。
　　本保函在投标有效期或经延长的投标有效期期满 30 日内保持有效。要求我方承担保证责任的通知应在上述期限内送达我方。你方延长投标有效期的决定,应通知我方。

　　　　　　　　　　　　担保人名称:_____（盖单位章）
　　　　　　　　　　　　法定代表人或其委托代理人:_____（签字）
　　　　　　　　　　　　地　　　址:_____
　　　　　　　　　　　　邮政编码:_____
　　　　　　　　　　　　电　　　话:_____
　　　　　　　　　　　　传　　　真:_____

　　　　　　　　　　　　　　　　　　_____年___月___日

---

❶ 允许投标人实际开具的投标保证金格式与本页提供的格式有所不同,但不得更改本页提供的投标保证金格式中的实质性内容。

五、施工组织设计

1.投标人应按以下要点编制养护工程施工组织设计（要求文字精练、内容具有针对性，总体控制在 30000 字以内）：

（1）养护工程的施工组织、现场布置。

（2）劳动力、机械设备、材料的供应及资金流量计划。

（3）养护工程的技术措施和保畅方案：

①施工现场临时用电方案。

②对下列危险性较大的养护作业应当编制专项施工方案：

a.不良地质条件下有潜在危险性的土方、石方开挖；

b.滑坡和高边坡处理；

c.其他危险性较大的养护作业。

（4）质量、安全保证体系。

（5）环境保护措施。

（6）其他应说明的事项。

2.养护工程作业方案除采用文字表述外可附下列图表，图表及格式要求附后。

附表一　总体作业计划表

附表二　施工总平面图

附表三　劳动力计划表

附表四　临时占地计划表

附表五　外供电力需求计划表

附表一 总体作业计划表

总体作业计划表

年度 月份 主要工程项目	年												年												年					
	1	2	3	4	5	6	7	8	9	10	11	12	1	2	3	4	5	6	7	8	9	10	11	12	1	2	3	4	5	…
1. 施工准备																														
2. 路基工程																														
（1）边坡维护																														
（2）挡墙修复																														
（3）路肩维修																														
……																														
3. 路面工程																														
（1）坑洞修补																														
（2）沉陷维修																														
……																														
4. 桥涵工程																														
（1）桥面排水系修复																														
（2）伸缩缝维修																														
……																														
5. 隧道工程																														
（1）洞口仰坡清理																														
……																														

附表二　施工总平面图

投标人应递交一份施工总平面图,绘出现场临时设施布置图表并附上文字说明,说明临时营地、料场、临时设施、供电、供水、道路、消防等设施的情况和布置。

附表三　劳动力计划表

工　种	按工程施工阶段投入劳动力情况							

附表四 临时占地计划表

用　途	面积(m²)					需用时间 ＿＿＿年＿＿＿月～ ＿＿＿年＿＿＿月	用 地 位 置		
	菜地	水田	旱地	果园	荒地		桩号	左侧(m)	右侧(m)
一、临时工程									
1.便道									
2.便桥									
3.……									
……									
二、生产及生活临时设施									
1.临时住房									
2.办公等公用房屋									
3.料库									
4.预制场									
……									
租用面积合计									

附表五 外供电力需求计划表

用 电 位 置		计划用电数量 （kW·h）	用 途	需用时间 ＿＿＿年＿＿＿月~ ＿＿＿年＿＿＿月	备 注
桩号	左或右(m)				

六、项目管理机构

拟为承包本标段工程设立的组织机构以框图方式表示。

说明：

七、拟分包项目情况表

分包人名称		地址	
法定代表人		电话	
营业执照号码		资质等级	
拟分包的工程项目	主要内容	预计造价(万元)	已经做过的类似工程
			注:1.本栏应写明分包人以往做过的类似工程,包括工程名称、地点、造价、工期、交工年份和其发包人与总监理人的姓名和地址。
			2.若无分包,则投标人应填写"无"。
			3.投标人根据招标文件有关分包的规定,在中标后将中标项目的部分工作进行分包的,应当填写本表。未列入分包计划的工程或服务,中标后不得分包,法律法规或者招标文件另有规定的除外。
分包值合计(万元)			

八、资格审查资料(适用于未进行资格预审的)

说明:投标人在投标文件中填报的资质、业绩、主要人员资历和目前在岗情况、信用等级等信息,应当与其在交通运输主管部门公路建设市场信用信息管理系统上填报并发布的相关信息一致。

资格审查资料包括:

(一)投标人基本情况表

(二)投标人企业组织机构框图

(三)拟委任的项目经理和项目总工程师资历表

(四)近年财务状况

(五)近年完成的类似项目情况表

(六)正在养护和新承接的项目情况表

(七)近年发生的诉讼及仲裁情况

(八)失信被执行人查询记录

（一）投标人基本情况表

投标人名称					
注册地址			邮政编码		
联系方式	联系人		电话		
	传真		电子邮件		
法定代表人	姓名		技术职称	电话	
技术负责人	姓名		技术职称	电话	
成立时间		员工总人数：			
企业资质等级		其中	项目经理		
营业执照号			高级职称人员		
注册资金			中级职称人员		
基本账户开户银行			初级职称人员		
基本账户账号			技工		
经营范围					
资产构成情况及投资参股的关联企业情况					
备注					

注：1. 在本表后应附企业营业执照副本（全本）的复印件（并加盖单位章）、施工资质证书副本（全本）的复印件（并加盖单位章）、安全生产许可证副本（全本）的复印件（并加盖单位章）、基本账户开户许可证的复印件（并加盖单位章）。

2. 以联合体形式参与投标的，联合体各成员应分别填写。

（二）投标人企业组织结构框图

以框图方式表示。

说明：

（三）拟委任的项目经理和项目总工程师资历表

姓名		年龄		专业	
职称		公司单位 职务		拟在本标段 工程担任职务	
毕业学校	_____年___月毕业于_____学校_____专业,学制_____年				
经历					
___年～ ___年	参加过的工程项目名称			担任职务	发包人 及联系电话
获奖情况					
目前任职 项目情况	项目名称				
	担任职务				
	可以调离日期				
备注					

注:1. 本表后应附项目经理和项目总工的身份证(双面)、职称资格证书以及资格审查条件所要求的其他相关证书(如建造师职称证书、安全生产考核合格证书等)的复印件,并应提供其担任类似项目的项目经理和项目总工程师的相关业绩证明材料复印件。

2. 本表后应附投标人所属社报机构出具的拟委任的项目经理和项目总工程师的社保缴费证明(并加盖缴费证明专用章)或其他能够证明拟委任的项目经理和项目总工程师参加社保的有效证明材料(并加盖社保机构单位章)。

3. 目前未在具体项目上任职的,请在备注栏说明现在负责的工作内容。

（四）近年财务状况

项目或指标	单 位	年	年	年
一、注册资金	万元			
二、净资产	万元			
三、总资产	万元			
四、固定资产	万元			
五、流动资产	万元			
六、流动负债	万元			
七、负债合计	万元			
八、营业收入	万元			
九、净利润	万元			
十、现金流量净额				
十一、主要财务指标	%			
1.净资产收益率	%			
2.总资产报酬	%			
3.主营业务利润率	%			
4.资产负债率	%			
5.流动比率	%			
6.速动比率	%			

注：1. 投标人应根据招标文件第二章"投标人须知"第3.5.2项的要求在本表后附相关证明材料。

2. 本表所列数据必须与本表各附件中的数据相一致。

3. 以联合体形式参与投标的,联合体各成员应分别填写。

（五）近年完成的类似项目情况表

项目或指标	单　　位	1	2	3
路线名称				
起讫桩号（标段）				
养护里程	km			
公路等级/行车道数				
路面类型				
路面宽度	m			
桥梁	m/座			
隧道	m/座			
交通流量	辆			
养护质量（好路率或 MQI）	%			
……				
合同总价	万元			
承包期限	年、月			
发包人（主管部门）				
……				
备注				

注：1. 招标人可根据养护工程项目的实际情况，调整项目或指标名称。

2. 应附已完（20＿＿年＿＿月＿＿日~20＿＿年＿＿月＿＿日）相应养护工程证明文件的清晰可辨复印件（由该养护工程发包人或主管部门提供的证明材料）。

3. 评标结束后，招标人将对前三名中标候选人的本表内容及证明材料进行公示，如发现有弄虚作假的行为，取消中标资格，并建议主管部门予以通报。

4. 若近年来投标人法人机构发生合法变更或重组或法人名称变更，则应提供相关部门的合法批件或其他相关证明材料来证明其所附业绩的继承性。

5. 以联合体形式参与投标的，联合体各成员应分别填写。

（六）正在养护和新承接的项目情况表

项目名称	
项目所在地	
发包人名称	
发包人地址	
发包人电话	
签约合同价	
开工日期	
计划交工日期	
承担的工作	
养护工程质量要求	
项目经理	
项目总工程师	
总监理工程师及电话	
项目描述	
备注	

注：1. 每张表只填写一个项目，并标明序号。

2. 本表后须附中标通知书和合同协议书复印件。

3. 本表应包含所有在建工程项目，包括正在施工、已签订合同协议书即将开工，或已收到中标通知书或意向书但尚未签订合同的所有项目。

（七）近年发生的诉讼及仲裁情况

项　目	投标人情况说明

注：本表后应附法院或仲裁机构作出的判决、裁决等有关法律文书复印件。

（八）失信被执行人查询记录

如果招标文件要求投标人提供"失信被执行人"查询结果,投标人应以在"信用中国"网站 http://www.creditchina.gov.cn/查询信息为准,将查询结果截图附在此处。查询范围应包括法定代表人、拟投入项目经理和项目总工程师的查询记录。

注:投标人应如实填报,若经查实投标人存在瞒报行为或资料造假行为,招标人将取消其投标或中标资格,并将其不良行为上报安徽省交通运输厅,作为不良记录纳入公路建设市场信用信息管理系统。

九、承 诺 函

_____（招标人名称）：

我方参加了_____（项目名称）_____养护工程施工投标，若我方中标，我方在此承诺：

若本项目招标文件未要求我方在投标文件中填报派驻本项目的其他主要管理人员和技术人员及主要机械设备和试验检测设备，在招标人向我方发出中标通知书之前，我方将按照合同附件提出的最低要求填报派驻本项目的其他主要管理人员和技术人员及主要机械设备和试验检测设备，在经招标人审批后作为派驻本项目的项目管理机构主要人员和主要设备且不进行更换。

若我方已按本项目招标文件要求在投标文件中填报派驻本标段的其他主要管理人员和技术人员及主要机械设备和试验检测设备，我方将严格按照在投标文件中填报的其他主要管理人员和技术人员及主要机械设备和试验检测设备组织进场施工，且不进行更换。

如我方违背了上述承诺，本项目招标人有权取消我方的中标资格，并由招标人将我方的违约行为上报省级交通主管部门，作为不良记录纳入公路建设市场信息管理系统。

投 标 人：_____（盖单位章）

法定代表人或其委托代理人：_____（签字）

_____年___月___日

十、其 他 材 料

（一）投标人相关交通运输主管部门信用评价证明材料（相关文件、网站截图等）

（二）招标文件相关补遗书、澄清等

（三）……

安徽省_____市(县、区)

_____(项目名称)_____养护工程施工招标

投 标 文 件

（报价文件）

投标人：_____(盖单位章)

_____年____月____日

目　　录

一、投 标 函

_____（招标人名称）：

我方已仔细研究_____（项目名称）_____养护施工招标文件的全部内容（含补遗书第____号至第____号），在考察工程现场后，愿意以人民币（大写）_____元（￥_____）的投标总报价（或根据招标文件规定修正核实后确定的另一金额），按合同约定实施和完成承包工程，修补工程中的任何缺陷。

投 标 人：_____（盖单位章）
法定代表人或其委托代理人：_____（签字）
地　　　址：_____
网　　　址：_____
电　　　话：_____
传　　　真：_____
邮政编码：_____

_____年____月____日

二、已标价工程量清单

投标人应按照第五章"工程量清单"第5.1、5.4、5.5款的要求逐项填报工程量清单，包括工程量清单说明、投标报价说明、计日工说明及工程量清单各项表格。

三、合同用款估算表

从开工月算起的时间（月）	投标人的估算			
	分期		累计	
	金额(元)	（％）	金额(元)	（％）
第一次开工预付款				
1～3				
4～6				
7～9				
10～12				
13～15				
……				
……				
缺陷责任期				
小计		100.00		
投标价：				
说明				

注:1. 投标人可按工程进度估算并填写本表。

  2. 用款额按所报单价和总额价估算,不包括价格调整和暂列金额、暂估价,但应考虑开工预付款的扣回、质量保证金的扣留以及签发付款证书后到实际支付的时间间隔。

附录 B 公路养护工程施工招标技术条款

目　　录

第100章 总 则

第101节 通 则

101.01 范围

1.本规范适用于安徽省普通干线公路养护工程项目(预防养护、修复养护、专项养护和应急养护)的施工和管理。

2.本公路养护规范适用于公路养护的路基、路面、桥梁与涵洞、隧道、交通安全设施及预埋管线、绿化及环境保护设施等工程。

101.02 标准与规范

1.在公路养护工程中采用的材料、设备与工艺,应符合本技术规范及本规范引用的其他标准与规范的相应要求。

2.本规范引用的标准与规范如下:

《公路养护技术规范》(JTG H10—2009)

《公路水泥混凝土路面养护技术规范》(JTJ 073.1—2001)

《公路沥青路面养护技术规范》(JTJ 073.2—2001)

《公路桥涵养护规范》(JTG H11—2004)

《公路养护安全作业规程》(JTG H30—2015)

《公路隧道养护技术规范》(JTG H12—2015)

《公路交通安全设施质量抽样检验及判定》(JT/T 495—2004)

《微表处和稀浆封层技术指南》(交工便字〔2005〕329号)

3.本规范引用的国家和行业现行有关标准、规范和规程,承包人应自备并在养护工程中应用。

4.本规范编写,分别按章、节、小节、条、款、项、目序列表达。

示例:300章、306节、309.01小节、309.01-1条、309.01-1(1)款、309.01-1a项、309.01-1(1)a(a)目……

5.当适用于工程的几种标准与规范出现意义不明、不一致或发生分歧时,应按以下顺序优先考虑:

(1)技术规范专用条款;

(2)技术规范通用条款;

(3)中华人民共和国交通运输部行业标准;

(4)中华人民共和国国家标准;

(5)其他标准与规范。

在技术规范专用条款出现歧义或条件变化需修改、补充时,应由监理人与发包人协商后进行解释和调整,并评估审定由此造成的相关合同变更。

6.在工程实施全过程中,所引用的标准或规范,如果有修改或新颁,应由发包人决定是否用新标准或规范,承包人应在监理人的监督下按发包人的决定执行。采用新标准、规范所有增加的费用由发包人和承包人协商解决。

101.03　承包人的施工机械

1. 为确保养护工程的质量和进度,养护工作应以机械化养护作业为主。

2. 用于公路养护项目工程的一切养护机械,必须类型齐全、配套完整、状况良好并能满足工程项目养护的质量要求。

3. 承包人在投标书中承诺的养护机械设备计划,必须严格执行。不得擅自更换投标文件载明的设备型号、性能、功率、产地、出厂日期、数量。承包人应在发包人规定的时间内将计划内所列的养护机械设备运至现场。没有发包人的书面同意,承包人不得将养护机械运出工地。

4. 为了养护作业的安全和便于管理,养护机械外表必须按标准粘贴标识,且按标准安装黄闪警示灯。

101.04　税金和保险

1. 承包人应根据《中华人民共和国税法》的规定和地方政府的规定缴纳有关税费。

2. 在施工期及缺陷责任期内,承包人应按照合同条款要求办理保险,包括建筑工程一切险和第三者责任保险。

3. 承包人应按照合同条款要求为其履行合同所雇用的全部人员缴纳工伤保险费,在整个施工期间为其现场机构雇用的全部人员投保人身意外伤害险并为其施工设备办理保险,其费用由承包人负担。

101.05　各支付项的范围

1. 承包人应得到并接受合同规定的报酬,作为实施各养护工程项目中所需提供的一切劳务(包括劳务的管理)、材料、施工机械及其他事务的充分支付。

2. 除非另有规定,工程量清单中各支付子目所报的单价或总额,都应认为是该支付子目全部作业的全部报酬。包括所有劳务、材料和设备的提供、运输、安装和维修、责任和义务等费用,均应认为已计入工程量清单标价的各工程子目中。

3. 工程量清单中承包人有未列入的子目,其费用应认为已包括在相关工程子目的单价和总额价中,不再另行支付。

101.06　计量与支付

属履行101节各项要求的,除101.04小节按下述规定办理外,其他不另单独计量与支付。

1. 计量

(1)承包人按合同条款办理的工程一切险和第三方责任险,以工程量清单第100章(扣除建筑工程一切险和第三方责任险的保险费)至第700章的合计金额为基数,乘以招标文件规定的保险费率计算,以总额计。

(2)承包人应缴纳的所有税金(包括营业税、城市维护建设税和教育费附加)和工伤事故保险费、人身意外伤害险保险费以及施工设备险保险费,由承包人摊入各相关工程子目的单价和费率之中,不单独计量。

2. 支付

合同条款中规定的建筑工程一切险、第三方责任险的保险费,将根据保险公司的保单经监理人签证后支付。如果由发包人统一与保险公司办理上述保险,则由发包人扣回。

3. 支付子目

子 目 号	子 目 名 称	单 位
101	通则	
101-1	保险费	
-a	按合同条款规定,提供建筑工程一切险	总额
-b	按合同条款规定,提供第三者责任险	总额

第 102 节　工　程　管　理

102.01　一般要求

1. 开工报告

承包人实施前应按合同规定向发包人提交开工报告,经发包人审批后执行,主要内容应包括:项目部机构的建立,进场人员情况及资质材料,质检体系、安全体系的建立和劳动力安排,材料、机械及试验、检测仪器设备进场情况,施工方案进度计划及实施方案等,经监理工程师书面同意,工程方能开工。

2. 施工许可

承包人进场后,应根据本路段的路政、交警部门的要求,及时办理施工许可,并送交发包人备案。施工许可内容及格式按照《安徽省公路路政管理条例》及本路段路政、交警部门的相关要求执行。

3. 工程报告单

承包人应按合同条款规定向发包人提供有关不同项目和内容的工程报告单供审批。报告单的主要项目为:各种测量、试验、材料检验,各类工程(分工序)检验、工程计量、工程进度、工程事故、养护巡查、检查等报告单或发包人指定需要提供的其他报告单。

4. 工程计划

承包人在签订合同协议后依据合同约定并按发包人养护施工总体计划编制养护工程实施方案及计划报送发包人,及时对施工计划进行分解,根据实际养护施工进度情况调整。

5. 承包人应积极应用新技术、新设备采集路况资料,正确评价路况,提出科学养护对策,发展现代化的道路养护技术。

6. 承包人在公路养护工作中必须贯彻文明施工、安全生产的方针,制定技术安全措施,加强安全教育,严格执行安全操作规程,确保安全生产。

7. 承包人应根据养护管理的需要,完成发包人交办的其他任务。

102.02　转包、分包、人员培训

1. 严禁承包人转包、违规分包养护工程的行为。

2. 承包人应加强大中修养护工程现场作业人员岗位和工序教育，加强质量和安全知识的岗位培训，严格遵守、执行养护作业的《公路养护安全作业规程》(JTG H30—2015)。

102.03 施工测量、设计及放样

1. 承包人应按图纸横断面复测原地面中桩高程并报监理人复核，在监理人批准前，承包人不得扰动或破坏地表。原地面中桩高程误差在 ±100mm 以内引起的工程量差异计量时不予考虑，±100mm 以外部分引起的工程量差异按梯形断面计算增减工程量。除监理人有理由认为承包人进场前地表产生第三方因素变化外，上述以外高程误差引起的工程量差异，计量时不予考虑。承包人进场后对施工场地有维护责任，进场后地面变化引起的工程量增加，计量时不予考虑。

2. 因恢复遗失的、破坏的永久性标桩所发生的一切费用由承包人支付。

102.04 施工工艺图

1. 承包人应仔细阅读图纸，发现疑问及时向监理人提出，当图纸内有关施工说明与本规范规定有矛盾时，以图纸为准。图纸及本规范均缺少有关的要求和规定时，由监理人参考国内外已建同类工程及相应的规定并结合实际情况确定或规定，同时报发包人同意后实施。

2. 承包人应根据发包人提供的图纸进行定线测量和编绘施工工艺图，以适应工程管理需要，并将施工工艺图的一般要求，作为合同图纸部分的补充，送监理人审查批准。

3. 所有施工工艺图都应与规范的规定、发包人提供的图纸所标明的路线、纵坡、断面、尺寸和材料要求保持一致。

4. 永久性工程的施工工艺图应包括：由于施工需要由承包人提供的补充设计，如细部布置图、装配详图、安装图、设备表，以及规范中专门规定必须在某一工程项目施工前经监理人审查的其他资料。

5. 承包人应提供模板设计以及为水泥混凝土和各种结构的特殊要求而使用的木笼、围堰、脚手架、临时支承系统、拱架模板和施工用的临建工程的施工工艺图。除非合同中另有规定，木笼、围堰、脚手架、施工装配图、便桥结构施工工艺图，应由专业工程师设计，并有其签字和盖章。

6. 承包人应在相关工程开工前不少于 28d，将此工程的施工工艺图报监理人审批，以保证按时施工。

102.05 施工方法与质量控制

1. 养护施工工艺应与规范的规定、发包人提供的图纸技术资料和材料保持一致。

2. 承包人在养护工程中应用的新技术、新工艺、新材料，必须取得发包人的同意。

3. 承包人在养护工程实施过程中，必须按相关技术规范的规定，严格施工质量控制。

4. 承包人在养护工程中的施工工艺、方法必须满足公路养护工程质量、安全和进度的要求，讲究工艺科学先进、方法简单快捷、效果明显有效。

5. 承包人应通过组织试验路、试验工程，总结施工工艺，指导规模生产。分项工程施工实行现场标示牌管理，标示牌上注明分项工程作业内容、简要工艺和质量要求、施工及质量负责人姓名等。标志牌的规格及数量按照发包人的统一规定，费用已包含在相关的合同价内，不另行计量与支付。

6. 本条款内提供施工方法和说明的费用，已包含在相应的永久性工程项目之内，发包人不再另行支付。

102.06 材料

用于永久工程的材料(含半成品、成品),都必须是符合本规范、图纸和现行国家及交通运输行业标准规定的合格的全新的材料。用于工程的主要原材料(钢材、水泥、沥青、钢绞线、支座、伸缩缝、锚具)实行市场准入制,路面工程用石料实行料源审批制。

所有材料堆存以前,承包人应清理、整平、硬化、围砌全部堆存场地并有合理的排水设计,防止料场内积水。砂、石料应按规格分开堆放,插上标志,并设置隔墙。钢材、水泥大宗材料以及外加剂等特种材料应集中存放于有防雨设施的材料库,并做好详细的进出料库记录。

102.07 养护记录与档案资料

1. 承包人应与养护工程进度同步形成、积累、整理及保管所有养护记录。现场质量检查、质量验收资料必须齐全,各种原始资料必须真实、准确、可靠。

2. 承包人应掌握和上报的资料:

(1)承包人应在施工过程中收集、建立路况及养护工作台账,并按行业管理部门或发包人规定的格式上报相关报表。

(2)承包人应努力提高管理水平,配合发包人或行业管理部门做好基础资料收集工作。

(3)当养护工程承包期满时,承包人须按规定编制档案资料,并在结算前28d提交发包人审查。

3. 承包人应在提交月计量支付报表时向监理人或发包人提供表明时间和工程进度记录的彩色照片(数码图片电子文件),并附有详细文字说明及足够的数据和记录,以表明工程的确切位置和进度。彩色照片的尺寸应征得监理人同意。关键性的施工程序承包人应用数码摄像机拍制录像,并制成光碟。费用已包含在相关的合同价内,不另行计量与支付。

102.08 工程记录与竣工文件

1. 承包人应自费保管养护工程的施工管理文件和施工基础资料以及所有影响养护工程的记录(包括资料、设备的来源),以备需要评定养护工程施工进度和工程质量时查阅。

2. 承包人必须始终重视资料的积累与管理,保证资料的真实、准确、原始性。竣工文件必须按安徽省交通运输厅《安徽省国省干线公路养护大中修工程竣(交)工验收办法(试行)》(皖交路〔2010〕494号)的相关规定编制竣工资料。竣工文件由发包人委托专业单位进行技术咨询,承包人应提供真实、完整、准确的施工记录,并接受技术咨询单位的技术指导和对档案资料管理要求,积极配合咨询单位进行整理。全部工程完工后,在工程交工验收前,承包人须按合同条款规定向发包人提交监理人及技术咨询单位认为完整、合格的竣工文件。在缺陷责任期内,承包人应补充竣工资料,并在竣工验收前提交。此项费用在102-1细目中以总额报价。

3. 承包人应在接近完工时,按规定编制竣(交)工验收所需要的竣工文件一式六套,包括竣工图表和设计、施工两部分资料。该文件应在竣(交)工验收前56d提交监理工程审查。

4. 若承包人不能按要求完成编制竣工文件,或虽完成但经验收达不到要求,则发包人可委托他人完成,费用由承包人承担。

102.09 环境保护

1. 承包人在公路养护合同承包期中,应严格遵守国家环境保护部门的有关规定,承包人有责任采取有效措施以预防和消除因养护施工而造成的环境污染,并应保证发包人避免由于污染而承担的索赔或罚款。

2. 承包人应在养护中加强环保意识,保持养护路段清洁,控制扬尘,控制物料运输漏洒、覆盖堆场物料、杜绝漏洒材料。

3. 沥青混合料应集中在场站搅拌,其设备污染排放应符合《大气污染物综合排放标准》(GB 16297—1996)的规定。

4. 减少噪声、废气污染。

(1)各种临时设施和场地,如堆料场、加工厂、轧石厂、沥青厂等,距居民区不宜小于300m,而且应设于居民区主要风向的下风处。

(2)使用机械设备的工艺操作,要尽量减少噪声、废气等的污染;建筑施工场地的噪声应符合《建筑施工场界环境噪声排放标准》(GB 12523—2011)的规定,并应遵守当地有关部门对夜间施工的规定。

(3)如果承包人预防措施不力,并已对邻近区域的环境、卫生造成了危害,则由此而引起的一切损失及后果,应由承包人负责。

(4)在居民集中居住区和靠近学校、医院等环境敏感区,噪声大的施工作业应按监理人规定的作业时间施工。

(5)承包人应通过有效的技术手段和管理措施,将施工噪声控制到最低程度。当施工工地距居民住宅区、学校、医院等环境敏感区的距离小于150m时,承包人不得在夜间安排噪声很大(55dB以上)的机械施工,应按监理人规定的作业时间施工。

5. 承包人的料场、办公生活区等临时用地退还前应自费恢复到使用前状态或合同规定的要求,对农田用地应集中处理表面硬化层和圬工,场地回覆土层达到复耕、环保、水保的要求。交工验收前对达不到要求的临时用地,监理工程师和发包人协商后可指定其他单位完成该项工作,相关费用从原合同单位扣回。

6. 路面铣刨后产生的废渣应合理回收,严禁随意丢弃,必须满足环保、水保的要求。

7. 承包人应建立环境保护管理体系,树立环保意识,积极保护环境,应自觉保持道路清洁,开放交通前应全面清理施工现场,并不得将生活和建筑垃圾滞留在路面上或抛洒在路基、边坡上。

8. 施工环境保护费用已经包含在102-2细目中。

102.10 安全作业基本要求

1. 公路养护作业必须保障养护作业人员和设备的安全,以及车辆的安全运行。在进行养护作业前,应制定安全保障方案。

2. 承包人应建立安全管理制度,实施对养护作业人员的安全培训和教育。养护维修作业人员必须接受安全技术教育,遵守各项安全技术操作规程。

3. 公路养护作业单位或经营单位应加强养护安全作业的管理。各级公路管理机构应加强对养护安全作业的监督和检查。

4. 养护作业的安全设施在未完成养护作业之前应保持完好,任何人不得随意撤除或改变安全设施的位置、扩大或缩小控制区范围,以保证养护作业控制区的安全。

102.11 养护作业安全措施

1. 凡在公路上进行养护作业和管理的人员必须穿着带有反光标志的橘红色工作服装。

2.公路路面养护作业应按作业控制区交通控制标准设置相关的渠化装置和标志,必要时应指派专人负责维持交通。在可能发生山体滑坡、塌方、泥石流及高路堤、陡边坡等路段养护作业,必要时应设专人观察险情,严防安全事故发生。

3.养护作业人员应在控制区内作业和活动,养护机械或材料不得堆放于控制区外。

4.公路桥梁、涵洞、隧道养护现场,应专门设置养护作业的交通标志。在桥梁栏杆外侧和桥梁墩台进行养护作业时,必须设置有效的安全防护设施,作业人员必须系安全带。

102.12　养护安全生产

1.承包人应严格执行《中华人民共和国安全生产法》,遵守《建设工程安全生产管理条例》(国务院令 393 号)、《安全生产许可证条例》(国务院令 653 号)、《公路水运工程安全生产监督管理办法》(交通部令 2017 年第 25 号)的有关规定,制定安全制度和采取安全措施,并负责检查实施情况,切实做到施工安全。

2.承包人应当建立健全安全生产责任制度和安全生产教育培训制度及安全生产技术交底制度,制定安全生产规章制度和操作规程,保证安全生产条件所需资金的投入,对所承担的工程进行定期和专项安全检查,并做好安全检查记录。

3.承包人应当设立安全生产管理机构,并按《公路水运工程安全生产监督管理办法》的规定配备专职安全生产管理人员。

4.承包人的机械作业人员、安装拆卸工、起重信号工、电工、焊工等国家规定的特种作业人员,必须按照国家规定经过专门的安全作业培训,并取得特种作业操作资格证书后,方可上岗作业。

5.承包人应当在施工现场建立消防安全责任制度,确定消防安全责任人,制定用火、用电、使用易燃易爆材料等各项消防管理制度和操作规程,设置消防通道,配备相应的消防设施和灭火器材。同时承包人养护施工交通安全设施的规格、尺寸、颜色、文字与架设地点的设置除应满足《公路养护安全作业规程》(JTG H30—2015)等要求外,还应满足路政、交警等相关部门和发包人的要求。标志牌应包括:

(1)警告与危险标志;

(2)安全与控制标志;

(3)指路标志与标准的道路标志;

(4)限速标志和线形诱导标志;

(5)锥形交通路标和防撞桶;

(6)施工警告灯和夜间照明设施。

6.承包人应当向作业人员提供必需的安全防护用具和安全防护服装,书面告知危险岗位的操作规程,并确保其掌握有关内容熟悉违章操作的危害。

7.安全事故发生后,承包人应当立即启动相应事故应急预案,或者采取有效措施,组织抢救,防止事故扩大,减少人员伤亡和财产损失。同时,承包人应按《生产安全事故报告和调查处理条例》(国务院令493 号)的规定,在规定的时间内将事故情况报监理人、发包人和有关职能部门。

102.13　计量与支付

1.计量

(1)102.08 小节的工作内容及与此有关的一切作业经监理人审查批准后,以总额计量。

（2）102.09 小节的工作内容包括施工场地砂石化、控制扬尘、降低噪声、合理排污等一切与此有关的作业,经监理人检查验收后以总额计量。

（3）102.12 小节安全生产费用按投标价(不含安全生产费、建筑工程一切险及第三者责任险的保险费)的 1.5%(若招标人公布了投标控制价上限,则按投标控制价上限的1.5%计)以固定金额形式计入工程量清单支付子目 102-3 中。102.12 小节所发生的施工安全生产费用,应用于施工安全防护用具及设施的采购和更新、安全施工措施的落实、安全生产条件的改善,不得挪作他用。施工安全设施费及与此有关的一切作业经监理人对工程安全生产情况审查批准后,以总额计量。如承包人在此基础上增加安全生产费用以满足项目施工需要,则承包人应在本项目工程量清单其他相关子目的单价或总额价中予以考虑,发包人不再另行支付。

2. 支付

102-1 子目在监理人验收合格后一次性支付。

102-2 子目费用每三分之一工期支付总额的 30%。交工验收证书签发之后,支付总额的 10%。

102-3 子目费用由监理人发出开工通知后支付总额的 50%,在承包人的施工进度计划和施工方案说明被监理人批复后支付总额的 25%,按规范要求及监理人的指示落实安全生产措施后支付剩余的 25%。

3. 支付子目

子 目 号	子 目 名 称	单 位
102	工程管理	
102-1	竣(交)工文件	总额
102-2	施工环保(含扬尘治理)费	总额
102-3	安全生产(含交通组织)费	总额

第 103 节　临时工程与设施

103.01　一般要求

1.临时工程与设施应包括为实施永久性工程所必需的各项相关的临时性工作,如临时道路、桥涵的修建、养护,临时供电、电信设施的架设与维修,临时供水与排污设施的建设与维护,以及其他相关的临时设施等。承包人应按不同的类型和需要,对临时工程与设施进行设计。

2.承包人在进行临时工程与设施的设计和施工时,应遵守当地运输管理、公安、供电、电信、供水、环保等有关部门的要求和规定。

3.除非合同另有规定,本节提供的全部临时工程与设施的费用,应被认为已包括了有关永久工程中所需要的所有临时工程与设施的全部费用。

4.承包人应将临时工程的设计与说明书以及监理人认为需要的详细图纸,在开工前至少 14d 报监理人审批。没有监理人的批准,承包人不得在现场进行任何临时工程的施工。

5. 监理人应在收到承包人报送的临时工程设计图纸后的 7d 内完成审批并通知承包人,这种批准是对于该项临时工程与设施开工的书面同意。

6. 各项临时工程与设施开工前,承包人应取得当地有关管理部门及其他当事人的同意,并取得书面协议。监理人将据此作为审批开工的条件。

7. 除非另有协议,当永久性工程完工后,承包人应移去、拆除和处理好全部临时工程与设施,并将临时工程所占用的区域进行清理或恢复原貌后,报监理人检查验收。

103.02 临时公用设施

1. 通信

承包人应与当地电信部门联系安设现场使用的电话线路和有线或无线通话设施,并承担上述线路和设施的租用、安装、连接、服务等一切费用以及在合同履行期内的通话费。

2. 供电

(1) 承包人在合同履行期内,应负责对本工程的实施与缺陷修复以及职工生活所需的全部电力的供应,并承担所有一切费用。

(2) 承包人应将拟安装的自备发电设备(如有)与配电图提交业主核备。电力安装工作应符合当地供电部门的规定。

3. 供水

(1) 承包人在合同履行期内,应负责对本工程的实施与缺陷修复和职工生活所需全部用水(含饮用)的供应,并承担所有一切费用。

(2) 承包人应将拟安装的供水管线图提交业主核备。饮用水应符合当地卫生部门的规定。

4. 污水和垃圾处理

在合同履行期内,承包人应将其所有驻地以及工作场地区域内的粪便、污水、垃圾随时运走或收集处理,并承担所有一切费用。

5. 本工程要求材料堆放场地必须用厚度不小于 50cm 的基层和不小于 20cm 的面层进行分层硬化,以料场不翻浆为标准;场地内道路硬化标准,以进出本场地的施工车辆能安全顺利通过为最低标准;上述费用已包含在相应项目报价中,不单独计量。

103.03 临时道路、桥梁

1. 现有通行的道路、桥梁,凡与本合同工程的施工发生干扰之处,承包人应修筑临时道路、桥梁,并对其进行养护,以确保交通的畅通。拟建的临时道路、桥梁的图纸和说明,承包人应提交业主(或其委托人)审批。上述临时道路、桥梁的宽度和其他技术标准应不低于现有道路、桥梁,除非业主(或其委托人)另有指示。临时道路、桥梁未修通前,对发生干扰的本工程有关路段不能施工。

2. 在合同工程的施工中,为运输施工装备与器材、借弃的土石方和地方材料以及承包人和业主(或其委托人)驻地的进场道路、施工便道和出入通道等,承包人应修筑临时道路、桥梁或对原有道路、桥梁进行改善或加固,并在使用期间进行养护。

103.04 临时用地

1. 临时用地范围包括承包人办公和生活用地、仓库与料场、预制场地、工地试验室及临时道路用地等。除临时道路外,尽可能利用业主现有的场地,承包人应按合同条款规定制定临时用地计划表。

2.工程完工后,临时用地退还前,承包人应自费将其恢复到临时用地使用前的状况,并获得业主(或其委托人)的认可。

103.05 计量与支付

1.计量

(1)临时道路、电信设施及供水与排污设施的修建、维修及拆除等临时工程,根据施工过程中已完成的经监理人现场验收合格,分别以总额计量。

(2)临时占地经监理人批准,以总额计量。

(3)临时供电设施的修建及拆除经监理人现场验收合格后,以总额计量。

(4)为完成上述各项设施所需的一切材料、机械设备、人员及与此有关的一切作业费用均含在相关子目单价或总额价之中,不另行计量。

2.支付

临时工程完工后,由监理人验收合格后分期支付。所报总额的90%,应在第1～3次进度付款证书中,以三次等额予以支付;所报总价中余下的10%,待交工验收证书颁发后支付。

3.支付子目

子 目 号	子 目 名 称	单 位
103	临时工程与设施	
103-1	临时道路修建、养护与拆除(包括原道路的养护费)	总额
103-2	临时占地	总额
103-3	临时供电设施	总额
103-4	电信设施的提供、维修与拆除	总额
103-5	供水与排污设施	总额

第 104 节 承包人驻地建设

104.01 一般要求

1.承包人应建立(或租用)养护与管理所需的办公室、住房、工作场地、仓库与储料场及消防设施。

2.驻地由承包人自行选址,但应服从合同条款的有关规定。

3.驻地建设(或租用)的总平面布置包括防护、围墙、临时便道和安全、防火安排,并应得到发包人的事先批准。

4.驻地建设(或租用)的管理与维护,应满足科学管理、文明养护的要求。养护承包期结束后,若是临时建筑,承包人应自费将驻地恢复原貌;如果是永久性建筑,则由承包人自行处理归属。但养护合同承包到期时双方另有协议者除外。

5.承包人根据实际情况,可自行选择建设或租用驻地。发包人有义务协助承包人选择建设或租用驻地的位置和其他事宜。

6.驻地建设要求做到布局合理、道路硬化、排水通畅,并设置醒目的施工平面示意图和施工告示牌,严禁生活区、生产区、办公区混设,庭院适当绿化。整个驻地要采用不低于2m的砖砌围墙或通透式围栏封闭。

7.承包人应在各合同段的起点设置施工告示牌及廉政告示牌,采用2.5m×2.0m铝合金标识牌,蓝底白字,双腿采用钢管,高度为标识牌下边高出地面2m。

施工告示牌内容:项目名称、工程概况、起讫桩号,建设、设计、监理、施工、监督单位名称,施工和监理负责人的姓名,开工日期及计划交工日期,监督电话等。

廉政告示牌内容:项目名称、监督电话、通信地址、邮政编码等。

8.承包人应在施工现场相应位置设置标志牌,具体要求如下:

(1)每个合同段的起点应设置龙门架,采用钢架结构,红底白字,上方写明承包人单位名称及所承建项目的合同段,左右两侧写有标语。山区段确有困难的,可在主要出入口处设置。

(2)高速公路一级公路每个构造物应设置标志牌,内容包括:构造物名称、桩号、跨径,该构造物施工负责人、技术负责人、监理负责人。

(3)每个合同段拌和站应设置标志牌,内容包括:拌和站名称、负责施工区域、数量、拌和站负责人、监理负责人,混凝土强度等级、配合比明示牌。

(4)每个合同段预制厂应设置标志牌,内容包括:预制厂名称、工程概况、施工负责人、技术负责人、监理负责人,并附预制厂平面图。

(5)原材料标牌,内容包括:原材料产地、名称、规格、用途、质量状况。

(6)各种标牌要求采用铝合金标识牌,蓝底白字(宋体),具体规格尺寸:大中桥、隧道、拌和站标志牌为1.5m×1.2m;小桥、通道、涵洞标志牌为1.2m×0.9m;原材料标志牌、配合比标牌为0.8m×0.6m。

9.承包人驻地应设置宣传栏,具体规格尺寸为2.0m×1.2m。

10.承包人会议室上墙管理图表包括:平面图、组织机构框图、质量自检体系框图、质量保证体系框图、安全保证体系框图、环境保证体系框图、工程形象进度图、各项规章制度和岗位职责、工程总体目标、晴雨表。管理图表应装裱上墙,要求美观大方、布置合理。

11.对于总投资1000万元以上的项目,承包人驻地建设按照本节内容执行;对于总投资1000万元以下的项目,承包人驻地建设可由业主根据项目特点和需要另行制定。

104.02 办公室、住房及生活区

1.承包人应按维修加固工程的实际需要合理布置生产、生活设施,可根据需要小面积增改现场办公室和工作人员的住房及生活区,办公室面积不低于$200m^2$(含会议室),其中会议室不低于$30m^2$,办公室与生活住房不得混用。

2.承包人项目部应配备计算机、网络、电话、传真、复印机、打印机、数码相机(带摄像功能)等必要办公设备。

3.驻地建设应注重规范化、标准化,办公、生活场所的铭牌设置应做到格式统一、美观、齐全、醒目,场内实行封闭式管理。

4.承包人应按发包人要求做好项目部的制度上墙、宣传标语的设立等相关工作,承包人进场后应按照发包人要求的格式制作上墙图表,图表主要包括以下部分:

（1）管养路线示意图及管养概括。

（2）管养路况评定示意图。

（3）晴雨表。

（4）项目部组织机构与养护工区或施工作业队伍设立情况。

（5）主要人员（项目经理、总工程师、安全员、内业资料员）和各部门工作职责；岗位职责、规章制度的板面规格为：60cm×90cm（长×高），白底黑字，聚酯塑料框。

（6）质量、安全管理与应急管理制度的板面规格为：160cm×120cm（长×高），白底黑字，聚酯塑料框。

（7）施工组织机构、维修加固工程平面图、总体布置图、形象进度图、天气情况等的板面规格为：高150cm，长度根据实际情况确定，白底黑字。

（8）各种资料应齐全、规范，应建立收发文制度，档案盒内有卷内目录，应使用统一且符合管理处规定的档案盒。

承包人制作、安装相关图表费用已包含在承包人驻地建设总额报价中，发包人不再为此另行支付任何费用。

104.03 工地试验室

1. 在合同实施期间，承包人应建立工地试验室，负责材料与工程质量的控制试验。试验室的建设根据需要参照《安徽省公路水运工程工地试验室建设与管理若干规定（暂行）》和监理工程师的要求。试验用检测设备在开工前需由省级法定计量部门标定，并获得证书。工地试验室应根据工程建设特点的需要，配备类型齐全、性能优良、数量充足的试验检测设备，并报监理工程师审查，业主批准。试验室的用房和试验仪器、设备及一切供应均由承包人自行负责。一些特殊复杂的试验，承包人可以委托具有相应检测试验资质的单位进行，费用由承包人自行承担。

2. 工地试验室建设：

（1）工地试验室应设置在沥青拌和场内，其周边场所、交通通道均应硬化。

（2）工地试验室用房宜采用活动板房，结构坚固，具有2.6m以上净空，室内通风、采光良好，地面均须贴瓷砖。

（3）试验室应按功能分区设置，周边排水设施应完善、合理。

（4）试验室应备有专门的发电设备（功率≥15kW），保证试验检测工作正常、连续开展。试验室电路应为独立的专用线，在总闸及力学室应安装触电保护器。

（5）试验室办公区域及各功能室应有必要的防火、防盗等安全措施。

（6）试验室外应备有不小于0.5m³的砂池和消防砂，还应备有足够数量的消防桶、消防锹等消防工具。

3. 承包人应在签订合同后14d内向监理工程师提交工地试验室必须配备的设备、仪器、物品清单及试验室平面布置图，报监理工程师审查，业主批准。

4. 试验室应满足坚固、封闭、安全的要求，并具备2.4m及以上净空。试验室不得租用当地民房，场地应绿化，并配有专用电源。

104.04 医疗卫生与消防设施

1. 工地医疗

（1）工程实施期间，承包人应负责为工地人员提供必要的医疗和急救服务。在传染病易发期应配合当地防疫、卫生管理部门及医疗机构做好消毒预防、隔离感染人员、抢救和疫情防控等工作。在传染病传播期，承包人还应建立人员流动登记制度、信息报告制度，要与当地卫生防疫部门取得联系，做好各项防范措施的落实工作。

（2）承包人应为工地聘请有行医资格的、在卫生保健与急救方面具有丰富经验的医务人员。

（3）承包人配备的医疗设施（包括房间、器械、药品、急救车辆等）应取得当地医疗卫生管理部门的批准。

（4）承包人应就有关供水、环境卫生、垃圾与污水处理以及工人健康等方面的有关问题，取得并遵从有关医疗卫生防疫和管理部门的意见。

（5）承包人应对施工人员进行疾病控制等知识教育，尤其是一些传染病，如艾滋病、非典型性肺炎（SARS）或肝炎等。

（6）工程实施期间，承包人应保证工地现场监理人员的应急医疗服务。

2. 消防设施

（1）承包人应按当地消防管理部门的有关规定，配备消防器材和消防用水，做到布局合理，并经常检查维护保养，保证灭火器材灵敏有效、消防水源充足。施工驻地要有明显的防火宣传标志，并设专人负责对工地人员进行防火知识教育。

（2）施工驻地用电及使用的电气设备必须符合防火要求。临时用电必须安装过载保护装置，严禁超负荷使用电气设备。

（3）施工材料的存放场地和使用应符合防火要求。易燃易爆物品必须有严格的保管制度和防火措施，专人负责，分类单独存放，同时必须设置危险地点及危险物品安全警告标志牌，确保安全。

104.05 其他建设

1. 车间与工作场地

（1）为了对本工程使用的所有施工机械进行养护、检修或改进以及工程材料（如钢筋、钢板等）的再加工，车间必须要有相适应的加工设备。

（2）施工机械停放场，应保持整洁和便于工人操作，并保证出入通道畅通。

2. 仓库、储料场及拌和场

（1）仓库区的规模和组成应能为储存材料、燃料、备件及其他物件提供足够的面积，所储存的材料及备件数量应能保证本工程的需求。仓库、储料场及拌和场应保持整洁，地面应硬化，不同材料应设标志分别堆放，灰粉状材料应遮盖，并应防止有害物质污染和混杂于其他物质之中。

（2）预制（拌和）场占地面积应满足施工需要。

（3）桥涵梁板及其他预制构件不得零星生产，承包人应根据合同段桥涵分布及小型预制构件的工程量，建立集中预制场统一预制。

3. 车间、库房等其他建设，应固定、稳定，布置合理，不得采用彩条布等易老化的材料作车间、库房的立墙，亦不得使用油毡、石棉瓦等作屋顶。

4. 承包人应合理选择预制（拌和）场设置地点，并修筑隔离围墙；材料堆放区、拌和区、作业区、模板和钢筋制作区应分开或隔离；场内主要作业区、堆放区及场内道路应做硬化处理。

104.06 承包人驻地设施的拆迁

工程交工时，承包人驻地中的一切建筑物及其固定设备和附件均属承包人财产，承包人应全部拆迁。

104.07 计量与支付

1. 计量

驻地建设应按规定要求、施工和生活需要、施工组织等计算,以总额计量。驻地建设应包括:承包人办公室、住房及生活区建设与管理;车间与工作场地、仓库、料场及拌和场地建设与管理;工地试验室建设与管理;医疗卫生的提供与消防设施的配置以及驻地设施的维护与完工后的全部拆迁等相关作业。

2. 支付

104-1 子目所报总价(租用除外)的90%,应在第1~3次进度付款证书中,以三次等额支付;余下的10%,应在承包人驻地建设已经移走和清除,并经监理人验收合格后予以支付。

3. 支付子目

子 目 号	子 目 名 称	单 位
104	承包人驻地建设	
104-1	承包人驻地建设	总额

第200章 路 基

第201节 通 则

201.01 范围

本章工作内容为路基的大中修工程：对路基的一般性损坏部分进行修理加固；对较大损坏进行周期性的综合修理，以恢复公路原有技术标准状况的养护作业。

路基大中修工程，主要包括：拆除结构物、路基挖方、路基填方、路基翻浆处理、路基注浆处理、特殊地区路基处理、修复排水设施、修复防护工程、新建排水设施、新建防护工程及抗滑桩等内容。

201.02 材料

1.在公路路基土石挖方中用不小于112.5kW的推土机单齿松动器无法松动，须用爆破或用钢楔大锤或用气钻方法开挖的，以及体积大于或等于1m³的孤石为石方，余为土方。其土石分类应以设计为依据由监理人批准确定。

2.混凝土、水泥砂浆

（1）一般要求

①集料应清洁、坚硬、坚韧、耐久、无外包层、匀质，并不含结块、软弱或片状颗粒，无黏土、尘土、盐、碱、壤土、云母、有机物或其他有害物质。必要时，集料应予清洗和过筛，以除去有害物质。

②不同来源的集料不得混合或储存在同一料堆，也不得交替使用在同类的工程中或混合料中。

③用于混凝土的水泥、集料及掺加剂等，应分别进行含碱量试验，尽量避免使用可能发生碱-集料反应（AAR）的集料。在非含碱环境中，如果必须采用此类集料，应按规范要求，选用碱含量小于0.6%的低碱水泥，并限制混凝土中的总碱量（对一般桥涵，不宜超过3.0kg/m³；对特殊大桥、大桥和主要桥梁，不宜大于1.8kg/m³）。在含碱环境的混凝土中，不得使用此类集料。

（2）细集料

①细集料应由颗粒坚硬、强度高、耐风化的天然砂构成，经监理人批准，也可用山砂或硬质岩石加工的机制砂。

②按细度模数（M_x）将砂分组如下：

$$粗砂\ M_x = 3.7 \sim 3.1$$
$$中砂\ M_x = 3.0 \sim 2.3$$
$$细砂\ M_x = 2.2 \sim 1.6$$

在混凝土配制时，应同时考虑砂的细度模数和级配情况，细度模数的计算可按《公路工程集料试验规程》（JTG E42—2005）第4章的规定执行。

③细集料的级配范围、坚固性、杂质的最大含量应符合表201-1～表201-3的要求，试验应按《公路工程集料试验规程》（JTG E42—2005）进行。

细集料配范围表 表201-1

筛孔尺寸(mm)	级 配 区		
	Ⅰ 区	Ⅱ 区	Ⅲ 区
	累计筛余量(质量,%)		
10.00	0	0	0
5.00*	10～0	10～0	10～0
2.50	35～5	25～0	15～0
1.25	65～35	50～10	25～10
0.63*	85～71	70～41	40～16
0.315	95～80	92～70	85～55
0.16*	100～90	100～90	100～90

注：1. 混凝土中细集料的级配范围应符合表201-1任一区。

2. 表中除带有 * 号筛孔外,其余各筛孔累计筛余量允许超过分界线,但其总量不得大于5%。

3. Ⅰ区砂宜提高砂率以配低流动性混凝土,Ⅱ区砂宜优先选用以配不同等级混凝土,Ⅲ区砂宜适当降低砂率以保证混凝土强度。

4. 对于高强泵送混凝土用砂宜选用中砂,细度模数为2.6～2.9,2.5mm 筛孔的累计筛余量不得大于15%,0.315mm筛孔的累计筛余量宜在85%～92%范围内。

砂的坚固性指标 表201-2

混凝土所处的环境条件	循环后的质量损失(%)	混凝土所处的环境条件	循环后的质量损失(%)
在寒冷地区室外使用,并经常处于潮湿或干燥交替状态下的混凝土	≤8	在其他条件下使用的混凝土	≤12

注：1. 寒冷地区是指最寒冷月份的月平均温度为0～－10℃且日平均温度≤5℃的天数不超过145d 的地区。

2. 对同一产源的砂,在类似的气候条件下使用已有可靠的经验时,可不做坚固性检验。

3. 对于有抗疲劳、耐磨、抗冲击要求的混凝土用砂,或有腐蚀介质作用或经常处于水位变化区的地下结构混凝土用砂,其循环后的质量损失率应小于8%。

细集料中杂质的最大含量 表201-3

混凝土级别	≥C30	＜C30
含泥量(按质量计,%)	≤3	≤5
泥块含量(按质量计,%)	≤1.0	≤2.0
硫化物及硫酸盐折算为SO₃(按质量计,%)	＜1	＜1
有机质含量(用比色法试验)	颜色不应深于标准色,如深于标准色,应以水泥砂浆进行抗压强度对比试验,加以复核	
云母含量(按质量计,%)	＜2	＜2
轻物质含量(按质量计,%)	＜1	＜1

注：1. 对有抗冻、抗渗或其他特殊要求的混凝土用砂,总含泥量应不大于3%,其中泥块含量应不大于1.0%,云母含量应不超过1%。

2. 对有机质含量进行复核时,用原状砂配制的水泥砂浆抗压强度不低于用洗除有机质的砂所配制的砂浆的95%时为合格。

3. 砂中如含有颗粒状的硫酸盐或硫化物,要进行混凝土耐久性试验,满足要求时方能使用。

4. 杂质含量均按质量计。

3.粗集料

(1)粗集料应由符合表201-4级配的坚硬卵石、砾石或碎石组成。C40及C40以上的混凝土,应采用碎石。

粗集料颗粒级配规格 表201-4

级配情况	公称粒级(mm)	筛眼孔径(圆)(mm)											
		2.5	5	10	16	20	25	31.5	40	50	63	80	100
		累计筛余量(质量,%)											
连续级配	5~10	95~100	80~100	0~15	0								
	5~16	95~100	90~100	30~60	0~10	0							
	5~20	95~100	90~100	40~70		0~10	0						
	5~25	95~100	90~100		30~70		0~5	0					
	5~31.5	95~100	90~100	70~90		15~45		0~5	0				
	5~40		95~100	75~90		30~60			0~5	0			
单粒级	10~20		95~100	85~100		0~15	0						
	16~31.5		95~100		85~100			0~10	0				
	20~40			95~100		80~100			0~10	0			
	31.5~63				95~100			75~100	45~75		0~10	0	
	40~80					95~100			70~100		30~60	0~10	0

(2)粗集料的颗粒级配,可采用连续级配或连续级配与单粒级配合使用,如工程需要,通过试验证明混凝土无离析现象时,也可采用单粒级。

(3)粗集料的技术要求及有害物质含量,应分别符合表201-5、表201-6的规定。

碎石和卵石中的有害物质含量 表201-5

项 目	品 质 指 标
硫化物及硫酸盐折算为 SO_3(按质量计,%)	≤1
卵石中有机物含量(用比色法试验)	颜色不应深于标准色,如深于标准色,应配制成混凝土进行强度试验,抗压强度应不低于95%

注:如含有颗粒硫酸盐或硫化物,要进行混凝土耐久性试验,满足要求时方能使用。

粗集料的技术要求 表201-6

指 标		混凝土强度等级			
		C55~C40	≤C35	≥C30	<C30
石料压碎指标值(%)	≤	12	16	—	—
针片状颗粒含量(%)	≤	—	—	15	25
含泥量(按质量计,%)	≤	—	—	1.0	2.0
泥块含量(按质量计,%)	≤	—	—	0.5	0.7
小于2.5mm颗粒含量(%)	≤	5	5	5	5

注:1.混凝土强度等级为C60及以上时,应进行岩石抗压强度检验,其他情况下,如有怀疑或认为有必要时,也可进行岩石的抗压强度检验。岩石的抗压强度与混凝土强度等级之比对于小于或等于C30的混凝土,应不小于2,其他应不小于1.5,且火成岩强度不宜低于80MPa,变质岩不宜低于60MPa,水成岩不宜低于30MPa。

2.混凝土强度等级在C10及以下时,针片状颗粒含量可放宽到40%。

（4）粗集料最大粒径应不超过结构物最小尺寸的 1/4 和钢筋最小净距的 3/4；当设置两层或多层钢筋时，不得超过钢筋最小净距的 1/2。粗集料粒径也不得超过 100mm。用混凝土泵运送混凝土时的粗集料最大粒径，除应符合上述规定外，对于碎石应不超过输送管内径的 1/3，对于卵石应不超过输送管内径的 1/2.5。

（5）如监理人要求进行磨耗试验，按《公路工程集料试验规程》（JTG E42—2005）进行石料的洛杉矶磨耗试验时，500 转的磨耗损失应不超过规定值。

（6）混凝土结构物处于表 201-7 所列条件下时，应按《公路工程集料试验规程》（JTG E42—2005）的规定，对碎石和卵石进行坚固性试验，试验结果应符合表 201-7 的规定值。当由同一来源的粗集料曾在同样使用条件下使用满足要求时，经监理人同意，可不进行坚固性试验。

碎石和卵石的坚固性试验及指标　　　　　　　　　　　　　　　表 201-7

混凝土所处环境条件	在溶液中循环次数	试验后质量损失不宜大于（%）
寒冷地区，经常处于干湿交替状态	5	5
严寒地区，经常处于干湿交替状态	5	3
混凝土处于干燥条件，但粗集料风化或软弱颗粒过多时	5	12
混凝土处于干燥条件，但抗疲劳、耐磨、抗冲击要求高或强度大于 C40 时	5	5

注：有抗冻、抗渗要求的混凝土用硫酸钠法进行坚固性试验不合格时，可再进行直接冻融试验。

（7）粗集料应予以冲洗。

（8）除另有注明者外，粗集料的试验按《公路工程集料试验规程》（JTG E42—2005）进行。

4. 钢筋

（1）一般要求

①HRB335、HRB400 钢筋应符合《钢筋混凝土用钢　第 2 部分：热轧带肋钢筋》（GB/T 1499.2—2018）的规定。钢筋的主要力学性能、工艺性能见表 201-8。

钢筋的主要力学、工艺性能　　　　　　　　　　　　　　　表 201-8

钢筋种类	HPB235	HPB300	HRB335			HRB400		
钢筋直径（mm）	6～22		6～25	28～40	>40～50	6～25	28～40	>40～50
最小屈服强度（MPa）	235	300	335			400		
最小抗拉强度（MPa）	370	420	455			540		
延伸率（%）	25		17			16		
180°冷弯弯心内径	d		3d	4d	5d	4d	5d	6d

注：d 为钢筋公称直径（mm）。

②符合标准的其他国际上采用的钢筋，如经监理人批准，也可采用。

③钢筋笼或钢筋骨架中的钢板及其他项目所用的结构钢材，应符合图纸要求及《碳素结构钢》（GB/T 700—2006）中 Q235 钢的性能，结构钢材应和钢筋一样进行检验。

（2）检验证明

除监理人另有许可外，承包人应向监理人提供拟用于工程的每批钢筋的工厂试验报告一式三份。工厂试验报告必须由具有法律资格的保证人（如政府质量监督部门）签字，且提供以下资料：

①轧制钢筋的生产方法。

②每炉或每批钢筋的鉴定(包括拉力试验、弯曲试验结果)。

③每炉或每批钢筋的物理化学性能。

(3)识别标志

在检验以前,每批钢筋应具有易识别的标签。标签上标明制造商试验号及批号,或者其他可以识别该批钢筋的证明。

5.石料

(1)石料等级应符合图纸规定或监理人要求。石料在使用前应按《公路工程岩石试验规程》(JTG E41—2005)进行试验,以确定石料各项物理力学指标值。立方体的极限抗压强度以 MPa 表示。

(2)石料应强韧、密实、坚固与耐久,质地适当细致,色泽均匀,无风化剥落和裂纹及结构缺陷。石料应取自成品质量满意的采石场。

(3)石料不得含有妨碍砂浆正常黏结或有损于外露面外观的污泥、油质或其他有害物质。石料的运输、储存和处理,应不产生过量的损坏和废料。

6.砂浆

(1)砂浆强度等级应符合图纸规定或监理人要求。砂浆强度是指 70.7mm×70.7mm×70.7mm 的标准立方体试件,在温度为(20±3)℃、相对湿度不小于90%的环境中养护28d,经抗压试验所得的极限抗压强度值,以 MPa 表示。

(2)砂浆所用水泥、砂及水应符合《公路工程标准施工招标文件》(2018 版)第 410 节的规定。砂浆中宜用中砂或粗砂,砂的最大粒径,当用于砌筑片石时,不宜大于 5mm;当用于砌筑块石、粗料石时,不宜大于 2.5mm。

(3)监理人许可时,可以将粗集料最大尺寸不超过 20mm 的混凝土(小石子混凝土)用作片石和块石砌体的砂浆。

(4)除非图纸上另有标明或监理人指示,勾缝砂浆强度等级对于主体工程不低于 M10,对于附属工程不低于 M7.5,且均不低于砌筑砂浆的强度等级。水泥砂浆的配合比按《砌筑砂浆配合比设计规程》(JGJ/T 98—2010)的规定执行。

(5)除非监理人同意,不得人工拌和砂浆。

201.03 一般要求

1.路基土石方工程一般要求

(1)施工测量

①承包人应在开工之前进行现场恢复和路线固定,内容包括:导线、中线的复测,水准点的复测与增设,横断面的测量与绘制等。

②承包人应对所有测量进行记录并整理。每段测量完成后,测量记录本及成果资料由承包人的测量员及其主管技术人员共同签字,送交监理人核查。

③在监理人核查全部或任何一部分工程的测量成果时,承包人应无偿提供设备及辅助人员。

④在监理人核准测量成果后,承包人应按图纸要求现场设置路基用地界桩和坡脚、路堑堑顶、截水沟、边沟、护坡道、取土坑、弃土堆等的具体位置桩,标明其轮廓,报请监理人检查批准。

⑤公路路基施工开始前,应先进行控制性桩点的现场交桩,并保护好交桩成果。各级公路的平面控制测量、水准测量的等级以及施工放样,应符合《公路路基施工技术规范》(JTG F10—2006)第 3.2 节的

相关规定。

（2）调查与试验

①路基施工前，承包人应对施工范围内的地质、水文、文物古迹、障碍物和各种管线等情况进行详细调查。

②承包人应对图纸所示的挖方、借土场的路堤填料取有代表性的土样，进行试验，试验方法按《公路土工试验规程》（JTG E40—2007）执行。试验项目如下：

a. 液限、塑限、塑性指数、天然稠度。

b. 颗粒分析试验。

c. 含水率试验。

d. 密度试验。

e. 比重试验。

f. 土的击实试验。

g. 土的承载比试验（CBR 值）。

h. 有机质含量及易溶盐含量试验。

i. 冻胀和膨胀等试验。

③承包人应将调查与试验结果以书面形式报告监理人备案。如所调查与试验的结果和图纸资料不符时，应提出解决方案报监理人审批；否则，路基不得施工。

④路基施工前，应对路基基底土进行相关试验，每公里至少取 2 个点；土质变化大时，视具体情况增加取样点数。

⑤使用特殊材料作为填料时，应按相关标准做相应试验，必要时还应进行环境影响评估，经批准后方可使用。

⑥承包人应将调查与试验结果以书面形式报告监理人备案。如所调查与试验的结果和图纸资料不符时，应提出解决方案报监理人审批；否则，路基不得施工。

⑦本规范中集料的粒径均采用 ISO565 中 R40/3 系列的标准筛孔（方孔筛）尺寸。

（3）施工期间防水、排水

①在路基工程施工期间，为防止工程或附近农田、建筑物及其他设施受冲刷、淤积，应修建临时排水设施，以保持施工场地处于良好的排水状态。

②临时排水设施应与永久性排水设施相结合。施工场地流水不得排入农田、耕地或污染自然水源，也不应引起淤积、阻塞和冲刷。

③施工时，不论挖方或填方，均应做到各施工层表面不积水，因此，各施工层应随时保持一定的泄水横坡或纵向排水通道。挖方路基顶面或填方基底含水率过大时，承包人应采取措施降低其含水率。

④承包人的临时排水设施及排水方案应报请监理人检查验收。任何因污染、淤积和冲刷遭受的损失，均应由承包人负担。承包人因未设有足够的排水设施，使土方工程遭受损坏时，应由承包人自费加以修复。

（4）冬季施工

在反复冻融地区，当昼夜平均气温连续 10d 以上在 −3℃ 以下时，或者昼夜平均温度虽然升到 −3℃ 以上，但冻土未完全融化时，承包人应按照《公路路基施工技术规范》（JTG F10—2006）第 6.9 节有关季节性冻土地区路基施工的规定执行，将计划安排的工程项目和施工方案报监理人审批。

（5）雨季施工

雨季施工前，承包人应根据现场具体情况确定可进行雨季施工的地段，按照《公路路基施工技术规范》（JTG F10—2006）第7.3节有关雨季施工的规定执行，编制雨季施工组织计划，报监理人审批。

（6）特殊地区路基施工

特殊地区的路基施工应根据不同的特殊土、特殊地段、季节气候等条件按照《公路路基施工技术规范》（JTG F10—2006）第6章的有关规定，组织安排施工。施工计划及施工方案应报监理人审批。

2. 排水工程一般要求

（1）在开工之前，承包人应向监理人提供本工程的有关施工方法和施工安排的书面报告，只有在获得监理人的批准后，才能开工。

（2）承包人应按图纸确定的排水构造物的位置和高程，进行施工放样测量，并经监理人核准。

（3）排水构造物的基槽开挖和回填，应按本规范第204节的有关规定进行。

（4）排水构造物的基槽底面均应夯实到图纸规定的压实度。若基槽底面的地质状况与图纸要求不符时，承包人应根据实际情况提出处理方案和加固措施，经监理人审核批准后进行地基处理。

（5）为防止排水构造物的基底冲刷，承包人应严格按图纸要求施工。若监理人根据实际地形指示增加基底深度，承包人应按监理人的指示执行。

（6）所有地面以下的隐蔽工程，只有在经监理人检验合格之后，才能掩埋。

（7）由于承包人未执行上述有关规定而导致排水构造物的损坏和缺陷，应由承包人自费拆除重建。

3. 防护工程一般要求

（1）承包人应在防护工程开工前对工程所处位置的原地面进行复测，以核实图纸上结构物尺寸、形状和基础高程是否符合实际。复测结果应做详细记录，经监理人批准后方可施工。

（2）所有防护工程及其有关作业，除应符合本规范的要求外，还应按照图纸所示和监理人的指示进行施工。

（3）有水浸或属风化岩石的边坡，应在土石方施工的同时，按图纸或监理人指示，及时进行防护工程的施工。

（4）砌体应按图纸要求进行勾缝，如图纸上无规定，则应采用M7.5水泥砂浆勾凹缝。砌体勾缝应嵌入砌缝内不小于20mm。

201.04　计量与支付

本节包括材料标准、路基施工的一般要求。本节工作内容均不作计量，其所涉及的作业应包含在与其相关工程子目之中。

第202节　清理与掘除

202.01　范围

本节适用于路基范围内的塌方及风化碎石的清理与掘除，内容包括路肩、上边坡及下边坡清理、修整、运输等工作，以及老路挖除、铣刨，结构物的拆除等。

202.02 施工要求

1. 清理路基范围内的土路肩、碎落台、边坡等土石方，并根据要求运往招标人指定的地点。

2. 将出现病害的旧路面挖除、铣刨到一定深度，清理出干净、平整的表面。包括所需的设备、劳力和测量、废料运输等全部作业。

3. 拆除与挖掘

（1）路基用地范围内的旧桥梁、旧涵洞、旧路面和其他障碍物等应予以拆除。正在使用的旧桥梁、旧涵洞、旧路面及其他排水结构物，应在对其正常交通和排水做出妥善安排之后，才能拆除。

（2）原有结构物的地下部分，其挖除深度和范围应符合设计图纸或监理人指示的要求。

（3）拆除原有结构物或障碍物需要进行爆破或其他作业，如有可能损伤新结构物时，必须在新工程动工之前完成。

（4）所有指定为可利用的材料，都应避免不必要的损失。为了便于运输，可由承包人分段或分片，按监理人指定的地点存放；对于废弃材料，承包人应按监理人的指示自费妥善处理。

（5）承包人应将所有拆除后的坑穴回填并压实。承包人由于拆除施工造成的其他建筑物、设施等的损坏，应自费负责赔偿。

（6）工程开工前14d承包人应将拆除方案报监理人审查，拆除方案及安全专项施工方案经监理人及发包人审查同意，并按有关规定要求批准后方可施工。承包人应做好以下工作：

①拆除的废弃物不得淤积河道，破坏相邻的水利设施，并运到经发包人协商同意的地点废弃。

②施工过程中应有专职安全员现场指挥，确保结构物拆除施工安全。

202.03 计量

1. 采用人工或机械对公路范围内上述塌方、土石方及风化碎石的清除，经发包人检查后，且不低于发包人要求的质量标准，按实际完成的数量，以立方米计量。完成本项工作所需的一切辅助工作不另行计量。

2. 挖除旧路面（包括路面基层）应按不同结构类型的路面以立方米计量；面层铣刨按不同厚度以平方米计量。

3. 拆除原有公路结构物应分别按结构物的类型，依据监理人现场指示的范围和量测方法量测，以立方米计量。拆除交通标志、道口标柱、警示桩以根计量，拆除波形梁护栏以米计量。

4. 拆除的旧结构物废料的所有权归发包人，并运至指定地点堆放，其处理必须经过监理人指示并经发包人同意。

202.04 支付

按上述规定计量，经检查通过并列入工程量清单的以下支付子目的工程量，其每一计量单位，将以合同单价支付。此项支付包括材料、劳力、设备、运输等及其为完成此项工程所必需的全部费用。

子 目 号	子 目 名 称	单 位
202	场地清理	
202-1	清理与掘除	
-a	清理土路肩垃圾及杂物	m³

子 目 号	子 目 名 称	单 位
-b	清理下边坡松散土方	m³
-c	清理上边坡风化碎石	m³
	……	
202-2	挖除旧路面	
-a	水泥混凝土路面	m³
-b	沥青混凝土路面	m³
-c	碎石路面	m³
-d	老路沥青面层铣刨(厚…mm)	m²
-e	老路水泥面层铣刨(厚…mm)	m²
-f	旧路面(桥面)拉毛	m²
	……	
202-3	拆除结构物	
-a	钢筋混凝土结构	m³
-b	混凝土结构	m³
-c	砖、石及其他砌体结构	m³
-d	拆除警示桩	根
-e	拆除道口标柱	根
-f	拆除交通标志	根
-g	拆除波形梁护栏	m
	……	

第 203 节　局部维修挖方

203.01　范围

本节工作内容为路基局部维修挖方施工有关作业。

203.02　一般规定

1. 挖方路基开挖数量应以经监理人批准的横断面地面线和土石分界的补充测量为基础,按路线中线长度乘以经监理人批准的横断面面积进行计算。其中,由护坡、护面墙、挡墙砌筑引起的开挖外延界面,应计入挖方横断面面积中。

2. 在路基土石方法开挖中,用不小于 112.5kW(150 马力)的推土机、单齿松土器无法松动,须用爆破或用钢钎大锤或用气钻方法开挖的,以及体积大于或等于 1m³ 的孤石为石方,余为土方。

3. 在挖方路基开工前至少 28d,承包人应将开挖工程断面报监理人批准,否则不得开挖。

4. 挖方作业应保持边坡的稳定,不得对邻近的各种结构物及设施产生损坏或干扰,否则,由此而引起的后果应由承包人自负。

5. 在开挖中出现石方时，承包人应测量土石分界线，经监理人鉴定认可后，分层进行开挖。如果出现零星石方，承包人应在事前量测石方数量，报监理人批准后，方能继续施工。

6. 路堑挖方材料应尽量予以利用，但不得重复计算利用材料的开挖数量。除图纸规定或被定为非适用材料外，不得任意废弃，并力争填、挖、借、弃合理。

7. 如路床面开挖超过图纸或监理人的要求，承包人应自费回填并压实。

8. 在整个施工期间，承包人必须始终保证路基排水畅通。如因排水不当而造成工程损坏，承包人应立即自费对其进行修补。

203.03 挖土方

1. 土方开挖应按图纸要求自上而下地进行，不得乱挖或超挖。无论工程量多大，土层多深，均严禁用爆破法施工或掏洞取土。

2. 开挖中如发现土层性质有变化，应修改施工方案及挖方边坡，并及时报监理人批准。

3. 沿溪及沿山坡和其他按图纸规定不能横向弃置废方的开挖路段，承包人必须严格在指定的弃土场弃方。否则，承包人必须自费清除和移运到指定地点，并赔偿所造成的损失。

4. 居民区附近的开挖，承包人应采取有效措施，以保证居民区房屋及居民和施工人员的安全，并应为附近居民的生活及交通提供临时便道或便桥。

5. 若在施工中造成地下管线、缆线、文物古迹和其他结构物的损坏，承包人应自行负责。

203.04 挖石方

1. 承包人应根据地形、地质、开挖断面及施工机械配备等情况，采用能保证边坡稳定的方法施工。若地质情况适合，应采取预裂、光面爆破开挖边坡。

2. 石方爆破作业应以小型及松动爆破为主，严禁过量爆破，并应在事前 14d 作出计划和措施报监理人批准。

3. 由于爆破引起的松动岩石，必须清除。属于超挖工程量的，不予计量。

4. 石方路堑的路床顶面高程应符合图纸要求，高出部分应辅以人工凿平，超挖部分应按监理人批准的材料回填并碾压密实稳固。路床顶面高程的允许偏差见表 203-1。

203.05 挖淤泥

1. 当在填方区挖除低于原来地表面非适用材料（包括淤泥）时，其挖除深度及范围应由监理人确定。

2. 路基挖至完工断面后，如仍留有非适用材料（包括淤泥），应按监理人要求的宽度和深度继续挖除，并用监理人批准的材料回填，压实到图纸规定的或与其毗连路段相同的密实度。在回填前，应测量必要的断面报监理人批准。

3. 凡经监理人批准，在路基挖方区或填方区内挖除的非适用材料（包括淤泥），应按弃方要求处理。

203.06 质量检验

1. 基本要求

（1）路基的路床高程、宽度、线形及边坡应符合要求；挖出的废方按指定的地点堆放。

(2)石方边坡平顺稳定,无险石、悬石。

2. 检查项目及标准

土方路基检查项目及检验标准见表203-1。

土方路基实测项目　　　　　　　　表203-1

项次	检 查 项 目			规定值或允许偏差			检查方法和频率
				高速公路、一级公路	其他公路		
					二级公路	三、四级公路	
1	压实度(%)	零填及挖方	0~0.30	—	—	94	按 JTG F80/1—2017 附录 B 检查; 密度法:每200m 每压实层测4处
			0~0.80	≥96	≥95	—	
		填方(m)	0~0.80	≥96	≥95	≥94	
			0.80~1.50	≥94	≥94	≥93	
			>1.50	≥93	≥92	≥90	
2	弯沉(0.01mm)			不大于设计要求值			按 JTG F80/1—2017 附录 J 检查
3	纵断高程(mm)			+10,−15	+10,−20		水准仪:每200m 测4断面
4	中线偏位(mm)			50	100		经纬仪:每200m 测4点,弯道加 HY、YH 两点
5	宽度(mm)			符合设计要求			米尺:每200m 测4处
6	平整度(mm)			15	20		3m 直尺:每200m 测2处×10尺
7	横坡(%)			±0.3	±0.5		水准仪:每200m 测4断面
8	边坡			符合设计要求			尺量:每200m 测4处

石方路基检查项目及检验标准见表203-2。

石方路基实测项目　　　　　　　　表203-2

项次	检 查 项 目	规定或允许偏差		检查方法和频率
		高速公路、一级公路	其他公路	
1	压实	层厚和碾压遍数符合要求		查施工记录
2	纵断高程(mm)	+10,−20	+10,−30	水准仪:每200m 测4断面
3	中线偏位(mm)	50	100	经纬仪:每200m 测4点,弯道加 HY、YH 两点
4	宽度(mm)	符合设计要求		米尺:每200m 测4处
5	平整度(mm)	20	30	3m 直尺,每200m 测2处×10尺
6	横坡(%)	±0.3	±0.5	水准仪:每200m 测4个断面
7	边坡	符合设计要求		每200m 测4处

注:土石混填路基压实度或固体体积率可根据实际可能进行检验,其他检测项目与石方路基相同。

203.07　计量与支付

1.计量

（1）路基土石方开挖数量按路线中线长度乘以设计开挖断面面积的天然密实体积计算（设计图提供的挖土方数量），以立方米为单位计量。

（2）挖除路基范围内非适用材料（包括淤泥，不包括借土场）的数量，按设计图提供或所示，以设计断面天然密实体积计算数量，以立方米为单位计量。

2.支付

（1）路基土方开挖按上述规定计量，以实际完成并经验收合格的挖方数量，以立方米为单位，按合同单价计算合价后支付。此项支付包括：挖土方施工的防排水、临时道路及安全措施；路堑、线外工程土方开挖、装卸、运输；路基顶面挖松压实；整修边坡；弃方和剩余材料处理等作业所需的全部费用。

（2）路基石方开挖按上述规定计量，以实际完成并经验收合格的挖方数量，以立方米为单位，按合同单价计算合价后支付。此项支付包括：开挖石方施工的防排水、临时道路及安全措施；路堑、线外工程石方爆破、开挖、装卸、运输；清理坡面松石，路基顶面凿平或超挖回填压实；整修边坡；填方利用石方的堆放、分理、解小、破碎；弃方和剩余材料处理等作业所需的全部费用。

（3）淤泥挖除按上述规定计量，经验收合格的工程，以承包人测量并经审核批准的断面或者实际范围为依据计算数量（扣除已清除的表土），按合同单价计算合价后支付。为挖淤泥所做的排水、围堰已包含相应子目单价中，不另行计量支付。

（4）非适用材料（包括淤泥）挖除按上述规定计量，经验收合格的工程，以承包人测量并经审核批准的断面或者实际范围为依据计算数量（扣除已清除的表土），按合同单价计算合价后支付。

3.支付子目

子 目 号	子 目 名 称	单 位
203	局部维修挖方	
203-1	局部维修挖方	
-a	挖土方	m³
-b	挖石方	m³
-c	挖除淤泥	m³
-d	挖除非适用材料	m³

第 204 节　局部维修填方

204.01　范围

本节工作内容为路基局部填筑和结构物处的台背填筑等有关作业。

204.02　填筑材料

1.凡具有规定强度且能被压实到规定密实度并形成稳定填方的材料均为适用材料。

248

2. 路堤填料中石块最大粒径应小于层厚的 2/3,路床顶面以下 500mm 厚度内不得采用石块填筑。

3. 路堤填料最小强度和最大粒径应符合表 204-1 的要求。

路堤填料最小强度和最大粒径要求　　　　　　表 204-1

项目分类 (路面底面以下深度)		填料最小强度(CBR)(%)		填料最大粒径 (mm)
		高速公路、一级公路	二级及二级以下公路	
路堤	上路床(0~0.3m)	8.0	6.0	100
	下路床(0.3~0.8m)	5.0	4.0	100
	上路堤(0.8~1.5m)	4.0	3.0	100
	下路堤(>1.5m)	3.0	2.0	150*
零填及路堑路床		8.0		150

注:* 不适用于填石路堤。

204.03　施工要求

1. 填方路堤填筑前,应对原地面进行清理及压实。

2. 填方作业不得对邻近的结构物和其他设施产生损坏及干扰,否则,由此而引起的后果应由承包人自负。

3. 整个施工期间,承包人必须保证排水畅通。如因排水不当而造成工程损坏,承包人应自费立即进行修补。

4. 路堤填料中石料含量或大于等于 70% 时,应按填石路堤施工;小于 70% 时,应按填土路堤施工。

5. 路堤基底及路堤每层施工完成后未经监理人检验合格,不得进行上一层的填土施工。

204.04　路基填筑

1. 填方路基必须按路面平行线分层控制填土高程,分层平行摊铺,保证路基压实度。每层填料铺设的宽度,每侧应超出路堤设计宽度 300mm,以保证路基边坡修整后的路堤边缘有足够的压实度。不同土质的填料应分层填筑,且应尽量减少层数,每种填料层总厚度不得小于 500mm。土方路堤填筑至路床顶面最后一层的压实层厚度应不小于 100mm。

2. 地面自然横坡或纵坡陡于 1:5 时,应将原地面挖成台阶,台阶宽度应满足摊铺和压实设备操作的需要,且不得小于 1m。台阶顶一般做成 2%~4% 的内倾斜坡。砂类土上则不挖台阶,但应将原地面以下 200~300mm 的表土翻松。

3. 填土路堤分几个作业段施工时,如两个相邻段交接处不在同一时间填筑,则先填段应按 1:1 坡度分层留台阶;如两段同时施工,则应分层相互交叠衔接,其搭接长度不得小于 2m。

4. 用透水性较小的土填筑路堤时应控制含水率在最佳含水率的 ±2% 范围内;当填筑路堤下层时,其顶部应做成 4% 的双向横坡;当填筑路堤上层时,不应覆盖在由透水性较好的土所填筑的路堤边坡上。

5. 对于填石路堤,应根据不同强度的填料,通过试验路段测定路基填料的压实干密度、孔隙率等指标,确定机械型号及组合压实进度、压实遍数、沉降率等施工工艺参数及质量控制标准,压实质量应符合表 204-2 的要求。

6. 路基填筑宜采用与老路基的填料相同的填筑材料。当与老路路基相同的材料难以获得时,应优先采用土石混合料、石渣或砂砾作为填筑材料,其中的砂砾主要用于填筑桥头与结构物连接部位。

填石路基压实质量控制标准   表204-2

项目分类	路床顶面下深度（cm）	岩石分类单轴饱和抗压强度（MPa）	填料最大粒径（cm）	摊铺厚度（mm）	孔隙率（%）
填石路基	0～150	硬质岩石≥60	小于层厚的2/3	≤400	≤23
		中硬岩石30～60	小于层厚的2/3	≤400	≤22
		软质岩石5～30	小于层厚	≤300	≤20
	150以下	硬质岩石≥60	小于层厚的2/3	≤600	≤25
		中硬岩石30～60	小于层厚的2/3	≤500	≤24
		软质岩石5～30	小于层厚	≤400	≤22

7. 宕渣（土石混合料）路堤

（1）宕渣材料的最大粒径不得大于15cm，路槽底0～80cm的最大粒径不大于10cm。材料粒径必须在料源处或专门场地轧碎至符合规范要求，严禁运到填筑地段后进行解小作业。对已用于填筑的不合规定粒径的石块，应掘起、清除，费用由承包人自负。

（2）宕渣摊铺时应分层填筑，粗细颗粒应分布均匀，避免出现粗粒集中堆积，松铺厚度应经试验确定。路基填筑时两侧应超宽50cm，外侧1m范围内宜用较细材料填筑，禁止大颗粒集中于坡侧，最后按坡率削坡，以确保边坡稳定。

（3）宕渣路堤的压实，应采用16t（静压）以上重型振动压路机分层碾压。压实厚度和压实遍数根据现场试验确定，压实度的测定视颗粒组成而定。当粒径大于40mm的石子含量大于30%时，可采用固体体积率法检验压实度。应通过做试验路，用施工工艺控制压实度，并报经监理人检验批准。

（4）对于不进行软基处理的水（鱼）塘、过河路基路段，回填部分用宕渣填筑。对于软基处理的水（鱼）塘、过河路基路段有打桩和插塑料排水板路段，回填部分用素土、掺灰量≤3%的灰土（当土原含水率过大难以碾压时采用）；对于单纯预压处理路基路段，回填部分采用宕渣填筑。

（5）对于不进行软基处理的水（鱼）塘、过河路基路段，先进行围堰、排水和塘底清淤，清淤换填部分采用含泥量小于15%的宕渣填筑。对于软基处理的水（鱼）塘、过河路基路段，清淤换填部分采用宕渣填筑。

204.05 结构物回填

1. 结构物（包括桥涵台背、锥坡、挡土墙墙背等）的回填，宜选用透水性材料如砂砾、碎石、矿渣、碎石土等符合要求的材料分层填筑结构物与路基之间的遗留部分；当选用非透水性黏土时，应在土中增加外掺剂如石灰、水泥等；填料的最大粒径不得超过50mm。

2. 台背填土顺路线方向长度，顶部为距翼墙尾端不小于台高加2m；底部距基础内缘不小于2m；拱桥台背填土长度不小于台高的3～4倍；涵洞填土长度每侧不小于2倍孔径长度。

3. 结构物处的填土应分层填筑，每层松铺厚度不宜超过150mm，结构物处的压实度要求从填方基底或涵洞顶部至路床顶面均为95%。

4. 在回填压实施工中，应对称回填压实并保持结构物完好无损。压路机达不到的地方，应使用小型机动夯具或监理人同意的其他方法压实。如对结构物有损坏，承包人应自费进行补救。

204.06 质量检验

1. 基本要求

（1）路基施工应做好临时排水，并与永久性排水系统相结合，避免积水冲刷边坡。

（2）路基分层填筑，压实度符合要求，层面平整，顶面路拱符合要求。

（3）路基填料强度（CBR）符合规范和图纸要求。

2. 检查项目

路基检查项目见本规范表 204-1 和表 204-2。

204.07 计量与支付

1. 计量

（1）利用土石及借方填方，按设计断面压实体积计算以立方米为单位计量。

（2）结构物台背回填，根据设计图所示的台背及锥坡回填范围，按压实体积计算以立方米为单位计量。

2. 支付

（1）利用土石填方以承包人施工测量和补充测量并经校核批准的横断面地面线为基础，以批准的横断面图为依据计算填方量；以实际完成并经验收合格的不同来源填方数量按施工段合同单价计算合价后支付。此项支付包括：施工防排水及安全措施；挖台阶；含水率调整、摊平、压实；软基路段沉降及变位监测和路基整修等相关作业所需的全部费用。

（2）借方填方以承包人施工测量和补充测量并经校核批准的横断面地面线为基础，以批准的横断面图为依据计算填方量；以实际完成并经验收合格的不同借方填料数量按相应合同单价计算合价后支付。此项支付包括：借方场资源费、非适用材料清除、地貌恢复、临时道路及安全措施；借方爆破、开挖、装卸、运输；借方堆放、分理、解小、破碎；施工防排水；挖台阶；含水率调整、摊平、压实；软基路段沉降及变位监测和路基整修等相关作业所需的全部费用。

3. 支付子目

子 目 号	子 目 名 称	单 位
204	局部维修填方	
204-1	局部维修填方	
-a	利用土方	m³
-b	利用石方	m³
-c	利用土石混填	m³
-d	借土填方	m³
-e	粉煤灰路堤	m³
-f	结构物台背回填	m³

子 目 号	子 目 名 称	单 位
-g	锥坡及台前溜坡填土	m³
-h	利用旧路材料填筑	m³
	……	

第 205 节　特殊路基处理

205.01　范围

洼地及鱼塘路基：

1. 承包人在路基施工范围内应排除地表水，开挖纵、横向排水沟，沟底应保持不小于 0.5% 的坡度并接通出水口，沟深应保证能及时排除地面水以疏干表土。公路施工不得影响农田的排水灌溉。不合理的施工引起的排灌困难时承包人应自费处理。

2. 地表疏干后，地基土含水率接近最佳含水率时，应清除表层不良土层，经碾压密实后在上面填筑路堤。地面不能疏干，含水率过大无法压实时，应换填适宜材料然后压实。地基土为软土时，应按软土地基处理。

3. 洼地、鱼塘路基施工宜在干旱季节或少雨时期进行。

4. 路基（地基）处理后须经监理人核准，才能进行下道工序施工。

205.02　一般要求

软土地基处理是路基施工中十分重要的环节，由于软基处理不力、工艺不当，常导致路基不均匀沉降和桥头跳车等通病。承包人对此必须予以高度重视，切实做到严格施工顺序，保证材料质量，专业队伍施工，质量措施有力。

软土地基处理包括挖除换填、设置垫层、超载预压、袋装砂井、塑料排水板、双向搅拌桩、碎石桩、砂桩、路堤桩、铺设土工合成材料等一系列施工方法，并应进行路堤沉降观测。承包人应按图纸或经监理工程师批准的处理方法进行施工，对每一个施工工艺都要落实到位。

205.03　软土地基处理

1. 预压和超载预压

承包人应重视预压与沉降补方。填土预压时间越长，工后沉降就越小。因此，承包人对有预压要求的路段，尤其是桥头路段和与箱涵相接路段，在施工安排上应尽可能早地堆载预压。堆载顶面要平整、密实、有横坡。沉降后应及时补方，一次补方厚度应不超过一层填筑厚度，并适当压实。对地基稳定性较好的路段，也可按预测沉降随路堤填筑一次抛填到位。对于在预压期间低于原定预压高程的，均需及时补填。对此，承包人在每月均应测定向监理报告一次。严禁在预压期不补填，而在预压后期，或在路面施工时一次补填的做法，以避免引起过大的沉降。

2. 双向搅拌桩施工工序

（1）场地准备

施工场地平整，清除地上、地下一切障碍物（包括大块石、树根和生活垃圾等）；场地处于低洼地段处、沟塘处及时排水、清淤及回填（压实度达到87%）。

（2）施工放样

施工前完成导线点、水准点的复测工作，报请监理工程师认可后，放出水泥搅拌桩施工段落桥台钻孔灌注桩位置。现场工程师根据桥台钻孔桩位置、水泥搅拌桩的布桩间距、施工段落平均填土高度等画出细部布置图以指导施工。

（3）桩机、材料准备

施工前充分备足施工所需的原材料，并经检验合格。使用专用的双向水泥搅拌桩进行施工。

3. 水泥搅拌桩施工

（1）桩机运至工地后，先安装调试，使转速、空气压力及计量设施达到正常状态。

（2）双向搅拌桩机定位：起重机悬吊搅拌机到指定桩位并对中。

（3）搅拌下沉：启动双向搅拌桩机，使双向搅拌桩机钻杆沿导向架向下切土，开启送浆泵，向土体喷水泥浆，双向搅拌桩机钻杆上分别正、反向旋转的叶片同时旋转搅拌水泥。

（4）双向搅拌桩机钻杆持续下沉并搅拌水泥，直到设计深度。

（5）到达设计深度后提升，提升的同时，双向搅拌桩机钻杆上正反向旋转的叶片继续搅拌水泥。

（6）提升、搅拌到设计高程时，完成搅拌桩的施工。

（7）水泥搅拌桩采用梅花形布置，确保成桩质量和桩身质量。

（8）关闭电源，移动设备，重复上述步骤。

（9）将地面下未喷水泥的厚度用水泥回填捣密实。

4. 施工控制要点

（1）合理规划施工场地及机具人员分工，保证施工的安全、质量和进度。

（2）水泥搅拌桩施工到顶端30~50cm时，因土压力较小，搅拌质量较差，在开挖搅拌桩顶端时必须用人工挖除该部分，确保桩顶质量。

（3）搅拌桩的垂直偏差、桩位偏差、成桩直径和桩长必须符合设计要求。

（4）施工前确定搅拌机械的灰浆量、灰浆经输浆管到达搅拌机喷浆口的时间和起吊设备提升速度等施工参数，全过程控制施工。

（5）制备好的浆液不得离析，泵送必须连续。拌制浆液的灌数、外加剂的用量以及泵送浆液的时间应有专人监督控制。

（6）施工时因故停浆，宜将搅拌机下沉至停浆点以下0.5m，待恢复供浆时再喷浆提升。

5. 各种原因造成的翻浆，应根据不同情况采取下列治理措施：

（1）因路基偏低，排水不良而引起的翻浆，若地形条件许可，可采用挖深边沟，降低水位的方法进行治理，或用透水性良好的土提高路基。

（2）路基透水性不良，提高路基困难，可将路基上层40~60cm的土挖除，换填砂性土、碎（砾）石，压实后重铺路面。在翻浆严重路段应将翻浆部分软土全部挖除，填入水稳性良好的砂砾料并压实，然后重铺路面。

（3）设置透水隔离层在地下水位以上，一般在土基50~80cm深度处，用粗集料（碎石、砾石或粗砂）铺筑，厚度为10~20cm，分别自路基中心向两侧做成3%的横坡。为避免泥土堵塞，隔离层的上下两面各铺 1~2cm 厚的苔藓、泥炭、草皮或土工布等其他透水性材料防淤层。连接路基边坡部位应铺大块片石防止碎落。隔离层上部与路基边缘的高差 h 不小于 50cm，底部高出边沟底 20~30cm，见图 205-1。

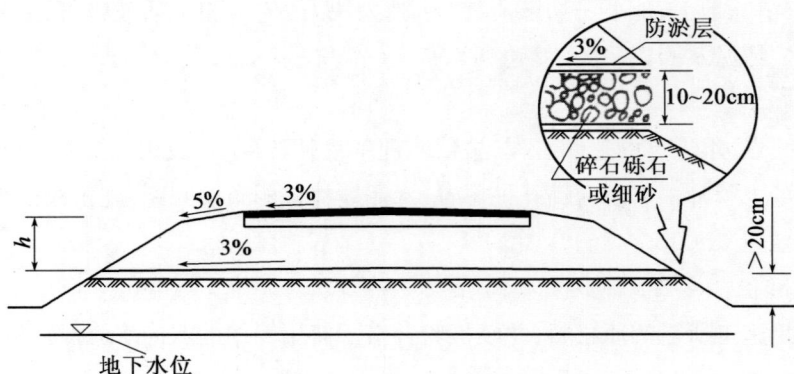

图 205-1　粗粒料透水隔离层

（4）设置盲沟以降低地下水位，截断地下水潜流，使路基保持干燥。

①在路肩上设置横向盲沟，其位置应与路基中心线垂直。当路基纵坡大于 1% 时，与路基中心线构成 60°~75° 的斜度（顺下坡方向）。两侧相互交错排列，间距为 5~10m，深度为 20~40cm，宽 40cm 左右，填以透水性良好的砂砾等材料。横向盲沟出口按一般盲沟处理。盲沟往往容易淤塞，应经常观察其使用情况。

②当地下水潜流顺路基方向从路基外侧向路基流动，可在路基内设横向截水盲沟或在路基外设纵向渗沟，不使其侵入路基。盲沟的设置应与地下水含水层的流向成正交，并深入该层底部，以截断整个含水层。

③如因地下水位高，可在路基边沟底下设置纵向盲沟。其深度一般为 1~2m，但应根据当地毛细作用高度和降低水位要求而定。

④盲沟应选择渗水良好的碎（砾）石填充。对较深的截水盲沟，应按填充料颗粒的大小，分层填入（下大、上小），也可埋设带孔的泄水管。沟面用草皮反铺掩盖，覆以密实的结合料，以防止地面渗入。

205.04　路基沉陷的处治

1. 路基沉陷病害成因及处治措施

（1）路面出现局部沉陷、路堤滑移等病害，多由于施工等因素造成，如路基未达到设计密实度、土体结构疏松；路基地基未经处理或处理不彻底，未完成自重固结。

（2）水体进入路基填土体内，从而软化路基填土体，在填挖交界面上形成一软弱带，往往在动荷载作用下路基土体发生不均匀沉降，并发生滑移。

（3）路基沉陷病害处理措施主要有开挖和非开挖两类。开挖类处治技术是指开挖道路后对路基进行换填砂垫层、设置粒料桩、强夯或采用提高地基固结度（如超载预压、砂井固结、塑料排水板堆载预压法等）等。非开挖技术是指采用注浆技术对路基进行加固。

（4）养护工程中，开挖技术往往受到时间和空间的限制。对于局部路基沉陷病害，可采用注浆技术实现路基快速加固处治。

（5）在采用注浆加固方案并进行加固设计时，应对原有道路路基与基层损坏情况、路面使用性能（强度）、道路内部管线等进行认真调查研究。

2. 注浆材料

（1）灌注浆液一般由水泥、细集料、水、添加剂等拌和而成。注浆材料应具有自硬性好、黏结力强的性能，以确保被注浆加固的道路强度得到恢复和提高。灌注浆液各项技术要求见表205-1。

灌注浆液技术要求 　　　　　　　　　　　　　　　　　表205-1

流动度（s）	初凝时间（min）	终凝时间（min）	泌水率（%）	膨胀率（%）	耐水性（%）	抗压强度（MPa）		
						1d	7d	28d
≤17.00	≥30	≤400	≤0.40	0.01	95	报告	≥2.0	≥4.0

（2）灌注浆液的组成以及用量应根据设计的强度要求，并通过试验室以及现场试验确定。路基注浆后的注浆混合料固结体的技术性能应符合表205-2的规定。

注浆混合料固结体技术要求 　　　　　　　　　　　　　　表205-2

抗压强度（MPa）		收缩率（%）	密度（g/cm³）
7d	28d		
≥10.0	≥15.0	0.1	1.90～2.20

3. 施工要求

（1）一般规定

①承包人在施工前应对施工区域内的道路结构现状及地下管线进行勘察、了解，并做好施工前的调查记录，发现与设计严重不符时，应在变更设计后组织实施。

②注浆加固施工作业区的布置应符合《公路养护安全作业规程》（JTG H30—2015）的规定。注浆加固施工作业区的布置应符合文明施工及安全生产的要求，并特别注意：

a. 注浆加固时，应注意高压管前不能站人，防止喷浆（水）伤人。

b. 经常检修机械，做好防潮、防水、防漏电工作，避免安全事故的发生。

c. 在交通繁忙的开放式施工路段上，应控制施工作业面长度，确保安全畅通。

d. 开放交通前，应及时清理施工现场。

③应严格控制灌注浆液配合比，如需调整，应向监理工程师报告并备案。灌注浆液应经搅拌机充分搅拌，搅拌时间控制在3～5min，确保各组分材料均匀混合后方可注浆。

④注浆时应做好孔距、深度、压力和材料用量等施工记录。

（2）施工准备

①各种原材料应符合本规范及设计要求。

②施工前，各种施工机械及辅助工具均应备齐，并保持良好的工作状态。

③应根据注浆加固设计要求进行注浆混合料配合比试验，确定施工配合比。

（3）注浆施工

注浆施工一般按照布孔、钻孔、埋注浆管、注浆、拔注浆管、封闭注浆口、养生、检测等工序进行。

①按施工图要求进行布孔。注浆孔布设后应留有释放孔，4个注浆孔宜设1个释放孔。适当时，也可利用相邻的注浆孔作为释放孔。按施工图要求进行布孔时，如发现布孔位置不适宜，可作适当孔位调整。孔位调整间距应小于30cm。

②钻孔应保持垂直，并达到设计规定的深度，如发现异常情况，应及时采取相应措施。钻孔过程中

应对钻孔无法到达规定的深度、钻杆突然下降等异常情况进行观察,并做好记录,及时与业主单位和设计单位联系,采取相应措施。

③注浆管宜采用管壁开有小孔的花管。注浆管埋设的作用在于防止塌孔,确保浆液到达指定位置。在无塌孔的情况下可不埋注浆管直接注浆。

④路面基层和路基需同时注浆加固的路段,应先对路面基层进行注浆加固,4～8h后再对路基进行注浆加固。

⑤注浆过程中应对注浆区域周边范围的道路设施进行监测,防止路面抬升起拱或浆液流失。注浆过程中应控制路面的抬升高度,路面抬升不宜大于3cm。超出上述控制量时,应立即停止注浆,过大时应采用反压方式恢复。

⑥注浆结束后,当浆液达到初凝状态方可拔管。对未埋设注浆管直接进行注浆加固的方式,可直接进行封口。

⑦注浆施工结束后,宜在4～8h内封闭交通进行养生。

⑧养生结束后,应根据设计要求进行路面弯沉检测;对不合格的部位,应重新补孔注浆,直至达到设计弯沉值为止。注浆加固养护7d后应进行弯沉检测,当实测回弹弯沉值不满足设计要求时,应重新钻孔补浆加固,直至合格为止。

4. 质量检验

(1)路基注浆加固工程质量验收的实测项目应符合表205-3的规定。

质量检验与评定实测项目 表205-3

项次	检 查 项 目	规定值或允许偏差	检 验 频 率	检 验 方 法
1	注浆混合料强度(MPa)	符合设计要求	每2000m²、每层1组,每工作班不少于2组	按JTG F80/1—2017附录M检查,龄期按表注规定
2	注浆孔数量	符合设计要求	抽检30%	现场清点
3	注浆孔位置偏差(mm)	±100	每独立单元抽检10%,且不少于3孔	钢卷尺量测
4	钻孔深度(mm)	－50～+100	每独立单元抽检5%,且不少于3孔	钢卷尺量测
5	弯沉值(0.01mm)	符合设计要求	每车道5m1测点	按JTG F80/1—2017附录J检查

注:注浆混合料强度评定时,试件的养生龄期为7d、28d。

(2)注浆加固范围内的路面不应有明显拱起。

(3)注浆孔应采用水泥砂浆或相应的路面材料封填密实,填补至与路面齐平。

205.05 计量与支付

1. 计量

(1)按设计图所示的翻浆范围,设置透水隔离层,以处理断面体积计算,以立方米计量。

(2)按设计图所示,增设盲沟长度以米计量。

（3）按设计图所示的注浆范围，以注浆的方量计算，以立方米计量或以注浆的面积计算，以平方米计量。

（4）搅拌桩按不同直径及深（长）度以米计量，包括材料、机械及有关的一切作业；除粉喷桩的钻孔取芯强度试验以米为单位计量，以及粉喷桩和路堤打入桩的单桩承载力或复合地基承载试验以根为单位单独计量外，其余均包括在相关工程的报价中。

（5）预压和超载预压，为加速软土地基固结沉降所采取的路堤预压填方和路基设计高程以上的超载预压填方，均按填筑压实后体积以立方米为单位计量。预压填方工作内容包括材料、设备、劳力等，以及按图纸所示及本规范要求的，为进行、完成和维护这一工作所需的其他有关内容。卸除预压后的多余填料，按监理工程师批准的实际卸除的压实体体积，以立方米为单位计量。卸除后，路基面以下15cm范围内的修整和压实，应作为卸载工作的附属工作，不另计量。卸载工作包括开挖、运输、堆放等与此项工作有关的工作。

（6）工地沉降观测作为承包人应做的工作，不予计量与支付。

（7）临时排水与防护设施认为已包括在相关工程中，不另行计量。

2. 支付

按上述规定计量，经监理人验收并列入工程量清单的以下支付子目的工程量，其每一计量单位，将以合同单价支付。此项支付包括材料、劳力、设备、运输等及其为完成此项工程所必需的全部费用。

3. 支付子目

子 目 号	子 目 名 称	单 位
205	特殊路基处理	
205-1	路基翻浆处治	
-a	设置透水隔离层	m³
-b	增设盲沟	m
205-2	路基注浆处治	m³
205-3	路基非开挖注浆加固	m²
205-4	搅拌桩（φ…m）	m
205-5	预压和超载预压	
-a	预压土方	m³
-b	卸载土方	m³
	……	

第 206 节　路 基 整 修

206.01 范围

本节工作内容为按规范规定进行的路堤整修和路堑边坡的修整，以及达到符合图纸所示的线形、纵坡、过坡、边沟和路基断面的有关作业。

206.02 一般要求

路基整修应在路基工程陆续完毕,所有排水构造物已经完成并在回填之后进行。

206.03 施工要求

路基坡脚线至征地边线之间的边坡平台部分整修工作在路基顶面和边坡整修完成后进行。平台部分整修要求:

1. 外向横坡3%。

2. 纵坡和高程与路基边沟顶面吻合,不出现平坡或反坡。

3. 与地表沟、塘、河等水系平顺衔接,适当部位可采取措施防止冲刷失土。

4. 土方平整后,压实至85%以上的密实度。

边坡平台整修工作完成并经监理人验收合格前严禁排水边沟及绿化工程等项目施工。

206.04 计量与支付

本节工作内容均不作计量与支付,所涉及的费用应包括在与其相关工程子目的单价或费率中。

第 207 节 坡 面 排 水

207.01 范围

排水系统包括边沟、排水沟、急流槽和截水沟等结构物,本节工作内容包括路基各部分排水系统的全面维修、接长,或者个别添建泄水槽、铺砌边沟及增加盖板;整段开挖边沟、截水沟或铺砌边沟等有关作业。

207.02 一般要求

1. 土质边沟,应检查设计纵坡。沟底保持不小于0.5%的纵坡,平原地区排水困难地段应保持不小于0.2%的纵坡。当边沟纵坡不能满足排水需要时,应调整边沟纵坡。当边沟长度过长(一般地区不超过500m,多雨地区不超过300m)时,应分段引出路基以外,或设置排水沟、涵洞等将水排出。

2. 对于涵洞及通道排水系统,保证水流在任何情况下都能顺畅地通过涵孔排到适当地点,保证洞身、涵底、进出水口、护坡和填土的完好、清洁不漏水,并不得冲刷附近农田。

3. 清除的淤泥、杂物等需弃至监理工程师同意的地点。

4. 对有可能被冲刷的土质边沟、截水沟、排水沟等的加固,应结合地下、地质、纵坡、流速等实际情况确定。

5. 渗沟(盲沟、有管渗沟、洞式渗沟)如碎(砾)石层失去渗水作用,应翻修,剔除较小颗粒砂石,补充大颗粒碎(砾)石,以保持空隙,便利排水;如设置位置不当,应考虑另建。

6. 路基挖方边坡较高,易发生水毁坍方地段,应在坡口5m以为设置截水沟。

7. 各种水沟边坡必须平整、稳定,严禁贴坡。沟底平整,排水畅通,无阻水现象,并应按图纸所示将水引入排水系统。

8. 各种水沟浆砌片石工程应咬扣紧密,嵌缝饱满、密实,勾缝平顺无脱落,缝宽大体一致。

9. 各种水沟的位置、断面、尺寸、坡度、高程均应经业主验收合格。

10. 若路基范围内采用各种地下排水沟、渗沟来排除地下水,其施工方法应严格按《公路路基施工技术规范》(JTG F10—2006)要求执行。

207.03 施工要求

1. 边沟

(1)路堤靠山一侧应设置不渗水的边沟。

(2)边沟和涵洞接合处应与涵洞洞口建筑配合,以便水流通畅进入涵洞。

(3)平曲线处边沟施工时,沟底纵坡应与曲线前后沟底纵坡平顺衔接,不允许曲线内侧有积水或外溢现象发生。曲线外侧边沟应适当加深,其增加值等于超高值。但曲线在坡顶时可不加深边沟。

(4)边沟的加固:土质地段当沟底纵坡大于3%时,应采取加固措施;采用干砌片石对边沟进行铺砌时,应选用有平整面的片石,各砌缝要用小石子嵌紧;采用浆砌片石铺砌时,砌缝砂浆应饱满,沟体不漏水;沟底采用抹面时,抹面应平整压光。

2. 截水沟

(1)截水沟挖出的土,可在路堑与截水沟之间修成土台并进行夯实,台顶应筑成2%倾向截水沟的横坡。

路基上方有弃土堆时,截水沟应离开弃土堆坡脚1~5m,弃土堆坡脚离开路基挖方坡顶应不小于10m,弃土堆顶部应设2%倾向截水沟的横坡。

(2)山坡上路堤的截水沟离开路堤至少2m,并用挖截水沟土填在路堤与截水沟之间,修筑向沟倾斜坡度为2%的护坡道或土台,使路堤内侧地面水流入截水沟排出。

(3)截水沟长度超过500m时应选择适当地点设出水口,将水引至山坡侧的自然沟中或桥涵水口,截水沟必须有牢靠的出水口,必要时须设置排水沟、跌水或急流槽。截水沟的出水口必须与其他排水设施平顺衔接。

(4)为防止水流下渗和冲刷,截水沟应进行严密的防渗和加固,地质不良地段和土质松软、透水性较大或裂隙较多的岩石路段,对沟底纵坡较大的土质截水沟及截水沟的出水口,均应采用加固措施防止渗漏和冲刷沟底及沟壁。

3. 排水沟

(1)要求排水沟的线形平顺,尽可能采用直线形,转弯处宜做成弧形,其半径不宜小于10m,排水沟长度应根据实际需要而定,通常不宜超过500m。

(2)排水沟沿路线布设时,应离路基尽可能远一些,距路基坡脚不宜小于3~4m。

(3)当排水沟、截水沟、边沟因纵坡过大产生水流速度大于沟底、沟壁土的容许冲刷流速时,应采用边沟表面加固措施。

4. 跌水与急流槽

(1)跌水与急流槽必须采用浆砌圬工结构,跌水的台阶高度可根据地形、地质等条件决定,多级台阶的各级高度可以不同,其高度与长度之比应与原地面坡度相适应。

（2）急流槽的纵坡一般不宜超过1:1.5，同时应与天然地面坡度相配合。当急流槽较长时，槽底可用几个纵坡，一般是上段较陡，向下逐渐放缓。

（3）当急流槽较长时，应分段砌筑，每段不宜超过10m，接头用防水材料填塞密实、无空隙。

（4）急流槽的砌筑应使自然水流与涵洞进出口之间形成一个过渡段，基础应嵌入地面以下，其底部应按图纸要求砌筑抗滑平台并应设置端护墙。

路堤边坡急流槽的修筑，应能为水流入排水沟提供一个顺畅通道，路缘石开口及流水进入路堤边坡急流槽的过渡段应连接圆顺。

5. 路基盲沟

（1）盲沟通常为矩形或梯形，在盲沟的底部和中部用较大碎石或卵石（粒径30～50mm）填筑，在碎石或卵石两侧和上部，按一定比例分层（层厚约150mm），并填较细颗粒的粒料（中砂、粗砂、砾石），做成反滤层，逐层的粒径比例大致按4:1递减。砂石料颗粒小于0.15mm的含量应不大于5%。或用土工合成材料包裹有孔的硬塑管，管四周填以大于硬塑管孔径的等粒径碎、砾石，组成盲沟。在盲沟顶部做封闭层，用双层反铺草皮或其他材料（如土工合成的防渗材料）铺成，并在其上夯填厚度不小于0.5m的黏土防水层。

（2）盲沟的埋置深度，应满足渗水材料的顶部（封闭层以下）不得低于原有地下水位的要求。当排除层间水时，盲沟底部应埋于最下面的不透水层上。

（3）当采用土工织物作反滤层时，应先在底部及两侧沟壁铺好就位，并预留顶部覆盖所需的土工织物，拉直，使其平顺、紧贴下垫层，所有纵向或横向的搭接缝应交替错开，搭接长度均不得小于300mm。

（4）盲沟只宜用于渗流不长的地段，且纵坡应不小于1%，出水口底面高程应高出沟外最高水位0.2m。

207.04　质量检验

1. 各种排水沟

（1）基本要求
①各种排水沟砌体砂浆和构件混凝土配合比准确，砌缝砂浆均匀饱满，勾缝密实。
②基础设有缩缝时应与墙身缩缝对齐，填缝材料饱满。

（2）检查项目
见表207-1。

浆砌边沟、排水沟、截水沟检查项目　　　　　　　　　　　　　　　　表207-1

项次	检 查 项 目	规定值或允许偏差	检 查 方 法
1	砂浆强度（MPa）	在合格标准内	按JTG F80/1—2017附录F检查
2	轴线偏位（mm）	50	经纬仪或尺量：每200m测5处
3	沟底高程（mm）	+15	水准仪：每200m 5点
4	墙面直顺度（mm）或坡度	30 或不陡于设计	20m拉线、坡度尺：每200m测2处
5	断面尺寸（mm）	±30	尺量：每200m测2处
6	铺砌厚度（mm）	不小于设计	尺量：每200m测2处
7	基础垫层宽、厚（mm）	不小于设计	尺量：每200m测2处

2. 跌水与急流槽

基本要求：

(1) 急流槽所用的混凝土及砌筑砂浆配合比准确，砌缝砂浆均匀饱满，槽内抹面平整、直顺。

(2) 进口汇集水流设施、出口设置消力槛等应砌筑牢固，不得有裂缝、空鼓现象。

3. 盲沟

(1) 基本要求

① 盲沟采用的材料规格、质量符合图纸要求。

② 土工布的铺设应拉直，使其平顺，接缝搭接要求符合图纸规范要求。

③ 设置反滤层应采用筛选过的中砂、粗砂、砾石等渗水性材料，按图分层填筑。

(2) 检查项目（表 207-2）。

盲 沟 检 查 项 目   表 207-2

项次	检 查 项 目	规定值或允许偏差	检查方法和频率
1	沟底高程(mm)	±15	水准仪：每 10～20m 测 1 处
2	断面尺寸(mm)	不小于设计	尺量：每 20m 测 1 处

207.05 计量与支付

1. 计量

(1) 按设计图所示，以不同规格边沟（或排水沟、截水沟）的设计修复长度之和计算，以米计量。

(2) 急流槽、拦水带按设计图所示，以不同规格急流槽、拦水带的设计修复长度之和计算，以米计量。

(3) 盲（渗）沟按设计图所示，以不同规格盲沟的设计修复长度之和计算，以米计量。

(4) 跌水井按设计图所示，以不同规格跌水井的设计修复个数计算，以个计量。

2. 支付

(1) 边沟（或排水沟、截水沟）按图纸所示施工并经验收合格的工程，以设计修复长度为依据计算实际数量，按合同单价计算合价后支付。此项支付包括施工安全、运行维护；拆除破损部分；基坑开挖整型；片石准备或混凝土预制块预制、铺设垫层、砌筑勾缝；沟底抹面及压顶；预制安装盖板等工程所必需的所有费用，是对完成工程的全部偿付。

(2) 急流槽按图纸所示施工并经验收合格的工程，以设计修复长度为依据计算实际长度（水流进出口间坡长），按合同单价计算合价后支付。此项支付包括施工安全、运行维护；拆除破损部分；挖基整型；铺设垫层、砌筑勾缝或混凝土浇筑（包括消力池、消力槛、抗滑台等附属设施）；接头填塞；抹面压顶等工程所必需的所有费用，是对完成工程的全部偿付。

(3) 盲（渗）沟按图纸所示施工并经验收合格的工程，以设计修复长度为依据计算实际长度，按合同单价计算合价后支付。此项支付包括施工安全、运行维护；拆除破损部分；挖基整型；铺设垫层、土工材料设置、管材埋设或粒料填充；出水口砌筑；顶部封闭层铺设、回填等工程所必需的所有费用，是对完成工程的全部偿付。

（4）拦水带按图纸所示施工并经验收合格的工程,以设计修复长度为依据计算实际长度,按合同单价计算合价后支付。此项支付包括施工安全、运行维护;拆除破损部分;基坑开挖整型;片石准备或混凝土预制块预制、铺设垫层、砌筑勾缝等工程所必需的所有费用,是对完成工程的全部偿付。

（5）跌水井带按图纸所示施工并经验收合格的工程,以设计修复个数为依据计算,按合同单价计算合价后支付。此项支付包括施工安全、运行维护;拆除破损部分;基坑开挖整型;垫层铺设;混凝土拌和、运输、浇筑等工程所必需的所有费用,是对完成工程的全部偿付。

3. 支付子目

子 目 号	子 目 名 称	单 位
207	坡面排水	
207-1	边沟	m
207-2	排水沟	m
207-3	截水沟	m
207-4	急流槽	m
207-5	盲（渗）沟	m
207-6	拦水带	m
207-7	跌水井	个

第 208 节　防 护 工 程

本节内容参照交通运输部《公路工程标准施工招标文件》（2018 版）。

第 209 节　挡　土　墙

本节内容参照交通运输部《公路工程标准施工招标文件》（2018 版）。

第 300 章 路 面

第 301 节 通 则

301.01 范围

本章工作内容包括病害的处治;路面及基层、底基层病害的处治修复面层、新建面层;路面及中央分隔带排水施工;培土路肩、中央分隔带回填及路缘石设置等有关养护作业以及修筑路面附属设施等有关的作业。

301.02 材料

1. 土

按土中单个颗粒的粒径大小和组成,将土分为下列三种。

细粒土:颗粒的最大粒径小于 9.5mm,且其中小于 2.36mm 的颗粒含量不少于 90%。

中粒土:颗粒的最大粒径小于 26.5mm,且其中小于 19mm 的颗粒含量不少于 90%。

粗粒土:颗粒的最大粒径小于 37.5mm,且其中小于 31.5mm 的颗粒含量不少于 90%。

(1)碎石

碎石由岩石或砾石轧制而成,应洁净、干燥,并具有足够的强度和耐磨耗性。其颗粒形状应具有棱角,接近立方体,不得含有软质和其他杂质。每个合同段只允许有一个主料源和一个备用料源,承包人和监理工程师常住料场,加强巡查,对不合格母材及时清除。

(2)砾石

砾石应坚硬、耐久;有机质、黏土块和其他有害物质的含量应符合有关规范的规定。

(3)砂

砂应洁净、坚硬、干燥、无风化、无杂质,符合规定级配,其泥土杂质含量应小于 3%。

(4)石屑

石屑是机械轧制而成。石屑应坚硬、清洁、干燥、无风化、无杂质,并具有适当的级配。

2. 水

水应洁净,不含有害物质。未经监理人批准的水源不得使用。

3. 水泥

(1)水泥根据路用要求可采用普通硅酸盐水泥、硅酸盐水泥、矿渣硅酸盐水泥、火山灰硅酸盐水泥和道路硅酸盐水泥等。采用其他种类水泥应报监理人批准。

(2)所有水泥应取自监理人同意的产源,在一个工程项目中所用的任何一类水泥应取自同一生产厂商,监理人批准的例外。不同厂家的水泥严禁掺配使用。

（3）承包人应向监理人提供每批水泥的清单，说明厂商名称、水泥种类及数量，以及厂商的试验证明。提供清单及试验证明的费用应包括在相应结构层单价内。

（4）监理人如对水泥质量有怀疑或水泥生产日期超过三个月时，承包人应按《公路工程水泥及水泥混凝土试验规程》（JTG E30—2005）中的要求对水泥进行取样试验。不合格水泥需经监理人同意的方法处理，其费用由承包人自负。

（5）水泥运到工地后应尽快使用，防止受潮。水泥由于受潮或其他原因，监理人认为变质或不能使用时，应从工地运走。

4. 石灰

（1）石灰应符合表301-1中Ⅱ级及Ⅱ级以上的要求，宜采用磨细生石灰粉。

石灰的技术指标（JTJ 034—2000）　　　　　　表301-1

项　　目	钙质生石灰			镁质生石灰			钙质消石灰			镁质消石灰		
	等级											
	Ⅰ	Ⅱ	Ⅲ	Ⅰ	Ⅱ	Ⅲ	Ⅰ	Ⅱ	Ⅲ	Ⅰ	Ⅱ	Ⅲ
有效钙加氧化镁含量（%）	≥85	≥80	≥70	≥80	≥75	≥65	≥65	≥60	≥55	≥60	≥55	≥50
未消化残渣含量5mm圆孔筛的筛余量（%）	≤7	≤11	≤17	≤10	≤14	20						
含水率（%）							≤4	≤4	≤4	≤4	≤4	≤4
细度 0.71mm 方孔筛的筛余量（%）							0	≤1	≤1	0	≤1	≤1
细度 0.125mm 方孔筛的累计筛余量（%）							≤13	≤20	—	≤13	≤20	—
钙镁石灰的分类界限，氧化镁含量（%）	≤5			>5			≤4			>4		

注：硅、铝、镁氧化物含量之和大于5%的生石灰，有效钙加氧化镁含量指标为：Ⅰ等≥75%、Ⅱ等≥70%、Ⅲ等≥60%；未消化残渣含量指标与镁质生石灰指标相同。

（2）石灰应在用于工程之前7d，充分消解成能通过10mm筛孔的粉状，并尽快使用。

（3）石灰应设棚存放，并能防风避雨，在用于工程之前按《公路工程无机结合料稳定材料试验规程》（JTG E51—2009）进行试验。不符合上述要求时，监理人有权拒绝使用，所发生的费用由承包人自负。

5. 沥青

沥青材料应为道路石油沥青、乳化沥青、液体石油沥青、煤沥青、改性沥青和改性乳化沥青等，沥青质量应复合《公路沥青路面施工技术规范》（JTG F40—2004）的要求。每一批沥青材料都应有厂家的技术标准、试验分析证明书，并提交监理人审核。严禁使用未经许可的沥青品牌，以确保沥青质量。一个合同段只允许使用一种沥青品牌。

301.03　一般要求

1. 路面施工应符合《公路路面基层施工技术细则》（JTG/T F20—2015）、《公路沥青路面施工技术规范》（JTG F40—2004）的要求。

2. 承包人不得随意改变材料的来源,未经批准的材料不得用于工程。由于材料不合格造成的工程损失应由承包人承担一切费用。

3. 路面材料存放场地应硬化处理,材料应物理分离堆放,并搭设防雨棚。

4. 承包人应根据工程的结构特点,按图纸要求和相关规范的规定,以及设备情况编制路面工程各结构层的施工组织设计,在各结构层开工前28d报请监理人审查批准,否则不得开工。

5. 在隧道内摊铺沥青混凝土路面时,承包人应加强安全环保措施,合理组织施工,制订切实可行的消防疏散预案。在施工中必须采用机械通风排烟,不得使洞内空气中的有毒气体和可燃气体的浓度超出相关规定。洞内施工人员必须佩戴经批准的防毒面罩,确保人身安全。

301.04 材料的取样和试验

1. 各种材料必须在使用前56d选定。承包人应将具有代表性的样品,委托中心试验室或监理人确认的试验室,按规定进行材料的标准试验或混合料配合比设计。试验结果提交监理人审批,未经批准的材料不得使用,未经批准的混合料配合比设计不能用于施工。试验所需费用由承包人负担。监理人未批准的混合料,应由承包人在规定的时间清除出现场,并用符合要求的材料替换,所需费用由承包人自负。

2. 在施工过程中必须对各种施工材料进行抽样试验,各项目的检查频率应不小于表301-2的规定。如监理人认为有必要时,可加大试验频率。

施工过程中材料质量检查的项目与频度 表301-2

材料	检查项目	检查频度	试验规程规定的平行试验次数或一次试验的试样数
粗集料	外观(石料品种、含泥量等)	随时	—
	针片状颗粒含量	随时	2~3
	颗粒组成(筛分)	随时	2
	压碎值	随时	2
	磨光值	必要时	4
	洛杉矶磨耗值	必要时	2
	含水率	随时	2
细集料	颗粒组成(筛分)	随时	2
	砂当量	必要时	2
	含水率	必要时	2
	表观密度	随时	2
矿粉	外观	随时	—
	粒径 <0.075mm 颗粒含量	随时	2
	含水率	随时	2
石油沥青	针入度	每批次1次	3
	软化点	每批次1次	2
	延度	每批次1次	3
	含蜡量	必要时	2~3

材料	检查项目	检查频度	试验规程规定的平行试验次数或一次试验的试样数
乳化沥青	蒸发残留物含量	每2～3d 1次	2
	蒸发残留物针入度	每2～3d 1次	2

注:1. 表列内容是材料进场时在已按"批"进行了全面检查的基础上,日常施工过程中质量检查的项目与要求。

2. "随时"是指需要经常检查的项目,其检查频度可根据材料来源及质量波动情况由发包人及监理工程师确定;"必要时"是指施工各方任何一个部门对其质量发生怀疑,提出需要检查时,或是根据需要商定的检查频度。

301.05 试验路段

1. 承包人在各结构层施工前,应铺筑长度不小于200m 的试验路段。

2. 在试验路段施工开始前至少14d,承包人应提出铺筑试验路段的施工方案报送监理人审批。施工方案内容包括试验人员、机械设备、施工工序和施工工艺等详细说明。

3. 试验路段的目的是验证混合料的质量和稳定性,检验承包人采用的机械能否满足备料、运输、摊铺、拌和和压实的要求和工作效率,以及施工组织和施工工艺的合理性和适应性。

4. 试验路段施工确认的压实方法、压实机械类型、工序、压实系数、碾压遍数、压实厚度和最佳含水率等均作为今后施工现场控制的依据。

5. 此项试验应在监理人监督下进行,如果试验路段经监理人批准验收,可作为永久工程的一部分,按合同规定的项目计量支付。否则,应移出重做试验,费用由承包人自负。试验路段的检查频率应大于1.5 倍规模化施工中的质量检查与验收频率。

301.06 料场作业

1. 料场应按图纸所示或由承包人自己选择并经监理人批准。料场应依照试验室提供的集料组成设计指定的各种集料规格进行开采作业。承包人应经常检验材质的变化情况,随时向监理人报告。因材质变化而不符合要求的集料不得使用,否则所发生的费用由承包人承担。

2. 料场在开采之前应办好所有相关的用地手续及生产许可证。料场爆破作业应取得当地公安机关的批准,特殊工种人员应持证上岗。炸药库的位置与设计、炸药运输方法、炸药的管理使用以及防止事故所采取的预防措施等,都应符合国家的法定规章。

3. 料场应剥去覆盖层,清除杂草和其他杂质后开采。弃土应在指定的地点处理。

4. 合格的集料应分等级、规格堆放在硬化、无污染的场地上。

5. 材料开采完毕后,应进行清理,防止水土流失,并符合环境保护部门的有关要求。

6. 料场的清理、剥离覆盖层、运输道路的修建、养护和防冲刷等费用,均包括在工程量清单中路面工程有关项目的投标价格内,不单独计量与支付。

301.07 拌和场场地硬化及遮雨棚

承包人应按合同规定及监理人要求,对基层拌和场和沥青拌和站场地进行硬化处理,并搭设遮雨棚:

1. 基层拌和场面积应满足施工需要,场地硬化宜采用水泥稳定土,下承层应作适当处理和补强,并设置纵横向排水沟和盲沟,以利场区排水。

2.沥青拌和站场地应进行硬化,硬化面积应满足施工需要。场地硬化宜采用水泥稳定土等强度大于3MPa的结构,进出场道路宜采用水泥混凝土路面(厚150mm),下承层应做处理和补强,并设置纵横向排水沟和盲沟,以利场区排水。

3.承包人应在路面集料堆放地,为路面细集料设置遮雨棚。遮雨棚宜采用钢结构,净高不宜低于6m。棚顶应具有防风、防雨、防老化功能。遮雨棚面积应满足工程需要。

301.08 雨季施工

1.集中力量,分段铺筑,在雨前做到碾压坚实,并采取覆盖措施,以防雨水冲刷。

2.施工时应随时疏通边沟,保证排水良好。

3.在垫层或基层施工之前,完工的路基顶面或垫层,应根据监理人的指示始终保持合格的状态。在雨季期间,路基或垫层不允许车辆通行。

301.09 计量与支付

本节工作内容均不作计量与支付,所涉及的费用应包括在与其相关工程支付子目的单价或费率中。

第 302 节 垫 层

本节内容参照交通运输部《公路工程标准施工招标文件》(2018 版)。

第 303 节 石灰稳定土底基层

本节内容参照交通运输部《公路工程标准施工招标文件》(2018 版)。

第 304 节 水泥稳定土底基层、基层

本节内容参照交通运输部《公路工程标准施工招标文件》(2018 版)。

第 305 节 水泥稳定就地冷再生

305.01 概述

冷再生技术充分利用旧路资源,彻底解决了旧路挖除重建而存在的建筑废料运输和堆放问题,也大大地减少了新材料的用量,减少了环境污染与破坏,尤其适合于公路工程恢复类的改造。水泥稳定就地冷再生是指在旧混合料(必要时加入一定比例的新料)中,加入一定剂量的水泥,在最佳含水率状态下拌和形成再生混合料,通过整形、碾压、养生形成符合设计要求的道路基层或底基层。在旧路维修改造过程中应用冷再生技术具有以下优点:

(1)简化施工工序。不存在废旧沥青混合料的运输及弃置问题,直接将废旧沥青混合料铣刨破碎处理再利用,因此保证了原路基的整体性。

(2)节省材料、节约资源。所有旧路废弃的沥青混合料全部利用,从而大大减少了碎石的开采同时保护了环境。

(3)节省工期。铣刨、破碎、拌和、摊铺、碾压成型可以一次性完成,缩短了工期。

305.02 原路面调查

再生前应对旧路面的状况(平整度、抗滑、破损状况等)进行调查和评价,通过原路面调查及评价,对原路面信息、原路面技术状况、交通量、工程经济等方面进行综合分析,确定全深式冷再生是否适合,同时为再生混合料设计及再生工艺的确定提供依据。控制措施如下:

(1)原路面历史信息调查与分析。收集原路面设计资料、竣工资料等,一般包括原路面的结构、材料和路况等方面的资料。同时收集原路面通车运营期间的养护资料和路面检测资料,并与施工资料、竣工资料进行对比分析,分析病害成因。

(2)原路面状况调查与评价。对原路面状况调查的内容一般包括路面状况指数 PCI、国际平整度指数 IRI、路面强度指数 SSI、车辙深度、下承层的承载能力、原路面结构厚度。使用冷再生机对原路面材料进行铣刨取样,在室内进行筛分等试验,为再生混合料设计提供依据。

305.03 再生结构确定

根据原路面调查结果,综合道路等级等因素,确定再生层所处的结构层及再生层压实厚度等。控制措施如下:

(1)水泥现场冷再生时,再生层压实厚度不宜超过 200mm,不宜低于 150mm。

(2)用水泥结合料的全深式冷再生,沥青材料虽然能够使再生基层具有一定的柔性,但如果沥青材料所占比例较高,再生混合料强度将受负面影响,因此沥青层厚度占再生厚度的比例一般不超过 50%。

305.04 路面冷再生原材料质量控制

1. 原路面 RAP 材料

(1)水泥稳定全深式冷再生 RAP 材料检测项目与质量要求见表 305-1。RAP 材料取样应使用冷再生机现场按照预计深度铣刨取样。

水泥稳定全深式冷再生 RAP 材料检测项目及质量要求　　　　表 305-1

材 料	检 测 项 目	技 术 要 求
RAP	含水率	实测
	RAP 级配	实测
	砂当量	>65%

(2)水泥稳定就地冷再生层施工前,在原道路上取有代表性的铣刨料样品,严格按照相关规范和规程进行颗粒分析、液限和塑性指数、击实试验。

(3)对级配不良的铣刨旧料,应通过掺加部分新料以改善其级配,对新加料应取所定料场中有代表性的样品,严格按照相关规范和规程进行颗粒分析、细集料液限和塑性指数、相对密度、碎石或砾石的压碎值试验。

(4)有机质含量超过 2% 或硫酸盐含量超过 0.25% 的旧路混合料,不得用水泥稳定就地冷再生。

2. 新加水泥

(1)普通硅酸盐水泥、矿渣硅酸盐水泥、火山灰硅酸盐水泥均可用于拌制水泥再生稳定碎石混合料,水泥强度等级可为32.5或42.5(由于冷再生机铣刨后细集料较多,为减少粒径在0.075mm以下的粉料,推荐使用42.5水泥),不应使用快硬水泥、早强水泥。不得采用受外界影响而变质的水泥。

(2)水泥各龄期强度、安定性均应符合规定要求;水泥初凝时间应不小于3h,终凝时间应不小于6h。

3. 新加碎石

(1)碎石的最大粒径应不超过31.5mm,碎石压碎值应不大于26%,粗集料针片状含量应不大于15%。

(2)碎石中粒径小于0.6mm的颗粒必须做液限和塑性指数试验,液限应小于28%,塑性指数应小于7。

(3)宜按粒径19~37.5mm、9.5~19mm、4.75~9.5mm和0~4.75mm四种规格分档。

305.05 路面冷再生配合比设计

水泥稳定冷再生混合料,可按照《公路路面基层施工技术细则》(JTG/T F20—2015)水泥稳定土混合料设计方法进行混合料设计。水泥稳定冷再生混合料必须达到强度要求,具有较小的温缩和干缩系数(现场裂缝较少),施工和易性好(粗集料离析较小)。

1. 对RAP铣刨料进行筛分后,应对照表305-2推荐的再生混合料颗粒组成范围,确定添加碎石的规格及比例,且4.75mm、0.075mm筛的通过量应接近级配范围的中值。

水泥稳定再生混合料级配范围表   表305-2

级配	通过下列筛孔(mm)的质量百分率(%)							
	31.5	26.5	19	9.5	4.75	2.36	0.6	0.075
范围	100	95~100	68~86	44~70	27~45	18~30	8~15	0~7

2. 取工地使用的水泥,按不同水泥剂量分组试验。一般水泥剂量按3.5%~5.5%的范围,分别取4~5种比例(以碎石和老路铣刨料质量为100)制备混合料(二级公路每组试件个数为:偏差系数10%~15%时6个,偏差系数15%~20%时9个),用重型击实法确定各组再生混合料的最佳含水率和最大干密度。

3. 为减少基层裂缝,应做到三个限制:在满足设计强度的基础上限制水泥用量;在减少含泥量的同时,限制细料、粉料用量;根据施工时气候条件限制含水率。施工中要求水泥剂量应不大于5.5%,碎石合成级配中粒径小于0.075mm的颗粒含量不宜大于5%,含水率不宜超过最佳含水率的1%。

4. 根据确定的最佳含水率,拌制水泥稳定碎石混合料,按要求压实度制备混合料试件,在标准条件下养护6d,浸水1d后取出,做无侧限抗压强度试验。

5. 水泥稳定再生混合料试件的标准养护条件是:将制好的试件脱模称重后,立即用塑料薄膜包覆,放入养护室内养生,养护温度为南方25℃±2℃,北方20℃±2℃。养生期的最后一天(第七天)去掉薄膜将试件浸在水中,在浸入水中之前,再次称量试件的质量,水面应在试件顶上约2.5cm,浸水的水温应与养护温度相同。24h后将已浸水一昼夜的试件从水中取出,用软的旧布吸去试件表面的可见自由水,并称量试件的质量。前6d养生期间试件水分损失应不超过10g,超过此规定的试件,应予作废。

6. 试件室内试验结果抗压强度的代表值按下式计算:

$$R_{代} = \bar{R}(1 - Z_a C_v)$$

269

式中:$R_{代}$——抗压强度代表值,MPa;

$\overline{R}$——该组试件抗压强度的平均值,MPa;

Z_a——保证率系数,二级公路保证率为90%时,$Z_a = 1.282$;

C_v——试验结果的偏差系数(以小数计)。

7.取符合强度要求的最佳配合比作为水泥稳定碎石的生产配合比,用重型击实法求得最佳含水率和最大干密度,经审批后,以指导施工。

305.06　水泥稳定冷再生施工工艺

1.施工准备

施工之前通过取芯了解每段的结构层厚度等情况,为冷再生机铣刨厚度的确定提供依据,通过对老路含水率的测定,计算出水的喷洒量。外加水与老路材料含水率的总和要比最佳含水率略高。

在施工起点处将所需各施工机械机具顺次首尾连接,并连接相应管路。现场冷再生施工设备一般包括水罐车、水泥浆车(必要时)、冷再生机、压路机、平地机。

2.新加材料撒布

(1)新加碎石

根据设定的撒布厚度均匀撒布。有条件的情况下,新加碎石的撒布应采用碎石撒布车。

(2)新加水泥

使用人工撒布时,需要在原路面上预先划分每袋水泥占用的方格,然后再用橡皮耙摊成均匀的一层,也可采用撒布机撒布,采用人工撒布时应同时做好工人劳动保护与环境污染防护。但为了提高撒布精度,同时避免刮风等情况的影响,有条件的情况下应尽量使用配有完整喷洒水泥装置的冷再生机或更为精确的水泥稀浆喷洒设备。特别是当水泥用量较大,撒布厚度较厚时,应使用水泥稀浆喷洒设备。

(3)再生

启动施工设备,按照再生机预先设定的铣刨深度和行进速度对路面进行铣刨、拌和。再生机必须均匀、连续地进行再生作业,不得随意变更速度或者中途停顿。

单幅再生至一个作业段终点后,将再生机和洒水车倒至施工起点,进行第二幅施工,直至完成全幅作业面的再生,然后移至下一作业段。纵向接缝的位置应尽量避开车辆行驶的轮迹。

(4)整平

冷再生作业完成后,用轻型钢轮压路机进行快速初压,碾压 2~3 遍,完成整个作业段的初压后,用平地机进行整平,平地机刮平深度宜尽量加深;整平后再次用轻型钢轮压路机在初平的路段上快速碾压一遍,对发现的局部轮迹、凹陷、离析进行人工修补;然后再用平地机整型,达到规定的坡度和路拱,整型后的再生表面应无明显的再生轮迹和集料离析现象。

(5)压实

根据再生层厚度、压实度等的需要,配备足够数量、吨位的钢轮压路机、轮胎压路机,按照试验段确定的压实工艺进行碾压,保证压实后的再生层符合压实度和平整度要求。

初压时混合料的含水率应为最佳含水率(+1%~2%)。碾压过程中,再生层表面应始终保持湿润,如水分蒸发过快,应及时补充洒水。

直线和不设超高的平曲线段,由路肩向路中心碾压,设超高的平曲线段,由内侧路肩向外侧路肩方向碾压,相邻碾压带应重叠 15~20cm,压完全幅为一遍。压路机应以慢而均匀的速度碾压,初压速度宜在 1.5~1.7km/h,整平后振动压实速度宜在 1.8~2.2km/h。

严禁压路机在已完成或正在碾压的路段上掉头或紧急制动。碾压过程中出现大面积"弹簧"、松散、起皮等现象时,应及时翻开重新拌和,使其达到质量要求。如果需要,可在碾压结束前用平地机再终平一次,使其纵向顺适,路拱和超高符合设计要求。碾压宜在水泥初凝前及试验确定的延迟时间内完成,达到要求的压实度,同时没有明显的轮迹。碾压完成后用灌砂法检测压实度。

(6)接缝处理

纵向接缝处相邻两幅作业面的重叠量不宜小于 150mm,第二幅再生时重叠范围内的水的喷嘴应关闭。当采用水泥稳定剂,左右两半幅施工间隔较长时,重叠量应增加,且应重新撒布水泥。

对于横向接缝,宜将整个再生机组后退至再生过的材料一个转子直径(约 1.5m)的距离,以保证接缝有效宽度上的材料得到处理。

(7)水泥稳定就地冷再生结构层施工时,应遵守下列规定:

①添加的碎石等外掺料和水泥应撒布均匀。

②应严格控制基层厚度和高程,其路拱横坡应与面层基本一致。

③应在混合料处于或略大于最佳含水率(气候炎热干燥时,基层混合料可大 1%~2%)时进行碾压,压实度应达到《公路路面基层施工技术细则》(JTG/T F20—2015)的有关要求。当使用大吨位压路机时,压实度宜提高 1%~2%。

④水泥稳定就地冷再生结构层宜采用 18t 以上的振动压路机碾压。压实厚度为 15~20cm 时,采用 18~20t 振动压路机碾压;超过 20cm 以上压实厚度应采用 25t 以上振动压路机。冷再生结构层碾压工序应在水泥初凝前完成。

305.07 下列情况原则上不宜采用就地水泥稳定就地冷再生技术

1. 在预估的再生深度范围内,存在过多超粒径颗粒(最大粒径超过 10cm 的砂砾或铁渣等),会对铣刨转子造成损害的道路。

2. 病害较多,变形严重,强度不足的道路。

3. 旧路结构层总厚度(面层、基层及垫层之和)小于 25cm 的道路。

305.08 质量控制与检测

由于冷再生基层属于新的结构形式,在《公路工程质量检验评定标准 第一册 土建工程》(JTG F80/1—2017)中没有相应的检测项目和检测指标。施工过程中在收集和分析大量试验数据的基础上,提出了主要检测项目与检测方法,具体要求见表 305-3。

现场冷再生基层施工质量控制标准 表 305-3

检查项目	质量要求		检查规定	方法	备注
	要求值或容许误差	质量要求	最低频率		
压实度(%)	≥97		1 处/100m	每处每车道测一点,用灌砂法检查,采用重型击实标准	
平整度(mm)	10	平整、无起伏	2 处/200m	用 3m 直尺连续量 10 尺,每尺取最大间隙	

续上表

检查项目	质量要求		检查规定	方法	备注
	要求值或容许误差	质量要求	最低频率		
纵横高程（mm）	±10	平整、顺适	1 断面/20m	每断面 3～5 点用水准仪测量	
铣刨厚度（mm）	均值 –15	均匀一致	每个再生幅 1 点/10m	插入测量	
	单个值 –20		随时		
压实厚度（mm）	不小于设计值		1 处/100m/层	取芯，测量芯样厚度	
横坡度(%)	±0.3		3 个断面/100m	用水准仪测量	
水泥剂量（%）	不小于设计值 –1.0%		每个再生幅 1 车道公里 2 次	EDTA 滴定及总量校核	冷再生机再生后取样
级配		符合规范范围	每个再生幅 1 车道公里 2 次	水洗筛分	冷再生机再生后取样
抗压强度（MPa）	不小于设计值	符合设计要求	2 组/每天	7d 浸水抗压强度	上、下午各一组
含水率(%)	±2	最佳含水率	随时	烘干法	
外观要求	1. 表面平整、密实，无浮石、弹簧现象； 2. 无明显压路机轮迹				

注：1. 水泥稳定冷再生基层 7d 龄期应取出完整的芯件。

　　2. 本质量要求参照《公路沥青路面再生技术规范》(JTG F41—2008)提出，其他质量要求按《公路路面基层施工技术规范》执行。

　　3. 本要求为施工控制要求，项目验收标准参照国家有关规范执行。

305.09　计量与支付

1. 计量

（1）沥青路面就地冷再生应按图纸所示和监理人指示施工，就地冷再生基层经监理人验收合格的面积，按不同厚度以平方米计量；就地冷再生调平层经监理人验收合格的体积，以立方米计量。

（2）冷再生基层施工所需的水泥、石料费用包含在相应子目中，不单独计量。对个别特殊形状的面积，应采用监理人认可的计算方法计量。除监理人另有指示外，超过图纸所规定的计算面积均不予计量。

2. 支付

（1）费用的支付，主要包括以下内容：

①承包人提供工程所需的材料、机具、设备和劳力等。

②原材料的检验、混合料设计与试验，以及经监理人批准的按照规范所要求的试验路段的全部作业。

③铺筑前对作业面的检查和清扫、材料的拌和、运输、摊铺、压实、整型、养护等。

④质量检验所要求的检测、取样和试验等工作。

（2）按上述规定计量，经监理人验收，并列入工程量清单的相关支付子目的工程量,将以合同单价支付。此项支付包括一切为完成本项工程所必需的全部费用。

3.支付子目

子 目 号	子 目 名 称	单 位
305	水泥稳定就地冷再生	
305-1	就地冷再生基层	
-a	厚…mm	m²
305-2	就地冷再生调平层	m³

第306节 级配碎(砾)石底基层、基层

306.01 范围

本节工作内容是在已完成并经监理人验收合格的路基或垫层上铺筑级配碎(砾)石底基层或在底基层上铺筑级配碎石基层,包括所需的设备、劳力和材料,以及施工、试验等全部作业。

306.02 材料

1.级配碎石

（1）用于底基层的碎石最大粒径,对于高速公路和一级公路应不超过37.5mm(方孔筛),对于其他公路应不超过53mm;压碎值,高速公路和一级公路应不大于30%,二级公路应不大于35%,二级以下公路应不大于40%。用于基层的碎石最大粒径,对于高速公路和一级公路应不大于31.5mm,对于其他公路应不超过37.5mm;压碎值,高速公路,一级公路应不大于26%,二级公路应不超过30%,二级以下公路应不大于35%。

（2）碎石中不应有黏土块、植物等有害物质,针片状颗粒总含量应不超过20%。

（3）用于二级及二级以上公路基层和底基层的级配碎石,应用预先筛分成37.5(或31.5)～19mm、19～9.5mm、9.5～4.75mm碎石及4.75mm以下石屑,由其组配而成;其他公路上的级配碎石,可用未筛分碎石和石屑组配而成。

（4）级配碎石基层和未筛分碎石底基层的颗粒组成和塑性指数应分别符合表306-1和表306-2的规定。

级配碎石基层的颗粒组成范围　　　　　　　　　　表306-1

结 构 层	通过下列方孔筛(mm)的质量百分率(%)								液限 (%)	塑性指数
	37.5	31.5	19	9.5	4.75	2.36	0.6	0.075		
高速公路、一级公路		100	85～100	52～74	29～54	17～37	8～20	0～7	<28	<6或9
其他公路	100	90～100	73～88	46～69	29～54	17～37	8～20	0～7	<28	<6或9

注：1.潮湿多雨地区塑性指数宜小于6,其他地区塑性指数宜小于9。

　　2.对于无塑性的混合料,粒径小于0.075mm的颗粒含量应接近高限。

未筛分碎石底基层的颗粒组成范围　　　　　表306-2

结 构 层	通过下列方筛孔(mm)的质量百分率(%)									液限(%)	塑性指数
	53	37.5	31.5	19	9.5	4.75	2.36	0.6	0.075		
高速公路、一级公路		100	83~100	54~84	29~59	17~45	11~35	6~21	0~10	<28	<6 或 9
其他公路	100	85~100	69~88	40~65	19~43	10~30	8~25	6~18	0~10	<28	<6 或 9

注:在潮湿多雨地区,塑性指数宜小于6,其他地区塑性指数宜小于9。

2. 级配砾石

(1)级配砾石的最大粒径,用于基层时应不超过37.5mm,用于底基层时应不超过53mm。

(2)砾石颗粒中针片状颗粒含量应不超过20%。

(3)级配砾石基层(非高速公路和非一级公路)的颗粒组成和塑性指数应符合表306-3的规定。

级配砾石基层的颗粒组成范围　　　　　表306-3

通过下列方筛孔(mm)的质量百分率(%)									液限(%)	塑 性 指 数
53	37.5	31.5	19.0	9.5	4.75	2.36	0.6	0.075		
100	90~100	81~94	63~81	45~66	27~51	16~35	8~20	0~7	<28	<6 或 9
	100	90~100	73~88	49~69	29~54	17~37	8~20	0~7	<28	<6 或 9
		100	85~100	52~74	29~54	17~37	8~20	0~7	<28	<6 或 9

注:1.潮湿多雨地区塑性指数宜小于6,其他地区塑性指数宜小于9。

　　2.对于无塑性的混合料,粒径小于0.075mm的颗粒含量应接近高限。

(4)用于底基层时,集料的压碎值,高速公路和一级公路应不大于30%,二级公路应不大于35%,二级以下公路应不大于40%;用作基层时,压碎值,二级公路应不大于30%,二级以下公路应不大于35%。

(5)砾石应在最佳含水率时进行碾压,按重型击实试验法确定的压实度,底基层达到96%以上,基层达到98%以上。

(6)砂砾底基层的砂砾级配范围应符合表306-4的要求。

砂砾底基层的集料级配范围　　　　　表306-4

通过下列方筛孔(mm)的质量百分率(%)						液限(%)	塑 性 指 数
53	37.5	9.5	4.75	0.6	0.075		
100	80~100	40~100	25~85	8~45	0~5	<28	<9

3. 泥结碎石

(1)碎石质量要求:级配良好,压碎值≤30%,粒径≤40mm,长片、扁片的含量≤20%。

(2)黏土质量要求:塑性指数 IP 宜在12~20之间,且不含有腐殖质或杂物。

泥结碎石层混合料组成:碎石:黏土:水 = 200:30:45。

306.03 施工要求

1.级配碎(砾)石混合料应在料场集中拌和。

2.承包人应在监理人批准的路基上摊铺级配碎(砾)石混合料。未经监理人批准而在其上摊铺的材料,应由承包人自费清除。

3.承包人应根据监理人批准的试验路段的施工工艺、施工机械进行混合料的施工。

4. 在任何情况下,拌和的混合料都应均匀,含水率适当,无粗细颗粒离析现象。

5. 级配碎(砾)石应在最佳含水率时遵循先轻后重的原则进行碾压,并碾压至要求的压实度。

6. 严禁压路机在已完成的或正在碾压的路段上掉头或紧急制动。

7. 在已完成的底基层、基层上按表306-5的要求进行取样试验,所有试验结果均应报监理人审批,所发生的一切费用由承包人自理。

级配碎(砾)石试验项目与频度　　　　　表306-5

项　目	频　度	质量标准
级配	每2000m² 检查1次	在规定范围内
均匀性	随时观察	无粗细集料离析现象
压实度	每一作业段或不超过2000m² 检查6次以上	级配集料基层和中间层为98%,填隙碎石固体体积率85%
塑性指数	每1000m² 检查1次,异常时随时试验	小于规定值
集料压碎值	据观察,异常时随时试验	不超过规定值
承载比	每3000m² 检查1次,据观察,异常时随时增加试验	不小于规定值
弯沉值检验	每一评定段(不超过1km)、每一线车道检查,40~50个测点	95%或97.7%概率的上波动界限不大于计算的容许值
含水率	据观察,异常时随时试验	最佳含水率-1%~+2%

8. 碎石层在最佳含水率时进行碾压,按重型击实试验法确定的压实度,底基层达到96%以上,基层达到98%以上。

306.04　质量检验

1. 基本要求

(1)石料质地坚韧、无杂质,颗粒级配符合要求。
(2)配料必须准确,塑性指数应符合规定。
(3)混合料拌和均匀,无粗细颗粒离析现象。
(4)碾压达到要求的密实度。
(5)泥结碎石用碎石、黏土应符合要求。

2. 检查项目

(1)级配碎(砾)石底基层、基层检查项目及检验标准见表306-6。

级配碎(砾)石底基层、基层检查项目　　　　表306-6

项次	检查项目	规定值或允许偏差				检查方法
		基层		基层		
		高速公路、一级公路	其他公路	高速公路、一级公路	其他公路	
1	压实度(代表值)(%)	98	98	96	96	按 JTG F80/1—2017 附录 B 检查,每200m每车道2处

续上表

项次	检查项目	规定值或允许偏差				检查方法
		基层		基层		
		高速公路、一级公路	其他公路	高速公路、一级公路	其他公路	
2	弯沉度（0.01mm）	符合设计要求		符合设计要求		按 JTG F80/1—2017 附录 J 检查
3	平整度（mm）	8	12	12	15	3m 直尺：每200m 测2处×10尺
4	纵断高程（mm）	+5，−10	+5，−15	+5，−15	+5，−20	水准仪：每200m 测4个断面
5	宽度（mm）	符合设计要求				尺量：每200m 测4处
6	厚度（mm）	−8	−10	−10	−12	按 JTG F80/1—2017 附录 H 检查，每200m 每车道测1点
7	横坡（%）	±0.3	±0.5	±0.3	±0.5	水准仪：每200m 测4个断面

（2）泥结碎石底基层、基层检查项目及检验标准见表306-7。

泥结碎石底基层、基层检查项目　　　　　　表306-7

项次	检查项目		规定值或允许偏差	检查方法和频率
1	压实度（%）	代表值	97	每200m 测1处
		极值	94	
2	平整度（mm）		15	每200m、10m 测2处
3	厚度（mm）	代表值	−10	每200m 测4个断面
		极值	−20	
4	纵断面高程（mm）		±20	水准仪：每200m 测4个断面
5	横坡（%）		±0.5	水准仪：每200m 测4个断面
6	宽度（mm）		不小于设计值	钢尺：每200m 测4处

3. 外观鉴定

表面平整密实，边线整齐，无松散现象。

306.05　计量与支付

1. 计量

（1）级配碎（砾）石底基层和基层应按图纸和监理人指示铺筑的平均面积，经监理人验收合格后，按不同厚度以平方米为单位计量。除监理人另有指示外，超过图纸所规定的面积，均不予计量。

（2）桥梁及明涵的搭板、埋板下变截面级配碎（砾）石底基层按图纸所示和监理人指示铺筑，经监理人验收合格后，以立方米为单位计量。

2. 支付

（1）费用的支付，主要包括以下内容：

①承包人提供工程所需的材料、机具、设备和劳力等。

②原材料的检验、级配颗粒组成试验、塑性指数试验等。

③铺筑前对下承层的检查和清扫、材料的运输、拌和、摊铺、整型、压实等。

④质量检验所要求的检测、取样和试验等工作。

（2）按上述规定计量,经监理人验收并列入工程量清单的以下支付子目的工程量,其每一计量单位,将以合同单价支付。此项支付包括一切为完成本项工程所必需的全部费用。

3. 支付子目

子 目 号	子 目 名 称	单 位
306	级配碎(砾)石底基层、基层	
306-1	级配碎石底基层	
-a	厚…mm	m²
306-2	搭板、埋板下级配碎石底基层	m³
306-3	级配碎石基层	
-a	厚…mm	m²
306-4	级配砾石底基层	
-a	厚…mm	m²
306-5	搭板、埋板下级配砾石底基层	m³
306-6	级配砾石基层	
-a	厚…mm	m²

第 307 节　微表处施工

307.01　范围

本节工作内容是在原路面整体强度和稳定性均符合技术规范要求的情况下,在路面上进行微表处施工以提高路面的防水、防滑、耐磨性能;改善路面平整度,修复路面轻微车辙,包括所需的设备、劳力和材料,以及施工、试验等全部作业。

307.02　原材料

1. 一般规定

乳化沥青微表处所用的 SBR 改性乳化沥青、粗集料、机制砂、矿粉等材料,由承包人选定料源或供应厂商,提供相关质量证明材料,进行材料质量初检,发包人现场考察、复检材料质量合格后,经批准后才能使用。

粗集料必须采用油布覆盖,细集料必须采用仓库或搭棚存放,其棚子面积要覆盖全部细集料,保证细集料干燥。矿粉、填料等材料必须采用仓库存放。

主要材料采用准入制,包括沥青、SBR 改性乳化沥青、集料等,上述材料品牌和料源必须经发包人现场考察并认可后,方可进场和使用。

2.基质沥青

基质沥青应采用符合"道路沥青技术要求"的石油沥青,采用 AH-70 沥青,技术要求见表307-1,每一批沥青材料都应有厂家的技术标准、试验分析证明书,并提交发包人审核批准方可用于道路施工。

A 级 70 号道路石油沥青质量技术要求   表 307-1

试 验 项 目		技 术 要 求	试 验 方 法
针入度(25℃,100g,5s)(0.1mm)		60～75	T 0604
针入度指数 PI		−1.3～+1.0	T 0604
软化点(R&B)(℃) ≥		46	T 0606
60℃动力黏度(Pa·s) ≥		180	T 0620
延度(10℃,5cm/min)(cm) ≥		30	T 0605
延度(15℃,5cm/min)(cm) ≥		120	T 0605
含蜡量(蒸馏法)(%) ≤		2.0	T 0615
闪点(℃) ≥		260	T 0611
溶解度(%) ≥		99.5	T 0607
TFOT 后	质量变化(%) ≤	±0.6	T 0610 或 T 0609
	残留针入度比(%) ≥	65	T 0604
	残留延度(10℃)(cm) ≥	6	T 0605
密度(15℃,g/cm³) ≥		实测记录	T 0603

注:1.试验方法按照《公路工程沥青及沥青混合料试验规程》(JTJ E20—2011)规定的方法执行。用于仲裁试验求取 PI 时的 5 个温度的针入度关系的相关系数不得小于 0.997。

2.经发包人同意,表中 PI 值、60℃动力黏度、10℃延度可作为选择性指标,也可不作为施工质量检验指标。

3.70 号沥青可根据需要要求供应商提供针入度范围为 60～70(0.1mm)或 70～80(0.1mm)的沥青。

3.改性乳化沥青

微表处的沥青材料采用 SBR 改性乳化沥青,所使用的改性剂实行准入制,改性剂剂量(改性剂有效成分占纯沥青的质量百分比)不宜小于 4%,沥青使用前应按照《公路工程沥青及沥青混合料试验规程》(JTJ E20—2011)规定的方法进行试验,且满足规范要求。改性乳化沥青还应符合以下规定:

(1)改性乳化沥青,应采用工厂化生产,所选应经发包人考察并认可后,方可用于微表处施工。

(2)为防止乳化沥青成品提前破乳,应先储存在密封罐内,待使用时通过密封罐车运至施工现场,储存期乳化沥青不得降低使用效果,储存时间不宜超过两周。

(3)成品的乳化沥青出厂时,必须有详细的质量检验报告,且各项性能指标均符合改性乳化沥青技术要求(表307-2),没有破乳、离析现象,方可运至施工现场使用。

改性乳化沥青技术指标   表 307-2

试 验 项 目	单 位	品 种 BCR	试 验 方 法
破乳速度		慢裂快凝	T 0658
粒子电荷		阳离子	T 0653

续上表

试 验 项 目		单 位	品 种 BCR	试 验 方 法
筛上残留物(1.18mm)		%	≤0.1	T 0652
黏度	恩格拉黏度计 E_{25}		3～30	T 0622
	道路标准黏度计 $C_{25,3}$	s	12～60	T 0621
蒸发残留物	含量	%	≥62	T 0651
	针入度(25℃,100g,5s)	0.1mm	40～100	T 0604
	软化点	℃	≥57	T 0606
	延度(5℃,5cm/min)	cm	≥40	T 0605
	60℃动力黏度	Pa·s	≥800	T 0620
	溶解度(三氯乙烯)	%	≥97.5	T 0607
与矿料的黏附性,裹覆面积		—	—	T 0654
常温储存稳定性	1d	%	≤1	T 0655
	5d		≤5	

上述各项试验按《公路工程沥青及沥青混合料试验规程》(JTJ E20—2011)规定的方法执行。

4.集料

(1)粗集料

粗集料应采用近立方体颗粒的玄武岩,石质应坚硬、清洁、不含风化颗粒、干燥、表面粗糙。玄武岩碎石应采用三级破碎生产,生产时使用二级除尘设备。粗集料质量应符合表307-3的规定。

粗集料质量技术要求　　　　　　　　　表307-3

试 验 项 目		单 位	指 标	试 验 方 法
石料压碎值	≤	%	20	T 0316
洛杉矶磨耗损失	≤	%	28	T 0317
表观相对密度	≥	—	2.60	T 0304
吸水率	≤	%	2.0	T 0304
坚固性	≤	%	12	T 0314
针片状颗粒含量(混合料)	≤		15	T 0312
其中粒径大于9.5mm	≤	%	12	
其中粒径小于9.5mm	≤		18	
水洗法粒径<0.075mm颗粒含量	≤	%	1	T 0310
软石含量	≤	%	2.5	T 0320
石料磨光值		—	42	T 0321
与沥青的黏附性	≥	—	5	T 0616

(2)细集料

细集料应采用坚硬、清洁、干燥、无风化、无杂质的制砂机,石质为石灰岩。其规格或级配应符合《公路沥青路面施工技术规范》(JTG F40—2004)表4.9.4沥青混合料用机制砂规格的要求,生产时应使用除尘、抽吸设备,0.075mm筛通过量不超过10%。细集料质量应符合表307-4的规定。

细集料质量技术要求 表 307-4

试 验 项 目		单 位	高速公路	试 验 方 法
表观密度	≥	t/m³	2.5	T 0328
坚固性（＞0.3mm 部分）	≥	%	12	T 0340
含泥量（料径＜0.075mm 颗粒含量）	≤	%	3	T 0333
砂当量	≥	%	70	T 0334
亚甲蓝值	≤	g/kg	25	T 0349
棱角性（流动时间）	≥	s	30	T 0345

注：坚固性试验可根据需要进行。

（3）填料

填料必须采用石灰岩石料经磨制得到的矿粉，由专业的生产厂家生产。严禁使用水泥厂生产的生料、半熟料或副产品，拌和机回收的粉尘严禁作矿粉使用。矿粉质量技术要求见表307-5，微表处的矿料级配见表307-6。

矿粉质量技术要求 表 307-5

试 验 项 目			单 位	指 标	试 验 方 法
表观密度		≥	t/m³	2.50	T 0352
含水率		≤	%	1	T 0103
粒度范围	＜0.6mm		%	100	T 0353
	＜0.15mm			90～100	
	＜0.075mm			75～100	
外观			—	无团粒结块	—
亲水系数			—	＜1	T 0353
塑性指数			%	＜4	T 0354
加热安定性			—	实测记录	T 0355

微表处的矿料级配 表 307-6

筛孔尺寸（mm）	通过各筛孔的百分率（%）	
	MS-2 型	MS-3 型
9.5	100	100
7.0	100	80～90
4.75	95～100	70～80
2.36	65～90	45～70
1.18	45～70	28～50
0.6	30～50	19～34
0.3	18～30	12～25
0.15	10～21	7～18
0.075	5～15	5～15
一层的适宜厚度	6～8	8～10

5. 为提高乳化沥青微表处的稳定性,混合料中要加入一定数量的水泥填料。水泥采用普通硅酸盐水泥、矿渣硅酸盐水泥,其强度等级不大于32.5MPa。应选用初凝时间3h以上和终凝时间6h以上的水泥。严禁使用快硬水泥、早强水泥以及已受潮变质的水泥。水泥技术指标应符合表307-7的规定。

水 泥 技 术 指 标 表307-7

指　　标		单　位	技 术 要 求	试 验 方 法
含水率	≤	%	1	烘干法
亲水系数	≤	%	1	T 0353
通过0.075mm筛孔颗粒含量	≥	%	80	
外观		—	无团粒、不结块	

6. 水

可用饮用水,不得使用受到周围工业污染或环境污染、含有可溶性盐等有害物质的废水,否则极大影响微表处的施工生产和路用效果。

7. 添加剂

乳化沥青微表处混合料中的添加剂视需要而定。添加剂可调节沥青混合料破乳时间,使用后不应影响封层的整体强度和使用寿命。

307.03　混合料配合比设计

1. 设计原则

(1) 道路情况

根据交通量、行车类型及条件,气候变化情况,原路面的防水、抗滑、车辙及平整等情况进行配合比设计。

(2) 目的与要求

针对原路面情况,采用微表处解决道路的耐磨、抗滑、防水及车辙等问题。

(3) 确定结构

根据原路面情况和目的与要求,确定采用的结构类型。

(4) 选择材料

根据封层的结构和耐磨性能确定集料规格和材质,保证质量。根据施工中的实际情况,选择适宜的填料种类和用量。

(5) 承包人必须将混合料组成设计的改性乳化沥青用量,混合料组成、级配以及各项技术指标作成详细报告,报发包人批准。在微表处混合料未被批准之前,不得进行下一道工序。未经发包人认可,批准的混合料配合比和原材料不得更改。

2. 设计程序

(1) 确定级配矿料的配合比

① 根据选择的微表处类型,确定矿料的级配曲线。

② 选择符合规定质量要求的各种矿料、填料。

③ 对各种矿料分别进行筛分试验。

④根据各种矿料颗粒组成，通过试算法和图像法确定符合级配曲线要求的各种矿料的最佳配合比例。

（2）确定微表处混合料的配合比

通过混合料稠度、拌和、黏结力、湿轮磨耗、负荷轮碾压等试验确定微表处混合料的最佳配合比。

①确定混合料的稠度

a.选取级配合格的矿料并测其含水率。

b.按一定比例称取级配矿料、乳化沥青、填料、水和添加剂，进行拌和，其稠度试验应符合规定。

c.当混合料的稠度值符合规定的要求时，其稠度和加水量为适宜。

②确定混合料的拌和时间

a.按符合稠度要求的混合料配比备料。

b.进行混合料拌和。

c.测定的拌和时间要大于120s。

d.拌和时间可通过添加填料进行调整。

③确定混合料的初凝时间和终凝时间

a.按符合稠度和拌和时间要求的混合料配比备料。

b.进行混合料拌和。

c.按照规定要求制作试件，养生和测定。黏结力达到120N·cm时的时间，应确定为混合料的初凝时间；黏结力达到200N·cm时的时间，应确定为混合料的终凝时间和可开放交通时间。

④确定混合料的最佳沥青用量

a.当选取稠度、拌和时间、初凝时间和开放交通均符合要求的混合料配合比时，应取不同的沥青含量进行拌和。

b.按规范规定的试验方法进行湿轮磨耗试验，根据试验结果绘出沥青用量与磨耗量的关系曲线，并确定沥青用量的最小值。

c.按规范规定的试验方法进行负荷轮碾压试验，根据试验结果绘出沥青用量与黏附量的关系曲线，并确定沥青用量的最大值。

d.根据沥青用量的最大值和最小值，确定沥青用量范围，并以最大值为准，将三个百分点的范围定为容许范围，见表307-8。

微表处混合料技术要求　　　　表307-8

试 验 项 目	单 位	指 标	试 验 方 法
可拌和时间	s	>120	手工拌和
黏聚力试验			
30min（初凝时间）	N·m	≥1.2	T 0754
60min（开放交通时间）	N·m	≥2.0	
负荷轮碾压试验（LWT）			
黏附砂量	g/m²	<450	0755
轮迹宽度变化率	%	<5	
湿轮磨耗试验的磨耗值（WTAT）			
浸水 1h	g/m²	<540	T 0752
浸水 6d	g/m²	<800	

307.04 施工要求

1. 一般规定

（1）施工前应准备符合要求的乳化沥青、矿料、水、填料等材料，同时提供正式材料质量检验报告。所有路用材料必须经检验合格后方可使用。

（2）微表处施工时，严格按照施工配合比设计进行配料，要加强配合比验证，确保不出现偏差。

（3）施工期内的气温应大于10℃，现场人员要注意气象预报及天气变化，严禁在雨天施工。

2. 施工准备

（1）微表处施工前，应预先对原路面进行路况调查，形成详细的调查报告和处理方案并报发包人批准后，对病害进行处治。路面坑槽采用热修补，裂缝必须先用乳化沥青进行灌缝，后用压缝带贴缝，两侧各0.5m内涂刷乳化沥青或还原剂。修补后原路面应符合要求，经检测验收后可进行微表处施工。

（2）施工前先清除原路面上的所有杂物、泥块、尘土和松散粒料，采用高压水冲洗干净，保证路面的清洁。如原路面裂缝已经进行了灌缝，应沿灌缝走向两侧各0.2m内涂刷还原剂，此项费用包含在微表处综合单价内，不另行计量。

（3）在炎热的天气状况下，微表处混合料摊铺前，根据原路面状况，对原路面预先洒水，保持路面湿润，延缓混合料的破乳时间。原路面不得有积水现象，湿润后立即施工。

（4）矿料应根据工程量和工程进展情况分批备料和堆放，且每批料不得混杂堆放，保证混合料的级配合理。

（5）进场的微表处主要机械设备不得低于资质审核要求，且性能优良。经发包人审查批准后，方能使用。每年在第一次使用机器或施工原材料更换之前，应按照使用说明书对稀浆封层摊铺机进行计量标定，并将计量标定结果报发包人审查。

（6）提前封闭交通，设置好导向牌、指示牌、限速牌等交通标志。

（7）施工之前，打开封层车的导向标尺，以便引导封层车的前进方向，保证封层线形匀称、顺直。

（8）对施工人员进行岗前技术培训和安全教育。

（9）试验段

①在主体工程微表处施工开工前至少14d，承包人应在发包人批准的地点和监督下，按照批准的施工方案，采用拟用于主体工程的材料、混合料配合比以及拌和、摊铺、压实设备和施工程序进行试验段施工。试验段宜选在主线直线段上，长度不小于200m。试验段施工经总结完善后才能进行全面微表处施工。

②试验段铺筑分试拌和试铺两个阶段，应包括下列试验内容：

a. 根据沥青路面各种施工机械相匹配的原则，确定合理的施工机械、机械数量与组合方式。

b. 通过试拌确定拌和机的上料速度、拌和数量与时间、拌和温度等操作工艺。

c. 通过试铺确定：沥青用量、喷洒方式、喷洒温度；摊铺机的摊铺温度、摊铺速度、摊铺宽度、自动找平方式等操作工艺，以及确定松铺系数、接缝方法等。

d. 按本规范规定的方法验证配合比设计结果，提出生产用的矿料配比和沥青用量。

e. 确定施工产量及作业段的长度，制订施工进度计划。

f. 全面检查材料及施工质量,认真做好记录分析,就各项试验内容提出试验路总结报告并报批。

g. 确定施工组织管理体系、质量保证体系、人员、机械设备、检测设备、通信及指挥方式等。

③铺筑试验段的目的是证明混合料的稳定性及机械设备的适应性。发包人可以提出要求,承包人应免费对其设备或操作进行合理的修改。

④在沥青混合料摊铺、压实12h后,按《公路工程沥青及沥青混合料试验规程》(JTG E20—2011)标准方法进行密实度、厚度检验。

⑤试验段如经发包人批准即可纳入主体工程,应按合格工程计量支付。如发包人验收不合格,承包人应免费清除不合格路段,重新铺筑试验路。

3. 现场拌和

在施工生产中,应采用封层车进行现场拌和,通过封层车的计量设备,由操作手现场操作,保证乳化沥青、水、矿料、填料等能按照一定的比例混合,通过拌和箱进行拌和。

4. 现场摊铺

根据路面宽度和摊铺宽度决定摊铺幅数,并按行车方向开始摊铺。摊铺中,操作手根据需要开始操作,使混合料淌入摊铺槽。当摊铺槽内有1/3的混合料时,向驾驶员发出起车信号。

封层车驾驶员应以一定的速度匀速行驶,行驶中要通过反光镜观测操作手的手势,与操作手默契配合,行驶线形要顺直、匀称。

调平工根据要求的厚度,适时调整手柄,保证摊铺厚度的均匀。发现薄厚不均时,要及时准确调整,避免由于调节幅度过大而造成超薄、超厚现象。

车上的各种材料如有一种用完时,应使发动机立即脱开输送带离合器,并关闭水泵、乳液泵的阀门。待拌和箱、摊铺槽内混合料全部摊完后,即停止前进。

每一车摊铺结束后,要及时清理摊铺槽,并对摊铺槽后的橡胶刮板进行喷烤刮净,保持摊铺槽清洁,然后对摊铺槽内剩余的混合料集中处理。

采用双层摊铺或者微表处车辙填充后再做微表处罩面时,首先摊铺的一层应至少在行车作用下成型24h,确认已经成型后方可在上面再进行第二层摊铺。微表处车辙填充时,应调整摊铺厚度,使填充层横断面的中部隆起3～5mm,形成冠状,以考虑行车压密作用。

5. 接缝施工

(1)纵接缝

①当两幅进行接缝时,应采用对接的方法,操作手要使摊铺槽的槽角全部压在另一幅的边上,使摊铺的混合料与第一幅没有任何重叠且没有空隙,并控制好混合料的稠度,使接缝边缘保持立面,利于接缝的良好对接。

②当操作中出现重叠现象时,应对直接重叠部分进行清除、刮平,刮掉多余混合料,使两幅处于同一水平,保证接缝及线形顺直。

③对接缝时产生的稀浆,在其破乳的同时,迅速用扫帚进行清扫,防止破乳后有沿着接缝走向的连续油膜带产生。

(2)横接缝

在两车进行横向接缝时,也要采用对接的方法,保证对接处在同一高度上,防止跳车现象的产生,同时要控制好起车时混合料的稠度,避免接缝处出现光亮油膜或花白料现象。

在混合料破乳之前,对接缝不良部位要进行人工处理。

6. 质量控制

(1)施工前必须进行原材料的各项试验,检验合格后方可使用。施工前进行混合料的各项试验,确认材料未发生变化时,方可施工。

(2)施工中应根据乳化沥青的固含量和矿料含水率的变化,及时调整配合比,使之符合规定要求,保证稀浆混合料的和易性,并进行施工。

(3)施工中要及时处理出现的各种质量问题,稀浆混合料摊铺后,应立即用耙子对局部进行修复、处理。

(4)施工中应严格控制摊铺质量,确保不出现划痕、光面、麻面、线形不平顺等现象。局部划痕用工具顺路斜拉,消除划痕;局部出现光面,用笤帚或耙子进行处理,提高封层表面的粗糙度。必要时发包人可要求承包人返工处理。施工过程中工程质量见表307-9,交工验收检验要求见表307-10。

微表处施工过程中工程质量控制标准　　表307-9

项　　目		检查频率及单点检查评价方法	质量要求或允许偏差	试　验　方　法
外观		随时	表面平整,均匀一致,无划痕,无显著离析,接缝顺畅	目测
油石比		每日1次,总量评定	±0.2%	每日实际沥青用量与总集料数量,总量检测
厚度		每公里5个断面	±10%	钢尺测量,每幅中间及两侧各1点,取平均值作为检测结果
矿粉集配	0.075mm	每日1次,取2个试样筛分的平均值	±0.3%	T 0725
	0.15mm		±0.3%	
	0.3mm		±0.3%	
	0.6mm、1.18mm、2.36mm、4.75mm、9.5mm		±0.3%	
湿轮磨耗试验		每周1次	不大于540g/m²	T 0752

微表处交工验收检验要求　　表307-10

项　　目		质量要求或允许偏差	检 验 频 率
表观质量	外观	表面平整,密实,均匀,无松散,无花白料,无轮迹,无划痕	全线连续
	横向接缝	对接,平顺	每条
	纵向接缝	宽度<80mm,不平整<6mm	全线连续
	边线	任一30m长度范围内的水平波动不得超过±50mm	全线连续

项 目		质量要求或允许偏差	检 验 频 率
抗滑性能	摆值 Fb（BPN）	≥45	5 个点/km
	横向力系数	≥54	全线连续
	构造深度 TD（mm）	≥0.60	5 个点/km
渗水系数		≤10mL/min	3 个点/km
厚度		−10%	3 个点/km

7. 早期养护

铺筑后、没有固化成型前，应禁止一切车辆和行人通行，应设专人负责，做好早期养护，以免路面遭受破坏。由交通封闭不严或原路面清理不彻底等原因，造成局部病害时，应立即用稀浆进行修补，防止病害扩大。

8. 开放交通

当混合料黏结力达到 200N·cm 时，初期养护结束。车辆在上面行驶无明显轮迹时，可开放交通。在开放交通后的 1~2h 内，要保证车速小于 30km/h，并严格限制牲畜在上面行走。

307.05　计量与支付

1. 计量

微表处施工以实际发生的并经发包人确认的工程量为准，按平方米计量。计量内容包括微表处实施前的路况检测、调查、路面清扫及与微表处实施所需的一切相关附属工作。

2. 支付

按上述规定计量，经发包人验收的列入了工程量清单的以下支付细目的工程量，其每一计量单位，将以合同单价支付。此项支付包括材料、劳力、运输、后期养护等及其他为完成工程所必需的费用，是对完成工程的全部偿付。

3. 支付子目

子 目 号	子 目 名 称	单 位
307	微表处施工	
307-1	微表处	
-a	微表处罩面	m²
-b	微表处填补车辙	m²

第 308 节　透层、黏层和封层

本节内容参照交通运输部《公路工程标准施工招标文件》（2018 版）。

第309节　热拌沥青混合料面层

本节内容参照交通运输部《公路工程标准施工招标文件》(2018版)。

第310节　沥青路面再生

310.01　范围

本节工作内容包括采用沥青路面再生技术进行大修、中修的各等级公路路面的面层、基层和底基层的施工,包括所需的设备、劳力和材料,以及施工、试验等全部作业。

310.02　材料

1. 一般规定

(1)沥青路面再生混合料使用的各种材料运至现场后应进行质量检验,经评定合格后方可使用。

(2)不同的回收沥青路面材料(RAP)应分开堆放、不得混杂,保证材料均匀一致;不同料源、品种、规格的新集料不得混杂堆放。

(3)回收沥青路面材料(RAP)新集料应堆放在预先经过硬化处理且排水畅通的地面上,宜采用防雨棚遮盖。

2. 道路石油沥青

(1)再生混合料适用的道路石油沥青,以及制作乳化沥青、泡沫沥青适用的道路石油沥青应符合《公路沥青路面施工技术规范》(JTG F40—2004)的规定。

(2)沥青必须按照品种、标号分开存放,在储运、使用和存放过程中应采取良好的防水措施,避免雨水或者加热管道蒸汽进入沥青中。

3. 乳化沥青

(1)厂拌冷再生、就地冷再生使用的乳化沥青材料性能应满足表310-1的质量要求。

冷再生用乳化沥青质量要求　　　　表310-1

试验项目		单位	质量要求	试验方法
破乳速度			慢裂或中裂	T 0658
粒子电荷			阳离子(+)	T 0653
筛上残留物(1.18mm筛)　≤		%	0.1	T 0652
黏度	恩格拉黏度 E_{25}	s	2~30	T 0622
	25℃赛波特黏度 V_8	s	7~100	T 0623

试 验 项 目			单 位	质量要求	试 验 方 法
蒸发残留物	残留分含量	≥	%	62	T 0651
	溶解度	≥	%	97.5	T 0607
	针入度(25℃)		0.1mm	50～300	T 0604
	延度(15℃)	≥	cm	40	T 0605
与粗集料的黏附性,裹覆面积		≥		2/3	T 0654
与粗、细粒式集料拌和试验				均匀	T 0659
常温储存稳定性	1d	≤	%	1	T 0655
	5d	≤		5	

注:恩格拉黏度和赛波特黏度指标任选其一检测。

(2)通常情况下,厂拌冷再生宜采用慢裂型乳化沥青,就地冷再生宜采用中裂型或者慢裂型乳化沥青。

(3)乳化沥青应在常温下适用,适用温度不应高于60℃。

4.泡沫沥青

厂拌冷再生、就地冷再生使用的泡沫沥青,应满足表310-2的要求。

泡沫沥青技术要求 表310-2

项 目		技 术 要 求	试 验 方 法
膨胀率(倍)	≥	10	《公路沥青路面再生技术规范》(JTG F41—2008)附录E
半衰期(s)	≥	8	《公路沥青路面再生技术规范》(JTG F41—2008)附录E

5.沥青再生剂

(1)沥青再生剂宜满足表310-3的要求。

热拌沥青混合料再生剂质量要求 表310-3

检验项目	RA-1	RA-5	RA-25	RA-75	RA-250	RA-500	试验方法
60℃黏度(cst)	50～175	176～900	901～4500	4501～12500	12501～37500	37501～60000	T 0619
闪点(℃)	≥220	≥220	≥220	≥220	≥220	≥220	T 0633
饱和分含量(%)	≤30	≤30	≤30	≤30	≤30	≤30	T 0618
芳香分含量(%)	实测记录	实测记录	实测记录	实测记录	实测记录	实测记录	T 0618
薄膜烘箱试验前后黏度比	≤3	≤3	≤3	≤3	≤3	≤3	T 0619
薄膜烘箱试验前后质量变化(%)	≤4,≥-4	≤4,≥-4	≤3,≥-3	≤3,≥-3	≤3,≥-3	≤3,≥-3	T 0609或T 0610

注:薄膜烘箱试验前后黏度比=试样薄膜烘箱试验后黏度/试样薄膜烘箱试验前黏度。

（2）应根据回收沥青路面材料（RAP）中沥青老化程度、沥青含量、回收沥青路面材料（RAP）掺配比例、再生剂与沥青的配伍性，综合选择再生剂品种。

6. 集料

（1）粗细集料质量，应满足本规范第 304 节或第 309 节的要求。

（2）热再生混合料中新旧集料混合后的集料混合料质量，应满足《公路沥青路面施工技术规范》（JTG F40—2004）的要求。

7. 水泥、石灰、矿粉

（1）水泥作为再生结合料或者活性添加剂时，可以采用普通硅酸盐水泥、矿渣硅酸盐水泥、火山灰硅酸盐水泥。水泥初凝时间应在 3h 以上，终凝时间宜在 6h 以上，不应使用快硬水泥、早强水泥。水泥应疏松、干燥，无聚团、结块、受潮变质。水泥强度等级可为32.5或42.5。

（2）石灰作为再生结合料或者活性添加剂时，可以采用消石灰粉或者生石灰粉，石灰技术指标应符合《公路路面基层施工技术细则》（JTG/T F20—2015）的规定。石灰在野外堆放时间较长时，应覆盖防潮。

（3）再生混合料中使用的填料的质量技术要求，应满足《公路沥青路面施工技术规范》（JTG F40—2004）的要求。

8. 水

制作乳化沥青、泡沫沥青用水，以及冷再生用水，均应为可饮用水。使用非饮用水时，应经试验验证，不影响产品和工程质量时方可使用。

9. 回收沥青路面材料（RAP）

（1）厂拌再生时，回收沥青路面材料（RAP）必须经预处理后方可使用。回收沥青路面材料（RAP）的预处理方法见《公路沥青路面再生技术规范》（JTG F41—2008）6.3 节。

（2）厂拌再生时经过预处理的回收沥青路面材料（RAP）以及就地再生时的回收沥青路面材料（RAP）样品，应按照表310-4～表310-6的各项技术指标进行检测。

再生时 RAP 检测项目与质量要求　　　　　　　　　　　表 310-4

材　　料	检 测 项 目	技术要求	试 验 方 法
RAP	含水率	实测	《公路沥青路面再生技术规范》（JTG F41—2008）附录 A
	RAP 级配	实测	
	沥青含量	实测	
	砂当量（%）	>55	
RAP 中的沥青	针入度（0.1mm）	>20	抽提，《公路工程沥青及沥青混合料试验规程》（JTG E20—2011）
	60℃黏度	实测	
	软化点	实测	
	15℃延度	实测	

材　料	检测项目	技术要求	试　验　方　法
RAP 中的粗集料	针片状颗粒含量、压碎值	实测	抽提,《公路工程集料试验规程》(JTG E42—2005)
RAP 中的细集料	棱角性	实测	

注:厂拌热再生 RAP 掺配比例小于20%时,RAP 中的沥青性能指标可不检测,RAP 中的粗集料可只检测针片状含量。

厂拌冷再生时 RAP 检测项目与质量要求　　　　表 310-5

材　料	检测项目	技术要求	试　验　方　法
RAP	含水率	实测	《公路沥青路面再生技术规范》(JTG F41—2008)附录 A
	RAP 级配	实测	
	沥青含量	实测	
	砂当量(%)	>50	
RAP 中的沥青	针入度	实测	抽提,《公路工程沥青及沥青混合料试验规程》(JTG E20—2011)
	60℃黏度	实测	
	软化点	实测	
	15℃延度	实测	
RAP 中的粗集料	针片状颗粒含量、压碎值	实测	抽提,《公路工程集料试验规程》(JTG E42—2005)
RAP 中的细集料	棱角性	实测	

注:冷再生层用于较低公路等级或所处层位较低时,RAP 中的沥青性能指标和粗细集料指标可有选择地检测。

全深式就地冷再生时 RAP 检测项目与质量要求　　　　表 310-6

材　料	检测项目	技术要求	试　验　方　法
RAP	含水率	实测	《公路沥青路面再生技术规范》(JTG F41—2008)附录 A
	RAP 级配	实测	
	沥青含量	实测	
	塑性指数	实测	《公路土工试验规程》(JTG E40—2007)

310.03　原路的调查及分析

1. 一般规定

(1)沥青路面再生工程实施前,应对原路面历史信息、技术状况、交通量、工程经济等方面的内容进行调查和综合分析,为再生设计(再生方式的选择、再生混合料设计、再生工艺的确定等)提供依据。

(2)原路面调查的内容应完整,并进行系统分析和准确评价。

2. 原路面历史信息调查与分析

(1)收集原路面设计资料、竣工资料等,一般包括原路面的结构、材料和路况等方面的资料。

(2)收集原路面通车营运期间的养护资料和路面检测资料,并结合施工资料、竣工资料,分析病害成因。

3. 原路面状况调查与评价

（1）原路面状况调查内容一般包括：路面状况指数 PCI、国际平整度指数 IRI、路面强度系数 SSI、车辙深度、下承层的承载能力、原路面结构厚度。

（2）对原路面材料进行取样。

（3）通过对原路面状况的调查、原路面材料的取样和试验、路面病害成因分析，为再生设计提供依据。

4. 交通量调查

（1）进行交通量调查，为再生路面结构设计和材料设计提供依据。调查内容应包括交通量大小、轴载情况等。

（2）通过交通量调查，为再生工程的交通组织方案提供依据。如果交通量太大，应考虑在施工过程中采取车辆分流措施；无法分流车辆的，应有针对性地进行施工组织设计或综合比选其他路面养护维修方法。

5. 技术经济性分析

对可能采用的不同路面维修方法，应进行综合技术经济对比分析，分析各种方法使用年限内的综合成本，包括路面维修成本、养护成本、路面残值等。

310.04 再生混合料设计

1. 一般规定

（1）必须在对回收沥青路面材料（RAP）充分调查分析的基础上，根据工程要求、公路等级、使用层位、气候条件、交通情况，充分借鉴成功经验，选用符合要求的材料，进行再生混合料设计。

（2）厂拌热再生、就地热再生，以回收沥青路面材料（RAP）中的矿料与新矿料的合成级配作为级配设计依据；厂拌冷再生、就地冷再生，以回收沥青路面材料（RAP）与新矿料的合成级配作为级配设计依据。

2. 厂拌热再生混合料设计

（1）厂拌热再生混合料设计，按照《公路沥青路面再生技术规范》（JTG F41—2008）附录 B 的设计方法进行。

（2）厂拌热再生混合料矿料级配工程设计级配范围的确定，以及厂拌热再生混合料技术要求和性能检验，应符合《公路沥青路面施工技术规范》（JTG F40—2004）对热拌沥青混合料的相关规定。

3. 就地热再生混合料设计

（1）就地热再生混合料设计，按照《公路沥青路面再生技术规范》（JTG F41—2008）附录 C 的设计方法进行。

（2）就地热再生混合料矿料级配工程设计级配范围的确定，以及就地热再生混合料技术要求和性能检验，应符合《公路沥青路面施工技术规范》（JTG F40—2004）对热拌沥青混合料的相关规定。

4. 乳化沥青冷再生混合料设计

（1）使用乳化沥青作为再生结合料的厂拌冷再生、就地冷再生，按照《公路沥青路面再生技术规范》

（JTG F41—2008）附录 D 进行混合料设计。

（2）乳化沥青冷再生混合料设计级配范围宜满足表310-7的要求。

乳化沥青冷再生混合料工程设计级配范围 　　表310-7

筛孔（mm）	各筛孔的通过率（%）			
	粗粒式	中粒式	细粒式A	细粒式B
37.5	100	—	—	—
26.5	80~100	100	—	—
19	—	90~100	100	—
13.2	60~80	—	90~100	100
9.5	—	60~80	60~80	90~100
4.75	25~60	35~65	45~75	60~80
2.36	15~45	20~50	25~55	35~65
0.3	3~20	3~21	6~25	6~25
0.075	1~7	2~8	2~9	2~10

（3）乳化沥青冷再生混合料设计指标应满足表310-8的要求。

乳化沥青冷再生混合料设计技术要求 　　表310-8

试验项目		技术要求
空隙率（%）		9~14
劈裂试验（15℃）	劈裂强度（MPa）≥	0.40（基层、底基层），0.50（下面层）
	干湿劈裂强度比（%）≥	75
马歇尔稳定度试验（40℃）	马歇尔稳定度（kN）≥	5.0（基层、底基层）、6.0（下面层）
	浸水马歇尔残留稳定度（%）≥	75
冻融劈裂强度比TSR（%）≥		70

注：1. 任选劈裂试验和马歇尔稳定度试验之一作为设计要求，推荐使用劈裂试验。

2. 空隙率宜控制在12%以内。

（4）乳化沥青冷再生混合料中，乳化沥青添加量折合成纯沥青后占混合料其余部分干质量的百分比一般为1.5%~3.5%，水泥等活性填料剂量一般不超过1.5%。

5. 泡沫沥青冷再生混合料设计

（1）使用泡沫沥青作为再生结合料的厂拌冷再生、就地冷再生，按照《公路沥青路面再生技术规范》（JTG F41—2008）附录 D 进行混合料设计。

（2）泡沫沥青冷再生混合料设计级配范围，宜满足表310-9的要求。

泡沫沥青冷再生混合料工程设计级配范围 　　表310-9

筛孔（mm）	各筛孔的通过率（%）		
	粗粒式	中粒式	细粒式A
37.5	100	—	—
26.5	85~100	100	—

筛孔（mm）	各筛孔的通过率（%）		
	粗粒式	中粒式	细粒式 A
19	—	90～100	100
13.2	60～85	—	90～100
9.5	—	60～85	—
4.75	25～65	35～65	45～75
2.36	30～55	30～55	30～55
0.3	10～30	10～30	10～30
0.075	6～20	6～20	6～20

（3）泡沫沥青冷再生混合料设计指标应满足表310-10的要求。

泡沫沥青冷再生混合料设计技术要求　　　　　表310-10

试 验 项 目		技 术 要 求
劈裂试验（15℃）	劈裂强度（MPa）　　　　≥	0.40（基层、底基层）、0.50（下面层）
	干湿劈裂强度比（%）　　≥	75
马歇尔稳定度试验（40℃）	马歇尔稳定度（kN）　　　≥	5.0（基层、底基层）、6.0（下面层）
	浸水马歇尔残留稳定度（%）≥	75
冻融劈裂强度比 TSR（%）	≥	70

注：任选劈裂试验和马歇尔稳定度试验之一作为设计要求，推荐使用劈裂试验。

（4）泡沫沥青冷再生混合料中，泡沫沥青添加量折合成纯沥青后占混合料其余部分干质量的百分比一般为1.5%～3.5%，水泥等活性填料剂量一般不超过1.5%。

6. 无机结合料稳定冷再生混合料设计

（1）无机结合料稳定冷再生混合料，按照《公路路面基层施工技术细则》（JTG/T F20—2015）水泥（石灰）稳定土混合料设计方法进行混合料设计。

（2）用于一级公路基层时，再生混合料级配宜满足表303-11中1号级配范围要求，用作底基层时宜满足表316-11中2号级配范围要求；用于二级及二级以下公路时，再生混合料级配宜满足表310-11中3号级配范围要求。

无机结合料稳定冷再生混合料级配范围　　　　　表310-11

筛孔（mm）	通过各筛孔的质量百分率（%）		
	1	2	3
37.5	—	100	90～100
31.5	100	—	—
26.5	90～100	—	66～100
19	72～89	—	54～100
9.5	47～67	—	39～100

续上表

筛孔（mm）	通过各筛孔的质量百分率（%）		
	1	2	3
4.75	29～49	50～100	28～84
2.36	17～35	—	20～70
1.18	—	—	14～57
0.6	8～22	17～100	8～47
0.075	0～7	0～30	0～30

（3）经配合比设计确定的无机结合料稳定冷再生混合料性能应满足表310-12 的要求。

无机结合料稳定冷再生混合料技术要求　　　　表 310-12

检 测 项 目		再生结合料类型			
		水泥		石灰	
		一级公路	二级及二级以下公路	一级公路	二级及二级以下公路
无侧限抗压强度（MPa）	基层　≥	3～5	2.5～3	—	0.8
	底基层　≥	1.5～2.5	1.5～2.0	0.8	0.5～0.7

310.05　一般要求

1. 就地热再生施工前应进行现场周边环境调查,对可能受到影响的植物隔离带、树木、加油站等提前采取隔离措施。

2. 就地热再生施工前,必须对就地热再生无法修复的路面病害进行预处理。

（1）破损松散类病害:破损松散类病害的深度超过就地热再生施工深度时,应予挖补。

（2）变形类病害:根据再生设备的不同,变形深度为 30～50mm 时,再生前应进行铣刨处理。

（3）裂缝类病害:分析裂缝类病害成因,影响热再生工程质量的裂缝应予处理。

3. 就地热再生原路面特殊部位的预处理:

（1）宜用铣刨机沿行车方向将伸缩缝和井盖后端铣刨 2～5m,前端铣刨 1～2m,深度 30～50mm,再生施工时用新沥青混合料铺筑。

（2）原路面上的突起路标应清除。

（3）采用隔热板保护桥梁伸缩缝。

4. 下承层应密实平整,强度符合设计要求。在摊铺冷再生层混合料之前宜在下承层表面喷洒乳化沥青,喷洒量为纯沥青用量 0.2～0.3kg/m²。

5. 清除原路面上的杂物,根据再生厚度、宽度、干密度等计算每平方米新集料、水泥等用量,均匀撒布。有条件的应优先采用水泥制浆车添加水泥。

6. 就地冷再生机应满足以下要求:

（1）工作装置的切削深度可精确控制。

（2）工作宽度应不小于 2.0m。

（3）喷洒计量精度可调,并与切削深度、施工速度、材料密度等联动;喷嘴在工作宽度范围内均匀分布,各喷嘴可独立开启与关闭。

（4）使用泡沫沥青时,还应具备泡沫沥青装置。

7.铺筑试验路段:沥青路面再生正式施工前应铺筑试验路,从施工工艺、质量控制、施工管理、施工安全等各方面进行检验。就地热再生试验路段的长度不宜小于200m。

310.06　沥青路面厂拌热再生

1.一般规定

（1）厂拌热再生,适用于对各等级公路回收沥青路面材料(RAP)进行热拌再生利用,再生后的沥青混合料根据其性能和工程情况,可用于各等级公路的沥青面层及柔性基层。

（2）厂拌热再生,应选择符合要求的回收沥青路面材料(RAP)和适宜的回收沥青路面材料(RAP)掺配比例,混合料应满足《公路沥青路面施工技术规范》(JTG F40—2004)中热拌沥青混合料的相关技术要求。

（3）厂拌热再生混合料的分类,按照集料公称最大粒径、矿料级配、孔隙率等划分,可参照《公路沥青路面施工技术规范》(JTG F40—2004)的热拌沥青混合料分类。

2.回收沥青路面材料(RAP)的回收

（1）不同的回收沥青路面材料(RAP)应分别回收,分开堆放、不得混杂。回收沥青路面材料(RAP)回收可选用冷铣刨、机械开挖等方式,应减少材料变异。

（2）回收沥青路面材料(RAP)在回收和存放时不得混入基层废料、水泥混凝土废料、杂物、土等杂质。

3.回收沥青路面材料(RAP)的预处理与堆放

（1）使用推土机、装载机等机具将一个料堆的回收沥青路面材料(RAP)充分混合,然后用破碎机或其他方式进行破碎,应使回收沥青路面材料(RAP)最大粒径小于再生沥青混合料最大公称粒径,不应有超粒径材料。不允许直接使用未经预处理的回收沥青路面材料(RAP)。

（2）根据再生混合料的最大公称粒径合理选择筛孔尺寸,将处理后的回收沥青路面材料(RAP)筛分成不小于两档的材料。

（3）经过预处理的回收沥青路面材料(RAP),可用装载机等将其转运到堆料场均匀堆放,转运和堆放过程中应避免回收沥青路面材料(RAP)离析。

（4）回收沥青路面材料(RAP)应避免长时间堆放,料仓中的回收沥青路面材料(RAP)应及时使用。

（5）使用回收沥青路面材料(RAP)时应从料堆的一端开始在全高范围内铲料。

4.混合料拌制

（1）厂拌热再生混合料可以选用间歇式拌和设备或连续式拌和设备进行拌和,拌和设备必须具有回收沥青路面材料(RAP)的配料装置和计量装置。使用间歇式拌和设备,当回收沥青路面材料(RAP)掺量大于10%时,宜增加回收沥青路面材料(RAP)烘干加热系统。

（2）回收沥青路面材料(RAP)料仓数量应不少于两个,料仓内的回收沥青路面材料(RAP)含水率应不大于3%。

(3)厂拌热再生混合料的生产温度与拌和时间应根据拌和设备的加热干燥能力、回收沥青路面材料(RAP)含水率、再生混合料的级配、新沥青的黏温曲线等综合确定,以不加剧回收沥青路面材料(RAP)的再老化,提高生产能力,降低能耗,并生产出均匀稳定的沥青混合料为原则。

①使用间歇式拌和设备时,应适量提高新集料的加热温度,但最高不宜超过200℃。

②使用间歇式拌和设备时,干拌时间一般比普通热拌沥青混合料延长5~10s,总拌和时间比普通热拌和沥青混合料延长15s左右。

③再生混合料出料温度应比普通热拌沥青混合料高5~15℃。

④回收沥青路面材料(RAP)加热时不得直接与火焰接触。

(4)厂拌热再生混合料拌制的其他要求,应符合《公路沥青路面施工技术规范》(JTG F40—2004)对热拌沥青混合料路面的规定。

5. 摊铺与压实

(1)厂拌热再生混合料的摊铺温度宜比热拌沥青混合料高5~15℃。

(2)厂拌热再生混合料摊铺的其他要求,应符合《公路沥青路面施工技术规范》(JTG F40—2004)对热拌沥青混合料路面的规定。

(3)厂拌热再生混合料的压实温度宜比热拌沥青混合料高5~15℃。

(4)厂拌热再生混合料压实的其他要求,应符合《公路沥青路面施工技术规范》(JTG F40—2004)对热拌沥青混合料路面的规定。

310.07 沥青路面就地热再生

1. 一般规定

(1)就地热再生适宜用于仅存在浅层轻微病害的一、二级公路沥青路面表层的就地再生利用,再生层可用作上面层或者中面层。

(2)沥青路面就地热再生是一种预防性养护技术,再生时原路面应具备以下条件:

①原路面整体强度满足设计要求。

②原路面病害主要集中在表面层,通过再生可得到有效修复。

③原路面沥青的25℃针入度不低于20(0.1mm)。

(3)沥青路面就地热再生,再生深度一般为20~50mm。

(4)原路面上有稀浆封层、微表处、超薄罩面、碎石封层的,不宜直接进行就地热再生。就地热再生前,应先将其铣刨掉,或经充分试验分析后,做出针对性的材料设计和工艺设计。

(5)改性沥青路面的就地热再生,宜进行专门论证。

2. 再生

(1)清扫路面,画导向线

清扫路面,避免杂物混入混合料内。在路面再生宽度以外画导向线,也可将路面边缘线作为导向线,保证再生施工边缘顺直美观。

(2)路面加热

①原路面必须充分加热。不得因加热温度不足造成铣刨时集料破损,影响再生质量,也不得因加热

296

温度过高造成沥青过度老化。

②应减少再生列车各设备间距,减少热量损失。

③原路面加热宽度比铣刨宽度每侧应至少宽出 200mm。

(3)路面铣刨

①铣刨深度要均匀。铣刨深度变化时应缓慢渐变。

②铣刨面应有较好的粗糙度。

③铣刨面温度应高于 70℃。

(4)再生剂喷洒

①再生剂喷洒装置应与再生复拌机行走速度联动并可自动控制,能准确按设计剂量喷洒。

②再生剂应加热至不影响再生剂质量的最高温度,提高再生剂的流动性和与旧沥青的融合性。

③再生剂应均匀喷入旧沥青混合料中。

④再生剂用量应准确控制,施工过程中应根据铣刨深度的变化适时调整再生剂的用量。

(5)拌和

应保证再生沥青混合料拌和均匀。

3. 摊铺

(1)摊铺应匀速进行,施工速度宜为 1.5～5m/min。混合料摊铺应均匀,避免出现粗糙、拉毛、裂纹、离析等现象。

(2)应根据再生层厚度调整摊铺熨平板的振动功率,提高混合料的初始密度,减少热量损失。

(3)再生混合料的摊铺温度宜控制在 120～150℃。

4. 压实

(1)就地热再生混合料的碾压应配套使用大吨位的振动双钢轮压路机、轮胎压路机等压实机具。

(2)碾压必须紧跟摊铺进行,使用双钢轮压路机时宜减少喷水,使用轮胎压路机时不宜喷水。

(3)对压路机无法压实的局部部位,应选用小型振动压路机或者振动夯板配合碾压。

310.08　沥青路面厂拌冷再生

1. 一般规定

(1)厂拌冷再生,适用于对各等级公路的回收沥青路面材料(RAP)进行冷拌再生利用,再生后的沥青混合料根据其性能和工程概况,可用于一、二级公路沥青路面的下面层及基层、底基层,三、四级公路沥青路面的面层。当用于三、四级公路的上面层时,应采用稀浆封层、碎石封层、微表处等做上封层。厂拌冷再生可使用乳化沥青或者泡沫沥青作为再生结合料。

(2)厂拌冷再生层施工前,必须确认再生层的下承层满足要求。

(3)厂拌冷再生混合料每层压实厚度不宜大于 160mm,且不宜小于 60mm。

2. 回收沥青路面材料(RAP)的回收、预处理和堆放

厂拌冷再生中回收沥青路面材料(RAP)的回收、预处理和堆放应满足本规范 310.06-2 条、310.06-3 条的要求。

3. 混合料拌制

（1）对拌和设备的要求：厂拌冷再生宜采用专用拌和设备。使用泡沫沥青作为再生结合料时还必须配备泡沫沥青发生装置。

（2）拌和设备的生产能力应与摊铺设备生产能力匹配。

（3）拌和时间应适宜，拌和后的冷再生混合料应均匀一致，无结团成块现象。

4. 摊铺

（1）厂拌冷再生混合料应采用摊铺机摊铺，熨平板不需要加热。用于三级以下公路时也可以选择使用平地机摊铺，摊铺按照本规范第 304 节进行。

（2）摊铺机必须缓慢、均匀、连续不断地摊铺，不得随意变换速度、中途停顿。摊铺速度宜控制在 2～4m/min 范围内。当发现摊铺后的混合料出现明显离析、波浪、裂缝、拖痕时应分析原因，予以消除。

5. 压实

（1）根据再生层厚度、压实度等的需要，配备足够数量、吨位的钢轮压路机、轮胎压路机，按照试验段确定的压实工艺在混合料最佳含水率的情况下进行碾压，保证压实后的再生层符合压实度和平整度的要求。

（2）直线和不设超高的平曲线段，应由两侧路肩向路中心碾压；设超高的平曲线段，应由内侧路肩向外侧路肩碾压。

（3）压路机应以慢而均匀的速度碾压，初压速度宜为 1.5～3km/h，复压和终压速度宜为 2～4km/h。

（4）严禁压路机在刚完成碾压或正在碾压的路段上掉头、紧急制动及停放。

310.09　养生与开放交通

1. 厂拌热再生混合料路面的养生和开放交通，应符合《公路沥青路面施工技术规范》（JTG F40—2004）对热拌沥青混合料路面的规定。

2. 就地热再生压实完成后，再生层路表温度低于 50℃后方可开放交通。

3. 沥青路面厂拌冷再生

（1）冷再生层在加铺上层结构前必须进行养生，养生时间不宜少于 7d。当满足以下两个条件之一时，可以提前结束养生：

①再生层可以取出完整的芯样。

②再生层含水率低于 2%。

（2）养生方法

①在封闭交通的情况下养生时，可进行自然养生，一般无须采取措施。

②在开放交通的条件下养生时，再生层在完成压实至少 1d 后方可开放交通，但应严格限制重型车通行，行车速度应控制在 40km/h 以内，并严禁车辆在再生层上掉头和紧急制动。为避免车轮对表层的破坏，可在再生层上均匀喷混慢裂乳化沥青（稀释至 30%左右的有效含量），喷洒用量折合纯沥青后宜为 0.05～0.2kg/m²。

（3）养生完成后，在铺筑上层沥青层前应喷洒黏层。

310.10 质量检验

1. 沥青路面厂拌热再生

（1）厂拌热再生混合料路面的施工质量管理，应符合《公路沥青路面施工技术规范》（JTG F40—2004）对热拌沥青混合料路面的规定，在施工过程中须对回收沥青路面材料（RAP）按表310-13中的项目进行检查。

施工过程中 RAP 质量检查 表 310-13

材料	检查项目	要求值	检查频率
RAP	RAP 级配	符合设计要求	每天 1 次
	RAP 含水率（%）	<3	每天 1 次

（2）厂拌热再生混合料路面的检查验收，应符合《公路沥青路面施工技术规范》（JTG F40—2004）对热拌沥青混合料路面的规定。

2. 沥青路面就地热再生

（1）沥青路面就地热再生施工过程中的材料质量检查，应符合《公路沥青路面施工技术规范》（JTG F40—2004）对热拌沥青混合料路面的有关规定。

（2）沥青路面就地热再生需要添加新沥青混合料时，新沥青混合料的质量应满足设计要求，再生混合料的质量控制应符合《公路沥青路面施工技术规范》（JTG F40—2004）对热拌沥青混合料路面的有关规定。

（3）沥青路面就地热再生施工过程中的工程质量控制应满足表310-14、表310-15的规定。

就地热再生混合料施工过程中的工程质量控制标准 表 310-14

检查项目	检查频度	质量要求或允许偏差	试验方法
再生剂用量	随时	适时调整，总量控制	每天计算
压实度均值	每天 1~2 次	最大理论密度的94%	T 0924，JTG F40—2004 附录 E
再生混合料摊铺温度	随时	>120℃	温度计测量

就地热再生外形尺寸现场质量检查的项目与频度 表 310-15

检查项目	检查频度	质量要求或允许偏差	试验方法
宽度（mm）	每100m 1 次	大于设计宽度	T 0911
再生厚度（mm）	随时	±5	T 0912
加铺厚度（mm）	随时	±3	T 0912
平整度最大间隙（mm）	随时	<3	T 0931
横接缝高差（mm）	随时	<3，必须压实	3m 直尺间隙
纵接缝高差（mm）	随时	<3，必须压实	3m 直尺间隙
外观	随时	表面平整密实，无明显轮迹、裂痕、推挤、油包、离析等缺陷	目测

（4）就地热再生工程的检查和验收应满足表310-16的要求。

就地热再生工程检查和验收的项目与频度　　　　　　　　表310-16

检 查 项 目	检 查 频 度	质量要求或允许偏差		试 验 方 法
宽度（mm）	每1km 20个断面	大于设计宽度		T 0911
再生厚度（mm）	每1km 5点	-5		T 0912
加铺厚度（mm）	每1km 5点	±3		T 0912
平整度 IRI（m／km）	全线连续	高速公路、一级公路	<3	T 0933
		其他等级公路	<4	
外观	随时	表面平整密实，无明显轮迹、裂痕、推挤、油包、离析等缺陷		目测
压实度代表值	每1km 5点	最大理论密度的94%		T 0924

3. 沥青路面厂拌冷再生

（1）施工过程的材料质量控制和检查的项目、频度等应满足表310-17的要求。

厂拌冷再生施工前材料质量控制和检查的项目、频度　　　　　　　　表310-17

材　料	检 查 项 目	要 求 值	检 查 频 率
乳化沥青	表316-1规定的项目	符合设计要求	每批来料1次
泡沫沥青	表316-2规定的项目	符合设计要求	每批来料1次
矿料	表316-4规定的项目	符合设计要求	每批来料1次
RAP	RAP级配	符合设计要求	每批来料1次

（2）施工过程的质量控制项目、频度等应满足表310-18的要求。

施工过程的质量控制检查项目、频度和要求　　　　　　　　表310-18

检 查 项 目		质 量 要 求	检 验 频 率	检 验 方 法
乳化沥青再生	压实度（%）	≥90（一级公路）≥88（二级及二级以下公路）	每车道每公里检查1次	基于最大理论密度，T 0924或 T 0921
	空隙率（%）	≤10（一级公路）≤12（二级及二级以下公路）		
泡沫沥青再生	压实度（%）	≥98（一级公路）≥97（二级及二级以下公路）	每车道每公里检查1次	基于重型击实标准密度，T 0924或 T 0921
15℃劈裂强度（MPa）		符合设计要求	每工作日1次	T 0716
干湿劈裂强度比（%）		符合设计要求		T 0716
马歇尔稳定度（kN）		符合设计要求		T 0709
残留稳定度（%）		符合设计要求		T 0709
冻融劈裂强度比（%）		≥70	每3个工作日1次	T 0729

续上表

检查项目	质量要求	检验频率	检验方法
含水率	符合《公路沥青路面再生技术规范》（JTG F41—2008）要求	发现异常时随时试验	T 0801
沥青含量、矿料级配	符合设计要求	发现异常时随时试验	抽提、筛分

（3）施工过程的外形尺寸检查项目、频度等应满足表310-19 的要求。

外形尺寸检查的项目、频度和要求　　　　表 310-19

检查项目		质量要求	检验频率	检验方法
平整度最大间隙（mm）		8	随时，接缝处单杆测量	T 0931
纵断面高程（mm）		±10	检查每个断面	T 0911
厚度（mm）	均值	−8	随时	插入测量
	单个值	−10	随时	
宽度（mm）		不小于设计宽度，边缘线整齐、顺适	检查每个断面	T 0911
横坡度（%）		±0.3	检查每个断面	T 0911
外观		表面平整密实，无浮石、弹簧现象，无明显压路机轮迹	随时	目测

（4）厂拌冷再生工程完工后，应将全线以 1～3km 作为一个评定路段，按照表310-20 的要求进行质量检查和验收。

沥青路面厂拌冷再生质量检查和验收的项目、频度和要求　　　　表 310-20

检查项目		质量要求	检验频率	检验方法
平整度最大间隙（mm）		8	每200m 2处，每处连续10尺	T 0931
纵断面高程（mm）		±10	每200m 4个点	T 0911
厚度（mm）	均值	−8	每200m 每车道1个点	插入测量
	单个值	−15	每200m 每车道1个点	
宽度（mm）		不小于设计宽度，边缘线整齐、顺适	每200m 4个断面	T 0911
横坡度（%）		±0.3	每200m 4个断面	T 0911
外观		表面平整密实，无浮石、弹簧现象，无明显压路机轮迹	随时	目测
压实度（%）	乳化沥青	≥90（高速公路、一级公路）≥88（二级及二级以下公路）	每车道每公里检查1次	基于最大理论密度，T 0924 或 T 0921
	泡沫沥青	≥98（高速公路、一级公路）≥97（二级及二级以下公路）	每车道每公里检查1次	基于重型击实标准密度，T 0924 或 T 0921

310.11 计量与支付

1. 计量

再生沥青混凝土,应按图纸所示或监理人指示的平均铺筑面积,经监理人验收合格,按粗、中、细粒式沥青混凝土和不同厚度分别以平方米计量。除监理人另有指示外,超过图纸所规定的面积均不予计量。

2. 支付

(1) 费用的支付,主要包括以下内容:

①承包人提供工程所需的材料、机具、设备和劳力等。

②原材料的检验、混合料设计与试验,以及经监理人批准的按照规范所要求的试验路段的全部作业。

③铺筑前对下承层的检查和清扫,材料的拌和、运输、摊铺、压实、整型、养护等。

④质量检验所要求的检测、取样和试验等工作。

(2) 按上述规定计量,经监理人验收并列入工程量清单的以下支付子目的工程量,将以合同单价支付。此项支付包括一切为完成本项工程所必需的全部费用。

3. 支付子目

子 目 号	子 目 名 称	单 位
310	沥青路面再生	
310-1	细粒式再生沥青混凝土	
-a	厚…mm	m²
-b	厚…mm	m²
310-2	中粒式再生沥青混凝土	—
-a	厚…mm	m²
-b	厚…mm	m²
310-3	粗粒式再生沥青混凝土	—
-a	厚…mm	m²
-b	厚…mm	m²

第 311 节　改性沥青及改性沥青混合料

本节内容参照交通运输部《公路工程标准施工招标文件》(2018 版)。

第 312 节　水泥混凝土面板

本节内容参照交通运输部《公路工程标准施工招标文件》(2018 版)。

第 313 节　培土路肩、中央分隔带回填土、土路肩加固及路缘石

313.01　范围

本节工作内容包括路肩培土、中央分隔带回填土以及土路肩加固工程等施工作业。

313.02　材料

1. 路肩培土及中央分隔带回填土所用材料应符合图纸及本规范 204.02 小节的要求。
2. 水泥混凝土应符合图纸和本规范第 209 节的要求。
3. 水泥砂浆应符合图纸和本规范第 209 节的要求。

313.03　施工要求

1. 当路肩用料与稳定土层用料不同时，应采取培肩措施，先将两侧路肩培好。路肩料层的压实厚度应与稳定土层的压实厚度相同。在路肩上，每隔 5～10m 应交错开挖临时泄水沟。路面铺筑完成后，可进行路肩培土及中央分隔带回填土的施工作业，并应符合图纸和监理人指示。

2. 路肩培土和中央分隔带回填土的施工工艺及要求参照本规范 204.04 小节的有关规定，同时符合图纸要求。

3. 中央分隔带内根据图纸或监理人指示，表层应回填种植土。

4. 土路肩加固前准备

（1）施工前应按图纸逐桩测量其施工高程及应有宽度，当不符合图纸规定时，应进行修整；二级及二级以上公路土路肩的压实度应不小于 95%；二级以下公路的压实度应不小于 94%，同时路基边坡整修应符合图纸要求。

（2）经监理人检查同意后，方可分段进行预制块的铺砌或现浇水泥混凝土加固作业。

（3）填方路堤应分层碾压，两侧应有 30～50cm 超宽，路基不得有贴坡、亏坡现象。

（4）路基填方如属砂性土或松散粒料，其边坡应采取切实有效的工程或生态防护。

（5）对于路面漫流式排水的路段，横坡坡度偏差不超过设计值的 ±1%，与路面衔接处的路肩应以低于路面边缘高程 3～5cm 为宜。

5. 混凝土预制块加固土路肩

（1）混凝土预制块按图纸要求的尺寸应在预制场集中预制，经检验合格后方可使用。预制块在运输时应轻拿轻放，不得野蛮装卸，避免损坏。

（2）铺砌预制块时，首先应按图纸要求设置垫层或整平，然后将块件接缝处用水湿润，并在侧面涂抹水泥砂浆。砌块落座时应位置正确、灰缝挤紧，但不得碰撞相邻砌块。灰缝宽度不大于 10mm。

（3）铺砌段完成后，即进行养护，在砂浆强度达到图纸规定要求前，禁止在其上行走或碰撞。

6. 现浇混凝土加固土路肩

（1）模板应采用钢板材料制成，所有模板均不得翘曲，并应有足够的强度来承受混凝土压力，而不发生变形。所有模板应处理干净，涂上经批准的脱模剂，并按图纸尺寸对混凝土全深立模，然后浇筑混凝土。

（2）混凝土应按试验确定的配合比进行拌和及浇筑。按图纸要求的厚度，浇筑在模板内的混凝土

宜用捣动器振捣或监理人认可的其他方法捣固。模板应留待混凝土固结后方可拆除,拆模时应保证棱角不受损坏,混凝土应按规定刮平成形,然后用木抹子将其抹饰平整。经监理人允许可采用其他抹面方法,但不允许粉饰。

(3)抹饰平整后即进入养护。养护方法及细节参照本规范第410节的有关规定。

7.路缘石(混凝土预制)

(1)混凝土应按试验确定的配合比进行拌制及预制,路缘石的质量应符合图纸要求。

(2)路缘石埋设的槽底基础和后背填料应夯击密实,压实度符合图纸要求。

(3)安砌缘石时应钉桩拉线,务必使顶面平整,线条直顺,曲线圆滑美观,埋砌稳固。

(4)预制路缘石长度建议采用1m,应采用定型模板预制或专用设备挤压成型;安装前要逐块检查,对于折断、掉角、表面不平整、色差大及尺寸不符合要求的预制块,不得使用。

(5)预制块应带线安装,每5m设一个控制点,以保证路缘石总体线形顺直;安装时要坐浆,预制块应平稳、牢固,保证块与块之间不错台。

(6)现浇路缘石模板必须采用钢模且逐块检查,严禁使用变形模板和小模板。

(7)现浇路缘石混凝土必须集中机械拌和,不得现场人工拌制。为避免污染路面,混凝土及砂浆应卸在铁板或铁皮上。混凝土振捣完成后要有专人收平压浆,采用土工布保湿养护不少于7d。

(8)平交道口处的路缘石应加大尺寸;对于路面漫流式排水的路段,路缘石应低于路面10~20mm,并向路肩方向倾斜,坡度可同路面横坡。

313.04 质量检验

1.基本要求

(1)培土路肩及中央分隔带回填土,分层填筑压实符合要求,层面平整。

(2)培土路肩横坡符合图纸规定,肩线直顺,曲线圆滑。

(3)土路肩加固的混凝土配合比符合本规范的要求。

(4)现浇混凝土块加固土路肩,混凝土表面平整,线条直顺,曲线圆滑。

(5)预制混凝土块加固土路肩,铺砌稳固、平整,缝宽均匀,勾缝密实。

(6)预制混凝土块路缘石安砌稳固,线条直顺,曲线圆滑,顶面平整。

2.检查项目

(1)培土路肩及土路肩加固检查项目见表313-1。

培土路肩及路肩加固检查项目 表313-1

项次	检 查 项 目		规定值或允许偏差	检 查 方 法
1	压实度(%)		不小于设计值	按JTG F80/1—2017附录B检查,每200m测2处
2	平整度(mm)	土路肩	20	3m直尺:每200m测2处×4尺
		硬路肩	10	
3	横坡(%)		±1.0	水准仪:每200m测2处
4	宽度(mm)		符合设计要求	尺量:每200m测2处

(2)路缘石铺设检查项目见表313-2。

路缘石铺设检查项目 表 313-2

项次	检 查 项 目		规定值或允许偏差	检 查 方 法
1	直顺度（mm）		10	20m 拉线：每 200m 测 4 处
2	预制铺设	相邻两块高差（mm）	3	水平尺量：每 200m 测 4 处
		相邻两块缝宽（mm）	±3	尺量：每 200m 测 4 处
	现浇	宽带（mm）	±5	尺量：每 200m 测 4 处
3	顶面高程（mm）		±10	水准仪：每 200m 测 4 处

3. 外观鉴定

土路肩加固线条直顺，曲线圆滑，整洁美观。

路缘石勾缝密实均匀，无杂物污染。路缘石高程一致，线形顺畅。

313.05 计量与支付

1. 计量

（1）培土路肩及中央分隔带回填土按压实后并经验收的工程数量以立方米为单位分别计量。现浇混凝土加固土路肩、混凝土预制块加固土路肩经验收的工程数量以延米为单位分别计量。

（2）水泥混凝土加固土路肩经验收合格后，沿路肩表面量测其长度，以延米为单位计量，加固土路肩的混凝土立模、摊铺、振捣、养护、拆模、预制块预制铺砌、接缝材料等及其他有关加固土路肩的杂项工作均属承包人的附属工作，均不另行计量。

（3）路缘石按图纸所示的长度进行现场量测，经验收合格以延米为单位计量。埋设缘石的基槽开挖与回填、夯实以及混凝土垫层或水泥砂浆垫层等有关杂项工作均属承包人的附属工作，不另行计量。

2. 支付

按上述规定计量，经监理人验收并列入工程量清单的以下支付子目的工程量，其每一计量单位将以合同单价支付。此项支付包括材料、劳力、设备、运输等及其他为完成工程所必需的费用，是对完成工程的全部偿付。

3. 支付子目

子 目 号	子 目 名 称	单 位
313	路肩培土、中央分隔带回填土、土路肩加固及路缘石	
313-1	培土路肩	m³
313-2	中央分隔带回填土	m³
313-3	现浇混凝土加固土路肩（厚…mm）	m
313-4	混凝土预制块加固土路肩（厚…mm）	m
313-5	混凝土预制块路缘石	m

第314节 原沥青路面车辙类病害处理

314.01 范围

本节工作内容为对原沥青路面进行修补处理,按照图纸和监理人批示进行施工,包括提供全部设备、劳力和材料,以及施工、养护、试验等全部作业。

314.02 材料

1. 沥青路面灌缝密封胶

密封胶技术性能指标见表314-1。

密封胶技术性能指标 表314-1

试 验 项 目		试 验 方 法	技 术 要 求	
			Ⅰ型	Ⅱ型
针入度,25℃(0.01mm)	最大	ASTM D5329	90	90
弹性恢复,25℃(%)	最小		—	60
流动度,60℃(mm)	最大		5	3
沥青兼容性			通过	通过
黏结拉伸试验			−18℃拉伸50%5循环通过	−29℃拉伸50%3循环通过

314.03 施工要求

1. 车辙处理

(1)罩面路段,车辙深度大于15mm的路段,采用微表处填车辙处治,最后进行微表处罩面。

(2)罩面路段,车辙深度小于15mm的路段,直接进行微表处罩面。

2. 裂缝处理

(1)裂缝病害依据病害程度分别处理。细微裂缝采用灌缝处理,已扩展至下面层的裂缝病害应进行分层铣刨处理,其中横缝铣刨宽度为1.5~2m,视病害深度处理至第一层水稳,回填料为水稳回填(水稳层)+中粒式改性沥青混凝土+细粒式改性沥青混凝土。纵缝铣刨宽度为50cm,深度为5~10cm,回填料为中粒式改性沥青混凝土。

(2)对于裂缝严重部位(支缝较多、啃边、唧浆),先进行高聚物注浆处理,填充基层、底基层裂缝,使基层、底基层形成板体,然后进行挖槽综合处理。

3. 路面局部病害挖补

对坑槽、网裂、唧浆、沉陷、裂缝等局部病害,罩面前应采取如下挖补处治方案:

(1)严格按照"圆洞方补、斜洞正补"的原则,画出所需挖补范围的轮廓线,处理范围应根据病害实际大小适当扩大。

（2）沿所画轮廓线开凿至坑底稳定部分，其深度至少处理至下面层；若基层已经松散破损，将破坏的基层一并清除，回填水稳碎石基层及沥青混凝土面层至老路面。

4. 铣刨

（1）精铣刨：对原沥青路面修复各种病害后，对需要加铺路段进行精铣刨处理，精铣刨深度为 5～10mm。

（2）车辙铣刨：适用于原路面车辙病害严重路段的铣刨，铣刨深度根据现场确定，不得留有少量夹层，铣刨实测项目见表314-2。

路面铣刨实测项目 表 314-2

项次	检 查 项 目	规定值或允许偏差	检查方法和频率
1	铣刨深度（mm）	−10%H	挂线尺量：每100m测1个断面，每个断面测5个点
2	宽度（mm）	不小于设计值	尺量：每200m测1处
3	平整度/最大间隙（mm）	≤10	3m直尺：每车道每200m测1处，10尺
4	残留物（g/m²）	≤50	用毛刷清扫，每200m抽查1m²

注：H 为设计铣刨深度。

（3）沥青抹缝：铣刨结束后，应对四周垂直的路槽壁进行清理，清理后的路槽壁应坚固，无松动。在热沥青混合料摊铺前，沿路槽壁侧面均匀涂抹热改性沥青，沥青用量不小于 3.0kg/m²，不得漏抹，也不得堆积。

上述铣刨后需彻底清扫，采用高压空气压缩机吹除浮尘，局部部位辅以人工清理，待路面干燥经监理工程师检验合格后应立即施工黏层。

5. 具体施工技术要求见施工过程中下发的作业指导书

314.04　计量与支付

1. 计量

（1）沥青混凝土、水泥稳定碎石等材料的回填，以图纸所示或监理工程师指示为依据，以立方米为单位计量。场地清理、材料的移运处理等作业均不另行计量。

（2）开槽灌缝处理现场按照实际丈量的长度，以米为单位计量；裂缝开槽、槽内清理、灌缝材料等均为开槽灌缝处理的附属工作，不另行计量。

（3）路面铣刨以图纸所示或监理工程师指示为依据，以平方米为单位计量。场地清理、废料的移运处理等作业均不另行计量。

（4）原路面精铣刨拉毛以图纸所示或监理工程师指示为依据，以平方米为单位计量。场地清理、废料的移运处理等作业均不另行计量。

2. 支付

按上述规定计量，经监理工程师验收并列入工程量清单的以下支付细目的工程量，其每一计量单位将以合同单价支付。此项支付包括材料、劳力、设备、检验、运输等及其他为完成该项工程所必需的费用,是对完成工程的全部偿付。

3. 支付子目

子 目 号	子 目 名 称	单 位
314	原沥青路面车辙类病害处理	
314-1	沥青混凝土回填	m³
314-2	水泥稳定碎石基层回填	m³
314-3	中修内病害处理	
a	开槽灌缝	m
b	病害挖补(10cm)	m²
c	病害挖补每增减1cm	m²
314-4	铣刨沥青路面	m²

第 315 节 注 浆

315.01 范围

注浆适用于公路路面基层脱空、沉陷、裂缝唧浆、强度不足等病害处治,包括:

(1)裂缝、接缝唧浆;

(2)路面唧浆点;

(3)注浆结合坑槽热补处治路面唧浆;

(4)路面裂缝处理、聚合物注浆结合铣刨处理宽大裂缝;

(5)混凝土板块板底脱空、裂缝;

(6)混凝土板块板缝翻浆。

315.02 施工工艺

1. 工艺原理

采用的聚合物注浆材料为聚合物,原材料为两种预聚体液体,当这两种预聚体液体材料混合在一起时,预聚体即刻发生自身反应,膨胀并形成泡沫状固体。

注浆前,采用落锤式弯沉仪(FWD)或探地雷达(GPR)快速诊断路面病害,分层、分段检测评价路面使用性能和病害情况,制定针对性的养护维修方案和养护维修设计。注浆后再进行无损检测,评价注浆效果。

根据无损检测结果,将注浆管下到路面病害位置,向其中注入两种聚合物预聚体液体材料,材料迅速发生反应,膨胀固化,达到填充脱空、排除积水、挤密压实、治理病害的作用。

2. 施工工艺流程

（1）聚合物注浆施工工艺流程（图 315-1）

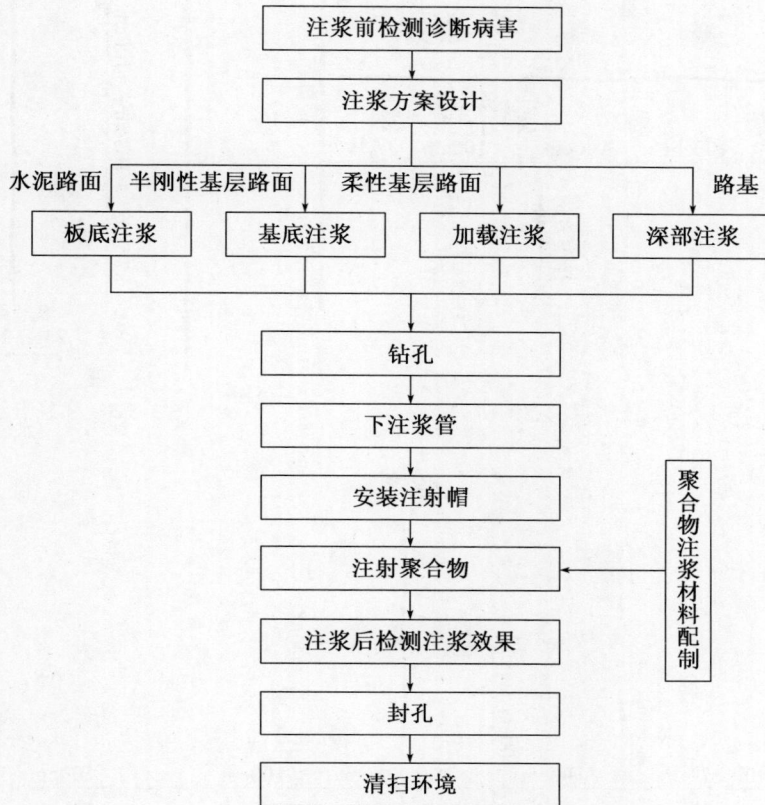

图 315-1　聚合物注浆施工工艺流程

（2）工艺要求

根据工程要求调和配置出两种聚合物预聚体液体原材料,分别装入不同的料桶中,装入聚合物注浆车中,带到现场。

利用落锤式弯沉仪（FWD）或探地雷达（GPR）对需维修路段进行检测,对路面进行分层分段评价,判断病害情况,确定注浆路段和注浆区域,确定注浆方案、注浆孔布设间距、打孔深度和注浆量。

根据检测路面类型和注浆前检测诊断结果分别设计聚合物注浆方案。对于水泥混凝土路面,采用板底注浆技术;对于半刚性基层路面,采用基底注浆技术;对于基层松散半刚性基层和柔性基层路面,采用加载注浆技术;对于路基病害,采用深部注浆技术。

①注浆点布设

根据不同的唧浆病害形式,采用针对性的注浆点布设,具体如下:

横缝:按照横缝走向,沿横缝两侧分别布设注浆点。如横缝未贯穿一个车道,按一个车道全宽布点。注浆点布设如图 315-2 所示。

纵缝:按照纵缝走向,沿横缝两侧分别布设注浆点,如图 315-3 所示。

纵横交错裂缝:分别按照纵缝、横缝走向,沿纵缝、横缝两侧分别布设注浆点,如图 315-4所示。

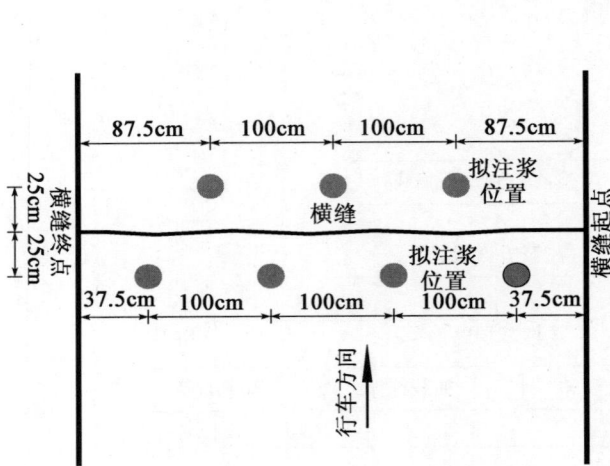

图 315-2　注浆点示意图(一)

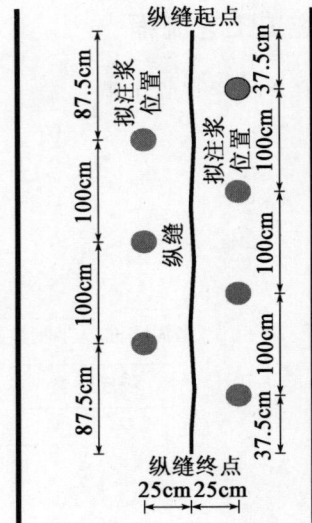

图 315-3　注浆点示意图(二)

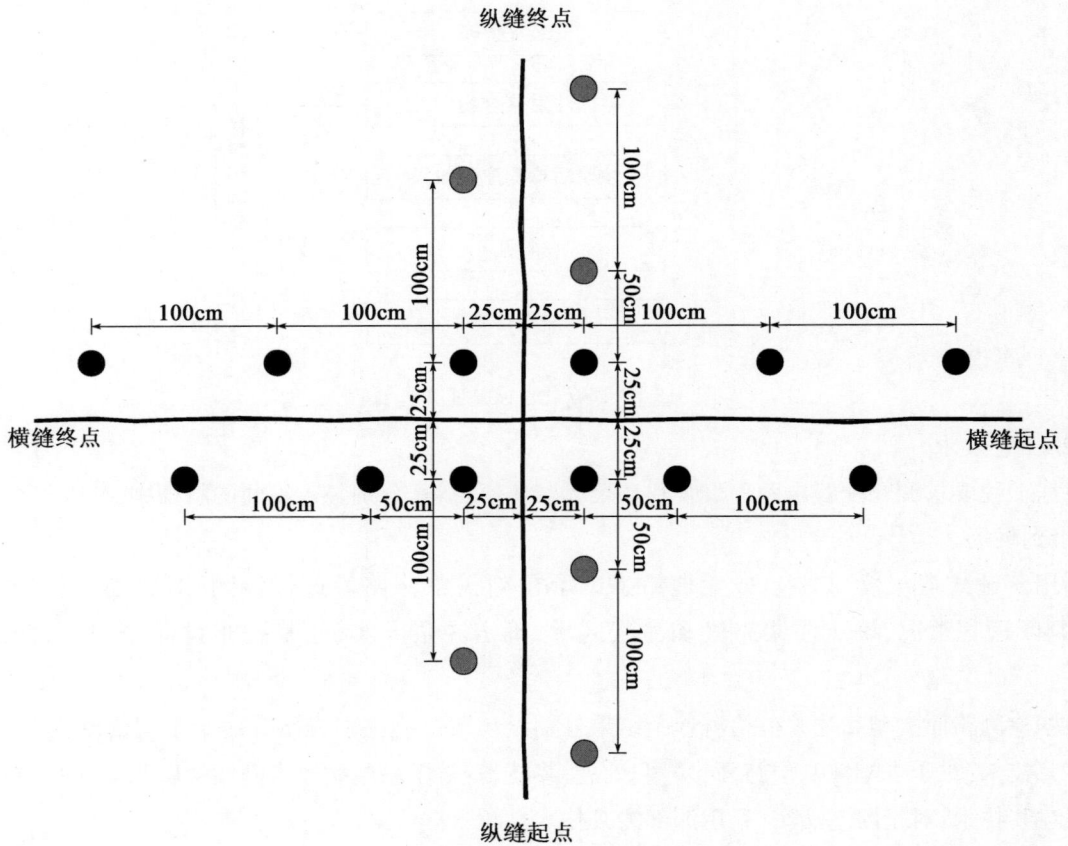

图 315-4　注浆点示意图(三)

多道横缝:路段中如出现相邻两道及以上唧浆横缝,注浆点布设原则如下:

a. 横缝间距 $L > 50$cm 时,按照图 315-5 布设注浆点。

b. 横缝间距 $L \leq 50$cm 时,以两道相邻横缝为例,注浆点布设如图 315-6 所示。

多道纵缝:路段中如出现相邻两道及以上唧浆纵缝,注浆点布设原则如下:

a. 纵缝间距 $L>50\text{cm}$ 时,按照图315-6布设注浆点。

b. 纵缝间距 $L\leqslant50\text{cm}$ 时,以两道相邻纵缝为例,注浆点布设如图315-6所示。

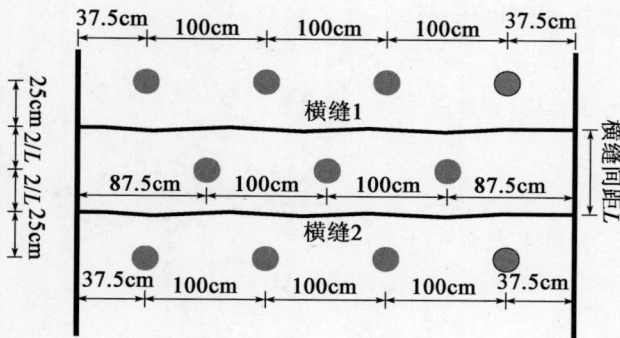

图315-5　注浆点示意图(四)

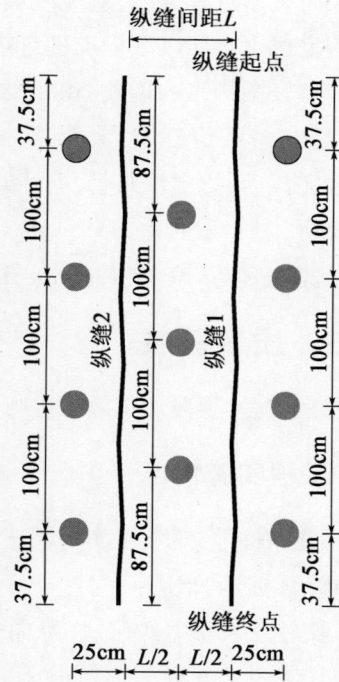

图315-6　注浆点示意图(五)

唧浆点:沿唧浆点边缘四周分别布设注浆点,如图315-7所示。

②钻孔

按照布设的注浆点,用冲击钻进行钻孔,钻孔时应满足以下要求:

钻机:钻头直径为16mm;钻杆长度为90cm(与钻机锚固长度为10cm),安装长度为80cm。

钻孔:钻入深度为78～79cm;钻孔时须确保钻杆与路面基本垂直;采取必要的路面防污染措施;钻孔完成后,用高压气管吹除孔内粉末。

③安设注浆管

注浆管由 PVC 导管与注浆帽组成,PVC 导管外径为16mm,长度约28cm。注浆前须将注浆帽套入 PVC 导管内,并确保连接紧密;打入路面时需确保垂直、用力适度,PVC 导管全部打入路面,注浆帽置于路面顶面,注浆管须与路面嵌挤紧密。

图315-7　唧浆点注浆点布设

④注浆

使用夹具把注射枪与注浆帽夹牢,由注浆帽压入注浆孔,并注射至病害位置,注射压力约为7MPa。注浆具体要求如下:

根据路面坡度(纵坡、横坡),由高处注浆孔向低处注浆孔依次注射;注浆可单孔逐一注射,也可多孔同时注射。同时注射时须确保同一方向间隔三个及以上注浆孔。

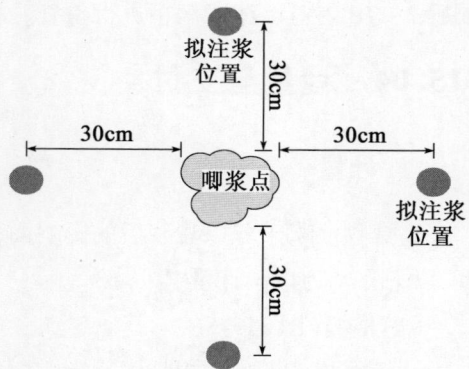

注浆过程中须确保注射压力恒定;每个注浆孔不可一次性注射,每次注射时间须控制在 2~3s,并随时观察路面状况,直至注射完成;注射人员须佩戴护目镜,并采取必要措施防止路面污染。

注浆时须全过程观测,避免注浆不足或过度注浆。如出现路面鼓起,须立即停止注浆。每个注浆孔注射是否完成可参照以下标准进行辨别:

裂缝有轻微扩张的现象;相邻未注浆的注浆孔有固化材料溢出;注浆泵工作声响节奏变慢。

⑤封孔

注浆完成后,拔出注浆管,向注浆孔内倒入热沥青封孔。

⑥放行

注浆完成后,养护 15~20min,并清洁工作面后放行通车。

315.03 质量验收

工程完成后,须对注浆效果进行实地检查与验收,具体如下:

1. 工程实施情况

对照施工桩号,对注浆实施情况进行检查,内容如下:

(1)注浆桩号、车道;

(2)实施注浆病害的形式(纵向裂缝、横向裂缝、唧浆点等);

(3)注浆病害处有无注浆孔,孔洞是否封闭。

2. 注浆效果

注浆效果验收主要检查注浆后病害有无二次唧浆现象。一般在注浆实施后一个月与三个月分别在雨后 2~7d 内对已注浆病害进行检查。如出现二次唧浆须立即进行补注,二次补注工程量不予计量。

315.04 计量与支付

1. 计量

高聚物注浆工程以注浆后的影响面积进行计量,按照不同的病害形式采用对应的计算公式进行计算,以平方米为单位计量。

(1)横缝(图 315-8)

计量面积 = 影响面积长度 × 影响面积宽度

$$= (0.25 + L + 0.25) \times (1.5 + 0.25 + 0.25 + 1.5)$$

$$= (L + 0.5) \times 3.5$$

(2)纵缝(图 315-9)

计量面积 = 影响面积长度 × 影响面积宽度

$$= (0.25 + L + 0.25) \times (1.5 + 0.25 + 0.25 + 1.5)$$

$$= (L + 0.5) \times 3.5$$

(3)纵横交错裂缝

纵横交错裂缝形式的注浆影响面积存在重叠区(图 315-9),须根据纵缝影响面积 S_1 与横缝影响面

积 S_2 的分布形式,采用不同的计算公式计算。

S_1、S_2 "十字" 分布(图 315-9)

计量面积(图 315-10) $= (S_1 + S_2) -$ 重叠区面积

$$= \left[(0.25 + L_1 + 0.25) \times (1.5 + 0.25 + 0.25 + 1.5) + (0.25 + L_2 + 0.25) \times (1.5 + 0.25 + 0.25 + 1.5) \right] - (1.5 + 0.25 + 1.5 + 0.25) \times (1.5 + 0.25 + 1.5 + 0.25)$$

$$= (L_1 + L_2 + 1) \times 3.5 - 3.5^2$$

$$= (L_1 + L_2 - 2.5) \times 3.5$$

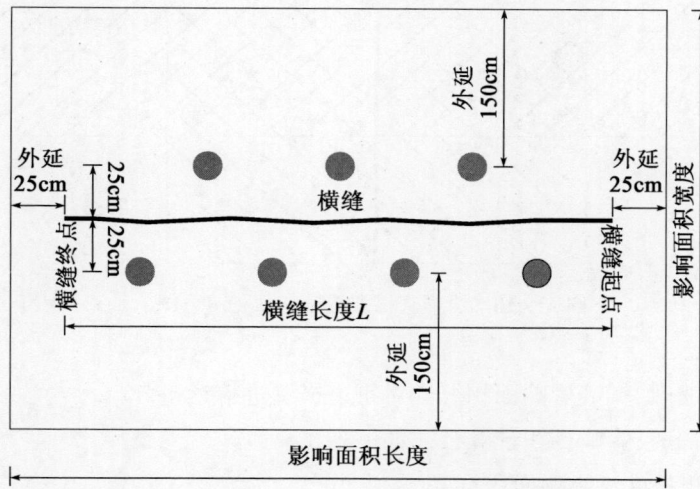

图 315-8 横缝影响面积计算图

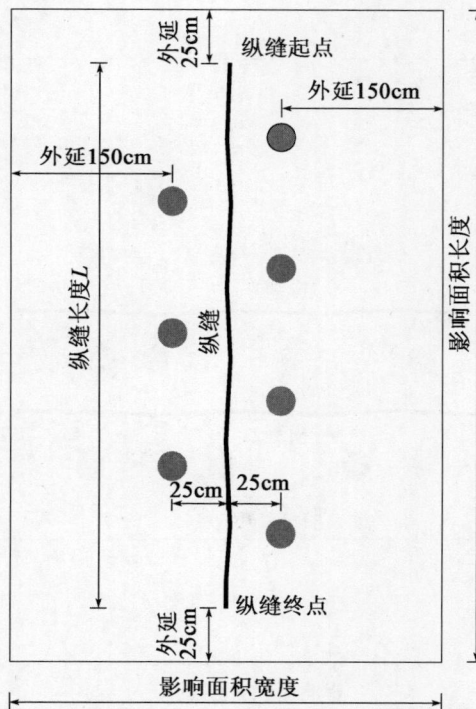

图 315-9 纵缝影响面积计算图

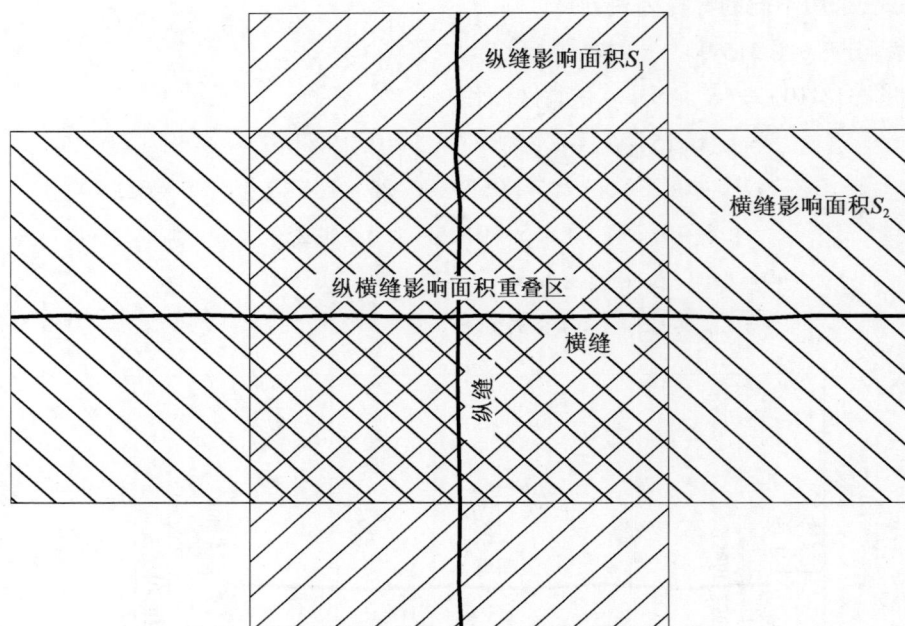

图 315-10　纵横交错裂缝影响面积示意图

（4）多道横缝（图 315-11）

①横缝间距 $L > 50\text{cm}$ 时，横缝影响面积分别对每道横缝进行计量。

②横缝间距 $L \leqslant 50\text{cm}$ 时，影响面积计算公式如下：

$$
\begin{aligned}
\text{计量面积} &= \text{影响面积长度} \times \text{影响面积宽度} \\
&= (1.5 + 0.25 + b + 0.25 + 1.5) \times (0.25 + L + 0.25) \\
&= (b + 3.5) \times (L + 0.5)
\end{aligned}
$$

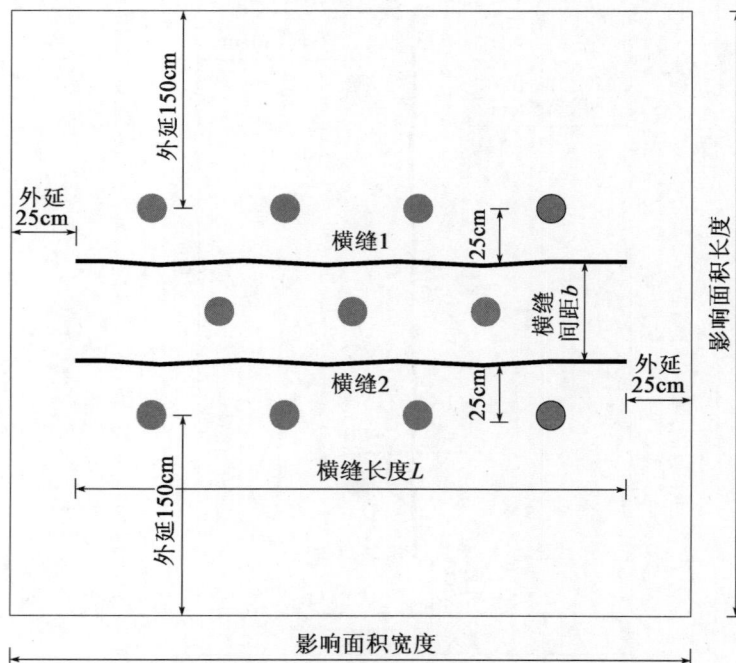

图 315-11　多道横缝影响面积计算图

（5）多道纵缝（图315-12）

①纵缝间距 $L > 50cm$ 时，纵缝影响面积分别对每道纵缝进行计量。

②纵缝间距 $L \leq 50cm$ 时，影响面积计算公式如下：

计量面积 = 影响面积长度 × 影响面积宽度

$$= (0.25 + L + 0.25) \times (1.5 + 0.25 + b + 0.25 + 1.5)$$

$$= (L + 0.5) \times (b + 3.5)$$

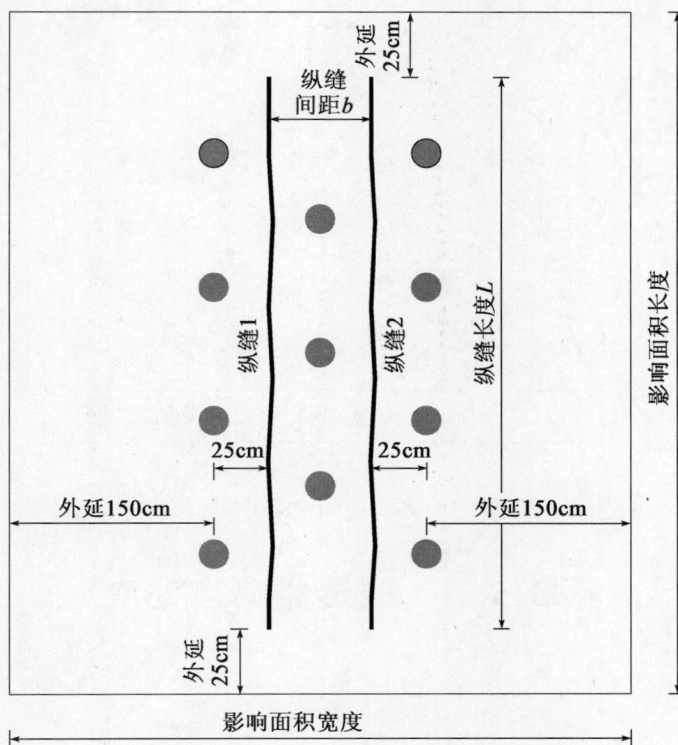

图 315-12 多道纵缝影响面积计算图

（6）喷浆点（图315-13）

计量面积 = 影响面积长度 × 影响面积宽度

$$= (0.3 + 1.5) \times 2 \times (0.3 + 1.5) \times 2$$

$$= 12.96 (m^2)$$

3. 支付子目

子 目 号	子 目 名 称	单 位
315	注浆	
315-1	注浆	m^2

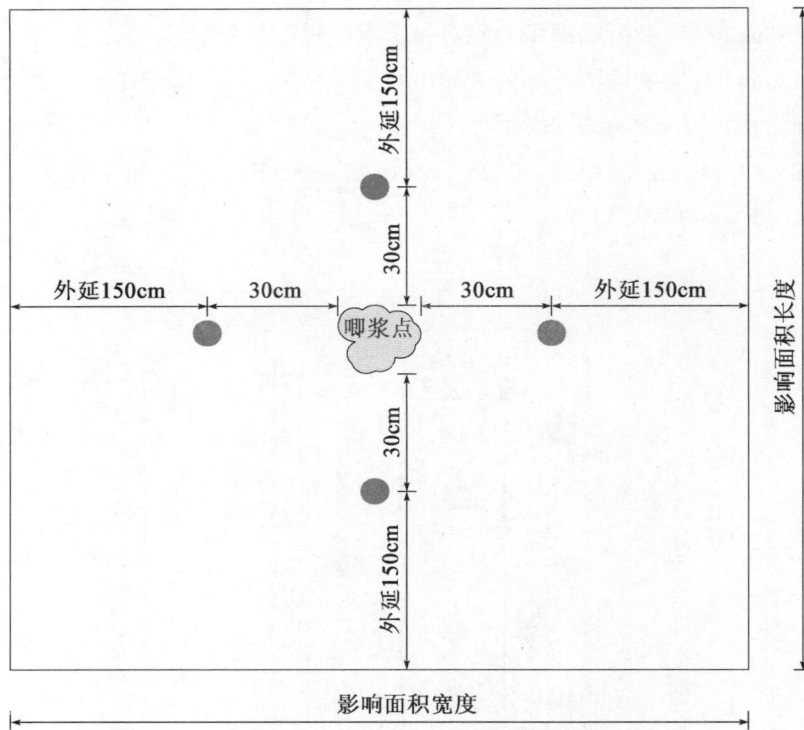

图 315-13　唧浆点影响面积计算图

第 316 节　裂缝类病害处治

316.01　范围

本节工作内容为沥青路面裂缝类病害的处治,包括材料的拌和、运输、铺筑、养护等有关作业。

316.02　一般规定

1. 沥青路面在满足强度要求的前提下(路面结构强度系数为中等以上时),高速公路及一级公路的路面状况指数(PCI)评价为中及中以下,或二级及二级以下公路的路面状况指数评价为次及次以下,应采取中修罩面措施;在不满足强度要求时应采取大修补强措施。

2. 裂缝类病害的破损情况见表 316-1。

沥青路面破损分类分级表　　　　　　表 316-1

破 损 类 型	分　级	外　观　描　述	分 级 指 标
龟裂	重	裂块破碎,缝宽,散落重,变形明显,急待修理	块度：<20cm
不规则裂缝	轻	缝细,不散落或轻微散落,块度大	块度：>100cm
	重	缝宽,散落,裂块小	块度：50~100cm
纵裂	轻	缝壁无散落或轻微散落,无或少支缝	缝宽：≤5mm
	重	缝壁散落重,支缝多	缝宽：>5mm

续上表

破损类型	分级	外观描述	分级指标
横裂	轻	缝壁无散落或轻微散落,无或少支缝	缝宽：≤5mm
	重	缝壁散落,支缝多	缝宽：>5mm

316.03 裂缝的处理

1. 对于轻微的裂缝,在高温季节全部或大部分可愈合的,可不加处理。在高温季节不能愈合的轻微裂缝,可采用以下两种方法进行处治：

(1)将有裂缝的路段清扫干净并均匀喷洒少量沥青(在低温、潮湿季节宜喷洒乳化沥青),再匀撒一层2~5mm的干燥洁净石屑或粗砂,最后用轻型压路机将矿料碾压。

(2)沿裂缝涂刷少量稠度较低的沥青。

2. 对于路面的纵向或者横向的裂缝,应根据裂缝的宽度按以下步骤分别予以处治：

(1)缝宽在5mm以内：

①清除缝中杂物及尘土。

②将稠度较低的热沥青(缝内潮湿时应采用乳化沥青)灌入缝内,灌入深度约为缝深的2/3。

③填入干净石屑或粗砂,并捣实。

④将溢出缝外的沥青及石屑、砂清除。

也可利用开槽机对裂缝进行跟踪开槽,深度、宽度一般为1.5cm左右;用小型吹风机清理槽内粉尘和杂物;采用灌封机用密封胶对裂缝进行封闭,并注意在缝的两边宽出2.5cm左右,以保证修补的质量;待灌缝后15min方可开放交通。新老路面出现的施工缝也可采用开槽、灌缝的办法处治。

(2)缝宽在5mm以上：

①除去已松动的裂缝边缘。

②用热拌沥青混合料填入缝中,捣实。缝内潮湿时应采用乳化沥青混合料。

对于基层反射裂缝,如已发生唧边、唧浆等现象,且缝宽在5mm以上,则需在横缝两侧各50~100cm的范围内开槽,挖除面层,并将基层松散部分清除后,对基层裂缝用细粒式沥青混合料或热沥青封闭,再在其上铺设玻纤格栅,最后再铺沥青面层。

3. 由于沥青性能不好,或路面设计使用年限较长、油层老化等原因出现大面积裂缝(包括网裂),此时如基层强度尚好,通过技术经济比较,可选用下列维修方法：

(1)乳化沥青稀浆封层,封层厚度宜为3~6mm。

(2)加铺沥青混合料上封层,或先铺设土工合成材料后,再在其上加铺沥青混合料上封层。

(3)改性沥青薄层罩面。

(4)单层沥青表处。

4. 由于土基、基层强度不足或路基翻浆引起的严重龟裂,应先处治好基层后再重作面层。

316.04 计量与支付

1. 计量

按设计修复破损面积计算以平方米计量。

2. 支付

按以上规定计量，以破损面积实际数量按合同单价计算合价后支付。此项目支付包括施工安全、运行维护；喷洒或铺筑沥青材料及其拌和、运输、罩面、填缝、捣实、碾压和初期养护等作业所需的全部费用。

3. 支付子目

子 目 号	子 目 名 称	单 位
316	裂缝类病害处治	
316-1	龟裂处治	m²
316-2	不规则裂缝处治	m²
316-3	缝宽在 5mm 以上的纵横向裂缝处治	m²

第 317 节　松散类病害处治

317.01　范围

本节工作内容为沥青路面松散类病害的处治，包括材料的拌和、运输、铺筑、养护等有关作业。

317.02　一般规定

1. 沥青路面在满足强度要求的前提下（路面结构强度系数为中等以上时），高速公路及一级公路的路面状况指数（PCI）评价为中及中以下，或二级及二级以下公路的路面状况指数评价为次及次以下，应采取中修罩面措施；在不满足强度要求时应采取大修补强措施。

2. 松散类病害的破损情况见表 317-1。

沥青路面破损分类分级表　　　表 317-1

破损类型	分 级	外 观 描 述	分 级 指 标
坑槽	轻	坑浅，面积小（＜1m²）	坑深：≤25mm
	重	坑深，面积较大（＞1m²）	坑深：＞25mm
麻面		细小嵌缝料散失，出现粗麻表面	
脱皮		路面面层层状脱落	
啃边		路面边缘破碎脱落	
松散	轻	细集料散失，路面磨损，路表粗麻	
	重	细集料散失，多量微坑，表面剥落	

317.03　病害的处治

1. 坑槽修补

（1）按"圆洞方补、斜洞正补"的原则，画出所修补坑槽的轮廓线。

（2）沿轮廓线开凿至坑底稳定部分，其深度不得小于原坑槽的最大深度。

(3)清除槽底、槽壁的松动部分及粉尘、杂物,并涂刷黏层沥青。

(4)填入沥青混合料(在低温、潮湿季节宜采用乳化沥青拌制的混合料)并整平。

(5)用小型压实机具或铁制手夯将填补好的部分压(夯)实。新填补的部分应略高于原路面。如果坑槽较深(7cm 以上),应将沥青混合料分两次或三次摊铺和压实。

(6)热补法修补。采用热修补养护车,用加热板加热坑槽处路面,翻松被加热软化铺装层,喷洒乳化沥青,加入新的沥青混合料,然后搅拌摊铺,用压路机压实成型。

2. 麻面与松散的处治

(1)大面积麻面应喷洒稠度较高的沥青,并撒适当粒径的嵌缝料,应使麻面部分中部嵌缝料稍厚,周围与原路面接口稍薄,定型要整齐,并碾压成型。

(2)因沥青用量偏少或因低气温施工造成的沥青面层松散,应采用以下方法处治:

①先将路面上已松动了的矿料收集起来。

②待气温升至15℃以上时,按 0.8 ~ 1.0kg/m² 的用量喷洒沥青,再均匀撒上 3 ~ 6mm 的石屑或粗砂(5 ~ 8m³/1000m²)。

③用轻型压路机压实。

(3)作稀浆封层处治,对松散路面处理后,再做稀浆封层。

(4)对于油温过高,沥青老化失去黏结性而造成的松散,应将松散部分全部挖除后,重做面层。

(5)因沥青与酸性石料间的黏附性不良而造成的路面松散,应将松散部分全部挖除后,重做面层。重做面层的矿料不应再使用酸性石料。在缺乏碱性石料的地区,应在沥青中掺入抗剥离剂、增黏剂或使用干燥的生石灰、消石灰、水泥等表面活性物资作为填料的一部分,或采用石灰浆处理粗集料等抗剥离措施,以提高沥青与矿料的黏附力,增加混合料的水稳性。

3. 脱皮的处治

(1)由于沥青面层与上封层之间黏结不好,或初期养护不良引起的脱皮,应清除已脱落和已松动的部分,再重新做上封层,所做封层的沥青用量及矿料粒径规格应视封层的厚度而定。

(2)如沥青面层层间产生脱皮,应将脱落及松动部分清除,在下层沥青面上涂刷黏结沥青,并重做沥青层。

(3)面层与基层之间因黏结不良而产生的脱皮,应先清除脱落、松动的面层,分析黏结不良的原因。若面层与基层间所含水分较多,应晾晒或烘干;若面层与基层之间夹有泥层,应将泥砂清除干净,喷洒透层沥青后,重做面层。

4. 啃边的处治

(1)因路面边缘沥青面层破损而形成啃边,应将破损的沥青面层挖除,在接茬处涂刷适量的黏结沥青,用沥青混合料进行填补,再整平压实。修补啃边后的路面边缘应与原路面齐顺。

(2)因基层松软、沉陷而形成的啃边,应先对路面边缘基层局部加强后再恢复面层。

317.04 计量与支付

1. 计量

按设计修复破损面积计算以平方米计量。

2. 支付

按以上规定计量,以破损面积实际数量按合同单价计算合价后支付。此项目支付包括施工安全、运行维护;病害部位的开槽、挖除、清底,沥青混合料的制备及其拌和、运输、喷洒、撒嵌、捣实、碾压、清理现场和初期养护等作业所需的全部费用。

3. 支付子目

子 目 号	子 目 名 称	单 位
317	松散类病害处治	
317-1	坑槽修补	
-a	厚…cm	m²
-b	厚…cm	m²
317-2	松散处治	m²
317-3	麻面处治	m²
317-4	脱皮处治	m²
317-5	啃边处治	m²

第 318 节　变形类病害处治

318.01　范围

本节工作内容为沥青路面变形类病害的处治,包括材料的拌和、运输、铺筑、养护等有关作业。

318.02　一般规定

1. 沥青路面在满足强度要求的前提下(路面结构强度系数为中等以上时),高速公路及一级公路的路面状况指数(PCI)评价为中及中以下,或二级及二级以下公路的路面状况指数评价为次及次以下,应采取中修罩面措施;在不满足强度要求时应采取大修补强措施。

2. 变形类病害的破损情况见表318-1。

沥青路面破损分类分级表　　　　　　　表 318-1

破损类型	分级	外观描述	分级指标
沉陷	轻	深度浅,行车无明显不适感	深度:≤25mm
	重	深度深,行车明显颠簸不适	深度:>25mm
搓板		路面产生纵向连续起伏、似搓板状的变形	
波浪	轻	波峰波谷高差小	高差:≤25mm
	重	波峰波谷高差大	高差:>25mm
拥包	轻	波峰波谷高差小	高差:≤25mm
	重	波峰波谷高差大	高差:>25mm

318.03 病害的处治

1. 沉陷的处治

（1）因路基不均匀沉降引起的局部路面沉陷，若土基和基层已密实稳定，不再继续下沉，可只修补面层，并根据路面的破损状况分别采取下列处治措施。

①路面略有下沉，无破损或仅有少量轻微裂缝，可在沉陷处喷洒或涂刷黏层沥青，再用沥青将混合料填补沉陷部分，并压实平整。

②因路基沉陷导致路面破损严重，矿料已松动、脱落形成坑槽的，应按 317.03 小节坑槽的维修方法予以处治。

（2）因土基或基层结构遭到破坏而引起路面沉陷，要求处治好基层后再重作面层。

（3）桥涵台背因填土不实出现不均匀沉降的，可视情况选择以下处理方法：

①挖除沥青面层，在沉陷的部分加铺基层后重作面层。

②对于台背填土密实度不够的，应重新作压实处理，台背死角处的压实宜采用夯实机械。

③对含水率和孔隙比均较大的软基或含有有机物质的黏性土层，宜采取换土处理。换土深度应视软层厚度而定。换填材料首先应选择强度高、透水性好的材料，如碎石土、卵砾土、中粗砂及强度较高的工业废渣，且要求级配合理。

④采用注浆加固处理。

2. 波浪与搓板的处治

（1）属于面层原因形成的波浪或搓板可按下述方法进行维修：

①路面仅有轻微波浪或搓板，可在波谷部分喷洒沥青，并匀撒适当粒径的矿料，找平后压实。

②波浪（搓板）的波峰与波谷高差起伏较大时，应顺行车方向将凸出部分铣刨削平，并低于路面约 10mm。消除部分喷洒热沥青，再匀撒一层粒径不大于 10mm 的矿料，扫匀、找平，并压实。

③严重的、大面积波浪或搓板，应将面层全部挖除，然后重铺面层。

（2）若面层与基层之间存在不稳定的夹层，面层在行车荷载的作用下推移变形而形成波浪（搓板），应挖除面层，清除不稳定的夹层后，喷洒黏结沥青，重铺面层。

（3）因基层局部强度不足，或稳定性差等原因造成的波浪（搓板），应先对基层进行处治，再重铺面层。

3. 拥包的处治

（1）属于施工时操作不慎将沥青漏洒在路面上形成的拥包，将拥包除去即可。

（2）已趋于稳定的轻微拥包，应将拥包用机械刨削或人工挖除。如果除去拥包后，路面不够平整，应予以处治。

（3）因面层沥青用量过多或细料集中而产生较严重拥包，或路面连续多次出现拥包且面积较大，但路面基层仍属稳定，应用机械或人工将拥包全部除去，并低于路面约 10mm。扫尽碎屑、杂物及粉尘后用热沥青混合料重做面层。

（4）因基层局部含水率过大，使面层与基层结合不良而被推移变形造成的拥包，应把拥包连同面层挖除，将水分晾晒干，或用水稳定性较好的材料更换已变形的基层，再重做面层。

（5）由于基层局部强度不足或水稳性不好,使基层松软而导致的拥包,应将面层和基层完全挖除。如土基中含有淤泥,应将淤泥彻底挖除,换填新料并夯实。在地下水位较高的潮湿路段,应采取措施引出地下水并在基层下加铺一层水稳性好的材料,最后重做面层。

318.04 计量与支付

1. 计量

按设计修复破损面积计算以平方米计量。

2. 支付

按以上规定计量,以破损面积实际数量按合同单价计算合价后支付。此项目支付包括施工安全、运行维护;病害部位的开槽、挖除、清底、沥青混合料的制备及其拌和、运输、喷洒、撒嵌、捣实、碾压和清理现场等作业所需的全部费用。

3. 支付子目

子 目 号	子 目 名 称	单 位
318	变形类病害处治	
318-1	沉陷处治	m²
318-2	波浪处治	m²
318-3	搓板处治	m²
318-4	拥包处治	m²

第 319 节 其他类病害处治

319.01 范围

本节工作内容为沥青路面其他类病害的处治,包括材料的拌和、运输、铺筑、养护等有关作业。

319.02 一般规定

1. 沥青路面在满足强度要求的前提下(路面结构强度系数为中等以上时),高速公路及一级公路的路面状况指数(PCI)评价为中及中以下,或二级及二级以下公路的路面状况指数评价为次及次以下,应采取中修罩面措施;在不满足强度要求时应采取大修补强措施。

2. 其他类病害的破损情况见表319-1。

沥青路面破损分类分级表　　　　表319-1

破 损 类 型	外 观 描 述
泛油	路表呈现沥青膜,发亮,镜面,有轮印
磨光	路面原有粗构造衰退或者丧失,路表光滑
修补损坏面积	因破损或病害而采取修复措施进行处治,路表外观上已修补的部分与未修补的部分明显不同
冻胀	路基下部的水分上聚集并冻结引起路面结构膨胀,造成路表拱起和开裂
翻浆	因路基湿软,路面出现弹簧、破裂、冒浆的现象

319.03　病害的处治

1. 泛油的处治

（1）只有轻微泛油的路段，可撒上 3～5mm 粒径的石屑或粗砂，并用压路机或控制行车碾压。

（2）泛油严重的路段，可先撒 5～10mm 粒径的石屑，用压路机碾压。待稳定后，再撒 3～5mm 粒径的石屑或粗砂，并用压路机或控制行车碾压。

（3）面层含油量高，且已形成软层的严重泛油路段，可视情况采用下述方法之一进行处治：

①先撒一层 10～15mm 粒径（或更大的）碎石，用压路机将其强行压入路面，待基本稳定后，再分次撒上 5～10mm 粒径的碎石，并碾压成型。

②将含油量过高的软层铣刨清除后，重作面层。

（4）处治泛油应注意以下事项：

①处治时间应选择在泛油路段已出现全面泛油的高温季节。

②撒料应顺行车方向撒，先粗后细；做到少撒、薄撒、匀撒、无堆积、无空白。

③禁止使用含有粉粒的细料。

④采用压路机或引导行车碾压，使所撒石料均匀压入路面。

⑤如采用行车碾压，应及时将飞散的粒料扫回，待泛油稳定后，将多余浮动的石料清扫并回收。

2. 磨光的处治

（1）抗滑能力已降低的高速公路、一级公路沥青面层，可用路面铣刨机直接恢复其表面的粗糙度。

（2）路面石料棱角被磨掉，路面光滑，抗滑性能低于要求值时，应加铺抗滑层。

（3）对表面过于光滑，抗滑性能特别差的路段，应作罩面处理。

①可以采用拌和法或层铺法施工的单层表面处治，也可以采用乳化沥青稀浆封层。

②罩面前，应先处治好原路面上的各种病害，若原路表有沥青含量过多的薄层，应将其刮除后洒黏层油。罩面及封层的技术要求应符合现行《公路路面基层施工技术细则》（JTG/T F20）的规定。

3. 冻胀和翻浆的处治

（1）因路基冻胀使路面局部或大面积隆起影响行车时，应将胀起的沥青路面刨平，待春融后按翻浆处理的方法予以处治。

（2）因冬季基层中的水结冰引起的冻胀，以及因春融季节化冻引起的翻浆应根据情况采用以下方法之一予以处治：

①换填砂粒。

②局部发生翻浆的路段，可采用打梅花桩或水泥砂砾桩的办法予以改善。

③加深边沟，并在翻浆路段两侧路肩上交错开挖宽度为 30～40cm 的横沟，其间距为 3～5m，沟底纵坡不小于 3%，沟深应根据解冻情况逐渐加深，直至路面基层以下。横沟的外口应高于边沟的沟底。如路面翻浆严重，除挖除横沟外，还应顺路面边缘设置纵向小盲沟。交通量较小的路段也可挖成明沟。但翻浆停止后，应将明沟填平恢复原状。

（3）因基层水稳定性不良或含水率过大造成的翻浆应挖去面层及基层全部松软的部分。将基层材料晾晒干，并适当增加新的硬粒料（有条件时应换填透水性良好的砂砾或工业废渣等）。分层（每层不超过15cm)填补并压实。最后恢复面层。

(4)低温季节施工的石灰稳定类基层,在板体强度未形成时雨水渗入,其上层发生翻浆的,应将翻浆部分挖除,重作石灰稳定基层或换用其他材料予以填补,然后重做面层。

319.04 计量与支付

1. 计量

按设计修复破损面积计算以平方米计量。

2. 支付

按以上规定计量,以破损面积实际数量按合同单价计算合价后支付。此项目支付包括施工安全、运行维护;病害部位的铣刨、挖除、清扫、挖除、加铺,沥青混合料的制备及其拌和、运输、喷洒、撒嵌、捣实、碾压和清理现场等作业所需的全部费用。

3. 支付子目

子 目 号	子 目 名 称	单 位
319	其他类病害处治	
319-1	泛油处治	m²
319-2	磨光处治	m²
319-3	翻浆处治	m²
319-4	冻胀处治	m²

第 320 节　水泥混凝土路面修复和加铺

320.01 范围

本节工作内容为针对水泥混凝土路面的一般性损坏而进行部分的维修养护作业,以及针对水泥混凝土路面发生较为严重的损坏、路面承载力不足而进行的沥青混凝土或水泥混凝土加铺工程。

320.02 一般规定

1. 水泥混凝土路面养护工作应做好预防性、经常性的保养和破损修补,保持路面处于良好的技术状态与服务水平。

2. 当高速公路及一级公路的路面破损状况(含路面状况指数 PCI 及路面断板率 PBR)等级为中及中以下,或者二级及二级以下公路的路面破损状况等级为次及次以下时,应采取全路段修复或改善措施。

3. 当高速公路及一级公路的路面行驶质量、抗滑能力等级为中及中以下,或者二级及二级以下公路的行驶质量、抗滑能力等级为次及次以下时,应分别采取措施,改善路面平整度,提高路面的抗滑能力。

4.当路面结构承载力不满足现有交通的要求时,应采取铺筑沥青混凝土或水泥混凝土加铺层措施提高其承载能力。

320.03　水泥混凝土路面严重病害的处理

1.错台的处治

对于高差大于10mm的严重错台,可采取沥青砂或水泥混凝土进行处治。

(1)采用沥青砂填补的基本要求:

①在沥青砂填补前应清除路面杂物和灰尘,并喷洒一层热沥青或乳化沥青,沥青用量为0.40~0.60kg/m²。

②修补面纵坡变化应控制在$i \leqslant 1\%$。

③沥青砂填补后,宜用轮胎机碾压。

④初期应控制车辆慢速通过。

(2)采用水泥混凝土修补的基本要求:

①应将错台下沉板凿除2~3cm深,修补长度按错台高度以坡度(1%)计算,见图320-1。

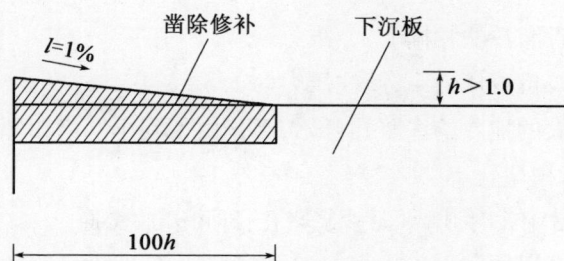

图320-1　错台填补法示意图(尺寸单位:cm)

②凿除面应清除杂物灰尘。

③混凝土达到通车强度后,即可开放交通。

2.水泥混凝土路面脱空的板底灌浆

(1)水泥混凝土路面出现板块脱空,采用板底灌浆的方法进行处治,处治应根据检查结果,确定空隙部位,合理布置浆孔;注浆材料应具有足够的强度和耐久性,注浆的效果可采取钻孔取芯、超声波或雷达检测等方法;结束后注浆,应将注孔及检查孔用水泥砂浆封填密实。

(2)水泥混凝土面板脱空位置的确定可采用弯沉测定法。

①须用5.4m长杆弯沉仪,以及相当于BZZ-100重型标准汽车。

②弯沉仪的测点与支座不应放在相邻两块板上,待弯沉车驶离测试板块后,方可读取百分表值。

③凡弯沉超过0.2mm的,应确定为面板脱空。

(3)注浆孔布设基本要求见图320-2。

①注浆孔布设应根据路面板的尺寸、下沉量大小、裂缝

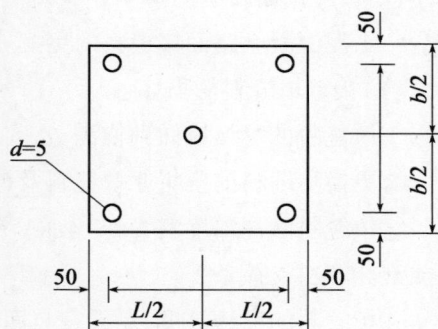

图320-2　注浆孔浆孔布置(尺寸单位:cm)

状况以及注浆机械确定。

②用凿岩机在路面上打孔，孔的大小应和灌注嘴的大小一致，一般为50mm左右。

③注浆孔与面板的距离应不小于0.5m。在一块板上，注浆孔的数量一般为5个；也可根据情况确定，采用矩形或梅花形布孔，孔距宜为1.0～2.0m，原则上应能使被加固土体在平面和深度范围内连成一个整体。

3.水泥混凝土路面板和基层之间由于出现空隙而导致路面沉陷的，可采用沥青灌注，水泥浆、水泥粉煤灰浆、水泥砂浆灌浆和地聚合物注浆等方法进行板下封堵加固施工。

(1)沥青灌注方法

①注浆孔的布置参照本规范图320-2进行。

②注浆孔钻好后，应采用压缩空气将孔中的混凝土碎屑、杂物清除干净，并保持干燥。

③宜采用建筑沥青，沥青加热熔化温度一般为180℃。

④沥青洒布车或专用设备的压力为200～400kPa。灌注沥青压满后约0.5min，应拔出喷嘴，用木楔堵塞。

⑤沥青温度下降应拔出木楔填进水泥砂浆，即可开放交通。

(2)水泥灌浆法

①灌注浆孔的布设与沥青灌注法相同。

②灌注机械可用压力灌浆机或压力泵，灌注压力为1.5～2.0MPa。

③注浆作业应先从沉陷大的地方的注浆孔开始，逐步由大到小。当相邻孔或接缝中冒浆，可停止泵送水泥浆，每注完一孔应用木楔堵孔。

④待砂浆抗压强度达到3MPa时，用水泥砂浆堵孔，即可开放交通。

4.水泥混凝土路面板和基层之间由于出现空隙、空洞而导致路面沉陷的，可采用顶升法处治。

顶升施工法：顶升前，应先用水准仪测量下沉板，绘出纵断面，求出升起值。每侧水准测量距离从下沉处算起，应不小于50m，然后在混凝土板上钻成透孔，以便安设起重设备，灌注填料(石灰砂浆，低标号水泥砂浆或干砂等)。顶升施工法，一般是将路面板悬挂在钢梁上用螺旋或液压千斤顶升起：

(1)沿板轴先在邻板或加固带上安装带钢垫板的支座，作为支承钢梁。然后在纵向钢梁支座上成对安装横向钢梁，在每根横梁上安放两台千斤顶。用间接的办法把板顶升起来。

(2)当板升起后，由钻孔将填料压入，这种方法能准确保持需要的升起高度。此外，利用可移动的支座，使板可按需要方向移动。

5.水泥混凝土路面接缝料的更换

(1)接缝填缝料的损坏

①填缝料的更换应做到饱满、密实、黏结牢固。清缝、灌缝宜使用专用机具。

②更换填缝料前应将原填缝料及掉入缝槽内的砂石杂物清除干净，并保持缝槽干燥、清洁。

③填缝料灌注深度宜为3～4cm。当缝深过大时，缝的下部可填2.5～3.0cm高的多孔软性垫底材料或泡沫塑料支撑条。

④填缝料的灌注高度，夏天宜与面板平，冬天宜稍低于面板2mm。多余的或溅到面板上的填缝料应予以清除。

⑤填缝料更换宜选在春秋两季，或宜在当地年气温居中且较干燥的季节进行。

（2）纵向接缝张开

①当相邻车道面板横向位移，纵向接缝张开宽度在 10mm 以下时，宜采取聚氯乙烯胶焦油类填缝料和橡胶沥青等加热施工式填缝料，其方法参照上述填缝料的施工。

②当相邻车道面板横向位移，纵向接缝张开宽度在 10mm 以上时，宜采取聚氨酯类常温施工式填缝料进行维修。

维修前应清除缝内杂物和灰尘，按材料配比配制填缝料，采用挤压枪注入填缝料，待填缝料固化后方可开放交通。

320.04　水泥混凝土路面碎石化施工

1. 一般规定

（1）水泥混凝土路面碎石化技术是指采用专用设备（多锤头破碎机或共振破碎机等）将严重破损的水泥混凝土路面破碎后，再经过压实稳定，形成一种类似级配碎石结构的柔性基层。

（2）应用碎石化技术时，必须对道路状况进行充分测试评估，并充分论证采用碎石化技术的可行性和经济性。在路面状况等级为次或差的情况下，可采用碎石化技术；在路面状况等级为良及良以上且桥涵等结构物过多的路段，不宜采用碎石化技术。

（3）碎石化实施前，必须充分重视原水泥路面的使用状况、破碎状况、基层与土基状况、道路中管线桥涵以及沿线建筑物、居民区情况的调查研究，并结合资金条件确定适宜的破碎工艺与加铺结构，并预见可能发生的情况和必须解决的技术问题。

2. 设备要求

（1）实施水泥混凝土路面碎石化技术必须采用专用破碎设备。目前，碎石化设备主要有多锤头破碎机和共振破碎机。

（2）多锤头破碎机的主要原理是利用设在自行式底盘后部的两排多个（一般为 16 个）重达半吨的锤头，通过控制落锤高度来快速冲击破碎混凝土路面。

（3）共振式破碎机是由凸轮转动产生的偏心力在机械锤头与水泥混凝土路面接触处产生高频低幅的振动，这种振动引发水泥板块共振，从而造成水泥混凝土的解体碎裂。

（4）破碎后路面需要进行压实稳定。采用多锤头破碎机进行破碎的路面，应采用 Z 形（Z-grid）压路机进行压实稳定；采用共振破碎的路面，可采用不小于 10t 的钢胎压路机进行压实稳定。

3. 施工准备

（1）路面准备

破碎施工前，应对所有局部沥青混凝土罩面、修补处进行清除，并对路面杂物、松散的接缝材料进行清理。

（2）构造物避让与标记

施工前应对以下构造物进行标记，破碎过程应进行避让。其上的水泥板采用人工风镐或其他方式破碎。

①管涵上填土高度小于 2m，破碎边界为管涵边缘 2m 以上。

②盖板涵上填土高度小于 3m，破碎边界为管涵边缘 2m 以上。

③桥头:破碎边界为桥头 3m 以上。

④对光缆、民房等其他需要避让的设施现场确定避让距离。一般要求远离房屋 5m 以上。

（3）设置高程控制点

在水泥混凝土路面上每 100m 设置 1 个高程控制点。

（4）排水

在施工前 2 周,设置排水边沟。雨天禁止破碎施工。

（5）交通与安全管理

破碎施工区域禁止车辆通行,并设有专人负责交通与安全管理。

（6）试验段

选择具有代表性的 100～200m 水泥路段作为试验段进行冲压试验,以确定各种施工工艺和技术参数。如锤头提升高度、设备行走速度等。

4. 碎石化施工

（1）从路肩、行车道、超车道的顺序依次进行破碎。对于一车道水泥板的破碎,如不能一次完成破碎,应按照从混凝土板外缘向内缘依次进行破碎。

（2）施工过程中应根据破碎情况及时调整施工参数。对于道路两侧不易破碎的区域,可采用人工风镐等方式进行破碎。

（3）破碎后,应及时进行碾压稳定。对于多锤头破碎,应采用 Z 形压路机进行压实稳定;对于共振破碎的路面,可采用小于 10t 的钢胎压路机进行压实稳定。一般要求碾压2～3遍。

（4）对于裂缝宽度较大,未形成嵌挤结构的局部路面,采用 3～5mm 碎石嵌缝。在压实过程中暴露出的软弱或不稳定区域,必须在铺筑沥青混凝土路面前进行修复、挖补并压实。

（5）压实后,应洒布乳化沥青透层油。乳化沥青用量一般为 2～3kg/m²,宜分为 2～3 次洒布。铺筑沥青混凝土路面前,不宜开放交通。

5. 施工质量控制

（1）对于多锤头破碎,要求表面混凝土颗粒最大尺寸小于 75mm,平均为 20～40mm;中部混凝土颗粒尺寸最大为 230mm,底部混凝土颗粒尺寸最大为 380mm。

（2）对于共振破碎,要求粒径自上而下由小变大,破碎面夹角 30°～60°,主要粒径范围为 20～80mm,最大粒径小于 150mm,粉尘含量小于 5%。

6. 严格按照施工图设计文件检验检测标准进行验收

7. 沥青混凝土加铺

（1）沥青混凝土加铺层厚度不宜小于 12cm,宜采用密级配沥青混凝土。

（2）沥青混凝土加铺应检查碎石化层,如表面由于运输车辆或施工车辆破坏而引起松动,应重新进行碾压。

320.05　一般处治

水泥混凝土老路病害处理:

（1）宜采用配备液压镐的混凝土破碎机对旧路面混凝土板及基层（需要更换基层处）进行破碎，液压镐落点间距为400mm，应及时清楚混凝土碎块、水稳基层废渣，整平底基层，采用压实机具进行压实。

（2）弹簧段、沉陷段路床均反挖至老路基层厚度，用贫混凝土填补至基层后用低剂量水稳碎石找平，水稳碎石顶面高程与旧路面基层顶面高程相同。基层水稳碎石若连续铺筑，需在对应面层板块处切缝。

（3）纵线裂缝和大面积网裂段采用铺贴聚酯玻纤布。

（4）水泥混凝土路面材料要求、施工工艺应按照《公路水泥混凝土路面施工技术细则》（JTG/T F30—2014）相关规定执行。混凝土宜集中拌和，可采用混凝土罐车运送混合料。

混合料的振捣应先用插式振捣器在板边、角隅处或全面顺序振捣一次，同一位置不少于20s，再用平板振捣器全面振捣。振捣时应重叠100～200mm，不少于15～30s，以不再冒泡并泛出水泥浆为止。在全面振捣后再用振动梁振实整平，往来拖动2～3遍，使表面泛浆，并赶出气泡。振动梁移动的速度应缓慢而均匀，对不平处，应及时人工补平，最后用滚杆进一步滚动表面，使表面进一步提浆。新浇的混凝土表面与旧混凝土表面不平整，应填补找平。

混凝土表面整修，应用木抹多次抹至表面无泌水为止。发现面板低凹处，应填补混凝土，并用3m直尺检查平整度。

按原路面纹理修面，可用尼龙绳或拉槽器在混凝土表面横向拉槽。

混凝土硬化后，要在尽早的时间内用切缝机切缝，切缝深度宜至1/4板块厚度。

（5）在水泥混凝土板块养护期满后，应立即进行接缝填缝。填缝前，接缝缝内必须清理干净，灌注填缝料必须在缝槽干燥状态下进行，其灌注深度以30～40mm为宜，下部可填入多空柔性材料。填缝料的灌注高度，夏天应与面板齐平，冬天宜稍低于面板。

（6）新旧水泥混凝土板交接处应设置传力杆。在旧面板1/2板厚处，每隔300mm钻一直径为33mm、深250mm的水平孔。用压缩空气清除孔内混凝土碎屑；向孔内灌入高强砂浆；同时在旧混凝土板侧向涂刷沥青，将直径为30mm、长500mm的光圆钢筋插入原混凝土面板中。

320.06　计量与支付

1. 计量

（1）水泥混凝土路面板破板修复，按设计图所示施工，以设计修复面板面积计算，以平方米计量。

（2）水泥混凝土路面板底灌浆，按设计图所示施工，以设计板底灌浆体积计算，以平方米计量。

（3）水泥混凝土路面接缝材料更换，按设计图所示施工，以设计接缝维修长度计算，以米计量。

（4）裂缝维修，按设计图所示施工，以设计裂缝面积计算，以平方米计量。

（5）错台处治，按设计图所示施工，以设计刻纹面积计算，以米计量。

（6）碎石化施工，按设计图所示施工，以施工面积计算，以平方米计量。

2. 支付

按上述规定计量计算的实际面积，按合同单价计算合价后支付。此项支付包括旧面板破碎、清除、清理下承面、材料配制、拌和、运输、摊铺、切缝、填灌缝、刻纹和养护等一切为完成本项工程所必需的全部费用。

3.支付子目

子目号	子目名称	单位
320	水泥混凝土路面修复和加铺	
320-1	水泥混凝土路面破板修复	m²
320-2	水泥混凝土路面板底灌浆	m³
320-3	水泥混凝土路面接缝材料更换	m
320-4	裂缝维修	m²
320-5	错台处治	m
320-6	碎石化	m²

第 321 节　原水泥混凝土路面打裂压稳

321.01　范围

本节工作内容为将原有的混凝土路面冲压破碎并压实,以减少反射裂缝并稳定原路面,包括所需的设备、劳力等施工的全部作业。

321.02　一般要求

1.路面冲击压实工作应严格按《公路水泥混凝土路面养护技术规范》(JTJ 073.1—2001)及《公路冲击碾压应用技术指南》要求执行。

2.承包人应在使用前确定现场工作界线,并对保留的路面结构采取保护措施,保证其不受损害。

3.冲击压实工作完成后,应有监理人进行现场验收,验收合格后方能进行下一工序的施工。

4.对于破碎严重的板块,可以预先将其挖除,回填砂砾或者干净的级配碎石,采用普通压路机压实,亦可以重新浇筑水泥混凝土,待强度形成后,一同打裂压稳。

321.03　施工要求

1.必须选用适宜的专用机械。

2.承包人应按图纸设计规定的范围进行冲击压实,未经监理人指示不得变更,否则由承包人自费修复。

3.对原水泥混凝土路面板的破裂块度宜控制在30～50cm范围内,裂缝宽度宜控制在3mm以内,相邻破裂板块之间凹凸差应不大于5mm。

4.承包人在冲击压实完后,如发现下层有问题,必须及时估测出该层损坏程度(面积、深度等),报监理人审定。

5.在施工过程中应防止对其他结构及公路沿线设施造成损坏,否则承包人应自费修复。

321.04　质量检验

破碎度:可通过尺量、人工描绘等方式确定面板的破碎程度,抽检总板块数的2%。

沉降量每 2000m² 检测 20 个点,计算时取其算数平均值。

弯沉:采用 5.4m 贝克曼梁。

采用现场回弹模量测试方法,如承载板法,所测得的模量一般为 300 ~ 800MPa 或者更大。旧混凝土路面冲击碾压检测项目见表321-1,小于 300MPa 的路段应认真分析原因。

旧混凝土路面冲击碾压检测项目　　　　　　　　　　表 321-1

冲击延路基性能参数	冲击碾压遍数	行驶速度	破碎度	沉降量	弯沉
15kJ 五边形双轮	10 ~ 20 遍	9 ~ 12km/h	符合设计要求	经试验段试验后确定的沉降量	实测记录
25kJ 五边形双轮	10 遍左右	9 ~ 12km/h	符合设计要求	经试验段试验后确定的沉降量	实测记录

321.05　计量与支付

1. 计量

按图纸所示或监理人指示的冲击压实范围,经监理人验收合格,以平方米进行计量。除监理人另有指示外,超过图纸所规定的范围均不予计量。

2. 支付

按上述规定,经监理人验收合格并列入工程量清单的以下支付子目的工程量,将以合同单价支付。此项支付包括一切为完成本项工程所需的全部费用。

3. 支付子目

子 目 号	子 目 名 称	单 位
321	原水泥混凝土路面打裂压稳	
321-1	路面冲击压实	
– a	厚…cm 水泥混凝土面板	m²

第400章 桥梁、涵洞

第401节 通 则

401.01 范围

1.本规范适用于安徽省普通干线公路养护工程、桥梁养护工程。

2.本规范对所有工程在施工中使用的原材料、半成品或成品,隐蔽工程以及施工原始资料和记录,均进行一系列的控制与检查,使工程质量符合规定的质量标准。在每一节的施工要求中对质量标准、质量等级、检验内容和方法等的要求,均有规定,如有未写明之处,应按照现行有关规范规定且必须经建设单位批准后执行。

3.本规范中的任何一节,若其所述的材料和施工并非施工合同所要求,除非事前得到建设单位的批准,否则都应认为是不适用的。

401.02 一般规定

1.凡规范(本规范与其他规范)中未规定的任何细节,或在涉及任何条款的细节说明时若没有明确的规定,都应认为指的是经建设单位同意的我国公路工程的正常做法和施工采用的标准。

2.桥梁的养护应按《公路养护技术规范》(JTG H10—2009)、《公路桥涵养护规范》(JTG H11—2004)及建设单位的要求进行施工。

401.03 其他规定

1.施工现场施工标志牌的布置应符合《公路养护技术规范》(JTG H10—2009)、《公路养护安全作业规程》(JTG H30—2015)和建设单位的有关施工安全规定。

2.养护施工过程中不得破坏、损伤、污染其他公路设施。

401.04 计量与支付

1.各支付项的范围

(1)承包人应得到并接受按合同规定的报酬,作为为实施各工程项目与缺陷修复(不论是临时的或永久性的)需提供的一切劳力(包括劳务的管理)、材料、施工机械及其他事务的充分支付。

(2)除非另有规定,工程量清单中任何支付细目所报的单价或总额,都应认为是该支付细目所必不可少的全部作业的充分报酬。包括所有劳力、材料和设备的提供、运输、安装和维修,临时工程的修建、维护与拆除、利润以及所有一切风险、责任和义务费用等,均应认为已计入工程量清单标价的各项工程项目中。

(3)工程量清单未列入的项目,其费用应认为已包括在相关工程项目的费率和价格中,不再另行支付。

2. 计量

本节内容不计量。

3. 支付

本节内容不支付。

第 402 节　桥 涵 拆 除

402.01　范围

本节工作内容包括桥梁、涵洞的拆除、装卸、运输和定点堆放等相关的养护作业。

402.02　一般规定

1. 由于公路的养护或原桥位置影响其他建筑物的建设，原有桥梁需要拆除或重建。

2. 原有桥梁病害、缺陷危及安全，不能继续使用，需要进行旧桥的拆除。

3. 桥梁上部结构由种种原因严重受损需要拆除，下部经加固处理继续使用。

402.03　施工要求

1. 上部结构

应根据桥梁结构特点，制订旧桥拆除方案，桥梁上部结构拆除的方法主要有：

（1）利用架桥机拆除旧梁更换新梁，常用于梁式简支梁结构的上部构造。

（2）利用吊机拆除悬臂梁或连续梁，常配以切割梁段的链条锯或圆盘锯的拆除工艺。

（3）利用船只将桁架梁桥卸除移位的施工工艺，用千斤顶起顶，用船只直接将上部结构拆除移走。

（4）对于现浇大跨径预应力混凝土连续箱梁，在桥下搭设满堂支架，先在水中插打临时桩，解除纵向预应力索，采用凿岩机对梁体凿除破碎、逐段切割钢筋、转移破碎混凝土块。

（5）混凝土拱桥拱上结构拆除，关键在于释放拱圈上的压力，将超静定结构转化为静定结构。对于大、中拱桥及多孔拱桥应对拆除的各工序进行检算，并有详细的施工组织设计。一般拆除顺序按加载倒装考虑。多孔拱桥应根据实际情况考虑连拱作用的不利影响。

（6）爆破拆除，其一般的施工方案如下：

①首先拆除桥面铺装及伸缩缝，利用反铲挖掘机清理桥面沥青混凝土覆盖层，拆除桥面护栏及其他附属设施。

②利用浅孔爆破和人工锤砸清除桥面钻孔部位混凝土板，并使梁及横隔板中钢筋裸露。

③用气割枪割断钢筋，为钻孔爆破做准备。

④钻孔爆破及清渣。

2. 下部结构

（1）墩和承台的拆除采用金刚链式切割机分段切除。承台较大时可分块切割，单块重量控制不大于吊机的起重能力。

（2）水下部分的墩台，采用钢围堰进行水下切割。

（3）其余下部结构可采用凿岩机凿除。

（4）爆破拆除，采用液压钻机对桥墩、台钻孔一次性爆破，使桥墩解体、失稳，桥面整体下落。

402.04　桥梁拆除的安全

1. 桥梁拆除工程除对作业人员的安全防护须有充分考虑外，对通航河流须与航运管理部门、公安部门等取得协调，共同进行安全维护。

2. 桥梁的爆破拆除作业，必须采取周密措施，避免对周围建筑物和人员造成伤害，在爆破时加强警戒和作业人员的临时疏散、临时性封闭工作，警戒范围不小于300m。

3. 爆破后会产生少量粉尘飞扬，应采用高压水管喷射洒水，减少飘尘时间。

402.05　计量与支付

1. 计量

（1）桥梁的拆除按结构形式，按实有结构物的投影面积计算，以平方米计量。

（2）涵洞的拆除按结构形式，按实有结构物的长度计算，以米计量。

（3）电力、水利等综合管线，按实有结构物的长度计算，以米计量。

2. 支付

按上述规定计量计算的实际面积或长度，按合同单价计算合价后支付。此项支付包括拆除前原有交通、排水等相关内容的妥善处理；不同结构物的挖除、装卸、运输和定点堆放；挖除后的坑穴回填及压实等一切为完成本项工程所必需的全部费用。

3. 支付子目

子 目 号	子 目 名 称	单 位
402	桥涵拆除	
402-1	桥梁上部结构拆除	
－a	（按不同桥梁结构列）	m²
402-2	桥梁整体结构拆除	
－a	（按不同桥梁结构列）	m²
402-3	涵洞拆除	
－a	（按不同涵洞结构类型和孔径列）	m
402-4	电力、水利等综合管线拆除	m

第 403 节　桥面铺装维修

403.01　范围

本节内容适用于桥梁桥面铺装及混凝土缺陷修补、钢筋制作等。

403.02　桥面铺装维修

1. 施工要求

（1）凿除旧桥面铺装层，并凿毛结合面。

（2）结合面表面处理，主要是清扫、冲洗等工作。

（3）安装桥面补强钢筋网。

（4）浇筑混凝土铺装层，具体要求参照《公路水泥混凝土路面施工技术细则》（JTG/T 30—2014）有关章节进行。

2. 质量评定（表 403-1）

桥面铺装检查项目　　　　　　　　　　表 403-1

项次	检 查 项 目			规定值或允许偏差		检查方法（每幅车道）
1	强度或压实度			在合格标准内		按 JTG F80/1—2017 附录 B 或附录 D 检查
2	厚度（mm）			+10，−5		对比检查桥面浇筑前后高程，每 100m 5 处
3	平整度	高速公路、一级公路		沥青混凝土	水泥混凝土	用平整度仪，全桥每车道连续检测，每 100m 计算 IRI 或 σ
			IRI（m/km）	2.5	3.0	
			σ（mm）	1.5	1.8	
		其他公路	IRI（m/km）	4.2		
			σ（mm）	2.5		
			h（mm）	5		用 3m 直尺，每 100m 3 处×3 尺

403.03　裂缝修补

1. 施工要求

由于结构裂缝的产生、发展及长期存在，使得水、潮湿空气进入结构内部，引起结构内钢筋锈蚀、混凝土劣化，导致结构的承载能力降低，影响到结构的正常运营。因此，对结构目前存在的裂缝进行相应的处理及控制非常必要。但鉴于裂缝宽度不同对结构的影响也有所不同，此处共分两种情况对桥梁裂缝进行灌浆（或封闭）处理，具体处理方法如下：

①裂缝宽度<0.15mm时,对裂缝进行表面封闭;

②裂缝宽度≥0.15mm时,对裂缝进行表面封闭及灌浆处理。

现场核实裂缝数量、长度及宽度,并在梁上进行标注,据此进行灌浆材料配量、埋嘴、灌浆等方面的具体计算和安排。具体施工要求如下:

(1)裂缝表面封闭

为使混凝土缝隙完全充满浆液并保持压力,同时保证浆液不大量外渗,必须对已处理过的裂缝表面,用树脂封闭胶沿裂缝走向从上至下均匀涂刷两遍进行封闭(宽度为6~8cm),并在上面分段紧密贴上一层玻璃丝布(宽度为5~7cm),形成封闭带。

(2)灌缝

采用壁可法进行,即在注入过程中始终保持3kgf/m²的压力,将修补材料注入宽度仅为0.02mm的裂缝末端。均匀缓慢的压力可以将裂缝中积存的空气压入混凝土的毛细孔中,并通过混凝土的自然呼吸过程排出,有效避免产生气阻而确保修补质量。壁可法施工细则如下:

①表面处理。

a.用钢丝刷沿裂缝走向清理约5cm的表面混凝土,仔细清理混凝土的表面。

b.锤子和钢钎凿除两侧疏松的混凝土块和砂粒,露出坚实的混凝土表面。

c.用略潮湿的抹布清除表面的浮尘,并彻底晾干,用丙酮去除表面的油污。如缝内潮湿,要等到其充分干燥,必要时可用喷灯烘干。

②黏结注入座和密封裂缝。

a.制好封口胶,搅拌均匀,用抹刀将少许胶刮在注入座底面的四边,将注入座固定在混凝土上。

b.注入座的布置应掌握以下原则:沿缝的走向,每米约布置3个,裂缝分岔处的交叉点应设注入座,选混凝土表面夹带处设置,避开剥落部位。对于贯通缝,可在一侧布置注入座,另一侧完全封闭。缝宽较大且内部通畅时,可以按每米2个的密度来布置。

c.用封口胶将裂缝密封,与注入座衔接的地方要特别注意。

③封口胶的固化。

a.密封完成后,让封口胶自然固化,注意固化过程中防止其接触水。

b.固化时间:12h(20℃),6h(30℃)。

④注入灌注胶。

(3)材料

裂缝灌注施工所用材料及裂缝封闭材料性能指标要求见表403-2。

主要材料性能指标　　　　　　　　　　　　表403-2

项　目	测试方法(JISK)	单　位	测试条件	注入材料	密封材料
硬化物相对密度	7112	—	20℃,7d	1.5±0.10	1.70±0.10
混合物黏度	6833	MPa·s	20℃	500±200	腻子状
抗压屈服强度	7208	kg/cm²	20℃,7d	500以上	600以上
抗压弹性模量	7208	kg/cm²	20℃,7d	$1.0×10^4$以上	$(4.0~8.0)×10^4$以上
抗剪强度	6850	kg/cm²	20℃,7d	100以上	110以上

2. 质量评定

（1）基本要求

当施工温度在 5～15℃时，101 号密封胶及注入胶 BL-GROUT 应选用 W 型（冬季用）。

（2）实测项目（表403-3）

裂缝修补检查项目　　　　　　　　　　表 403-3

项次	检 查 项 目		规定值或允许偏差	检查方法和频率
1	胶液强度（MPa）	抗压	不小于69MPa	GB/T 2569—95
		抗拉	不小于26MPa	GB/T 2568—95
2	灌浆前裂缝处理	表面处理法	沿裂缝两侧 20～30cm 范围内清除浮渣、松散层、浮浆、油污等，保持干净干燥	目测结合尺量 100%（适用于 δ<0.15mm）
		钻孔法	孔位布置及斜度满足设计要求	尺位定位 100%（使用于大型构件深裂缝）
3	布压浆嘴		满足设计规范要求，若设计中无特殊要求，则在裂缝交叉处、钻孔处的端部以及裂缝处、钻孔内均应埋设灌浆嘴，缝宽 <1mm 时，间距取 350～500mm；缝宽 >1mm 时，间距取 500～1000mm	现场检查
4	灌胶压力		化学灌浆不小于 0.3MPa	检查施工记录
5	含胶饱满情况		宽度 0.02mm 裂缝内有胶为合格	每 100 条裂缝取 3 条裂缝芯样评定

（3）外观鉴定

①清除混凝土表面的封缝胶泥，混凝土上无胶泥。

②灌缝位置混凝土颜色与原混凝土颜色一致。

403.04　混凝土破损区域的修补

1. 施工要求

（1）混凝土破损区域的清理

蜂窝麻面、松散、空洞、破碎、剥落、夹砂等损伤部位及钢筋外露区域，采用人工夹除或高速射水法将技术上松散、污损的部位清除，使该部位露出坚硬、密实的部分，并保证该部位无油污、油脂、蜡状物、灰尘以及附着物等影响修补效果的特征。

清理时，检测混凝土的保护层厚度，如发现保护层厚度偏小或钢筋锈蚀严重，应及时通知设计单位。

（2）混凝土破损区域的修补

对清理好的混凝土破损、露筋区域采用树脂型修补浆进行修补，使该区域达到密实、平整。

①修补材料。

所采用的树脂修补材料暂按相关规范调制,使用时现场调配。

②修补施工工序。

a. 改性环氧砂浆修补。

首先将缺损部位表层劣质混凝土凿除,直至露出新鲜、密实的混凝土,剔除修补结合面(开凿后的表面)的表面浮石,清除修补面的油污以及一切赃物。修补结合面凿毛凿平、整齐划一,对小面积修补需在修补区边缘凿一道 2~3cm 深、3~5cm 宽的齿槽;对外露的钢筋表面进行人工除锈防锈处理并采用高压水枪冲洗干净。在保持结合面干燥的情况下,刷涂一层环氧树脂胶液,并立即摊铺环氧砂浆,用力压平抹光。

采用改性环氧砂浆修补混凝土表面缺陷时,改性环氧基液的安全性能指标应符合相关标准、规范的有关规定。涂抹改性环氧砂浆前,应先在已凿毛的混凝土表面涂一层改性环氧基液,使旧混凝土表面充分浸润。改性环氧砂浆施工温度宜为 20℃±5℃,高温或寒冷季节应采取有效措施控制施工温度。

b. 环氧混凝土修补。

孔洞以及深度超过 6cm 的深层疏松区拟按下列方法进行修补:

首先将疏松区劣质混凝土凿除,其周边宜凿成规则的多边形,开凿范围以见新鲜、密实的混凝土为止,开凿区以及孔洞周边宜做成台阶状,台阶高差以不小于 3cm 为宜;剔除修补结合面(开凿后的表面)的表面浮石,并用高压射流技术清洗开凿表面;在保持结合面干燥的情况下,涂刷两层环氧树脂胶液后,立即立模浇筑环氧混凝土并振捣密实;自然养护 7d 后,用环氧胶液在纵横向分批二度涂抹。

2. 质量检验

(1)环氧树脂胶液涂抹厚度为 1~2mm。

(2)施工前基底面应保持湿润 24h 以上,直至修补施工开始。

(3)环氧混凝土 1d 抗压强度不小于 30MPa,7d 抗压强度不小于 50MPa,28d 抗压强度不小于 60MPa。

(4)环氧砂浆不得出现干缩开裂现象。

3. 质量评定

(1)基本要求

①混凝土缺陷修补施工应严格按照施工图设计、施工规范有关技术操作规程批准的施工工艺、方案和监理程序要求进行。

②混凝土表面处理时,缺陷深度大于或等于 10cm,面积大于或等于 10cm×10cm 时,表面凿成方波装和锯齿装,且凿至坚实层。表面无浮渣、无粉尘、无油污。

③缺陷深度大于 10cm,面积大于或等于 10cm×10cm 时,用环氧混凝土修补,缺陷表面必须干净,无污物,否则影响修补砂浆和原混凝土的黏结效果。

④养护时间,夏季不少于 2d,冬季不少于 7d。

⑤养护期间,不应有水浸泡或遭受其他冲击。

（2）实测项目（表403-4）

混凝土破损区域检查项目　　　　　表403-4

项次	检查项目		规定值或允许偏差	检查方法和频率
1	基液的厚度		薄而均匀,覆盖率100%	每300～500mm尺量一处
2	涂抹修补砂浆厚度	平面均匀涂抹	底层0.5～1.0cm,每层不超过1.0～1.5cm	
		斜立面涂抹	厚度不超过0.5～1.0cm	
		顶面涂抹	厚度以0.5cm为宜,超过0.5cm可分层涂抹	
3	砂浆、混凝土抗压强度		砂浆69MPa、混凝土60MPa	对照JTG F80/2—2004评定
4	混凝土表面处理		表面坚实,无疏松物、油污	目测:锤击法,100%
5	新老混凝土结合状况		无裂缝	目测:30%
6	表面平顺		无明显凹凸,±2mm	目测:用直尺,30%
7	钢筋除锈、阻锈处理		钢筋表面无锈层,阻锈漆涂刷均匀	目测:100%
8	箱外修补表面颜色		与原结构相近	目测:100%

（3）外观鉴定

①涂抹砂浆时表面若出现气泡,则必须刺破。缺陷修补表面应平整、光洁。

②混凝土缺陷修补充分养护,无裂缝。

③若修补部分出现裂缝,应凿除重新修补。

403.05　钢筋防锈、阻锈处理

1.施工要求

（1）钢筋锈蚀区域的清理

对外露钢筋表面的氧化层,利用钢刷予以清除,使之露出光洁部分;对由钢筋锈蚀探查确定的钢筋锈蚀区域,应对该部位混凝土表面进行清洁处理,确保表面无油污、油脂、蜡状物等影响渗透的污物。

（2）钢筋防锈、阻锈处理

钢筋锈蚀区域清理完成后对外露的钢筋涂刷钢筋保护剂,钢筋保护剂应经监理工程师认可后方可使用。

2.质量评定

外露钢筋表面应光洁、无锈蚀和油污。

403.06　计量与支付

1.计量

（1）桥面铺装及原桥面铺装水泥混凝土凿除应按实际完成并经监理人验收的数量,以立方米计量。

由于施工原因而超铺的桥面铺装,不予计量。

(2)裂缝封补:以监理工程师及图纸所示范围施工,以监理工程师认可的量测方法量测,封闭裂缝以延米(m)计量,修补裂缝、粘贴碳纤维布以平方米计量;计量工作内容包括表面清理、钻孔、清孔、灌胶、封缝胶等,为完成以上工作而必需的支架、安全保护及其他一切措施均作为裂缝封补工作的附属工作,不另行计量;为完成上述工作而必需的注入材料、密封材料及其他辅助材料,均不另行计量。

(3)混凝土及破损露筋修补:以监理工程师所示范围施工,以监理工程师认可的量测方法量测,以平方米(m²)计量;计量工作内容包括混凝土破损区域的清理、修补及钢筋锈蚀区域的清理和防锈、阻锈处理等工作及所需的所有材料,为完成上述工作而必需的支架、安全保护及其他一切措施均作为混凝土破损面修补工作的附属工作,不另行计量。

(4)钢筋制作以监理工程师及图纸所示范围施工,以监理工程师认可的方法以千克为单位计量。

2. 支付

按上述规定计量,经业主验收的列入工程量清单的以下支付细目的工程量,其每一计量单位,将以合同单价支付。此项支付包括材料、劳力、运输、工具、安装等及其他为完成伸缩装置工程所必需的费用,是对完成工程的全部偿付。凿除、清理、钢筋除锈等工作内容均作为环氧砂浆修补及混凝土修补的附属工作,不另行计量。

3. 支付细目

子 目 号	子 目 名 称	单 位
403	桥面铺装维修	
403-1	桥面铺装水泥混凝土维修	
-a	桥面铺装水泥混凝土凿除	m³
-b	桥面铺装混凝土浇筑	m³
403-2	封闭裂缝	m
403-3	修补裂缝、粘贴碳纤维布	m²
403-4	混凝土修补	m²
403-5	破损露筋修补	m²
403-6	钢筋制作	
-a	带肋钢筋(HPB300)	kg
-b	带肋钢筋(HRB400)	kg

第 404 节　更换铸铁泄水管

404.01　范围

本节工作内容为更换铸铁泄水管。

404.02　材料

1. 泄水管

（1）泄水管采用铸铁件。

（2）泄水管管部与盖子必须密合，且不得有裂缝、砂眼和其他影响强度及使用价值的缺陷。

（3）铸件的边缘应做成整齐的圆角。

（4）应清除所有铸铁件的鳞屑，使表面光洁均匀。

2. 防水层

（1）水泥混凝土防水层的材料及配合比应符合本规范第 403 节的有关规定。

（2）水泥砂浆防水层水泥和砂的配合比一般可采用 1∶2～1∶2.5（体积比）；水灰比可采用 0.4～0.5；坍落度可采用 70～80mm；水泥宜采用普通水泥或膨胀水泥，亦可采用矿渣水泥；侵蚀性环境中的水泥砂浆防水层，应按图纸要求采用水泥。

（3）卷材防水层应采用耐腐蚀、抗老化的石油沥青油毡、沥青玻璃布油毡、再生胶油毡等，不得使用纸胎油毡。

（4）涂料防水层可采用沥青胶结材料或合成树脂、合成橡胶的乳液或溶液；较潮湿基面应采用湿固型涂料或乳化沥青、阳离子氯丁橡胶乳化沥青等亲水性涂料。

404.03　施工要求

1. 一般要求

（1）为使桥面铺装与下面的混凝土构件紧密结合，应对桥面铺装下面的混凝土凿毛，并用高压水冲洗干净。

（2）若桥面设置钢筋网，应采取措施保证其位置和保护层厚度。浇筑混凝土时，施工人员不得踩踏在钢筋网上。

（3）浇筑桥面混凝土前，应在桥面范围内布点测量高程，以确定浇筑后的铺装厚度。

（4）更换桥面铸铁泄水管之前，承包人应根据施工作业区布置，做好作业控制区临时交通设施摆放，保证车辆正常行驶的条件，不得中断高速公路交通。

（5）更换泄水管需凿除原桥面铺装时应注意保护原桥面铺装及钢筋。

2. 混凝土桥面的铺装

（1）混凝土桥面铺装的施工应按《公路桥涵施工技术规范》（JTG／T F50—2011）和《公路水泥混凝土路面施工技术细则》（JTG／T F30—2014）有关要求进行摊铺。

（2）混凝土的铺设要均匀，铺设的高度应略高于完成的桥面高程。

（3）混凝土桥面铺装的最终修整工作，应包括镘平和清理。在修整前要清理所有的表面自由水，但不能用如水泥、石粉或砂子来吸干表面水分。

（4）在一段桥面铺装修整完成并收浆、凿毛后，应尽快予以覆盖和进行养生。

（5）当混凝土桥面铺装之上另有一层沥青混凝土铺装时，该混凝土桥面铺装除符合上述要求外，表面应凿毛或粗糙处理。

（6）当桥面需要铺防渗混凝土时，应参照抗渗混凝土要求进行配合。如使用外加剂改善混凝土的和易性与质量，应通过监理人认可的试验确定，外加剂费用不另支付。

（7）解除桥面连续时应注意对原桥台预埋钢筋的保护。

（8）按原有设计恢复桥面连续钢筋后，恢复桥面连续钢筋应与周围原桥面连续钢筋进行焊接，焊接采用单面焊，焊接长度不小于 10d（d 为钢筋公称直径）。

3. 沥青混凝土桥面铺装

（1）沥青混凝土桥面铺装必须按照《公路沥青路面施工技术规范》（JTG F40—2004）相关章节的要求进行摊铺。

（2）在水泥混凝土桥面上铺设沥青混凝土铺装层时，应符合下列要求：

①铺装沥青层的下卧层必须符合平整、粗糙、整洁的要求；桥面纵横坡符合图纸要求。

②水泥混凝土下卧层表面应作铣刨拉毛处理，清除浮浆，除去过高的突出部分。

③铺设沥青混凝土桥面铺装前，必须确保混凝土强度达到设计强度的 90% 以上，并完全干燥，严禁在潮湿条件下铺设防水黏结层及摊铺沥青混合料，防止混凝土中的水分在施工或使用过程中遇热变成水汽使防水黏结层产生鼓包。

（3）水泥混凝土桥面上铺设沥青混凝土铺装层时，必须喷洒黏层油。更换铸铁泄水管，确保接头位置不渗水、漏水。

404.04 质量检验

1. 桥面防水层

（1）基本要求

①防水层铺设材料的规格和性能以及防水层的不透水性应符合图纸要求，并至少应有不低于桥面沥青混凝土铺装层使用年限的寿命，能适应动荷载及混凝土桥面开裂时不损坏的特点。

②防水层施工前，混凝土表面应清除垃圾、杂物、油污与浮浆，并保持干净和干燥。

③应严格按规定的工艺施工。

④若预计涂料表面在干燥前会下雨，则不应施工。施工过程中，严禁踩踏未干的防水层。防水层养护结束后，桥面铺装完成前，行驶车辆不得在其上急转弯或紧急制动。

（2）检查项目

桥面防水层检查项目见表 404-1。

防水层检查项目 　　　　　　　　　　　　　　　　　　表 404-1

项次	检查项目	规定值或允许偏差	检查方法和频率
1	防水涂膜厚度（mm）	符合设计规定，设计未规定时，±0.1	测厚仪：每 200m² 测 4 点或按材料用量推算
2	黏结强度（MPa）	不小于设计要求，且 ≥0.3（常温），≥0.2（气温≥35℃）	拉拔仪：每 200m² 测 4 点（拉拔速度：10mm/min）

项次	检查项目	规定值或允许偏差	检查方法和频率
3	抗剪强度（MPa）	不小于设计要求，且≥0.4（常温），≥0.3（气温≥35℃）	剪切仪：1组3个（剪切速度：10mm/min）
4	剥离强度（N/mm）	不小于设计要求，且≥0.3（常温），≥0.2（气温≥35℃）	90°剥离仪：1组3个（剥离速度：100mm/min）

注：剥离仪适用于卷材类或加胎体涂膜类防水层。

（3）外观检查

①防水涂料应喷涂整个混凝土表面，如有遗漏，必须进行处理。

②防水层应表面平整，无空鼓、脱落、翘边等缺陷。不符合要求时必须进行处理。

2. 桥面铺装

（1）基本要求

①水泥混凝土桥面的基本要求应同第312节水泥混凝土路面，沥青混凝土桥面的基本要求应同第309节沥青混凝土路面。

②桥面泄水孔进水口的布置应有利于桥面和渗入水的排除，其数量不得少于图纸要求，出水口不得使水直接冲刷桥体。

（2）检查项目

桥面铺装检查项目见表404-2和表404-3。

桥面铺装检查项目   表404-2

项次	检查项目			规定值或允许偏差		检查方法和频率
1	强度或压实度			在合格标准内		按JTG F80/1—2017附录B或附录D检查
2	厚度（mm）			+10，-5		以同梁体产生相同下挠变形的点为基准点，测量桥面浇筑前后相对高差：每100m测5处
3	平整度	高速公路、一级公路		沥青混凝土	水泥混凝土	平整度仪：全桥每车道连续检测，每100m计算IRI或σ
			IRI（m/km）	2.5	3.0	
			σ（mm）	1.5	1.8	
		其他公路	IRI（m/km）	4.2		
			σ（mm）	2.5		
			最大间隙h（mm）	5		3m直尺：每100m测3处×3尺
4	横坡（%）	水泥混凝土面层		±0.15		水准仪：每100m检查3个断面
		沥青面层		±0.3		
5	抗滑构造深度			符合设计规定		砂铺法：每200m检查3处

注：桥长不满100m者，按100m处理。

复合桥面水泥混凝土铺装检查项目   表 404-3

项次	检查项目	规定值或允许偏差	检查方法和频率
1	混凝土强度（MPa）	在合格标准内	按 JTG F80/1—2017 附录 D 检查
2	厚度（mm）	+10，−5	对比桥面浇筑前后高程检查：每 100m 查 5 处
3	平整度（mm）	5	3m 直尺：每 100m 测 3 处 × 3 尺
4	横坡（%）	± 0.15	水准仪：每 100m 检查 3 个断面

注：复合桥面的沥青混凝土面层按表 404-2 检查。

（3）外观检查

桥面排水良好。

404.05 计量与支付

1. 计量

更换铸铁泄水管按实际完成并经发包人验收合格后，以套为单位计量。计价中包括原泄水管凿除、钢筋清理、废料外运等与之相关的全部工作费用。

更换泄水管需要铺筑沥青混凝土、防水混凝土及桥面防水层等作为防水混凝土的附属工作，不另行计量。

2. 支付

按上述规定计量，经发包人验收，并列入工程量清单的以下支付子目的工程量，其每一计量单位，将以合同单价支付。此项支付包括材料、劳力、运输、浇筑、压实、模板、工程管理、交通组织实施、税金及其他为完成此工程所需的全部费用，是对完成此工程的全部偿付。

3. 支付子目

子 目 号	子 目 名 称	单 位
404	更换铸铁泄水管	
404-1	更换铸铁泄水管	套

第 405 节 桥 梁 支 座

405.01 范围

本节工作内容包括盆式支座维护、板式支座脱空处理、支座更换、支座临时连接钢板解除及桥梁同步顶升等维修作业。

405.02 一般要求

1. 桥梁支座应符合《橡胶支座 第 2 部分：桥梁隔震橡胶支座》（GB 20688.2—2006）、《橡胶支座 第 4 部分：普通橡胶支座》（GB 20688.4—2007）和《桥梁球型支座》（GB/T 17955—2009）及图纸要求的相关规定。

2. 桥梁支座应按图纸所示，或由承包人推荐、监理人认可的厂商制造和供应。承包人应在支座制造期间，为监理人检查支座制造及支座成品提供设备和方便。厂商应提供支座承受其上反力的静力计算和变形数据。

3. 承包人应对进场的支座按图纸及本规范有关要求进行检查，并将检查结果报送监理人批准。当监理人要求时，应在现场抽样，摘除厂商标记，统一编号，并送监理人认为合格的试验室进行成品检验。

405.03 材料

1. 橡胶

橡胶支座的橡胶材料物理性能应分别符合表405-1~表405-3的规定。支座采用的橡胶种类应符合图纸规定或由监理人指定。不得使用再生橡胶制造支座。

板式支座用胶料的物理机械性能   表 405-1

项 目		指 标		
		氯丁橡胶（CR）	天然橡胶（NR）	三元乙丙橡胶（EPDM）
硬度（IRHD）		60 ± 5	60 ± 5	60 ± 5
拉伸强度（MPa）	≥	17.0	18.0	15.0
扯断伸长率（%）	≥	400	450	350
脆性温度（℃）	≤	−40	−50	−60
恒定压缩永久变形（70℃×24h）（%）≤		15	30	25
耐臭氧老化 （试验条件：20%伸长率，40℃×96h）		100×10^{-8}	25×10^{-8}	100×10^{-8}
		无龟裂	无龟裂	无龟裂
热空气 老化试验	试验条件（℃×h）	100×70	70×168	100×70
	拉伸强度变化率（%） ≤	15	15	15
	扯断伸长率变化率（%） ≤	40	20	40
	硬度变化（IRHD）	0~+10	−5~+10	0~+10
橡胶与钢板黏结剥离强度（kN/m） ≥		10	10	10
聚四氟乙烯板与橡胶剥离强度（kN/m） ≥		7	7	7

盆式支座用胶料的物理机械性能   表 405-2

项 目		橡胶承压板			橡胶密封圈		
		氯丁橡胶 （CR）	天然橡胶（NR）	三元乙丙橡胶（EPDM）	氯丁橡胶 （CR）	天然橡胶（NR）	三元乙丙橡胶（EPDM）
硬度（IRHD）		60 ± 5	60 ± 5	60 ± 5	50 ± 5	50 ± 5	50 ± 5
拉伸强度（MPa）	≥	17.5	18.0	15.0	14.5	12.0	12.0
扯断伸长率（%）	≥	400	450	350	400	450	350
脆性温度（℃）	≤	−40	−50	−60	−40	−50	−60
恒定压缩永久变形 （70℃×24h）（%） ≤		25	25	25	25	25	25

项 目		橡胶承压板			橡胶密封圈		
		氯丁橡胶（CR）	天然橡胶（NR）	三元乙丙橡胶（EPDM）	氯丁橡胶（CR）	天然橡胶（NR）	三元乙丙橡胶（EPDM）
耐臭氧老化（试验条件：20%伸长率，40℃×96h）		100×10^{-8}	25×10^{-8}	100×10^{-8}	100×10^{-8}	25×10^{-8}	100×10^{-8}
		无龟裂	无龟裂	无龟裂	无龟裂	无龟裂	无龟裂
热空气老化试验	试验条件（℃×h）	100×70	70×168	100×70	100×70	70×168	100×70
	硬度变化（IRHD）	0～+10	±10	0～+10	±10	±10	±10
	拉伸强度变化率（%）　≤	15	15	15	15	15	15
	扯断伸长率变化率（%）　≤	40	20	40	40	20	40

隔震橡胶支座的橡胶材料物理性能　　　　　　　　　表 405-3

技 术 指 标		天然橡胶	氯丁橡胶
拉伸性能		见 GB 20688.2—2006 附录 C	
老化性能	拉伸强度变化率（%）	±25	
	扯断伸长率变化率（%）	最大值 -50	
	试验条件（℃×h）	70×168	100×72
黏合性能		90°剥离强度的最小值为 7.0N/mm	
压缩永久变形	天然橡胶支座（LNR）所用橡胶、铅芯橡胶支座（LRB）所用橡胶、其他低阻尼支座所用橡胶（%）	＜35	
	高阻尼橡胶支座（HDR）所用橡胶（%）	＜60	
	试验条件	70℃，24h，压缩率为 25%	
抗臭氧性能	外观要求	橡胶保护层不出现龟裂	
	试验条件	50×10^{-8}，20% 伸长率，40℃×96h	
硬度		硬度可作为质量控制指标之一，但不应作为主要的设计指标	

2. 聚四氟乙烯板

聚四氟乙烯板材应采用新鲜纯料模压而成，严禁使用再生料、回头料模压加工的板材。聚四氟乙烯板的物理机械性能应符合图纸要求及本规范表 405-4 的规定。

3. 钢材

（1）支座用钢板的强度应符合《碳素结构钢》（GB/T 700—2006）或《低合金高强度结构钢》（CB/T 1591—2018）或《优质碳素结构钢》（GB/T 699—2015）的有关规定。加劲钢板的质量应满足《碳素结构钢和低合金结构钢热轧钢板和钢带》（GB/T 3274—2017）的要求。

（2）支座所用的不锈钢板应符合《不锈钢冷轧钢板和钢带》（GB／T 3280—2015）的有关规定。

（3）支座用铸钢件的机械性能、化学成分均应符合《一般工程用铸造碳钢件》（GB／T 11352—2009）的有关规定。

4. 聚四氟乙烯板黏结剂

用于聚四氟乙烯板的黏结剂应是不可溶的和热固性的,黏结剂必须质量稳定。橡胶与聚四氟乙烯板、橡胶与钢板之间的黏结剥离强度应满足表 405-4 的要求和橡胶支座的使用性能要求。

聚四氟乙烯板材的物理性能 表 405-4

项　　目	指　标　值
相对密度（kg/m³）	2130～2200
拉伸强度（MPa）	≥30
断裂伸长率（%）	≥300
球压痕硬度（H132/60）（MPa）	23～33

5. 润滑剂

支座的润滑剂应符合《5201 硅脂》（HG／T 2502—1993）的要求或经监理人批准的其他产品。

6. 黄铜

盆式支座紧箍圈采用 H62 黄铜板或黄铜带,其化学成分及机械性能应符合《铜及铜合金板材》（GB／T 2040—2017）的相关规定。

405.04　产品类型

1. 板式橡胶支座

（1）板式橡胶支座可用工厂定型产品,其性能和尺寸应符合图纸要求和《橡胶支座　第4部分:普通橡胶支座》（GB 20688.4—2007）的有关规定。

（2）板式支座内部加劲钢板公称最小厚度应为 2mm。加劲钢板之间每层橡胶的公称厚度至少应为5mm。所有部件都应完全模制成一个整体,板式支座侧面橡胶保护层公称厚度不应小于 5mm;上、下橡胶保护层的公称最小厚度为 2.5mm。

（3）橡胶和钢夹板之间的黏结应在对试件进行分离试验时,破坏发生在橡胶内,而不在橡胶与钢夹板的黏结面处出现。

（4）板式橡胶支座成品的力学性能应符合表 405-5 的要求。

板式橡胶支座成品的力学性能要求 表 405-5

项次	项　　目	指　标
1	极限抗压强度 R_a（MPa）	≥70
2	实测抗压弹性模量 E_1（MPa）	$E±E×20\%$
3	实测抗剪弹性模量 G_1（MPa）	$G±G×15\%$
4	实测老化后抗剪弹性模量 G_2（MPa）	$G±G×15\%$

项次	项 目		指 标
5	实测转角正切值（tanθ）	混凝土桥	≥1/300
		钢桥	≥1/500
6	实测四氟滑板与不锈钢板表面摩擦系数 μ_f（加硅脂时）		≤0.03

注:四氟滑板式橡胶支座不考核抗剪弹性模量和老化后抗剪弹性模量。

（5）板式支座抗压弹性模量 E 和支座形状系数 S 应按《橡胶支座 第4部分:普通橡胶支座》（GB 20688.4—2007）第5.3.1条规定计算。

（6）活动支座

聚四氟乙烯滑板支座粘贴的聚四氟乙烯板材最小公称厚度应符合表405-6的规定;四氟滑板式支座配套使用的不锈钢板厚度应符合表405-7的规定。

聚四氟板材最小厚度 表 405-6

矩 形 支 座		圆 形 支 座	
长边范围 L_b(mm)	厚度 t_f(mm)	直径范围 d(mm)	厚度 t_f(mm)
≤500	2.0	≤500	2.0
>500	3.0	>500	3.0

不 锈 钢 板 厚 度 表 405-7

矩 形 支 座		圆 形 支 座	
长边范围 L_b(mm)	厚度 t_b(mm)	直径范围 d(mm)	厚度 t_b(mm)
≤500	2.0	≤500	2.0
>500	3.0	>500	3.0

（7）板式支座尺寸偏差

对于工厂制造的纯橡胶和夹板支座,其平面尺寸和厚度允许偏差应符合表405-8和表405-9的规定。

平面尺寸偏差表 表 405-8

矩 形 支 座		圆 形 支 座	
长边范围(mm)	偏差	直径范围(mm)	偏差
≤500	+5.0mm	≤500	+5.0mm
>500	+1%	>500	+1%

厚 度 偏 差 表 表 405-9

厚度范围(mm)	偏差(mm)
t≤50	+1
50<t≤100	+2
100<t≤150	+3

（8）板式支座成品外观质量不得有《橡胶支座 第4部分:普通橡胶支座》（GB 20688.4—2007）表8内规定的缺陷存在。板式支座内在质量应满足《橡胶支座 第4部分:普通橡胶支座》（GB 20688.4—2007）表7的要求。

（9）板式支座的成品质量检验应符合《橡胶支座　第 4 部分：普通橡胶支座》（GB 20688.4—2007）第 8 章的规定。每批产品应向监理人提供成品的质量检验及物理力学性能检验报告一份。

2. 盆式橡胶支座

（1）盆式橡胶支座由封闭在钢盆内的橡胶圆板组成。滑动支座是用聚四氟乙烯（PT-FE）板设于橡胶板之上，设于梁支点下面的不锈钢板在其上相对水平滑动。盆式橡胶支座的制造成品质量检验应符合《橡胶支座　第 4 部分：普通橡胶支座》（GB 20688.4—2007）的有关规定。

（2）支座竖向转动角度不得小于 0.02rad。

（3）盆式支座用橡胶承压板的压应力设计值不应大于 25MPa，支座的橡胶承压板的尺寸允许偏差应符合表 405-10 的要求。活动支座用聚四氟乙烯板的压应力设计值不应大于 30MPa，聚四氟乙烯板的最小公称厚度为 7mm，尺寸允许偏差应符合表 405-11 的规定。

橡胶承压板尺寸允许偏差　　　　　　　　　　　　　　　　表 405-10

橡胶板直径 φ（mm）	直径允许偏差（mm）	厚度允许偏差（mm）
φ≤500	+0.5 0	±1.0
500＜φ≤1000	+1.0 0	±1.5
φ＞1 000	+1.5 0	±2.0

聚四氟乙烯板尺寸允许偏差　　　　　　　　　　　　　　　表 405-11

直径 φ 或对角线（mm）	直径或长度偏差（mm）	厚度偏差（mm）
φ≤600	+1.5 0	+0.5 0
600＜φ≤1200	+2.0 0	+0.75 0
φ＞1200	+2.0 0	+1.0 0

（4）橡胶承压板橡胶密封圈的外观不得有裂纹、掉块、损伤及鼓泡，外观质量应符合《橡胶支座　第 4 部分：普通橡胶支座》（GB 20688.4—2007）表 13 的要求。

（5）盆式支座的钢盆必须整体铸造，严禁使用焊接件。各焊接件应牢固，焊接技术应符合《工程机械　焊接件通用技术条件》（JB／T 5943—2018）的要求。

（6）放置在支座钢质圆形盆腔内的金属件（不含铜材和不锈钢），应按图纸要求进行防腐蚀处理；盆式支座外露的金属表面（除不锈钢板表面外）按图纸要求或按本规范进行防护；锚固螺栓应采用镀锌处理，其技术要求应符合《锌铬涂层　技术条件》（GB／T 18684—2002）的规定。

（7）盆式支座组装后整体高度偏差应符合下列规定：

承载力小于 20MN 时，偏差不应大于 ±2mm；

承载力大于或等于 20MN、小于 50MN 时，偏差不应大于 ±3mm；

承载力大于或等于 50MN 时，偏差不应大于 ±5mm。

（8）当支座最后被检查及验收后，应将支座各部分组装并栓紧在一起。夹紧板要足够结实，保证异物不污染滑动面，并且支座组成各部分在运输及装卸时都保持在原来位置。夹紧板应保持其位置，直到支座最后就位。支座部件出厂后任何时候均不能任意拆卸。

3. 桥梁隔震橡胶支座

（1）桥梁隔震橡胶支座应采用工厂定型产品，产品的分类和力学性能及尺寸等应符合图纸要求及《橡胶支座　第 2 部分：桥梁隔震橡胶支座》（GB 20688.2—2006）的规定。支座的性能试验应按《橡胶支座　第 1 部分：隔震橡胶支座试验方法》（GB 20688.1—2007）的规定执行。

（2）隔震橡胶支座的橡胶材料物理性能应满足本规范表405-3的要求。支座橡胶保护层的厚度不应小于 5mm，并应满足工作环境和条件的要求。

（3）钢材应符合《碳素结构钢》（GB/T 700—2006）、《低合金高强度结构钢》（GB/T 1591—2018）的要求，支座连接板、封板和内部钢板的强度设计值不应低于表405-12的规定。钢板厚度应满足应力检验的要求，并应满足地震时大变形的稳定性要求。

钢板的强度要求　　　　　　　　　　　　　　　　　表 405-12

牌　号	强度设计值（MPa）			
	钢板厚度 t（mm）（括号内为 Q345 钢板厚度）			
	$t \leq 16$	$16 < t \leq 40$ （$16 < t \leq 35$）	$40 < t \leq 60$ （$35 < t \leq 50$）	$60 < t \leq 100$ （$50 < t \leq 100$）
Q235	215	205	200	190
Q345	310	295	265	250

（4）隔震橡胶支座的老化、徐变及疲劳性能应满足表405-13的要求。

隔震橡胶支座的耐久性性能要求　　　　　　　　　　表 405-13

项　目	要　求
老化性能	水平等效刚度和阻尼性能的允许变化率为 ±30%
徐变性能	在 60 年后的徐变不应超过 10%
疲劳性能	水平等效刚度的允许变化率为 ±15%，试件外观无裂缝

（5）隔震橡胶支座表面应光滑平整，外观质量应符合表405-14的规定。

隔震橡胶支座的外观要求　　　　　　　　　　　　　表 405-14

缺陷名称	质量指标
气泡	单个表面气泡面积不超过 50mm²
杂质	杂质面积不超过 30mm²
缺胶	缺胶面积不超过 150mm²，不得多于 2 处，且内部嵌件不许外露
凹凸不平	凹凸不超过 2mm，面积不超过 50mm²，不得多于 3 处
胶钢黏结不牢 （上、下端面）	裂缝长度不超过 30mm，深度不超过 3mm，不得多于 3 处
裂纹（侧面）	不允许
钢板外露（侧面）	不允许

（6）隔震橡胶支座产品的尺寸应按《橡胶支座　第1部分：隔震橡胶支座试验方法》（GB/T 20688.1—2007）规定的方法进行测量，其尺寸偏差应满足下列规定。

①平面尺寸允许偏差应满足表405-15的规定。

支座产品平面尺寸的允许偏差　　　　　　　　　　　　表405-15

标称平面尺寸（a'、b'和D'）（mm）	允 许 偏 差
≤500	5mm
1500≥尺寸>500	1%
>1500	15mm
设有凹槽的Ⅲ型支座	取2mm或0.4%中的较大值

注：a'、b'分别为矩形支座包括保护层厚度的长边和短边长度；D'为圆形支座包括保护层厚度的直径。

②支座高度允许偏差应满足表405-16、表405-17的规定。

支座高度 H_n 的允许偏差　　　　　　　　　　　　表405-16

标称产品高度 H_n（mm）	允 许 偏 差
160≥H_n>20	±2.5%
H_n>160	±4mm

支座总高度 H 的允许偏差　　　　　　　　　　　　表405-17

标称连接板直径 D_f 或边长 L_f（mm）	允 许 偏 差
≤1500	±（H_n×0.025+1.5）mm
>1500	±（H_n×0.025+2.5）mm

注：1. 本表不适用于没暗销的Ⅲ型支座。

2. H 为橡胶支座包括连接板的总高度；H_n 为橡胶支座不包括连接板的高度。

3. 支座产品平整度的偏差应满足表405-18的规定。

支座平整度的允许偏差　　　　　　　　　　　　表405-18

标称平面尺寸（a'、b'和D'）（mm）	允 许 偏 差
≤1000	1
>1000	（a'、b'和D'）/1000

④隔震橡胶支座水平偏移不应超过5.0mm，经历试验后48h内的残余变形限制也不应超过5.0mm。

⑤支座连接板平面尺寸及厚度允许偏差及连接板螺栓孔径位置允许偏差等应符合《橡胶支座　第2部分：桥梁隔震橡胶支座》（GB 20688.2—2006）表23～表25的规定。

4. 球形支座

（1）球形支座应采用工厂定型产品，其性能和尺寸均应符合图纸要求以及《桥梁球型支座》（GB/T 17955—2009）的规定。

（2）球形支座的结构由上支座滑板、下支座板、球形板、平面四氟乙烯滑板（平面四氟板、球面四氟板）及橡胶挡圈等组成。

（3）球形钢支座的水平位移，由上支座板与四氟板之间的活动来实现。支座的转角通过球形板与球面四氟板之间的活动来实现。支座竖向承载力、支座转角、支座位移量均应符合图纸规定。

（4）支座出厂时应由生产厂家将支座调平,并拧紧连接螺栓,以防止支座在安装过程中发生转动和倾覆。承包人可根据设计需要预设转角和位移,但应在订货时提出预设转角和位移量的要求。生产厂家在装配时预先调整好。

405.05　支座的安装

所有支座安装都必须按照图纸规定,确保其平面位置的正确。

1. 板式橡胶支座的安装

应注意下列事项:

（1）支座安装前,应检查产品的技术指标、规格尺寸是否符合图纸要求,如不相符,不得使用。

（2）桥墩和桥台上放置支座部位的混凝土表面应平整清洁,以保证整个面积上的压力均匀,并认真检查所有表面、底座及垫石高程,对处于纵坡和弯道上的桥梁,在其支座施工时应作相应调整和处理或采用坡形支座。支座垫石高程的容许误差为:简支梁±10mm,连续梁±5mm。

（3）为便于更换,板式支座不采用固定装置。

（4）支座安装应在温度为5～20℃的范围内进行。

（5）在上部结构的构件吊装时,应采取措施保持支座的位置正确。

（6）橡胶支座与上下部结构间必须接触紧密,不得出现空隙。

（7）橡胶支座应水平安装。因施工原因而倾斜安装时应征得监理人的同意,但其坡度不能超过2%。选择用橡胶支座时,必须考虑由于支座倾斜安装而产生的剪切变形所需要的橡胶层厚度。

2. 盆式橡胶支座的安装

应注意下列事项:

（1）活动支座安装前应用丙酮或酒精将支座各相对滑移面及有关部分擦拭干净,擦净后在四氟滑板的储油槽内注满硅脂润滑剂,并注意硅脂保洁;坡道桥注硅脂应注意防滑。

（2）安装支座的高程应符合设计要求,支座顶板、底座表面应水平,支座承压能力小于或等于5000kN时,其四角高差不得大于1mm;支座承压能力大于5000kN时,不得大于2mm。

（3）盆式橡胶支座的顶板和底板可用焊接或锚固螺栓栓接在梁体底面和墩台顶面的预埋钢板上;采用焊接时,应防止烧坏混凝土;安装锚固螺栓时,其外露杆的高度不得大于螺母的厚度。

（4）支座安装的顺序,宜先将上座板固定在大梁上,而后根据顶板位置确定底盆在墩台上的位置,最后予以固定。

（5）支座中线应尽可能与主梁中线重合,其最大水平位置偏差不得大于2mm;安装时,支座上下各个部件纵轴线必须对正,对活动支座,其上下部件的横轴线应根据安装时的温度与年平均最高、最低温差,由计算确定其错位距离;支座上下导向挡块必须平行。最大偏差的交叉角不得大于5′。

3. 隔震橡胶支座的安装

应注意下列事项:

（1）用于桥梁的隔震橡胶支座必须是按《橡胶支座　第2部分:桥梁隔震橡胶支座》(GB 20688.2—2006)的检验规划进行检验合格的产品,并应有合格证书。支座安装前应开箱检查装箱清单、原材料检验报告和产品合格证书是否符合图纸要求,如不相符,不得使用。开箱后不得任意松动连接螺栓,并不得任意拆卸支座。

（2）支座安装高度应符合图纸要求，要保证支座支承平面的水平及平整，支座支承面四角高差不得大于图纸规定。

（3）隔震橡胶支座与梁体及墩台采用预埋螺栓连接，必要时可采用与预埋钢板焊接，但将支座与预埋钢板焊接时，要防止支座钢体过热，以免烧坏支座内的橡胶。

（4）安装支座板及地脚螺栓时，在下支座板四角用钢楔块调整支座水平，找正支座纵、横向中线位置，使之符合图纸要求后，用环氧砂浆灌注地脚螺栓孔和支座底面垫层。

（5）环氧砂浆硬化后，拆除支座四角临时楔块，并用环氧砂浆填满抽出楔块的位置。

（6）梁体安装完毕后，或现浇混凝土梁体形成整体并达到图纸规定强度后，在张拉梁体预应力之前，拆除上、下临时连接板，以防止约束梁体正常转动。

4. 球形支座的安装

应注意下列事项：

（1）支座安装前，开箱检查装箱清单、原材料检验报告的复印件和产品合格证是否符合图纸要求，如不相符，不得使用。开箱后不得任意松动连接螺栓，并不得任意拆卸支座。

（2）支座与梁体及墩台采用预埋螺栓连接，必要时亦可与预埋钢板焊接，但将支座与预埋钢板焊接时，要防止支座钢体过热，以免烧坏硅脂和聚四氟乙烯板。

（3）支座安装时，支座的相对滑动面应用丙酮、酒精仔细擦净，不得夹有灰尘和杂质。然后表面均匀地涂满硅脂润滑剂。

（4）支座安装高度应符合图纸要求，要保证支座支承平面的水平及平整，支座支承面四角高差不得大于2mm。

（5）安装支座板及地脚螺栓时，在下支座板四角用钢楔块调整支座水平，并使下支座板底面高出桥墩顶面20～50mm，找正支座纵、横向中线位置，使之符合图纸要求后，用环氧砂浆灌注地脚螺栓孔和支座底面垫层。

（6）环氧砂浆硬化后，拆除支座四角临时钢楔块，并用环氧砂浆填满抽出楔块的位置。

（7）梁体安装完毕后，或现浇混凝土梁体形成整体并达到图纸规定强度后，在张拉梁体预应力之前，拆除上、下连接板，以防止约束梁体正常转动，并及时安装活动支座的橡胶防尘罩。

5. 盆式支座维护

（1）承包人应对主桥盆式支座逐一进行检查，对支座存在的病害进行统计，并制订维修方案，报发包人审批后，才能够进行支座维修。

（2）支座维修应满足《公路桥涵养护规范》（JTG H11—2004）等规范要求，确保支座处于良好工作状态。

（3）主桥盆式支座维修的主要工作为：清除支座周围的油污、垃圾，支座除锈防腐，更换并注入硅脂油，支座防尘罩、螺栓等部件的更换与补充齐全，支座局部脱空处理，支座垫石维修等。

（4）质量检验参照《公路桥涵养护规范》（JTG H11—2004）执行。

6. 板式支座局部脱空处理

（1）支座脱空施工工艺流程为：支座脱空情况调查→根据调查情况制作楔形钢板→搭设施工支架→安插钢板。

（2）支座脱空情况调查，根据设计图纸和高速公路桥梁检测报告确定脱空支座的具体位置、脱空情况（包括脱空部位的大小），以便施工。

（3）加工钢板，结合现场调查的脱空情况及数量准备相应规格的钢板，钢板防腐处理按桥面连续 T

形钢的防腐处理技术要求进行。

（4）施工支架搭设，根据每座桥梁的现场情况，需要进行支座脱空处理的桥梁高度为 2~10m，搭设钢管门式支架，作为施工平台进行施工。

（5）支座脱空安插钢板，每座桥梁施工前将该桥需要的钢板运至现场，斜插钢板前将垫实部位的杂物全部清理干净，保证能准确看到支座脱空部位，将准备好的钢板对准脱空部位用小锤轻轻捶打，使钢板将脱空部分填充密实。脱空填实以钢板无法松动为准（详见图405-1）。按此方法对脱空支座逐个处理。

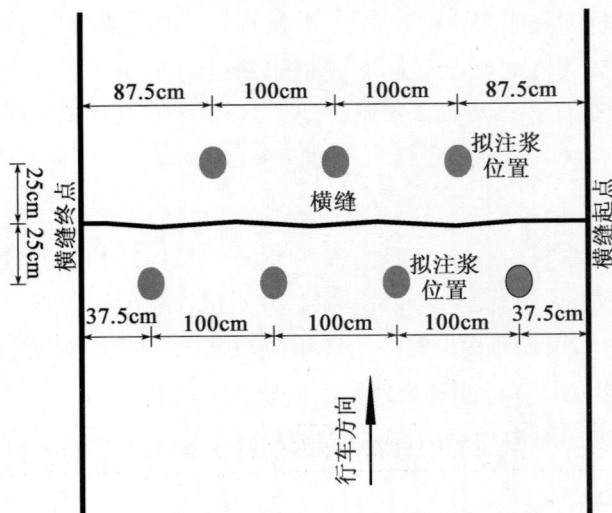

图405-1 支座脱空处理示意图

7. 支座更换

支座更换应采取同步顶升整体提升法，并不得损坏梁体整体结构，具体要求必须满足《公路桥涵养护规范》（JTG H11—2004）等规范的相关规定。

8. 盆式（板式）支座临时连接钢板解除

根据例行检查结果，确定盆式（板式）支座存在临时连接钢板未解除的位置，采用钢锯或砂轮锯切割连接钢板，不得采用氧割，以免损坏支座。

桥梁同步顶升（一跨内）：

（1）承包人在进行桥梁顶升7d前将准备好的顶升桥梁的名称、桩号、范围、施工机械准备、材料备料情况、施工方案等上报发包人，经发包人批准后方可施工。

（2）施工中不得损坏桥梁结构及其他沿线设施。

（3）针对桥梁现状选取安全可靠的整体顶升方案。顶升前应根据现场实际情况确定施工方式，在满足操作条件的前提下，应尽可能利用原有桥梁的桥墩和桥台进行作业，但必须通过验算并得到承包人批准后方可实施。无法满足操作条件时则需要搭设顶升支架，搭设的支架要有足够的强度、刚度和稳定性，确保在梁被顶起的时候支架不倒塌、不倾斜、沉降较小且均匀，必要时在支架底设置混凝土基础。

（4）为了保证顶起过程中不至于损伤梁底，在梁底与千斤顶设备接触处用厚约2cm的木板垫实，确保软接触密合。

（5）采用顶升横隔板的施工方式时，承包人应对横隔板抗剪强度进行验算并得到发包人批准后方可实施，如抗剪强度不满足要求，应采取有效措施使之满足施工要求。

（6）在正式顶升前应进行试顶，以消除支撑本身的非弹性变形或沉降。试顶高度为1cm，监测传力梁变形，以及贝雷架和基础是否满足要求。试顶时间不得少于30min。确认无变化后方可开始整体

354

顶升。

（7）试顶完成后，在专业人员的统一指挥下所有千斤顶缓慢整体顶起梁体，使其离开原支座约1cm时立刻停止，并立即在横梁间增设若干个钢筋混凝土预制块形成临时固定点，以增加接触点和面积，提高顶升系统的稳定性，确保桥梁整体安全。通过逐次顶升，直至最大顶升高度。

（8）在顶升梁体时，须确保梁体被同步提升。顶升到设计高程后应超顶2cm，方可进行垫石、支座的安装或是更换作业。

（9）如果支座垫石、钢板有病害，应在顶起梁去除原有支座后进行相应的处治，支座下方用高强度等级环氧树脂砂浆找平，精确计算出需增加的高度，用合适厚度的钢板来调节，调节施工完毕，重新安装新的支座，就可以慢慢地落梁，去掉混凝土块和千斤顶，拆除临时支撑。整孔梁体在施工过程中相对几乎是不动的，此时支架的稳定性是非常重要的，施工中应有严格的保障措施并进行监控。

（10）在支座安装或更换前，应撤出原有支座，清理梁底及墩（台）帽，同时对病害（若有）进行处治；然后按设计要求涂抹界面剂、安装垫石、梁底调平钢板和支座，并对选用的橡胶支座按照规范要求进行抽样试验。

（11）在梁底与传力梁之间应安放厚度不小于20cm的橡胶垫块，以此确保在顶起过程中不损伤梁底、传力梁和梁底软接触密合。

（12）顶升过程中应对铰接缝、横隔板等进行全程监测，观察在施工过程中各个部位的应力、跨中挠度变化，确保施工过程中顶升均匀，上部结构纵、横向不开裂，不破坏梁体的整体性。

（13）落梁时将梁体缓慢落下，并采取与顶升相同的保障监控措施。

405.06 质量检验

1. 支座垫石和挡块

（1）基本要求

①混凝土所用的水泥、砂、石、水、外掺剂及混合材料的质量和规格，必须符合图纸要求及本规范有关要求，按规定的配合比施工。

②支座垫石不得出现露筋、空洞、蜂窝、麻面现象及任何裂缝。

（2）检查项目

支座垫石和挡块检查项目见表405-19、表405-20。

支座垫石检查项目　　　　　　　　　　　　　　　　　　　表405-19

项次	检 查 项 目	规定值或允许偏差	检查方法和频率
1	混凝土强度（MPa）	在合格标准内	按JTG F80/1—2017附录D检查
2	轴线偏位（mm）	5	全站仪或经纬仪：支座垫石纵横方向检查
3	断面尺寸（mm）	±5	尺量：检查1个断面
4	顶面高程（mm）	±2	水准仪：检查中心及四角
	顶面四角高差（mm）	1	
5	预埋件位置（mm）	5	尺量：每件

挡 块 检 查 项 目　　　　　　　　　　　　　　　　　　　表405-20

项次	检 查 项 目	规定值或允许偏差	检查方法和频率
1	混凝土强度（MPa）	在合格标准内	按JTG F80/1—2017附录D检查
2	平面位置（mm）	5	全站仪或经纬仪：每块检查

项次	检查项目	规定值或允许偏差	检查方法和频率
3	断面尺寸(mm)	±10	尺量:每块检查1个断面
4	顶面高程(mm)	±10	水准仪:每块检查1处
5	与梁体间隙(mm)	±5	尺量:每块检查

（3）外观检查

①混凝土表面平整、光洁，棱角线平直。

②挡块如出现蜂窝、麻面，必须进行修整。

③挡块出现非受力裂缝宽度超过图纸规定或图纸未规定时超过0.15mm必须处理。

2. 支座安装

（1）基本要求

①支座的材料、规格和质量必须满足图纸和有关规范的要求，经验收合格后方可安装。

②支座底板调平砂浆性能应符合图纸要求，灌注密实，不得留有空洞。

③支座上下各部件纵轴线必须对正。当安装时温度与设计要求不同时，应通过计算设置支座顺桥向预偏量。

④支座不得发生偏歪、不均匀受力和脱空现象。滑动面上的四氟滑板和不锈钢板不得有划痕、碰伤等，位置正确，安装前必须涂上硅脂油。

（2）检查项目

支座安装检查项目见表405-21。

支座安装检查项目　　　　　　　　　　　　　　表405-21

项次	检查项目		规定值或允许偏差	检查方法和频率
1	支座中心横桥向偏位(mm)		2	经纬仪、钢尺:每支座
2	支座顺桥向偏位(mm)		10	经纬仪或拉线检查:每支座
3	支座高程(mm)		符合设计规定;设计未规定时，±5	水准仪:每支座
4	支座四角高差(mm)	承压力≤500kN	1	水准仪:每支座
		承压力>500kN	2	

（3）外观检查

支座表面应保持清洁，支座附近的杂物和灰尘应清除，不符合要求时必须进行处理。

3. 所有支座性能合格，支座垫板必须稳固。钢垫板必须进行防腐处理，处理措施同小型钢构件防腐处理技术要求。

4. 经过调整、更换的支座，必须保证梁支点均匀承压、平整密实，无翘曲断裂现象，结合螺栓无松动现象。

5. 支座更换完毕后，及时清理杂物，去除污物;做好防护，确保灰尘和有害物无法进入，防护漆膜无剥落现象。

405.07　计量与支付

1.计量

（1）支座维护按实际完成并经验收合格的数量，以个计量；维护内容包括清除支座周围的油污、垃圾，支座除锈防腐、钢垫板的防腐处理，更换并注入硅脂油，支座防尘罩等部件的更换与补充齐全，支座垫石维修等，计量中包括维修内容的一切作业；为完成支座维护而必需的支架及其他一切措施均作为支座维护的附属作业，不另行计量。

（2）板式支座局部脱空处理按实际完成并经验收合格的数量，以个为单位计量；计价中包括钢楔板的制作、防腐，支座垫石零星修补等与之相关的全部工作费用。为完成板式支座局部脱空处理而必需的支架及其他一切措施均作为支座更换的附属作业，不另行计量。

（3）支座更换按不同的类型，包括支座的提供的和安装，以个为单位计量。原支座的拆除，支座垫层的修复，支座清洗、运输、起吊及安装支座所需的扣件、钢板、焊接、螺栓、黏结等，作为支座安装的附属工作，不另行计量；为完成支座更换而必需的支架及其他一切措施均作为支座更换的附属作业，不另行计量。

（4）盆式（板式）支座临时连接钢板解除按实际完成并经验收合格的数量，以套为单位计量。计价中包括支架、脚手架的搭拆、锯材等与之相关的全部工作费用。

（5）桥梁顶升应考虑不同的跨径进行综合报价。桥梁顶升按实际完成并经验收合格的数量，以跨计量。放样、搭设支架、预压支架、连接部解除、安装传力梁、顶升梁体、施工监控、施工现场安全管理等与之相关的全部工作内容均作为桥梁顶升的附属作业，不另行计量。

2.支付

按上述规定计量，经发包人验收，并列入工程量清单的以下支付子目的工程量，其每一计量单位，将以合同单价支付。此项支付包括材料、劳力、运输、支架、脚手架、检测、工程管理、交通组织实施、税金及其他为完成此工程所需的全部费用，是对完成此工程的全部偿付。

3.支付子目

子 目 号	子 目 名 称	单 位
405	桥梁支座	
405-1	盆式支座维护	个
405-2	板式支座脱空处理	个
405-3	支座更换（一跨内）	
-a	普通橡胶支座	个
-b	四氟板式橡胶支座	个
405-4	盆式（板式）支座临时连接钢板解除	套
405-5	桥梁同步顶升（一跨内）	跨

第 406 节　砌 石 工 程

406.01　范围

本节工作内容包括锥坡砌筑、勾缝及亏土回填等作业。

406.02　材料

1. 石料

（1）石料等级应符合图纸规定或监理人要求。石料在使用前应按《公路工程岩石试验规程》（JTG E41—2005）进行试验，以确定石料各项物理力学指标值。立方体的极限抗压强度，以 MPa 表示。

（2）石料应强韧、密实、坚固与耐久，质地适当细致，色泽均匀，无风化剥落和裂纹及结构缺陷。石料应取自成品质量满意的采石场。

（3）石料不得含有妨碍砂浆的正常黏结或有损于外露面外观的污泥、油质或其他有害物质。石料的运输、储存和处理，应不产生过量的损坏和废料。

2. 砂浆

（1）砂浆强度等级应符合图纸规定或监理人要求。砂浆强度等级是指 70.7mm × 70.7mm × 70.7mm标准立方体试件，在温度（20 ± 3）℃、相对湿度不小于90%的环境中养护28d，经抗压试验所得的极限抗压强度值，以 MPa 表示。

（2）砂浆中宜用中砂或粗砂，砂的最大粒径，当用于砌筑片石时，不宜大于 5mm；当用于砌筑块石、粗料石时，不宜大于 2.5mm。

（3）监理人许可时，可以将粗集料最大尺寸不超过 20mm 的混凝土（小石子混凝土）用作片石和块石砌体的砂浆。

（4）除非图纸上另有标明或监理人指示，勾缝砂浆强度等级，对于主体工程不低于 M10，对于附属工程不低于 M7.5，且均不低于砌筑砂浆的强度等级。水泥砂浆的配合比按《砌筑砂浆配合比设计规程》（JGJ/T 98—2010）的规定执行。

（5）除非监理人同意，否则不得人工拌和砂浆。

3. 片石

片石的厚度不应小于 150mm（卵形和薄片者不得使用）。镶面石料应选择尺寸稍大并具有较平整表面的，且应稍加粗凿。在角隅处应使用较大石料，大致粗凿方正。

4. 块石

块石应大致方正，上下面大致平行。石料厚度为 200 ~ 300mm，石料宽度及长度应分别为石料厚度的 1 ~ 1.5 倍和 1.5 ~ 3 倍。石料的尖锐边角应凿去。所有垂直于外露面的镶面石的表面，应如图 406-1所示修凿，其表面凹陷深度不得大于 20mm。角隅石或墩尖端的镶面石，根据需要应修凿至所需形状。

5. 粗料石

（1）粗料石应修凿并修整到大致形成六面体，其厚度为 200 ~ 300mm，宽度为 1 ~ 1.5 倍厚度，长度为 2.5 ~ 4 倍厚度，表面凹陷深度不超过 20mm。

（2）粗料石砌体的镶面石，其丁石长度应比同层顺石宽度大至少 150mm。镶面石的外露面和所有垂直于外露面的表面应如图 406-2 所示修凿。角隅石、拱砌块或墩尖端的镶面石应修凿成所要求的形状。

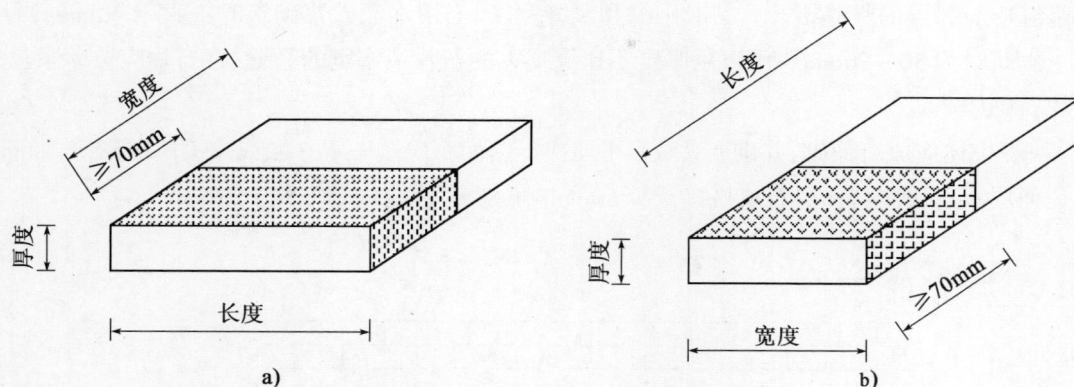

图 406-1　镶面块石的修凿(画影线表示修凿部分)

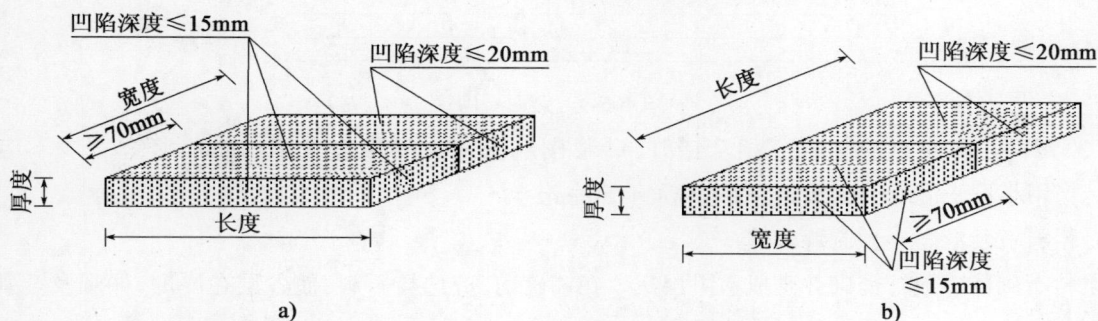

图 406-2　镶面粗料石的修凿

6. 拱石

(1)拱石可以由片石、块石或粗料石做成,石纹应垂直于拱轴。各排拱石沿拱圈内弧的厚度应一致。

(2)用作拱石的粗料石,当拱背线的长度比拱腹线的长度超出 0.3 倍拱背线长度时,应做成楔形;反之,拱圈石可以为大致整齐六面体,由变化的径向接缝厚度调整拱背与拱腹长度之差。由粗料石制成的楔形拱圈石尺寸应满足下列要求(图 406-3):

①拱腹厚度不应小于 200mm,拱背厚度按图纸或施工放样确定。

②高度应为最小厚度的 1.2～2.0 倍。

③长度应为最小厚度的 2.5～4.0 倍。

7. 混凝土预制块

混凝土预制块的混凝土等级应按图纸规定或监理人指定,其尺寸应符合图纸所示。

8. 凡具有规定强度且能被压实到规定密实度并能形成稳定填方的材料均为适用填料。在回填前,应先报告发包人,经批准后方可使用。

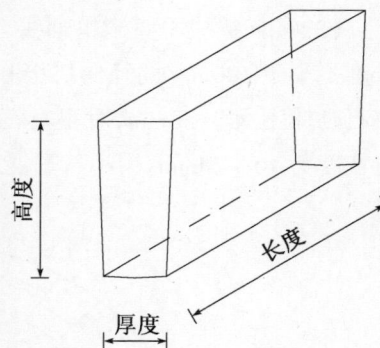

图 406-3　粗料石拱石

406.03　施工要求

1. 片石砌体

片石应分层砌筑,一般 2～3 层组成一个工作层,每一工作层应大致找平。应选用具有比较整齐表面的大尺寸石块作为角隅石和镶面石。相对长和短的石块应交错铺在同一层,并与帮衬石或腹石交错锁结。竖缝应与邻层的竖缝错开。一般平缝和竖缝宽度,当用水泥砂浆砌筑时不大于40mm,当用小石子混凝土砌筑时为30~70mm。可以用厚度不比缝宽大的石片填塞宽的竖缝,且石片应被砂浆包裹。

2. 块石砌体

(1)块石砌体应成行铺砌,并砌成大致水平层次。镶面石应按一丁一顺或一丁两顺砌筑,如图406-4所示。任何层次石块应与邻层石块搭接至少80mm。砂浆砌筑缝宽应不大于30mm。

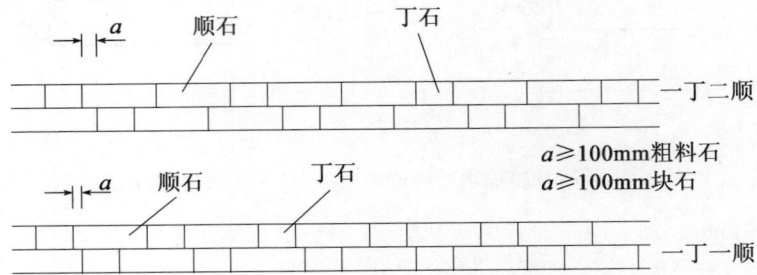

图406-4　镶面石砌筑

(2)帮衬石和腹石的竖缝应相互错开,砂浆砌筑平缝宽度不应大于30mm,竖缝宽度不应大于40mm;当用小石子混凝土砌筑时,砌缝不大于50mm。

3. 粗料石及混凝土预制块砌体

粗料石砌体应成行铺砌并砌成水平层次。在铺砌前,应选择石料,使各层在厚度、外观及类别上相匹配。

任何镶面石应是一丁一顺(图406-4)砌筑。缝为竖缝和平缝,粗料石缝宽不大于20mm,混凝土预制块缝宽不大于10mm。任何镶面石块应与邻层石块搭接,其搭接长度不小于100mm,同时在丁石的上层或下层不宜有竖缝。

4. 石砌及混凝土预制块砌拱圈

(1)砌筑层数、砌块厚度以及砂浆等级均应按图上规定或监理人指定执行。

(2)在监理人校核拱架并批准后,才能砌筑拱石。

(3)径向缝应垂直于拱轴线。拱圈的任一层及任一纵排的石块,应分别与邻层和邻排的石块形成长度不小于100mm的径向搭接和纵向搭接,如图406-5所示。砌缝宽度,对片石砌体不大于40mm,对块石砌体不大于30mm,对粗料石或混凝土预制块砌体为10~20mm。当用小石子混凝土砌片石时,砌缝宽度为40~70mm;用小石子混凝土砌块石时,砌缝宽度不大于50mm。

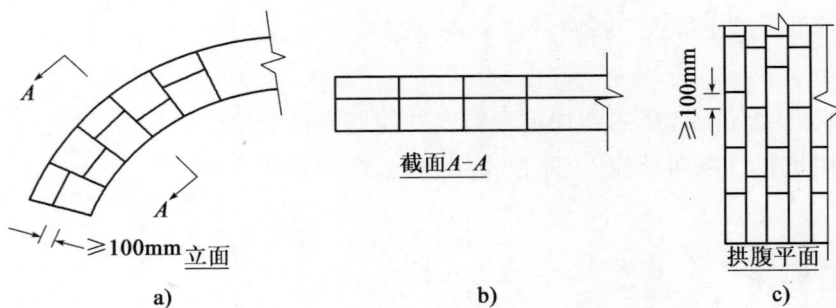

图406-5　相邻石块间搭接

(4)对于陡的径向缝,可以在拱石间塞填木片形成固定缝,以便随后将砂浆填入。对于不甚陡的径向缝,可以在已成石块侧面铺砂浆,随后横向压挤砌筑相邻石块。

（5）拱石铺砌应在纵横向保持对称、平衡,按图纸的加载程序进行,并应随时进行观察和测定以控制拱架和拱圈的变形。

（6）拱跨长度为 13～20m 时,无论采用何种形式的拱架,半拱圈可以分三段,其长度大致相等(图406-6)。先砌筑拱脚和拱顶部分,然后砌筑拱跨 1/4 和 3/4 附近部分,两半跨应同时对称地进行。当拱跨在 10m 及 10m 以下且设满堂拱架时,拱圈石可以从拱脚向拱顶对称均衡地砌筑;当用拱式拱架时,其砌筑方法同前拱跨长度为 13～20m 所述者。

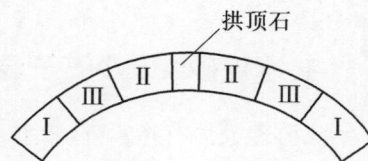

图406-6 拱圈砌筑

（7）拱圈施工时应在拱脚、拱顶石两侧,拱架的结构缝、分段点及可能出现裂隙处设置空缝,有关空缝的设置和填塞应满足下列有关要求:

①外露面的空缝宽度应与上述各条中所列缝宽一致,但当拱圈石为粗料石时,空缝内部宽可以加大到 30～40mm,以便填浆。可以将 M2.5 水泥砂浆块插入空缝以保持缝宽。插入块数量及其尺寸不应过多、过大,以保持缝宽为度。

②空缝两边的拱石侧面应凿成规则形状。

③空缝应在分段砌体砂浆强度达到设计等级的 70% 后进行填塞,填塞时应分层捣实。

④在全部拱圈砌筑完以及卸拱架前,应完成空缝填浆工作。填缝砂浆应为 M2.5 及 M2.5 以上的半干硬水泥砂浆。所有空缝的填浆和捣实应自两拱脚向拱顶对称进行;或先填塞拱脚处,再填塞拱顶处,然后自拱顶向两端对称逐条填塞;也可同时填塞所有空缝。

（8）封拱的定义为砌筑拱顶石(图406-6),并在拱顶石两侧灌浆。它是拱圈施工中最后的工序,应遵守下列要求进行,但图上另有规定或监理人批准时除外。

①封拱应在当地平均气温为 5～15℃ 时进行。

②当拱圈分成几段砌筑时,填缝砂浆应达到设计等级的 50% 才能封拱;当采用刹尖封顶时,填缝砂浆应达设计等级的 70%;采用千斤顶施加压力以调整拱圈应力封拱时,填缝砂浆应达设计等级的 100%。

（9）拱上建筑在拱架卸架前砌筑时,拱圈合龙砂浆强度应达到设计等级的 30%;拱上建筑先松架后砌筑时,拱圈合龙砂浆强度应达到设计等级的 70%;拱圈采用千斤顶施加压力以调整应力时,拱上建筑砌筑时的拱圈合龙砂浆强度应达到图纸规定值。

拱上建筑由拱脚至拱顶对称、均衡地砌筑。

5. 用小石子混凝土砌筑片石拱圈

用小石子混凝土作砂浆砌筑石块时应遵守下列各点:

（1）应将底面较大并表面整齐的片石用于拱腹,需要时应粗凿;拱背片石则应大致平整。

（2）砌缝中的小石子混凝土,可在铺石块前,先在砌缝处铺设一部分,然后在铺石块后再填缝。

（3）在空缝两侧面应用较大的和大致凿成方形的经挑选的石块。

6. 拱架

应按监理人批准的拱架图修建拱架,但在任何情况下这并不会减轻承包人由于应用此图所负的责任。应设合适的楔块、砂筒或其他设施使拱架能逐渐降落,使拱能独立支承。应逐渐并均匀地降落拱架,并使结构中任何部分无有害应力。两跨或两跨以上的拱,卸拱架顺序应提请监理人批准。

7. 回填施工前,应对原地面进行清理、挖台阶及夯实,回填中应分层填筑、分层夯实,分层厚度宜为

100~200mm。

406.04 质量检验

1. 水泥砂浆及小石子混凝土的取样和试验

除监理人另有指示外,重要及主体砌筑物、不同强度等级及不同配合比的水泥砂浆及小石子混凝土,每工作班分别各制取两组试件(每组试件,水泥砂浆取 6 个 70.7mm×70.7mm×70.7mm 立方体,小石子混凝土取 3 个 150mm×150mm×150mm 立方体)。一般及次要砌筑物,每工作班取一组试件。

一组砂浆试样的强度为该组试样 6 个试件 28d 抗压极限强度的平均值。砂浆的抗压强度试验应按《建筑砂浆基本性能试验方法标准》(JGJ/T 70—2009)的规定进行。

砂浆试样强度应符合以下要求:

(1)同一等级的各组砂浆试样的平均强度(MPa)应不低于图纸规定的砂浆强度等级。

(2)任一组试件的强度应不低于图纸规定的砂浆强度等级的 75%。

2. 砌体质量检验

(1)基本要求

①石料或混凝土预制块的强度、质量和规格必须符合图纸要求和本规范有关要求。

②砂浆所用的水泥、砂和水的质量必须符合图纸及本规范要求,按规定的配合比施工。

③地基承载力应满足图纸要求,严禁超挖回填虚土。

④砌块应错缝、坐浆挤紧,嵌缝料和砂浆饱满,无空洞、宽缝、大堆砂浆填隙和假缝。

⑤拱圈砌体的辐射缝应垂直于拱轴线,辐射缝两侧相邻两行拱石的砌缝应相互错开,错开距离不应小于 100mm。

⑥拱架应牢固、稳定,严格按图纸规定的顺序砌筑拱圈和卸架。

(2)检查项目

砌体检查项目见表 406-1~表 406-4。

基础砌体检查项目　　　　表 406-1

项次	检 查 项 目		规定值或允许偏差	检查方法和频率
1	砂浆强度(MPa)		在合格标准内	按 JTG F80/1—2017 附录 F 检查
2	轴线偏位(mm)		25	经纬仪:纵、横各测量 2 点
3	平面尺寸(mm)		±50	尺量:长、宽各 3 处
4	顶面高程(mm)		±30	水准仪:测 5~8 点
5	基底高程(mm)	土质	±50	水准仪:测 5~8 点
		石质	+50,−200	

墩、台身砌体检查项目　　　　表 406-2

项次	检 查 项 目	规定值或允许偏差	检查方法和频率
1	砂浆强度(MPa)	在合格标准内	按 JTG F80/1—2017 附录 F 检查
2	轴线偏位(mm)	20	全站仪或经纬仪:纵、横各测量 2 点

项次	检查项目		规定值或允许偏差	检查方法和频率
3	墩台长、宽(mm)	料石	+20，−10	尺量：检查 3 个断面
		块石	+30，−10	
		片石	+40，−10	
4	竖直度或坡度(%)	料石、块石	0.3	垂线或经纬仪：纵、横各测量 2 处
		片石	0.5	
5	墩、台顶面高程(mm)		±10	水准仪：测量 3 点
6	大面积平整度(mm)	料石	10	2m 直尺：检查竖直、水平两个方向，每 20m² 测 1 处
		块石	20	
		片石	30	

拱圈砌体检查项目　　　　　　　　　　　　　　　　表 406-3

项次	检查项目		规定值或允许偏差	检查方法和频率
1	砂浆强度(MPa)		在合格标准内	按 JTG F80/1—2017 附录 F 检查
2	外侧平面偏位(mm)	无镶面	+30，−10	经纬仪：检查拱脚、拱顶、1/4 跨共 5 处
		有镶面	+20，10	
3	拱圈厚度(mm)		+30，0	尺量：检查拱脚、拱顶、1/4 跨共 5 处
4	相邻镶面石砌块表层错位(mm)	料石、混凝土预制块	3	3～5 处
		块石	5	
5	内弧线偏离设计弧线(mm)	跨径≤30m	±20	水准仪或尺量：检查拱脚、拱顶、1/4 跨共 5 处高程
		跨径＞30m	±1/1500 跨径	
		极值	拱腹四分点；允许偏差的 2 倍，且反向	

注："外侧平面偏位"向外为"+"，向内为"−"，下同。

侧墙砌体检查项目　　　　　　　　　　　　　　　　表 406-4

项次	检查项目		规定值或允许偏差	检查方法和频率
1	砂浆强度(MPa)		在合格标准内	按 JTG F80/1—2017 附录 F 检查
2	外侧平面偏位(mm)	无镶面	+30，−10	经纬仪：抽查 5 处
		有镶面	+20，−10	
3	宽度(mm)		+40，−10	尺量：检查 5 处
4	顶面高程(mm)		±10	水准仪：检查 5 点
5	竖直度或坡度(%)	片石砌体	0.5	吊垂线：每侧墙面检查 1～2 处
		块石、粗料石、混凝土块镶面	0.3	

（3）外观检查

①砌体表面应平整。

②砌缝不应有裂隙,若裂隙宽度超过 0.5mm,必须进行处理。

③勾缝平顺,无开裂和脱落现象。

④拱圈轮廓线应清晰,表面整齐。

（4）土方回填后边坡坡面应平顺稳定、曲线圆滑,不得亏坡。

406.05 计量与支付

1.计量

（1）M7.5 浆砌片石按完成并经验收合格的,以立方米为单位计量。利用拆除圬工材料或新材料,均以立方米为单位计量。计价中包括锥坡亏土回填、砌石、勾缝、养生等与之相关的全部工作费用。

（2）砂浆或作为砂浆的小石子混凝土,作为砌体工程的附属工作,不另计量。砌体铺垫材料的提供和设置,拱架、支架及砌体的勾缝,作为砌体工程的附属工作,不另计量。锥坡亏土回填按压实的体积,以立方米为单位计量。计价中包括表土的翻挖、挖台阶、摊平、压实、整型等与之相关的全部工作费用。

（3）锥坡清理按实际完成并经验收合格的数量,以立方米为单位计量。计价中包括单个锥坡丛生植物的清理、表面垃圾的清理及外运等与之相关的全部工作费用。锥坡 M10 砂浆勾缝按实际勾缝砌体并验收合格的表面积,以平方米为单位计量。计价中包括砂浆、养生及为完成工作所需的支架等与之相关的全部工作费用。

2.支付

按上述规定计量,经发包人验收,并列入工程量清单的以下支付子目的工程量,其每一计量单位,将以合同单价支付。此项支付包括材料、劳力、运输、安砌、养生、工程管理、交通组织实施、税金及其他为完成此工程所需的全部费用,是对完成此工程的全部偿付。

3.支付子目

子 目 号	子 目 名 称	单 位
406	砌石工程	
406-1	桥梁锥坡、圬工修复及清理	
-a	M7.5 浆砌片石(利用拆除圬工材料)	m³
-b	M7.5 浆砌片石	m³
-c	锥坡亏土回填(借土、回填、压实)	m³
-d	锥坡清理(垃圾、植物)	m³
-e	锥坡 M10 砂浆勾缝(拌砂浆、勾缝、养生)	m²

第 407 节 桥梁接缝和伸缩装置

407.01 范围

本节工作内容包括桥梁伸缩装置更换、伸缩装置槽口混凝土维修、桥梁伸缩装置专项巡查、道路密封胶灌注裂缝、更换伸缩装置橡胶封条、伸缩装置临时处置及齿板式伸缩装置检修、保养等维修作业。

407.02 材料

1.除图纸或监理人另有规定外,桥梁拉缝和伸缩装置的材料应符合《公路水泥混凝土路面施工技术细则》(JTG/T F30—2014)和《公路桥梁伸缩装置通用技术条件》(JT/T 327—2016)的要求。

(1)热浇接缝填料(如聚氯乙烯胶泥类和沥青橡胶类等),其技术要求应符合表407-1的规定。

热浇接缝填料技术要求　　　　　　　　　　表407-1

试 验 项 目	技 术 要 求	试 验 项 目	技 术 要 求
针入度 (0.1mm)	<90	流动度(mm)	<2
弹性复原率(%)	≥60	拉伸量(mm)	≥15

(2)常温接缝填料(如聚氨酯改性沥青嵌缝胶、聚氨酯焦油等),其技术要求见表407-2的规定。

常温接缝填料技术要求　　　　　　　　　　表407-2

试 验 项 目	技 术 要 求	试 验 项 目	技 术 要 求
灌入稠度(s)	<20	流动度(mm)	0
失黏时间(h)	6～24	拉伸量(mm)	≥15
弹性复原率(%)	≥75		

(3)钢材。

①伸缩装置的钢材,其质量应符合图纸和《公路桥梁伸缩装置通用技术条件》(JT/T 327—2016)的要求,并应符合《碳素结构钢》(GB/T 700—2006)、《优质碳素结构钢》(GB/T 699—2015)、《低合金高强度结构钢》(GB/T 1591—2018)的规定。

②伸缩装置中使用的钢板、圆钢、方钢、角钢等应符合《碳素结构钢和低合金结构钢热轧钢板和钢带》(GB/T 3274—2017)、《热轧钢棒尺寸、外形、重量及允许偏差》(GB/T 702—2017)的规定。

③伸缩装置使用的异型钢材应符合《公路桥梁伸缩装置通用技术条件》(JT/T 327—2016)的相关规定,且不允许使用焊接成型异型钢材。

(4)钢筋:符合施工图设计要求。

(5)橡胶封条和橡胶伸缩装置。

①橡胶止水片和伸缩装置可模制或挤压成型,其横截面应均匀,不应有孔隙或其他缺陷,符合图纸所示的型号和标称尺寸。经监理人认可,可以采用等效的标准产品。

②橡胶伸缩装置、模数式伸缩装置中使用的密封带的橡胶的物理机械性能应满足表407-3的要求。不允许使用再生胶或粉碎的硫化橡胶。

密封带的橡胶材料性能要求 表 407-3

项　目		氯丁橡胶(适用于 −25～60℃地区)		天然橡胶(适用于 −40～60℃地区)		三元乙丙橡胶(适用于 −40～60℃地区)	
		密封橡胶带	橡胶伸缩装置	密封橡胶带	橡胶伸缩装置	密封橡胶带	橡胶伸缩装置
硬度(IRHD)		55±5	60±5	55±5	60±5	55±5	60±5
拉伸强度(MPa)		≥15		≥16		≥14	
扯断伸长率(%)		≥400		≥400		≥350	
脆性温度(℃)		≤−40		≤−50		≤−60	
恒定压缩永久变形(室温×24h)		≤20		≤20		≤20	
耐臭氧老化(25～50pphm20%伸长,40℃×96h)		无龟裂		无龟裂		无龟裂	
热空气老化试验(与未老化前数值相比发生最大变化)	试验条件(℃×h)	70×96		70×96		70×96	
	拉伸强度(%)	±15		±15		±10	
	扯断伸长率(%)	±25		±25		±20	
	硬度变化(IRHD)	0～+10		−5～+10		0～+10	
橡胶与钢板黏结剥离强度(kN/m)		>7		>7		>7	
耐盐水性(23℃×14d,浓度4%)	体积变化(%)	≤+10		≤+10		≤+10	
	硬度变化(IRHD)	≤+10		≤+10		≤+10	
耐油污性(一号标准油,23℃×168h)	体积变化(%)	−5～+10		<+45		<+45	
	硬度变化(IRHD)	−10～+5		<−25		<−25	

③模数式伸缩装置使用的橡胶压紧支座、承压支座的橡胶的物理机械性能应满足表 407-4 的要求。

模数式伸缩装置的橡胶压紧支座、承压支座的橡胶机械性能 表 407-4

项　目		压 紧 支 座	承 压 支 座
硬度(IRHD)		70±2	62±2
拉伸强度(MPa)	天然胶	≥18.5	≥18.5
	氯丁胶	≥17.5	≥17.5
扯断伸长率(%)	天然胶	≥350	≥500
	氯丁胶	≥300	≥450

注:氯丁胶、天然胶的其他性能应满足《公路桥梁板式橡胶支座》(JT/T 4—2004)的要求。

④模数式伸缩装置使用的聚氨酯位移控制弹簧,其技术性能应满足表 407-5 的要求。

聚氨酯位移控制弹簧的技术性能 表 407-5

项　目	计 量 单 位	指　　标
密度	kg/m³	550±10
拉伸强度	MPa	≥4
扯断伸长率	%	≥350

续上表

项 目		计 量 单 位	指 标
恒定压缩变形 （任选一项）	70℃×72h	%	≤6.5
	150℃×24h	%	≤8
抗撕裂强度		kN/m	≥120
60%压缩模量		MPa	4.0±0.2
疲劳试验 200万次	频率≤3	Hz	无裂纹
	压应力=7	MPa	

⑤伸缩装置中使用的黏结剂、聚四氟乙烯板材、硅脂等材料应符合《公路桥梁板式橡胶支座》(JT/T 4—2004)的规定。

2. 检验证书

(1)承包人应提供制造厂家用于制造接缝或伸缩装置的材料及制造规范,和有关成品的检验说明。

(2)监理人可以要求进行其认为必需的任何试验,以验证各种材料是否符合本规范。所有试验都应在监理人预先批准的专门试验室内进行。

3. 本项目所用桥梁伸缩装置产品质量必须符合《公路桥梁伸缩装置通用技术条件》(JT/T 327—2016)的有关要求。承包人进场施工前,必须选定正规的伸缩缝生产厂家,确保伸缩缝成品合格达标。同时,承包人向发包人、监理人(若有)提供有资质检测单位出具的伸缩缝产品的检测报告,并取得发包人、监理人(若有)批准后方可进场使用。所用梳齿板式伸缩缝钢板厚度不小于30mm,梳齿宽度不小于65mm,下置锚固螺栓定位,螺母锚固结构。

4. C50 钢纤维混凝土

伸缩缝装置槽口混凝土采用 C50 钢纤维混凝土,其强度等级应按立方体抗压强度标准值确定。立方体抗压强度标准值采用《公路钢筋混凝土及预应力混凝土桥涵设计规范》(JTG 3362—2018)的规定。钢纤维混凝土采用的粗集料粒径不宜大于 20mm 和钢纤维长度的 2/3,钢纤维掺量不小于 1%,到场坍落度应控制在 50mm 以内。承包人进场前,应提供 C50 钢纤维混凝土配合比设计报告。

5. 钢纤维

采用 Ⅱ级钢纤维,外形为纵向扭曲,表面粗糙,长度不小于 25mm。钢纤维体积率不应小于 1.0%,并控制在 1.0%~1.5% 之间。钢纤维产品规格、尺寸偏差、抗拉强度、弯曲性能、外观质量、每根钢纤维的质量偏差、形状合格率及原材料等指标满足《公路工程水泥混凝土用纤维》(JT/T 524—2019)的要求。

6. 植筋锚固用胶黏剂安全性能指标(表407-6)

植筋锚固用胶黏剂安全性能指标 表407-6

性 能 项 目		性能要求
		A 级胶
胶体性能	劈裂抗拉强度(MPa)	≥8.5
胶体性能	抗压强度(MPa)	≥60
	抗弯强度(MPa)	≥50

性 能 项 目		性能要求
		A 级胶
黏结能力	钢-钢(钢套筒法)拉伸抗剪强度标准值(MPa)	≥16
	约束拉拔条件下带肋钢筋与混凝土的黏结强度(MPa)　C30,φ25mm,L = 150mm	≥11
	C60,φ25mm,L = 125mm	≥17
不发挥物含量(固体含量)(%)		≥99

7. 其他材料

其他所需材料应满足伸缩装置具体生产厂商要求。

8. 伸缩缝组装要求

(1)模数式桥梁伸缩缝须在工厂进行生产组装,梳齿板式桥梁伸缩缝应在工厂进行试组装。

(2)伸缩缝组装前应对异型钢和梳齿板进行逐根(块)检查,其基本断面尺寸应满足《公路桥梁伸缩装置通用技术条件》(JT/T 327—2016)的要求,并确保无质量隐患后方可使用。

(3)因通车需要,单道伸缩缝装置养护维修一般应分段分车道进行。因此,根据现场维修尺寸,承包人提前安排或订制相应规格尺寸的缝体。模数式伸缩装置中单根或多根异型钢对接接长时,接头应设置在受力较小处,并错开布置,错开距离应小于80mm,接头采用打坡口全渗透焊接。带有位移箱的模数式伸缩装置维修安装时,位移箱也应设置在受力较小处。现场安装时还应对多根异型钢对接处采用厚度大于20mm的钢板加强。接缝处应按《金属熔化焊焊接接头射线照相》(GB/T 3323—2005)和《焊缝接无损检测　超声检测　技术、检测等级和评定》(GB/T 11345—2013)的规定进行抽检探伤。对异型钢变形校正后应消除内应力。行车道轮迹带位置不应设置模数式伸缩缝体的接缝和位移箱。

(4)模数式伸缩缝工厂组装后,在伸缩缝完全压缩时的任意位置、同一断面处,以两边梁顶面的平面为准,每根中梁顶面和边梁顶面相对高差不应大于±1.5mm,每条缝宽度偏差应在±2mm范围内。平面总宽度的偏差,当伸缩量不大于480mm时,应在±5mm范围内。梳齿板式伸缩装置组装后,在伸缩范围内任一位置、同一断面处,当伸缩量不大于80mm时,两边齿板高差应小于或等于0.3mm;当大于80mm时,应小于或等于0.5mm。在最大压缩量时,齿板间隙不小于15mm,横向间隙不小于5mm;在最大拉伸量时,齿板搭接长度不小于30mm。

(5)模数式伸缩缝在工厂组装时,经检验合格后,可按最大伸缩量的1/2定位出厂。出厂时,吊装位置应用明显标志标明。伸缩缝每批次产品运至施工现场,应附有产品质量合格证书和整体性能检验报告。结合工程需要,发包人、监理人(若有)对运抵工地现场的伸缩缝成品随机组织抽检。

(6)储存产品的库房应干燥通风,产品应离热源1m以上,不与地面直接接触,伸缩缝应存放整齐、保持清洁,严禁与酸、碱、油类、有机溶剂等相接触,禁止露天堆放。

407.03　施工要求

1. 一般要求

(1)桥梁接缝和伸缩装置类型,应按照图纸所示。承包人如要改变类型,须制订各项安装参数,报监理人书面批准。

(2)所有产品在任何时候都应严格按照生产厂家推荐的方法装卸、放置、装配和安装。

（3）当接缝处的温度低于10℃时，不应浇筑热浇封缝料。

（4）沥青混凝土铺装，应在伸缩装置安装前完成，且不为伸缩装置预留位置。在安装伸缩装置前，切割先前铺设的沥青混凝土铺装所占的伸缩装置的位置。

（5）伸缩装置的牌号、型号应符合图纸规定。安装伸缩装置时，上部构造端部间的空隙宽度和伸缩装置的安装预定宽度，均应与安装温度相适应，并遵照图纸规定。伸缩装置的安装，应在伸缩装置制造商提供的夹具控制（将伸缩装置预置）下进行。伸缩装置一般应在5～20℃的温度范围内安装。当伸缩装置的安装温度不同于图纸规定时，各项安装参数应予以调整。

（6）伸缩装置的安装须满足制造商的有关要求。伸缩装置下面或背面的混凝土应密实、不留气泡，预埋件位置应准确。安装完成后的伸缩装置应与桥面铺装接合平整。

2. 橡胶伸缩装置

（1）按照图纸的要求选用伸缩装置，安装时应根据气温的高低，对橡胶伸缩体进行必要的预压。

（2）当气温在5℃以下时，不得进行橡胶伸缩装置的施工。

（3）采用后嵌式橡胶伸缩体时，应在桥面混凝土干燥收缩完成且徐变大部完成后再进行安装。安装时，应根据温度高低予以施加必要的预压力。

（4）安装伸缩装置时，承包人应按生产厂家的安装说明进行施工。

3. 模数式伸缩装置

模数式伸缩装置种类型号众多，由异型钢与单元橡胶密封带组合而成（例如"毛勒缝"即为其中一种）。不同牌号和型号的伸缩装置均应由专门的生产厂家成套供应。

（1）伸缩装置应根据图纸提出的型号、长度、密封橡胶件的类别以及安装时的宽度等要求进行购置和装配。

（2）伸缩装置应预先在工厂组装好，由专门的设备包装后运送工地。装配好的伸缩装置在出厂前，生产厂家应按图纸要求的安装尺寸，用夹具固定，以便保持图纸需要的宽度，并应分别标出重量、吊点位置。若组合式伸缩装置过长，受运输长度限制或其他原因时，经监理人批准，在工厂试组装后，可以分段组装运输，但模数式伸缩装置必须在工厂组装。伸缩装置运到工地存放时，应垫离地面至少300mm，并不得露天存放，承包人应确保其不受损害。

（3）在浇筑桥面板或桥台混凝土时，承包人应按图纸或生产厂家提供的安装图，预留安装伸缩装置的凹槽，并按图纸要求预埋钢筋，且钢筋头应伸进凹槽内。

（4）伸缩装置的安装，应在生产厂家提供的夹具控制下进行。安装前，承包人应对上部构造端部间的空隙宽度和预埋钢筋的位置进行检查，判断是否符合图纸要求，并将预留凹槽内的混凝土打毛，清扫干净；根据生产厂家提供的安装温度或温度范围，查验实际气温与安装温度是否相符合。如果有出入，则应调整伸缩装置的安装宽度。

（5）在预留凹槽内画出伸缩装置定位中心线（顺缝向和垂直缝向）和高程，用起重机将伸缩装置吊入预留凹槽内，使伸缩装置正确就位。如伸缩装置坐落在坡面上，需作适应纵横坡的调整。此后，将锚固钢筋与预埋钢筋焊连，使伸缩装置固定。禁止在伸缩装置边梁上施焊，以免造成边梁局部变形。伸缩装置固定后即可松开夹具，使伸缩装置参与工作。

（6）安装伸缩装置的最终一道工序是在槽口上立模板浇筑混凝土。模板应严密无缝，防止混凝土进入控制箱内，并不允许将混凝土溅撒到密封橡胶件上，如果发生上述现象应立即予以清除。在边梁、控制箱及锚固板周围的混凝土务必要振捣密实,并及时进行养生。浇筑混凝土前,应经监理人对安装好的伸缩装置进行检查认可。

(7)当伸缩装置在桥面铺装前安装时,在桥面铺装施工中应对伸缩装置加盖临时保护措施,避免撞击及直接承受车辆荷载。桥面铺装完成后,在桥面上不应出现缝隙,且桥面与伸缩装置齐平。

(8)伸缩装置的安装,宜由专业施工单位施工,或在伸缩装置生产厂家派员指导下施工。

4. 梳齿板式伸缩装置

(1)梳齿板式伸缩装置应按图纸要求型号、长度、尺寸及安装时的宽度在工厂加工制作,并由生产厂家安装。

(2)施工安装梳齿板式伸缩装置前,应按图纸提供的尺寸,核对梁端部及桥台处安装伸缩装置的预留槽尺寸。同时,应检查核对预埋锚固钢筋的规格、数量、位置与图纸的一致性,与梁(板)、桥台锚固的可靠性;检查核对梁(板)与桥台间的伸缩缝宽度与图纸是否一致,不符合图纸要求时,土建工程施工单位应首先处理,满足图纸要求后生产厂家方可安装伸缩装置。

(3)伸缩装置安装前,应将预留槽内的混凝土打毛,清扫干净。应按照安装时的气温调整伸缩装置安装时的定位值,并经监理人检查确认后,方可用专用卡具将其固定。

(4)梳齿板式伸缩装置安装,应防止产生梳齿不平、扭曲及其他的变形,严格控制由于伸缩方向的误差及横向伸缩等原因造成梳齿之间的间隙偏差,在最高温度时,梳齿间横向间隙不应小于5mm,齿板间隙不应小于15mm。

(5)浇筑混凝土前,应彻底清扫预留槽,采取防止水泥混凝土渗入伸缩缝间隙的措施,按图纸要求填充捣实混凝土预留槽,预留槽混凝土强度满足图纸要求后,方可开放交通。

5. 填充式材料伸缩装置

填充式材料伸缩装置亦称无缝伸缩缝,是由支承钢板和弹性材料混合石料加固的填料组成的。弹性材料应经过特殊改性,具有特殊性能,以保证该材料能在较大温度范围内既具有柔韧性又有较高的软化点,在室外温度下不会发生流变现象。弹性材料有多种,其中"TST"是目前公路桥梁中使用的一种。弹性材料混合石料填料的材料性能、指标和规格应符合图纸规定。施工技术要求及注意事项应符合图纸要求。

6. 安装前的准备

(1)在桥梁伸缩装置维修开始前,承包人应根据施工作业区布置,做好作业控制区临时交通设施摆放,保证车辆正常行驶的条件,不得中断高速公路交通。

(2)承包人应事先查阅原桥设计图纸,准确掌握桥梁结构后,方可实施槽口混凝土破除。结合图纸,复核维修更换伸缩装置两端桥跨组合长度,以及更换缝体的阶段布设,进一步确定更换缝体的规格和尺寸。宜优先选用模数式伸缩缝。还须检查桥梁伸缩缝维修处墩台顶面支座与梁体是否脱空。

7. 模数式伸缩装置和梳齿板式伸缩装置的其他要求

伸缩装置槽口混凝土必须先切割边线,采用小型机具小尺寸进行凿除,严禁采用大型破碎机凿除,不得损伤桥梁梁体和桥台背墙结构。槽口混凝土凿除应干净彻底,槽深均匀,不留松动和老旧混凝土,并最大限度保留原槽口预埋钢筋,用以确保更换缝体的锚固质量。

槽口混凝土凿除后,应用空压机、钢筋或高压水枪清除槽口和构造缝(梁端与梁端、梁端与桥台之间的缝隙)内残留的杂物,特别是构造缝内杂物必须清除干净,确保梁体正常进行。构造缝的宽度应符合缝体的安装要求,若不满足要求,需提前采取相应的补救措施。

在安装缝体前,须用相应厚度的泡沫板填塞构造缝,且有足够的深度和严密性,其顶面应与槽底平齐,以防止漏浆。修复因槽口混凝土凿除施工造成的局部梁体和背墙破损。

模数式伸缩缝安装时,用吊车或人工将其放入槽口内,注意安放位置准确,如遇干扰预埋筋可适当扳弯。然后沿桥面横坡方向,每米一点测量水平高程,并借助水平尺或板尺定位,使其顶面高程与两侧路面相吻合后垫平。如果伸缩缝的缝隙宽度正好符合要求,即可将预埋筋扳靠到较近的伸缩装置锚环上,从中间向两端进行点焊。检查复测合格后,再由中间向两端补焊。施工过程中须保证焊接牢固,每米每边至少焊接两处,且每条焊缝长不小于4cm。焊完后,及时解除卡具,使其自由伸缩。如果伸缩缝的缝隙宽度不符合安装时的要求,可采用上述方法先将一根边梁和预埋筋焊接牢固,再从中间向两端逐步解除卡具,调整好间隙和高度后进行焊接。根据槽口宽度和安装要求,绑扎布设防裂钢筋。

梳齿板式伸缩缝采用螺栓孔组合模板定位,要求固定螺栓与槽口预埋钢筋焊接牢固。梳形钢板底部钢筋网格、立模板、浇筑C50钢纤维混凝土,应严格控制顶面高程和平整度,与桥梁纵、横坡一致。锚固螺栓钢筋顶部还需满足安装温度时的设计宽度和与两侧路面高程平顺的要求。

梳齿板式伸缩缝安装橡胶片、不锈钢板和钢板时,用螺母旋紧。为防止螺杆与螺母松动,待混凝土养生到位后,螺杆与螺母顶面少量电焊固定,螺孔内灌注环氧树脂,齿缝内灌注防水油膏。

浇筑槽口混凝土前,应彻底清扫槽口,并再次检查构造缝间隙处泡沫板填塞情况,保证不串浆、不上溢,然后安装必要的模版。在槽内浇筑钢纤维混凝土,须用插入式振捣棒振实后及时抹平、修光。浇筑混凝土过程中应防止混凝土渗入模数式伸缩装置位移控制箱内。分节段养护施工的模数式伸缩缝同一道缝体须安装整体橡胶条。

伸缩装置两侧槽口混凝土浇筑后,混凝土必须采用保水分的土工覆盖养生,养生期间严禁车辆闯入施工作业区段行驶,且必须在混凝土强度满足设计要求后方可开放交通。

在桥梁伸缩装置安装施工过程中,承包人不得损坏或污染高速公路路面和附属设施,不得将高速公路路面作为施工场地,在拌和、浇筑混凝土的整个过程中,必须使用塑料彩条布或其他隔离物以防污染路面。施工废料运至高速公路用地外集中处理。

现有非国际模数式(D60、D120)、梳齿板式(120)伸缩装置进行整体维修更换时,缝体统一更换为相对原规格高一型号的国际产品,例如D60缝体更换为D80。

施工过程中承包人应无条件接受和配合发包人、监理人(若有)或发包人委托的专业检测单位对本项目所用产品、材料及工程质量的抽检。

8. 植筋要求

(1)伸缩装置安装应首选利用原桥预埋钢筋,以保证缝体锚固质量。若因原桥预埋钢筋缺失、槽口尺寸过大和构造缝处理,确需增加补植预埋钢筋时,钢筋植筋深度一般按10d控制,植筋钻孔孔径按$d+4$mm控制。

(2)对于施工选用的植筋胶,需做植筋锚固强度试验,以抗拔力为主要试验控制参数,满足植筋深度与抗拔力匹配后,方可进场使用。保证植入钢筋具有耐高温可焊性,即可在被锚固钢筋根部焊接,采用的植筋胶不能因为钢筋的焊接而失效,降低性能要求,该项须做现场试验。

（3）钻孔。

①植筋孔按需要和施工方案要求布孔定位后，承包人应配备钢筋探测仪，用钢筋探测仪探测孔位处有无受力钢筋，有钢筋时位置适当变更。尽量避免伤及原有钢筋。植筋前还应检查孔位处有无裂缝，在裂缝处不宜植筋。

②植筋孔位置和直径除应满足上述要求外，还必须满足下列基本要求：净边距＞钢筋保护层厚度，并且应植入原构造箍筋内侧；被植入钢筋的结构物深度≥植筋孔深度+40mm。

③为避免对混凝土工作面产生过大振动，钻孔时应尽量避免使用依据凸轮传动原理工作的电锤，应使用依据电动、气锤原理工作的冲击钻。成孔尽量垂直于植筋结构平面，钻孔中遇到主筋时，必须改孔。

④空心板梁顶板上严禁钻孔植筋。

（4）清孔、吹孔。

植筋孔钻到深度后，用刷子刷落孔壁灰渣，将气筒导管插入孔底，来回打气吹出灰渣。用水钻成孔时，必须等孔内干燥，再用上述方法清孔，并保持孔内干净、干燥。每孔刷孔、吹孔各三遍，直至孔内清洁干燥为止。

（5）注胶。

注胶前，须详细阅读植筋胶使用说明书，掌握其正确的使用方法，把植筋胶放入胶枪中，从孔底向外注入黏结剂，注满孔洞的2/3，保证植筋（螺栓）后饱满。

（6）植入钢筋。

钢筋插入要缓慢，防止胶体在钢筋的快速挤压下喷出，造成钢筋与胶体之间不能完全紧密结合。严禁采用将胶体直接涂抹在钢筋上植入孔中的植筋方式。施工中钻孔的废孔，应采用植筋胶进行填实，必要时应插入钢筋。

9．焊接

（1）伸缩装置安装之前，应按照安装时气温调整安装时的定位值，并由安装负责人检查签字后方可用专用卡具将其固定。

（2）焊接一般是先对称点焊定位，再对称焊接推进作业，伸缩缝每0.75m应至少有一个锚固钢筋与预埋钢筋相焊接，焊接长度应不小于5cm。

（3）焊接作业时，边焊接边用3m直尺检查，焊接完毕撤去支垫木楔后，再全面检查一次。

（4）焊接过程中应采取保护措施，保证不烧损堵塞的泡沫塑料板。

（5）焊接固定完毕，经发包人检查同意后，及时拆除锁定夹具，伸缩缝即进入工作状态。

（6）橡胶伸缩装置，安装后应处于受压状态。

10．伸缩缝C50钢纤维混凝土修补

（1）对桥梁伸缩缝混凝土出现破损的，按照圆洞方补的原则将原有松散混凝土凿除，清理干净。所用钢纤维表面应洁净、无锈、无油，无黏结成团现象，保证钢纤维与混凝土的黏结强度、尺寸和抗拉强度符合技术要求；单根钢纤维丝的最低抗拉强度为800N/mm，掺加量不少于70kg/m³。水泥：采用42.5普通硅酸盐水泥。碎石：应采用石质坚硬、清洁、不含风化颗粒、表面粗糙、近立方体颗粒的碎石。细集料：宜采用天然中粗砂或机制砂；细集料的洁净程度，天然砂以粒径小于0.075mm颗粒含量的百分比表示，机制砂以砂当量或亚甲蓝值表示，其质量必须满足规范的要求。水：采用无污染的自然水或自来水。外加剂：宜选用优质减水剂，对抗冻性有明确要求的钢纤维混凝土宜选用引气型减水剂。

（2）钢纤维混凝土配合比设计步骤钢纤维混凝土配合比设计与普通混凝土配合比设计一样，一般采用计算法。

（3）钢纤维混凝土的拌和。

①必须使用滚动式混凝土拌和设备。当钢纤维体积率较高，拌和物稠度较大时，应对拌和量进行控制，一般应不超过设备拌和量的 60%。

②注意拌和料的投放顺序，一般按水泥、钢纤维、细集料、粗集料、水的顺序进行，先进行干拌后再加水湿拌，同时，钢纤维应分 2~3 次投放，保证钢纤维在拌和机内不结团、不弯曲或折断。

③应根据拌和物的黏聚性、均匀性及强度稳定性要求通过试拌确定合理的拌和时间。先干拌后湿拌，一般按干拌时间不少于 80s（湿拌时间不少于 100s（总拌和时间必须控制在 300s 以内）。

（4）钢纤维混凝土的施工与养护。

①清除垃圾，清洁桥面，洒水湿润，浇洒水泥浆（水泥浆可按质量比水：水泥 =1：1 配制）。

②检查伸缩缝钢筋安装数量、位置的正确性及焊接情况。

③钢纤维混凝土卸料后应用人工摊铺找平，振捣密实，振平板粗平（不宜使用振动梁拉动找平），振平板每次重叠 1/2。

④用钢管提浆滚滚动碾压数遍，使用提浆滚滚平提浆，避免钢纤维外露。

⑤使用 3m 长铝合金方尺从钢模板一侧向外刮平（精平），每次刮平时方尺应交叉 1/3 以上。

⑥钢纤维初凝后人工拉毛处理，使表面粗糙。

⑦混凝土完成初期可喷洒养生剂，应喷洒均匀，表面无色差，初凝后使用土工布覆盖洒水养生，保持土工布湿润。土工布覆盖养生 7d，洒水养生 14d。

（5）钢纤维混凝土质量控制。

①钢纤维的质量检验：钢纤维的长度偏差不应超过标准长度的 10%，每批次至少随机抽查 10 根以上；钢纤维的直径或等效直径合格率不得低于 90%，可采取重量法检验，每批次抽检 100 根，用天平称量，卡尺测其长度，要求得到的等效平均值满足规定；钢纤维的抗拉强度检验，要求其抗拉强度不低于380MPa；钢纤维的抗弯折性能，钢纤维应能经受直径为 3mm 的钢棒弯折 90° 不断，每批次检验不少于 10根；杂质含量，钢纤维表面不得有油污，不得镀有有害物质或影响钢纤维与混凝土黏结的杂质。

②原材料的检验必须满足上述原材料的质量控制标准，应按照公路工程施工技术规范的要求进行检验。

③钢纤维混凝土的检验应重点检验钢纤维混凝土的和易性、坍落度和水灰比等，同时必须现场目检钢纤维在混凝土的分布情况，发现有钢纤维结团现象应延长拌和时间。

④混凝土浇筑成型后，先用塑料布严密覆盖 4~6h，再换草袋覆盖，洒水养生。

⑤伸缩装置两侧预留槽混凝土强度在未满足设计要求前不得开放交通。

11. 伸缩缝 C50 钢纤维速凝混凝土修补

桥梁伸缩缝混凝土出现局部损坏，若采用普通混凝土浇筑，特别是在冬季或匝道桥施工时，开放交通周期长，安全隐患大。为保证高速公路畅通、安全、快捷，工期要求很紧时，采用超快硬水泥，可以达到事半功倍的效果。

要求采用超快硬水泥浇筑完成到开放交通控制 3 个小时内开放交通，气温在 12℃ 情况下初凝时间控制在 30~90min，以便施工人员操作，体现出超快硬水泥的施工便利性、快捷性。

12.桥梁伸缩装置专项巡查

承包人对发包人路段所辖桥梁伸缩装置每旬安排一次专项巡查,并于次月 5 日前(遇节假日顺延)递交巡查报告,对出现病害或结构特殊的伸缩装置必须贴近观察,查看是否有异常情况,有异常情况应立即通知询价人;对普通伸缩装置可以采用车行检查,车速不得超过 60km/h。

13.道路密封胶灌注裂缝

遇因热胀冷缩造成的沥青混凝土路面与伸缩装置槽口混凝土连接处开裂,或伸缩装置槽口混凝土细微开裂,采用黏弹、防水的道路密封胶灌注裂缝。

14.更换伸缩装置橡胶封条

使用符合材料要求的橡胶封条,整条更换原破损伸缩装置橡胶封条,确保密封、防水。

15.伸缩装置临时处置

接发包人、监理人(若有)通知,承包人按要求时限完成临时处置工作。工作内容包括伸缩装置焊接、切割,道路密封胶拌和冷补料临时修补缝壁混凝土等其他应急工作。

16.齿板式伸缩装置检修、保养

接发包人、监理人(若有)通知,承包人对全线齿板式伸缩装置的螺钉、梳齿间进行检查,遇螺钉缺损及时补充完善;螺孔内灌注环氧树脂,齿缝内灌注防水油膏。

407.04 质量检验

1.基本要求

(1)伸缩装置必须满足图纸和有关技术规范的要求,须有合格证,并经验收合格后方可安装。
(2)伸缩装置必须锚固牢靠,伸缩性能必须有效。
(3)伸缩缝两侧混凝土的类型和强度,必须符合图纸要求。
(4)伸缩缝处不得积水。

2.检查项目

伸缩装置安装检查项目见表 407-7。

伸缩装置安装检查项目　　　　　　　　表 407-7

项次	检查项目	规定值或允许偏差		检查方法和频率
1	长度(mm)	符合设计要求		尺量:每道
2	缝宽(mm)	符合设计要求		尺量:每道 2 处
3	与桥面高差(mm)	2		尺量:每侧 3~7 处
4	纵坡(%)	一般	±0.5	水准仪:测量纵向锚固混凝土端部 3 处
		大型	±0.2	水准仪:沿纵向测伸缩缝两侧 3 处
5	横向平整度(mm)	3		3m 直尺:每道

注:"缝宽"应按安装时气温折算。

3.外观检查

伸缩缝无阻塞、渗漏、变形、开裂现象,不符合要求时必须进行整修。

407.05　计量与支付

1.计量

(1)伸缩装置槽口混凝土维修

异型钢伸缩装置单侧槽口混凝土拆除与现浇混凝土、模数式伸缩装置单侧槽口混凝土拆除与现浇混凝土、梳齿板式伸缩装置单侧槽口混凝土拆除与现浇混凝土均按现场实际发生的工程量,并经发包人验收合格,以米为单位计量。计价中包括原槽口混凝土拆除(含齿板拆卸与安装),槽口与构造缝清理,修复混凝土的材料、搅拌、运输、浇筑与养生,施工废料清运,以及按照《公路安全养护作业规程》(JTG H30—2015)和相关交通管理部门要求对养护施工作业控制区布置的交通安全设施采购、摆放与撤离,施工期与混凝土养生期交通安全设施维护、更新,施工期与混凝土养生期现场24h交通安全协管人员费用等与之相关的全部工作费用。

(2)伸缩装置更换

异型钢伸缩缝及槽口混凝土拆除、模数式伸缩缝及槽口混凝土拆除、梳齿板式伸缩缝及槽口混凝土拆除均按现场实际发生的工程量,并经发包人、监理人(若有)验收合格,以米为单位计量。计价中包括原槽口混凝土拆除,缝体拆除,槽口与构造缝清理,施工废料清运,以及按照《公路安全养护作业规程》(JTG H30—2015)和相关交通管理部门要求对养护施工作业控制区布置的交通安全设施采购、摆放,施工期交通安全设施维护、更新,施工期现场24h交通安全协管人员费用等与之相关的全部工作费用。拆除的旧损缝体归属承包人。

(3)异型钢伸缩缝采购安装、模数式伸缩缝采购安装、梳齿板式伸缩缝采购安装均按现场实际发生的工程量,并经发包人验收合格,以米为单位计量。计价中包括伸缩缝产品的购买、运输、保管、安装、检查,以及按照《公路安全养护作业规程》(JTG H30—2015)和相关交通管理部门要求对养护施工作业控制区布置的交通安全设施采购、摆放,施工安装期交通安全设施维护、更新,施工安装期现场24h交通安全协管人员费用等与之相关的全部工作费用。

(4)现浇混凝土主要用于伸缩装置整体更换维修时计价,按现场伸缩装置槽口尺寸、实际浇筑的混凝土数量,并经发包人验收合格,以立方米为单位计量。计价中包括混凝土材料,混凝土的搅拌、运输、浇筑与养生,钢纤维、外加剂、施工废料清运,以及按照《公路安全养护作业规程》(JTG H30—2015)和相关交通管理部门要求对养护施工作业控制区布置的交通安全设施采购、摆放与撤离,施工期与混凝土养生期交通安全设施维护、更新,施工期与混凝土养生期现场24h交通安全协管人员费用等与之相关的全部工作费用。

(5)植筋按现场发包人指示,并经发包人验收合格,以孔为单位计量。计价中包括钻孔、清孔、植筋胶、检测等与之相关的全部工作费用,不同规格植筋孔按孔的体积折算计量。

(6)制作与安装钢筋按现场植筋、防裂钢筋、增设钢筋等实际使用钢筋数量,并经发包人验收合格,以千克为单位计量。计价中包括钢筋的购买、运输、保管、加工、安装、检测等与之相关的全部工作费用。

(7)整体更换伸缩装置计量支付时,必须提供产品质量合格证书及相关资质检测单位出具的检测报告。伸缩装置养护维修所需的放样、清理、扣件、钢板、焊接、螺栓、黏结、泡沫板、模板、清运等,均作为伸缩装置养护维修的附属工作，不单独计量。

（8）道路密封胶灌注裂缝按现场发包人、监理人（若有）指示，并经发包人、监理人（若有）验收合格，按实际灌注长度，以米为单位计量。计价中包括密封胶的购买、运输、保管、施工等与之相关的全部工作费用。

（9）更换伸缩装置橡胶封条按实际更换长度，并经发包人、监理人（若有）验收合格，以米为单位计量。计价中包括伸缩装置橡胶条的购买、运输、保管、施工等全部工作费用。

2. 支付

按上述规定计量，经发包人验收的列入了工程量清单的以下支付子目的工程量，其每一计量单位，将以合同单价支付。此项支付包括材料、劳力、运输、工具、安装等及其他为完成伸缩装置工程所必需的费用，是对完成工程的全部偿付。

3. 支付子目

子 目 号	子 目 名 称	单 位
407	桥梁接缝和伸缩装置	
407-1	伸缩装置更换	
－a	波形缝伸缩缝及槽口混凝土拆除	m
－b	模数式伸缩缝及槽口混凝土拆除	m
－c	梳齿板式伸缩缝及槽口混凝土拆除	m
－d	异型钢伸缩装置采购安装	m
－e	模数式伸缩装置采购安装	m
－f	梳齿板式伸缩装置采购安装	m
－g	现浇混凝土	m³
－h	植筋	孔
－i	制作与安装钢筋	kg
407-2	伸缩装置槽口混凝土维修	
－a	波形缝伸缩装置单侧槽口混凝土拆除与现浇混凝土	m
－b	模数式伸缩装置单侧槽口混凝土拆除与现浇混凝土	m
－c	梳齿板式伸缩装置单侧槽口混凝土拆除与现浇混凝土	m
－d	植筋	孔
－e	制作与安装钢筋	kg
407-3	道路密封胶灌注裂缝	m
407-4	更换伸缩装置橡胶封条	m

第 408 节　桥梁梁体维修与加固

408.01　范围

本节工作内容为混凝土梁板及钢筋破损修补、裂缝修补、维修、加固等养护维修作业。

408.02 材料

1. 混凝土

细石混凝土中水泥采用强度等级为 42.5 的硅酸盐水泥或普通硅酸盐水泥,不得使用火山灰硅酸盐水泥。

粗集料最大粒径不大于 15mm,砂采用粒径为 0.3～0.5mm 的中粗砂,粗集料含泥量不应大于 1%;细集料含泥量不应大于 2%;水采用自来水或可饮用的天然水;每立方米混凝土水泥用量不少于 300kg,水灰比不应大于 0.50;含砂率宜为 35%～40%;灰砂比宜为1:2～1:2.5。

混凝土技术标准应符合《公路钢筋混凝土及预应力混凝土桥涵设计规范》(JTG 3362—2018)和《公路桥涵施工技术规范》(JTG/T F50—2011)的规定。

2. 钢材

(1)钢板

粘贴钢板采用普通钢板采用 Q235B 镀锌钢板,镀锌量不小于 600g/m² 或镀锌厚度不小于 84μm。其技术标准应符合《低合金高强度结构钢》(GB/T 1591—2018)的规定。

(2)锚栓

锚固件使用钢螺杆时,应采用全螺纹非焊接螺杆,钢材等级为 Q345 或 Q235。锚固件为锚栓时,其钢材的性能指标必须符合表 408-1 的有关规定。

加固用锚栓主要性能指标 表 408-1

锚栓类别		抗拉强度标准值 (MPa)	屈服强度标准值 (MPa)	伸长率 (%)
碳素钢 及合金钢锚栓	4.8 级	400	320	14
	5.8 级	500	400	10
	6.8 级	600	480	8
	8.8 级	800	640	12
不锈钢锚栓	50($d \leq 39$mm)	500	210	$0.6d$
	70($d \leq 24$mm)	700	450	$0.4d$
	80($d \leq 24$mm)	800	600	$0.3d$

注:d 为钢筋直径。

3. 纤维复合材料

(1)纤维复合材料用的纤维应为连续纤维,通常采用碳纤维。

(2)碳纤维的主要力学性能,应符合《公路桥梁加固设计规范》(JTG/T J22—2008)关于 Ⅰ 级布材的指标要求(表 408-2);碳纤维浸渍、粘贴用胶黏剂应符合《公路桥梁加固设计规范》(JTG/T J22—2008)关于 A 级胶的安全性能指标(表 408-3);粘贴纤维复合材料用的底胶和修补胶应与碳纤维浸渍、粘贴用胶黏剂相适配,其安全性能必须符合表 408-4 的规定。

桥梁加固用纤维复合材料的主要力学性能指标 表 408-2

纤 维 类 别			抗拉强度标准值（MPa）	弹性模量（MPa）	伸长率（%）	弯曲强度（MPa）	纤维复合材料与混凝土正拉黏结强度（MPa）	层间剪切强度（MPa）
碳纤维	布材	Ⅰ级	≥3400	≥2.4×105	≥1.7	≥700	≥2.5 且为混凝土内聚破坏	≥45
		Ⅱ级	≥3000	≥2.1×105	≥1.5	≥600		≥35
	板材	Ⅰ级	≥2400	≥1.6×105	≥1.7	—		≥50
		Ⅱ级	≥2000	≥1.4×105	≥1.5	—		≥40

注：纤维复合材料的抗拉强度标准值应根据置信水平 $C=0.99$、保证率为 95% 的要求确定。

碳纤维浸渍、粘贴用胶黏剂的安全性能指标 表 408-3

性 能 项 目		性 能 要 求	
		A 级胶	B 级胶
胶体性能	抗拉强度（MPa）	≥40	≥30
	抗拉弹性模具（MPa）	≥2500	≥1500
	抗弯强度（MPa）	≥50	≥40
		且不得呈脆性破坏	
	抗压强度（MPa）	≥70	
	伸长率(%)	≥1.5	
黏结能力	钢-钢拉伸抗剪强度标准值（MPa）	≥14	≥10
	钢-钢不均匀扯离强度（MPa）	≥20	≥15
	与混凝土的正拉黏结强度（MPa）	≥2.5，且为混凝土内聚破坏	
不挥发物含量（固体含量）（%）		≥99	

底胶和修补胶的安全性能指标 表 408-4

性 能 项 目		性 能 要 求	
		A 级胶	B 级胶
底胶	钢-钢拉伸抗剪强度标准值（MPa）	≥14	≥10
	与混凝土的正拉黏结强度（MPa）	≥2.5，且为混凝土内聚破坏	
	不挥发物含量（固体含量）（%）	≥99	
	混合后初黏度（23℃）（MPa·s）	≤6000	
修补胶	胶体抗拉强度（MPa）	≥30	
	胶体抗弯强度（MPa）	≥40，且不得呈脆裂破坏	
	与混凝土的正拉黏结强度（MPa）	≥2.5，且为混凝土内聚破坏	

4. 钢筋阻锈剂

钢筋防锈应采用喷涂型阻锈剂，其质量及性能指标应符合表 408-5、表 408-6 的要求。

喷涂型阻锈剂(烷氧基类)的质量要求　　表 408-5

项　目	合　格　指　标
外观	透明、琥珀色液体
浓度(g/mL)	0.88
pH 值	10～11
黏度(20℃)(mPa·s)	0.95
烷氧基复合物含量(%)	≥98.9
硅氧烷含量(%)	≤0.3
挥发性有机物含量(g/L)	<400

喷涂型阻锈剂(烷氧基类)的性能指标　　表 408-6

项　目	性　能　指　标
氯离子含量降低率(%)	≥90
盐水浸渍试验	无锈蚀,且电位为 0～250mV
干湿冷热循环试验	60 次,无锈蚀
电化学试验	电流应小于 150μA,且破样检查无锈蚀
现场锈蚀电流检测	喷涂150d后现场测定的电流降低率≥80%

5. 混凝土修补砂浆

混凝土表层缺陷修补材料可采用环氧型修补砂浆。其质量及性能应符合表 408-7 的要求。

环氧型修补砂浆的性能指标　　表 408-7

项　目			性　能　指　标
浆体性能	劈裂抗拉强度(MPa)		≥7
	抗折强度(MPa)		≥12
	抗压强度(MPa)	7d	≥40
		28d	≥55
黏结能力	与钢筋的黏结强度(MPa)	标准值	≥9
		平均值	≥11.5
	与混凝土正拉黏结强度(MPa)		≥2.5,且为混凝土内聚破坏

6. 裂缝修补用胶

混凝土桥梁裂缝注射或压力灌注用修补胶的安全性能指标必须符合表 408-8 的要求。

裂缝注射剂或压力灌注用修补胶的安全性能指标　　表 408-8

项　目		性　能　指　标
胶体性能	抗拉强度(MPa)	≥20
	抗拉弹性模量(MPa)	≥1500
	抗拉强度(MPa)	≥50

续上表

项　目		性 能 指 标
胶体性能	抗弯强度（MPa）	≥30，且不得呈脆性破坏
钢-钢拉伸抗剪强度标准值（MPa）		≥10
不发挥物含量（固体含量）（%）		≥99
可灌注性		在产品说明书规定的压力下，能注入宽度为 0.1mm

注射用胶的可灌性可待灌注固化后通过取芯进行检验；当仅用作裂缝表面封闭修补时可不进行此项检验。

桥梁混凝土裂缝修补用聚合物水泥注浆料的安全性能必须符合《公路桥梁加固设计规范》（JTG/T J22—2008）的安全性能指标要求（表408-9）。

裂缝修补用聚合物水泥注浆料的安全性能指标　　　　表 408-9

性 能 项 目		性 能 要 求
胶体性能	劈裂抗拉强度（MPa）	≥5
	抗压强度（MPa）	≥40
	抗折强度（MPa）	≥10
注浆料与混凝土的正拉黏结强度（MPa）		≥2.5，且为混凝土破坏

7. 粘贴钢板用胶黏剂（表 408-10）

粘贴钢板用胶黏剂安全性能指标　　　　表 408-10

项　目		性 能 要 求
		A 级胶
胶体性能	抗拉强度（MPa）	≥30
	抗拉弹性模量（MPa）	≥3500
	抗弯强度（MPa）	≥45 且不得呈脆性破坏
	抗压强度（MPa）	≥65
	伸长率（%）	≥1.3
黏结能力	钢-钢拉伸抗剪强度标准值（MPa）	≥15
	钢-钢不均匀扯离强度（kN/m）	≥16
	钢-钢黏结抗拉强度（MPa）	≥33
	与混凝土的正拉黏结强度（MPa）	≥2.5，且为混凝土内聚破坏
不挥发物含量（固体含量）（%）		≥99

408.03　施工要求

1. 混凝土局部破损修补

（1）环氧树脂型修补砂浆修补。

380

首先将缺损部位表层劣质混凝土凿除，直至露出新鲜、密实的混凝土，剔除修补结合面(开凿后的表面)的表面浮石，清除修补面的油污以及一切脏物；修补结合面凿毛凿平、整齐划一，对小面积修补需在修补区边缘凿一道深2～3cm、宽3～5cm的齿槽；对外露的钢筋表面进行人工除锈防锈处理并采用高压水枪冲洗干净；在保持结合面干燥的条件下，刷涂一层环氧树脂胶液，并立即摊铺环氧砂浆，用力压平抹光。

采用环氧树脂型修补砂浆修补混凝土表面缺陷时，改性环氧基液的安全性能指标应符合相关标准、规范的有关规定。涂抹改性环氧砂浆前，应先在已凿毛的混凝土表面涂一层改性环氧基液，使旧混凝土表面充分浸润。改性环氧砂浆施工温度宜为20℃±5℃，高温或寒冷季节应采取有效措施控制施工温度。

(2)孔洞以及深度超过6cm的深层疏松区拟按下列方法进行修补：

首先将疏松区劣质混凝土凿除，其周边宜凿成规则的多边形，开凿范围以见新鲜、凿实的混凝土为止，开凿区以及孔洞的四周边宜做成台阶状，台阶高差以不小于3cm为宜；剔除修补结合面(开凿后的表面)的表面浮石，并用高压射流技术清洗开凿表面；在保持结合面干燥的情况下，涂刷两层环氧树脂胶液后，立即立模浇筑环氧混凝土并振捣密实；自然养护7d，用环氧胶液在纵横向分批涂抹二度。

(3)钢筋锈蚀区域的清理和防锈、阻锈处理：

①钢筋锈蚀区域的清理

对外露钢筋表面的氧化层利用钢刷予以清除，使之露出光洁部分；对由钢筋锈蚀探查确定的钢筋锈蚀区域，应对该部位混凝土表面进行凿出并对表面进行处理，确保表面无油污、油脂、蜡状物等影响渗透的污物。

②钢筋防锈、阻锈处理

钢筋锈蚀区域表面混凝土清理完成后，采用多功能阻锈剂(表面涂刷型)涂刷或喷涂于该位置混凝土表面，覆盖两层，间隔时间为6～8h。多功能阻锈剂有很强的渗透性，因此施工时应戴手套及口罩并适当采取其他保护措施。严禁与皮肤直接接触，注意一定不能滴落到身体皮肤的任何部位，如已滴落到皮肤表面或眼睛，请立即用清水冲洗并及时就医。

对外露的钢筋涂刷钢筋保护剂，钢筋保护剂应经发包人认可后方可使用。

2. 混凝土裂缝处理

(1)裂缝表面封闭

对于缝宽小于0.15mm的浅表裂缝，可采用表面封闭法处理，采用钢丝刷将裂缝两边3～4cm范围内的灰尘、白灰、浮渣及松散层等污物清除并保持干燥。然后用调制好的封闭胶对裂缝表面沿裂缝方向从上至下均匀涂刷两遍，封闭形成宽3～4cm的封闭带，并用裂缝修补材料涂刷或用改性环氧胶泥适当加压刮抹。

(2)注浆灌缝

对于缝宽大于0.15mm的浅表裂缝，采用壁可法进行，即在注入过程中始终保持3kgf/m²的压力，将修补材料注入宽度仅为0.02mm的裂缝末端，同时均匀缓慢的压力可以将裂缝中积存的空气压入混凝土的毛细孔中，并通过混凝土的自然呼吸过程排出，有效避免产生气阻而确保修补质量。壁可法施工细则如下：

①表面处理

a. 用钢丝刷沿裂缝走向清理约5cm的表面混凝土，仔细清理混凝土的表面。

b. 锤子和钢钎凿除两侧疏松的混凝土块和砂粒，露出坚实的混凝土表面。

c. 用略潮湿的抹布清除表面的浮尘,并彻底晾干,用丙酮去除表面的油污,如缝内潮湿,要等到其充分干燥,必要时可用喷灯烘干。

②黏结注入座和密封裂缝

a. 制好封口胶,搅拌均匀,用抹刀将少许胶刮在注入座底面的四边,将注入座固定在混凝土上。

b. 注入座的布置应掌握以下原则:沿缝的走向,每米约布置 3 个,裂缝分岔处的交叉点应设注入座,选择混凝土表面夹带处设置,避开剥落部位。对于贯通缝,可在一侧布置注入座,另一侧完全封闭。缝宽较大且内部通畅时,可以按每米 2 个的密度来布置。

c. 用封口胶将裂缝密封,与注入座衔接的地方要特别注意。

③封口胶的固化

a. 密封完成后,让封口胶自然固化,注意固化过程中防止其接触水。

b. 固化时间:12h(20℃)、6h(30℃)。

④注入灌注胶

3. 粘贴钢板

由于粘贴镀锌钢板厚度为 8mm,故采取压力注胶法粘贴钢板。

(1)材料质量控制

加固用到的关键材料进场后都应进行抽样检测,现场鉴封后送至具有相应资质的鉴定单位检测,各项指标达到国家及行业相应技术规范和规程、设计文件的要求后方能使用。

结构胶、封边胶:桥梁加固所用结构胶应采用 A 级胶。结构胶和封边胶性能应符合《公路桥梁加固设计规范》(JTG/T J22—2008)、《公路桥梁加固施工技术规范》(JTG/T J23—2008)的相关要求与规定。如设计对某些性能指标有特殊要求,也应符合设计文件的要求,其毒性检验结果应符合无毒卫生等级要求。进场的结构胶和封边胶应附有出厂合格证,进场后进行抽样,对其胶体性能、黏结能力、不挥发物含量(固体含量)、湿热老化等指标进行检测,符合要求后方能使用。

(2)施工过程质量控制

①混凝土粘贴面处理

混凝土粘贴面的处理,应做到密实、平整、洁净,并有一定的粗糙度。

对于混凝土构件粘贴面,应根据构件表面的新旧程度、坚实程度、干湿程度,分别按以下 4 种情况处理:

a. 对于很旧很脏的混凝土构件粘贴面,应先用硬毛刷蘸高效洗涤剂,刷除表面油垢至无污物,用水冲洗干净后,再对粘贴面进行打磨,除去表面 2~3mm 厚的表层,直至完全露出新面,并用无油压缩空气吹除粉粒。处理后,若表面严重凹凸不平,可用环氧砂浆进行修补。粘贴前用丙酮将粘合面擦拭干净。

b. 如果混凝土表面不是很脏很旧,则可直接对粘贴面进行打磨,去掉 1~2mm 厚的表层,用压缩空气除去粉尘或用高压水枪清洗干净,待完全干燥后用丙酮擦拭干净。

c. 对于新混凝土粘贴面,先用钢丝刷将表面松散浮渣刷去,打磨去除浮浆、粉尘后,用丙酮擦拭干净即可。

d. 对于湿度较大的混凝土构件,因一般树脂类胶在潮湿的基层上粘贴强度会大幅度降低,故除满足上述要求外,还需要进行人工干燥处理。

打磨完成后,为保证钢板的最大黏结效应,对打磨面进行凿毛处理,形成平整的粗糙面,表面不平处应用尖凿整平,再用钢丝刷刷毛。最后用无油压缩空气吹除表面粉尘或用清水冲洗干净,待完全干燥后用脱脂棉蘸丙酮擦拭表面。

②钢板粘贴面处理

a.打磨除锈:除锈彻底,露出金属光泽,打磨纹路应垂直钢板受力方向,有一定的粗糙度。下料后,对钢板表面进行除锈、打磨处理。对于钢板粘贴面,根据钢板锈蚀程度,分别按以下两种方法处理:①如果钢板未生锈或轻微生锈,可用喷砂、砂布或平砂轮打磨,直至出现金属光泽。打磨粗糙程度应尽可能大,打磨纹路应尽可能与钢板受力方向垂直,其后用丙酮擦拭干净。②如钢板锈蚀严重,需要用适度盐酸浸泡一定时间,使锈层脱落,再用石灰水冲洗,中和酸离子,最后用平砂轮打磨出纹路。

b.清洗:用棉纱蘸丙酮擦拭干净。

③植入高强螺栓

a.钻孔

防止钻孔碰到梁底板预应力钢绞线和结构钢筋,需采用钢筋探测仪先确定好原钢绞线和钢筋位置。现场采用白铁皮(或透明塑料板)做成模板,在铁皮(或透明塑料板)上根据图纸钻出孔洞,再用模板在梁底放孔位。根据标出的孔洞位置,用电锤进行钻孔,孔径、孔深符合设计要求,孔道应保证垂直于梁底板平面。钻孔时如碰到预应力钢绞线或结构钢筋,可根据实际情况进行适当偏移。

b.清孔

先用硬毛刷刷走孔内粉尘,再用高压风进行吹孔,最后用干净棉布蘸丙酮或酒精彻底清洗孔道内部。植螺杆时必须保持孔内无尘、干燥。

c.植入高强螺栓

将调好的结构胶装入注胶器内,然后用注胶器将结构胶注入植螺杆孔洞,孔洞内注胶容量必须大于2/3,在螺杆外露端部加套塑料管以封堵胶液,防止胶液流出形成孔内空隙。转动螺杆缓缓植入孔洞内,使其达到设计深度要求。为防止螺杆发生下滑,在外露端部填塞牙签将其完全固定。

④钢板安装

将开孔、除锈打磨、清洗并经验收合格的钢板抬起,与已植螺杆进行对孔安装。此过程中,为避免长钢板弯曲并减轻工人的劳动强度,应使用撑杆或螺旋顶升支架对钢板进行同步支撑。这两种方法中以螺杆顶升支架为优。

安装过程中,若开孔与个别已植螺杆有偏差,应避免大力锤击钢板或螺杆,以免损伤钢板、砸断或振松螺杆。应将存在偏差的孔口标记后将钢板卸下,通过磁力钻或氧割对存在偏差的孔进行扩孔后重新安装。

钢板安装到位后,为了保证注入的结构胶的厚度均匀,应在钢板与混凝土之间对应螺杆的位置放进与结构胶厚度相等的垫片或直径相等的短铁丝,将螺母拧紧。

⑤注胶、排气管的安装

钢板安装后调整到位前应在钢板周边、钢板与混凝土粘贴面之间按50～100cm的间距以品字形安装长度为20cm左右(满足注胶施工需要的长度)的塑料软管作为注胶及排气管。塑料软管插入长度不宜太长,满足通过钢板的夹压产生的摩擦力使注胶管在压力注胶时不被拔出的要求即可,一般插入端长度应为1～2cm,不宜超过2cm。通过试验发现,如果插入钢板空隙的塑料软管过长,则注入的结构胶很容易在塑料软管插入端与钢板封边胶之间的夹角处包裹气泡,造成注胶不饱满,且塑料软管插入端越长,包裹的气泡越大,空鼓面积越大。

⑥周边封闭

周边封闭的主要目的是在所要粘贴钢板与混凝土间形成一个封闭的空腔,并能承受注胶时所施加的压力。周边封闭应做到强度足够,边线平顺规整。

混凝土粘贴面打磨的范围是其周边每边应比钢板范围宽 2cm 左右,同时,所粘贴钢板侧面也应进行除锈打磨处理。此两处处理应达到粘贴面的效果。

封闭前应检查钢板与混凝土粘贴面的间隙是否均匀且符合设计要求,注胶、排气管是否牢固等,并及时进行处理。

用抹刀将配好的封边胶均匀抹于钢板侧面与混凝土面的夹角处,并适当用力按压,使封边胶与混凝土面和钢板侧面粘贴紧密。同时,封边胶表面应与混凝土粘贴面形成45°的倒角,以便与混凝土粘贴面形成足够大的粘贴面积,为克服注胶时所施加的压力提供足够的支撑。封边胶涂抹完成后应及时对封边胶表面及边缘进行修整,以达到边线顺直,表面平整、光滑的效果。

螺杆处封闭:在螺母垫片内侧抹上封边胶并将螺母拧紧即可,或用早凝的无机封堵料将外露的螺杆、螺母、垫片整个包裹。

⑦压力注胶

a. 注胶起始点的选择

由于空气的重度较小,故注胶时应选择从每片钢板的最低点开始注胶,以利于注胶空腔内空气的排出。

b. 注胶压力罐的选择

应根据设计单块钢板的面积大小选择注胶压力罐:单块钢板面积较小(用胶量较小),则选择容积较小的注胶压力罐;单块钢板面积较大,(用胶量较大),则选择容积较大的注胶压力罐。

c. 压力注胶过程控制

在确认封边不漏气后开始灌注结构胶。当相邻注胶管开始有胶液流出后,在当前注胶管持续灌注 2～5min,同时用小锤持续仔细敲击检查当前注胶管与下一注胶管之间钢板段的注胶密实度,并观察相邻注胶管(排气管)是否还有气泡排出,在确认该段钢板内胶液已密实且相邻注胶管(排气管)无气泡排出后,方可将当前注胶管封闭,移至下一注胶管继续注胶。注胶压力须控制在 0.2～0.4MPa,须防止压力过大导致封边胶损坏漏胶的情况发生;注胶的同时用橡皮锤持续敲击钢板,提高胶液流动性,并判断胶液是否已注满;在通过检查最后一个排气管口周围已满胶并确定连续出胶无气泡后方可封堵,封堵后维持较低压力稳压注入 3～10min 后封堵注胶管,以防胶层脱空;灌胶过程中须注意检查各注胶管和排气管是否流胶或渗胶,若出现流胶或渗胶必须立即封堵。

注胶过程中禁止摇晃注胶罐,以防止露出压力注胶罐的出胶口而将气泡注入钢板空腔内部。

注胶过程中要密切注意压力注胶罐中的剩余胶量,尽量不要将罐中的结构胶排完,以免在压力作用下空气快速灌入已注胶体中。如空气已进入连接注胶罐的注胶管,应立即将注胶管在靠近钢板的连接处将注胶管拔开,关掉压力注胶罐的进气阀门,临时绑扎钢板处的注胶管,防止已注入的胶体返流。往压力注胶管中重新加入拌好的结构胶后,必须先将连接注胶罐的注胶管中的空气彻底排出后才允许将注胶管连接至此前注胶的注胶管处继续注胶。

4. 粘贴碳纤维布

碳纤维布材料应满足《公路桥梁加固设计规范》(JTG/T J22—2008)、《公路桥梁加固施工技术规范》(JTG/T J23—2008)的相关要求。

（1）施工工艺

①施工前应对粘贴部位混凝土的表面含水率和所处环境温度进行测量，若混凝土表层含水率＞4%或环境温度＜5℃，则应采取措施，在达到要求后方可进行施工。

②施工前应按设计图纸，在加固部位放线定位。

③混凝土表面的处理。

a. 用钢丝轮角磨机清除混凝土表面的劣化层（剥离、蜂窝、浮浆、由于腐蚀或风化产生的水泥翻沫、脱模胶层、松散的混凝土碎屑、沥青等），并用吹风机吹净，露出干净、结构坚实的表面。

b. 对于混凝土胀裂、松散、钢筋锈蚀的现象，先凿除松散部分，对锈蚀钢筋进行手工除锈，然后采用环氧树脂作防腐处理，并用环氧砂浆作为整平材料填补平整。在填补环氧砂浆前，先在破伤口处涂刷一遍环氧胶作为黏合剂，以确保新旧混凝土黏合良好，并且不会产生裂缝。对蜂窝、麻面的大孔径孔洞，采用环氧砂浆填充整平，并保证混凝土保护层厚度不小于15mm，且平整度应达到5mm/m。

c. 修补表面若有裂缝，应先对裂缝进行修补，对宽度≤0.15mm的裂缝，只作表面封闭，用专用环氧树脂在其表面进行反复涂抹，使树脂渗进裂缝内，达到对裂缝的封闭弥补。对宽度≥0.15mm的裂缝，应采用恒定低压压注改性环氧树脂胶对裂缝进行灌注，以达到对裂缝的弥补，具体施工工艺见裂缝修补施工方案。

d. 对基面经过剔凿、处理锈蚀露筋可能有出现急剧凹陷或构件缺损的部位，用环氧树脂砂浆或碳纤维整平材料填补修复平整或圆滑顺畅过渡，以确保结构件表面平整、美观。

e. 对基面尖锐凸起的部位（混凝土构件交接部位、模板段差等），用混凝土磨片角磨机磨平凸起的转角或可能存在的混凝土模板接头处的阶梯状错位，用混凝土磨片角磨机进行倒角处理，打磨至圆滑（$R \geq 20$mm）。

f. 清理打磨后基面上的粉尘、松散浮渣后，用空压机吹净，确保粘贴基面上干净、无油污并充分干燥。

（2）底层涂料（涂底胶）

在处理好的混凝土表面上涂一层很薄的底层胶，既可以浸入混凝土表面，增强混凝土表面强度，又可以改进胶结性能，从而使得混凝土与碳纤维布之间黏结性得以提高。因此，要求底胶必须具有很低的黏度，以及与混凝土良好的黏结性能，以便于涂刷在混凝土表面后，黏结剂能掺入混凝土结构中。

①根据标准用量，算出所涂布面积的底层树脂用量，视现场气温等实际情况，确保在适用期内一次用完，按底层树脂规定的比例把底胶 NEOPRIMER 按规定混合、搅拌均匀。

②用滚筒刷或毛刷均匀、无遗漏地将底胶涂在需补强的混凝土表面，底胶涂布面边界应不小于所粘贴的碳纤维布大小。

③等底胶凝胶至指触干燥（视施工现场气温情况，一般需1h左右）后，如发现表面有突起毛刺，应用砂布打磨光顺。注意不能将底胶层打磨穿，如有打磨穿的局部应重复操作步骤。

（3）整平材料（找平层）

碳纤维布只有与所加固补强的混凝土表面紧密接触，才能产生良好的补强效果。但是混凝土表面的锐利突起物、错位和转角部位等都可能使碳纤维布产生损伤，并引起强度降低。混凝土表面小的模板错位及混凝土气孔很难通过基底处理一道工序彻底清理。因此，在涂敷的底层涂料指触干燥后，必须用找平胶进行找平。同时将矩形断面直角打磨后补成圆弧状。

①底胶干燥后，若发现粘贴表面上有缺损、坑洼、凹陷拐角、模板接头处出现的高度差等情况，应用

找平胶(用粘贴胶加适量作为触变剂的矿物填料调制成的腻子)进行刮填修补,保证模板接头处无明显高度差,缺损、坑洼平缓顺畅,凹陷拐角处填补成 $R \geqslant 20mm$ 的圆角过渡。

②整平材料的调制和使用注意事项与底胶相同。

③等整平材料固化至指触干燥后,如发现整平部位表面有突起毛刺,应用砂布打磨光顺。

(4)浸渍树脂(粘贴主胶)粘贴碳纤维布

浸渍树脂肪在粘贴材料中起着至关重要的作用,它连接底胶与碳纤维布,它的黏度应控制在一定范围,有利于浸渍树脂顺利地将碳纤维布黏附于混凝土表面,经过碾压,使浸渍树脂很容易浸透碳纤维布,形成一个复合整体,共同抵抗外力作用。

①按设计要求的尺寸裁剪碳纤维布,注意不要在幅宽方向进行裁剪。

②根据粘贴胶的标准用量,计算出所涂布面积的需用量,视现场气温等实际情况,确保在适用期内一次用完,按粘贴胶使用说明规定的比例把粘贴胶主剂和固化剂置于配胶容器中,用电动搅拌器搅拌均匀。

③用滚刷或毛刷均匀、无遗漏地将粘贴胶涂在选定的混凝土表面,粘贴胶涂布面应不小于所粘贴的碳纤维布大小。

④在已涂好粘贴胶的混凝土表面铺覆碳纤维布,碳纤维布的铺覆方向符合设计要求,一层中各张布之间的搭接应在纤维方向进行。

⑤用胶辊在碳纤维布上沿纤维方向施加压力并反复碾压,使树脂胶液充分浸渍碳纤维布,消除气泡并除去多余树脂,使碳纤维和底层充分粘贴。

⑥每处施工完成后,自然养护24h内应确保不受外力硬性冲击等干扰。

⑦每道工序过程中及完工后,均应采取适当措施保证不受污染或雨水侵袭。

⑧施工过程中平均气温一般都高于15℃,自然养护达到设计要求需要5d左右。

(5)防护材料(罩面胶)

使用防护材料(罩面胶)主要是为了施工表面的美观,保护碳纤维布。只要求材料能涂敷在碳纤维布表面,不脱层、不掉落,能长期在冷热干湿的空气中稳定,防止复合材料直接被紫外线照射。

(6)注意事项

对粘贴施工完成后的复合材料层,经自然养护至粘贴胶完全固化后,对碳纤维布粘贴面仔细检查,应保证密实粘贴面积大于95%,并对空洞、气泡进行处理。

408.04　质量检验

1. 混凝土局部破损修补质量验收及要求

(1)基本要求

①混凝土缺陷修补施工应严格按照施工图设计、施工规范有关技术操作规程批准的施工工艺、方案和监理程序要求进行。

②混凝土表面处理时,缺陷深度大于或等于10cm,面积大于或等于10cm×10cm时,表面凿成方波状和锯齿状,且凿至坚实层。表面无浮渣、无粉尘、无油污。

③缺陷深度大于10cm,面积大于或等于10cm×10cm时,用环氧混凝土修补缺陷表面必须干净、无污物,否则影响修补砂浆和原混凝土的粘贴效果。

④养护时间,夏季不少于2d,冬季不少于7d。

⑤养护期间,不应有水浸泡或遭受其他冲击。

（2）实测项目

混凝土修补检查项目见表408-11。

混凝土修补检查项目   表408-11

项次	检查项目		规定值或允许偏差	检查方法和频率
1	涂抹环氧树脂基液的厚度		薄而均匀,覆盖率100%	每300~500mm尺量一处
2	涂抹修补砂浆厚度	平面均匀涂抹	底层0.5~1.0cm,每层不超过1.0~1.5cm	
		斜立面涂抹	厚度不超过0.5~1.0cm	
		顶面涂抹	厚度以0.5cm为宜,超过0.5cm可分层涂抹	
3	环氧砂浆、环氧混凝土抗压强度		环氧砂浆69MPa、环氧混凝土60MPa	对照JTG F80/1—2017附录F评定
4	混凝土表面处理		表面坚实,无疏松物、无油污	目测:锤击法,100%
5	新旧混凝土结合状况		无裂缝	目测:30%
6	表面平顺		无明显凹凸,±2mm	目测:用直尺,30%
7	钢筋除锈、阻锈处理		钢筋表面无锈层,阻锈漆涂刷均匀	目测:100%
8	结构表面修补颜色		与原结构相近	目测:100%

（3）外观鉴定

①涂抹砂浆时表面若出现气泡,则必须刺破。缺陷修补表面平整、光洁。

②混凝土缺陷修补充分养生,无裂缝。

③若修补部分出现裂缝,应凿除重新修补。

注:在项目实施过程中,发包人将根据《公路工程质量检验评定标准 第一册 土建工程》（JTG F80/1—2017）和现场实际情况制定下发各检查项目权值和外观缺陷扣分标准。

2. 裂缝处理质量验收及要求

（1）基本要求

密封胶和注入胶不低于《公路桥梁加固设计规范》（JTG/T J22—2008）的技术要求。

（2）实测项目

裂缝灌缝检查项目见表408-12,裂缝封缝检查项目见表408-13。

裂缝灌缝检查项目   表408-12

项次	检查项目		规定值或允许偏差	检查方法和频率
1	胶液强度（MPa）	抗压	不小于69	GB/T 2567—2008
		抗拉	不小于26	GB/T 2567—2008
2	灌浆前裂缝处理	表面处理法	沿裂缝两侧20~30cm范围内清除浮渣、松散层、浮浆、油污等,保持干净干燥	目测结合尺量,100%（适用于δ<0.15mm）
		钻孔法	孔位布置及斜度满足设计要求	尺位定位,100%（使用于大型构件深裂缝）

续上表

项次	检 查 项 目	规定值或允许偏差	检查方法和频率
3	布压浆嘴	满足设计规范要求,若设计中无特殊要求,则在裂缝交叉处、钻孔处的端部以及裂缝处钻孔内均应埋设灌浆嘴,缝宽<1mm 时,间距取 350～500mm;缝宽>1mm 时,间距取 500～1000mm	现场检查
4	灌胶压力(MPa)	化学灌浆不小于 0.3	检查施工记录
5	含胶饱满情况	宽度 0.02mm 裂缝内有胶为合格	每 100 条裂缝取 3 条裂缝芯样评定

裂缝封缝检查项目　　　　　　　　表 408-13

项次	检 查 项 目	规定值或允许偏差	检查方法和频率
1	胶液压缩强度	满足设计及相关规定要求	GB/T 2567—2008
2	表面处理法	表面无浮浆、油污等;先在缝两侧(20～30mm)涂一层封缝胶基液,再抹一层厚 1mm 左右、宽 20～30mm 胶泥	尺量沿缝长方向 300～500mm 测一处,每缝都要测
		胶泥涂抹要平整,无小孔、气泡	目测,100%
3	含胶饱满情况	含胶饱满	目测

(3)外观鉴定

①清除裂缝以外区域混凝土表面的封缝胶泥,混凝土上无胶泥。

②灌缝位置混凝土颜色与原混凝土颜色一致。

③表面平顺、无明显凹凸现象,无浮渣、无粉尘、无油污。

注:在项目实施过程中,发包人将根据《公路工程质量检验评定标准　第一册　土建工程》(JTG F80/1—2017)和现场实际情况制定下发各检查项目权值和外观缺陷扣分标准。

3. 粘贴钢板质量检验

(1)检查项目

粘贴钢板检查项目见表 408-14。

粘贴钢板检查项目　　　　　　　　表 408-14

项次	检 查 项 目		规定值或允许偏差	检查方法和频率
1	钢板	对焊焊接的尺寸和气孔率	满足规范要求	用超声探伤,抽取 10% 用射线探伤检查
		焊缝的布置	与受力方向成 45°	量测
		焊缝的力学性能	满足规范要求	查试验资料
		钢板厚度	符合设计要求	尺量

续上表

项次	检查项目		规定值或允许偏差	检查方法和频率
2	锚固螺栓抗拔力		满足设计要求	查试验资料
	锚固螺栓扭矩		±10%	用测力扳手检查,每排抽查不少于5个
3	粘贴面处理	混凝土面处理	符合规范中混凝土面凿毛的要求	目测检查混凝土面整体情况;尺量凿出深度
		钢板表面处理	进行喷砂除锈和粗糙处理	目测检查
4	标准荷载下结构变形与裂缝		满足设计使用要求	进行标准荷载试验
5	加固表面防腐处理		符合设计和相关规定要求	查试验资料

（2）外观检查

①加固结束后应清除钢板表面杂物,保证其表面平整、干净。

②为防止钢板锈蚀、延缓黏结剂老化,加固部位表面应进行密封防水、防腐处理。

4. 粘贴碳纤维布质量检验

（1）检查项目

粘贴碳纤维布检查项目见表408-15。

粘贴碳纤维布检查项目　　　　　　　　　　　　　　表408-15

项目	检验项目	规定值或允许偏差	检验方法
1	碳纤维片材及配套胶力学性能指标	符合设计要求	查检测报告和抽检试验报告
2	混凝土面处理	表层坚实,各工序控制严格	旁站:查表面处理检验单
3	碳纤维布粘贴位置	与设计要求位置相比,中心线偏差≤10mm	钢尺测量
4	碳纤维粘贴量	≥设计数量	根据测量计算
5	粘贴质量	空鼓面积之和与总粘贴面积之比小于5%	锤击法或其他有效方法
6	粘贴剂层厚	织物:2mm	用上述试件,用钢尺测量
7	硬度	织物:70	邵氏硬度计(B型)
8	结构表面质量	平顺、无跳丝	目测
9	粘贴强度	符合设计要求	正拉试验

（2）外观检查

所贴碳纤维布材料平顺、密实、整齐,不得有气泡、空鼓、错位。

408.05 计量与支付

1. 计量

（1）混凝土局部破损修补、涂刷阻锈剂刷应按技术规范要求和发包人指示，按实际完成并经发包人验收合格的数量，以清单细目单位计量。计价中包括破损区域的清理、修补及钢筋锈蚀区域的清理和防锈、阻锈处理，混凝土表面的打磨处理等与之相关的全部工作费用。

（2）承包人应对桥梁裂缝进行详细调查后报告发包人，并按照发包人下发的指令要求进行封缝或灌缝处理，实施完毕后经发包人验收合格以实际完成的合格工程量以米为单位计量。为完成封缝或灌缝处理而必需的支架及其他一切措施均作为桥梁裂缝处理的附属作业，不另行计量。

（3）粘贴碳纤维布和粘贴钢板加固按实际完成并经验收合格的数量，以平方米为单位计量。粘贴碳纤维和粘贴钢板前的梁底打磨等混凝土前期处理工作以及为完成以上工作而必需的支架、安全保护等所有工作均作为粘贴碳纤维布和粘贴钢板加固的附属工作，均不另行计量。

2. 支付

按上述规定计量，经发包人验收的列入了工程量清单的以下支付子目的工程量，其每一计量单位，将以合同单价支付。此项支付包括材料、劳力、运输、工具、安装等及其他为完成本项目所必需的一切费用，是对完成工程的全部偿付。

3. 支付子目

子目号	子目名称	单位
408	桥梁梁体维修与加固	
408-1	裂缝修补	
-a	封闭裂缝(<0.15mm)	m
-b	封闭裂缝(>0.15mm)	m
408-2	混凝土破损修复	
-a	混凝土缺陷修补	m^2
-b	修补破损露筋	m^2
-c	钢筋锈胀修补	m
408-3	桥梁加固	
-a	粘贴钢板	m^2
-b	粘贴碳纤维布	m^2

第 409 节 桥梁护栏养护

409.01 范围

本节工作内容为环氧树脂维修防撞护栏混凝土，更换桥梁防落物网、立柱，更换钢扶手、支撑月牙钢板以及新泽西护栏油漆。

409.02 材料

1. 环氧型修补砂浆

混凝土表层缺陷修补材料可采用环氧型修补砂浆。其质量及性能应符合表 409-1 的要求。

环氧型修补砂浆的性能指标 表 409-1

项目			性能指标
浆体性能	劈裂抗拉强度（MPa）		≥7
	抗折强度（MPa）		≥12
	抗压强度（MPa）	7d	≥40
		28d	≥55
黏结能力	与钢筋的黏结强度（MPa）	标准值	≥9
		平均值	≥11.5
	与混凝土正拉黏结强度（MPa）		≥2.5，且为混凝土内聚破坏

2. 钢材

（1）防落网

桥梁防落网高 1.5m、长 2m；网片中间加十字杆；网格为 6cm×6cm，边框为 2cm×3cm，厚度为 2.5mm；立柱为直径 48mm 圆管，壁厚 2.5mm，长度为 1.5m，下部焊接法兰板；钢材表面镀锌喷塑，色号为 6029。镀锌钢丝采用 Q235B 钢，直径为 2mm，其技术标准应符合《低碳钢热轧圆盘条》（GB/T 701—2008）的要求。

（2）桥梁钢扶手及支撑月牙钢板

钢扶手采用 Q235B 钢，直径为 120mm；支撑月牙钢板采用 Q235B 钢，厚 20mm，上底为 12cm，下底为 18cm，高度为 25cm。钢扶手及支撑月牙钢板的防腐采用小型钢构件防腐处理方法。其技术标准应符合《低合金高强度结构钢》（GB/T 1591—2018）的规定。

409.03 施工要求

桥梁混凝土护栏、防落网、钢扶手维修及油漆的施工要求如下：

1. 桥梁水泥混凝土护栏维修采用环氧树脂，具体施工要求参照《公路桥涵施工技术规范》（JTG/T F50—2011）有关章节的要求进行。

2. 防落网应符合《隔离栅》（GB/T 26941.1~6—2011）、《公路交通安全设施施工技术规范》（JTG F71—2006）的规定，承包人在施工前应向发包人提供拟采用的防落网样品并获得批准，施工时所有运到工地的防落网其质量均应与获批准的样品相符。桥梁防落物网的更换安装应以上跨桥梁与公路、铁路等设施的交叉点为控制点，向两侧对称进行防落网的施工，防落网的设置长度应符合图纸规定，应根据防落网立柱预埋基础的位置安装立柱，未设置预埋件时应采取后固定的施工工艺固定立柱，桥梁防落网网片应牢固地安装在立柱上，网片应平整、绷紧。

3. 桥梁更换钢扶手及油漆。

桥梁护栏扶手维修和保养、桥梁扶手加工焊接均应按照《公路桥涵施工技术规范》（JTG/T F50—2011）的规定进行。钢扶手在刷漆前应做好防腐处理。

4. 钢扶手油漆施工工艺。

（1）在进行钢扶手油漆作业前，首先对施工部位进行清理，经过除锈，打磨等工作，将钢结构构件处的灰尘、锈渍、杂物等清理干净。

（2）在进行了表面清理工作后，将清理后的杂质清扫干净，保证作业现场的清洁。

（3）钢扶手油漆作业时第一遍先涂刷防锈底漆。

（4）待底漆完全固化后，进行扶手罩面漆的涂刷，扶手罩面漆涂刷两遍。

（5）扶手罩面漆在涂刷时确保作业环境的清洁，不要有灰尘或其他杂质的出现，以防止油漆表面出现气泡等影响油漆效果。

5. 钢扶手油漆施工环境要求。

（1）钢扶手油漆作业的温度要求：最低 5℃，最高 38℃，至少要高于零上 3℃。作业时的相对湿度：最高 75%。

（2）如果钢扶手油漆作业时，遇到下雨天或三级以上的大风天，则禁止施工。同时注意留意当地的天气预报，如果不能保证施工作业后的 6h 内无雨或无风等，则不能开始施工。如果是在雨后开始施工，则要待天气放晴后，钢扶手日照至少 2d 以上才可以进行油漆作业施工。

409.04 质量检验

桥梁护栏维修质量验收及要求如下：

1. 实测项目

混凝土护栏检查项目见表 409-2。

混凝土护栏检查项目　　　　　表 409-2

项次	检 查 项 目	规定值或允许偏差	检 查 方 法
1	混凝土强度（MPa）	在合格标准内	按 JTG F80/1—2017 附录 D 检查
2	平面偏位（mm）	4	30m 或每 4 节段拉线检查
3	断面尺寸（mm）	±5	每 100m 用尺测量 3 个断面
4	竖直度（mm）	4	每 100m 用垂线检查 3 处
5	护栏接缝两侧高差（mm）	5	用尺量，每 100m 每侧 3 处

2. 外观检查

（1）修复后的混凝土表面应平整、密实，施工缝整齐。外露部分无模板痕迹和颜色不均匀现象，所有蜂窝、麻面，不整齐的施工缝及缝宽大于 0.15mm 的裂缝，应按规范要求进行修整，直至符合有关要求。

（2）修复后的钢扶手要求安装牢固，线形顺直，涂刷油漆均匀，色泽一致，表面无漏涂、无流挂现象。

409.05　计量与支付

1.计量

（1）桥梁护栏、桥梁防落网、钢扶手更换及油漆的维修，根据发包人下发的指令，经发包人验收合格，以实际完成的合格工程量据实计量。上述桥梁维修工程中对老护栏的清理、破损防落网、破损钢扶手、废弃物的处理及原材料的购置等工作包含在支付细目单价中，不单独计量。

（2）环氧树脂维修防撞护栏混凝土部分处理厚度，统一以平方米为单位计量；更换桥梁防落网以平方米为单位计量，更换桥梁防落网立柱以根为单位计量；更换钢扶手以米为单位计量，更换钢扶手支撑月牙钢板以块为单位计量。

2.支付

按上述规定计量，经发包人验收的列入了工程量清单的以下支付子目的工程量，其每一计量单位，将以合同单价支付。此项支付包括材料、劳力、运输、工具、安装等及其他为完成本项目所必需的一切费用，是对完成工程的全部偿付。

3.支付子目

子 目 号	子 目 名 称	单 位
409	桥梁护栏养护	
409-1	桥梁护栏	
－a	环氧树脂维修防撞护栏混凝土	m²
－b	更换桥梁防落物网（含主材）	m²
－c	更换桥梁防落物网立柱（含主材）	根
－d	更换钢扶手（含主材、防腐处理、油漆）	m
－e	更换钢扶手支撑月牙钢板	块
－f	新泽西护栏油漆（含除锈、防腐处理、油漆）	m

第 410 节　墩 台 加 固

410.01　范围

本节工作内容主要为桥梁墩台的修复和加固等相关的养护作业。

410.02　墩台的加固

1.由于活动支座失灵而造成的墩台拉裂，应修复或更换支座并修补裂缝。

2.墩台身发生纵向贯通裂缝时，可采用钢筋混凝土围带、粘贴钢板箍或者加大墩台截面的方法进行加固。

3.因基础不均匀下沉引起墩、台自下而上的裂缝时，应先加固基础，再采用灌缝或加箍的方法进行加固。

4.U 形桥台的翼墙外倾时,可在横向钻孔加设钢拉杆,钢拉杆固定在翼墙外壁的型钢或钢筋混凝土梁柱上。

5.当墩台损坏严重,如出现大面积开裂、破损、风化、剥落时,一般可用钢筋混凝土"箍套"加固,对结构基本完好、但承载能力不足的圆柱形墩柱可用包裹纤维片材的方法加固。

6.钢筋混凝土墩台出现缺损,而墩台身处于常水位以下时,可根据不同情况采用围堰抽水或水下作业的方法进行修补。

410.03　计量与支付

1.计量

(1)各种桥梁墩台修复、加固均应按设计修复或加固混凝土体积计算,以立方米为单位计量。
(2)钢板、钢拉杆加固以设计重量为依据,以千克为单位计量。
(3)灌缝以设计灌缝长度米为单位计量。

2.支付

按上述规定计量计算的体积数量,按合同单价计算合价后支付。此项支付包括施工安全、运行维护,拆除破损部分,修复、加固和抛石的运、抛作业等一切为完成本项工程所必需的全部费用。

3.支付子目

子目号	子目名称	单位
410	墩台加固	
410-1	裂缝加固	
－a	增设钢筋混凝土围带	m³
－b	粘贴钢板箍	kg
－c	加大墩台截面	m³
－d	灌缝	m
410-2	倾斜加固	
－a	加设钢拉杆	kg
410-3	破损加固	
－a	增设钢筋混凝土套	m³
－b	包裹碳纤维片材	m²
410-4	增设墩台	
－a	增设台身	m³
－b	增设墩柱、墩身	m³
－c	浇筑新盖梁	m³

第 411 节　桥梁抗震维修加固

411.01　范围

本节工作内容主要为对桥梁抗震薄弱部位,采取相应的抗震措施加固和简易设防的养护作业。

411.02　维修加固原则

1. 处于地震动峰值加速度系数大于或等于 0.10g 地区的桥梁,应按照《公路工程抗震规范》(JTG B02—2013)的要求采取相应的抗震加固措施。处于地震动峰值加速度小于或等于 0.05g 地区的桥梁,除特殊规定外,可采取简易设防。

2. 加固后的桥梁必须满足桥梁正常使用情况下的变形要求。加固采用的裸露钢构件必须进行防锈处理并正常养护。原有结构打孔、凿后的外表应抹面修饰。

3. 桥梁抗震加固的重点为针对顺桥向震害的加固。

411.03　梁桥防止顺桥向(纵向)落梁的抗震加固

防止顺桥向(纵向)落梁的抗震加固措施,可采取下列方法:

1. 加固桥台胸墙或重做钢筋混凝土胸墙,在梁端和胸墙间填塞缓冲材料(如沥青油毛毡或橡胶垫),也可安装防落梁装置。

2. 设置纵向挡块,在墩台帽上增设锚栓、挡块,阻止梁纵向位移。

3. 固定主梁(板):

(1)用卡架把梁(板)固定在桥墩上。卡架与梁(板)或墩之间填塞橡胶、油毛毡、软木等弹性材料,以保证梁(板)在温度变化时能自由伸缩。

(2)板端钻孔固定。采用油毡支座的板梁,可在每片板梁上钻孔至墩、台帽内,放入螺栓,固定端填以环氧砂浆,活动端应扩孔并填以弹性材料,以利温差伸缩,最后上紧螺母。

(3)悬臂梁端固定。在悬臂梁端钻孔,固定螺栓可由上向下穿透挂孔及悬臂端,也可将联结钢板置于梁顶面或梁侧,钻孔并用螺栓固定。

4. 将主梁连成整体:

(1)增设横向钢拉杆或钢筋混凝土横隔板,提高主梁的整体性。

(2)纵向在两跨梁间安装防落梁装置或在端隔板之间用螺栓或其他钢构件连接,限制主梁纵向位移。

5. 梁与桥台胸墙纵向连接。用螺栓、钢板等将梁端与胸墙连接起来,以防落梁。

411.04　梁桥防止横向落梁的抗震加固

防止横向落梁的抗震加固措施,可采取下列方法:

1. 设置横向挡块或挡杆。在边主梁外侧墩、台帽上钻孔埋入锚筋,浇筑钢筋混凝土横向挡块,或埋设短角钢、钢轨、槽钢做挡杆,防止落梁。

2. 在边主梁外侧设置三角形钢支架并在边主梁外侧墩、台帽上埋设锚栓,将三角形钢支架固定,在边主梁与钢支架间填塞垫木以固定主梁。

3.对无桥面钢筋网的多梁式桥梁,可进行桥面改造,加铺钢筋网。

4.用钢拉杆或横隔板加强主梁之间的横向连接。

411.05 防止支座破坏的抗震加固

防止支座破坏的抗震加固措施,可采取下列方法:

1.设置支座挡块。对于采用平板式滑动支座、切线式滑动支座、板式橡胶支座或油毡支座的桥梁,若墩、台帽较宽,则可采用钢筋混凝土纵向挡块进行加固。

2.对于摆动、滚动支座,可在梁两侧设置挡块,并把挡块同下部构造连接起来,使之成 U 字形或一字形承托。

3.对钢支座可将相邻跨径的两支座用钢筋纵向连接加固。

411.06 拱桥抗震加固

1.防止拱圈落拱,可在拱脚处设置防落拱牛腿,或在横桥向加长墩、台身或墩、台帽。

2.将主拱圈连成整体,可采取下列方法:

(1)在双曲拱桥拱肋的横系梁间交叉设置钢筋斜拉杆,中间用花兰螺栓拉紧。各部分外露钢筋均应涂刷油漆防锈。

(2)双曲拱桥结构整体性较好时,可只在拱顶范围三道横系梁间设置交叉拉杆,两端焊接在横系梁的钢板箍上,中间用花兰螺栓拉紧。

(3)在石拱桥拱圈的跨中和 1/4 跨处加设三道钢板箍,用螺栓将钢板箍锚固在拱底及拱侧的钻孔上,锚固孔用膨胀水泥砂浆填充。

3.加强拱脚与墩、台的连接。在拱座凿孔,埋设钢筋,一端伸入拱脚和埋设在拱肋上的锚栓相连,最后浇筑混凝土。

4.对空腹式拱桥,当拱上立柱较高时,可增设横系梁加强立柱间的连接。

411.07 桥墩抗震加固

桥墩的抗震加固以增长整体性和稳定性为原则,根据构造特点可采取下列方法:

1.柱式桥墩

(1)在柱之间安装用槽钢或角钢做成的横撑和斜撑,并用螺栓将其拧紧,或采用电焊联结。

(2)用钢套管加固,套管用钢板卷焊而成。柱应先打毛,套管与柱之间的空隙,用水冲洗后填以水泥砂浆或小石子混凝土。

2.对多孔长桥,可增设抗震墩。即在原有桥墩两边加设钢筋混凝土斜撑,斜撑尺寸视原墩高度和跨径而定。

3.若桥墩截面偏小,可采用加大桥墩截面或加设套箍来加固。将原结构表面凿毛洗净,植入连接钢筋,使加大部分与原结构连成整体。基础扩大时,应同时对地基进行处理。

411.08 桥台抗震加固

桥台的抗震加固以增强抗滑、抗倾覆及抵御台背的土压力为原则,可分别采取下列方法:

1.当桥台的抗倾覆和抗滑稳定性不能满足安全要求时,可采用加筑围裙的方法。

2.当桥台台后填土在地震力作用下因土压力变化,危及桥台安全时,应采取下列措施:

（1）在台背增设挡土墙或桥孔，新挡土墙或新桥孔的桥台应能单独承受填土土压力。

（2）在台前修筑扶壁或斜撑，扶壁和斜撑与原桥台共同承受土压力。

（3）将埋置式或一字式桥台改为U形桥台。

3.地震后拱桥桥台发生位移，引起拱轴线变形较大，承载能力不足时，可采用顶推方法调整拱轴线，恢复其承载能力。

411.09 基础、地基抗震加固

原未做抗震设防的桥梁墩、台、基础及地基，应按《公路工程抗震规范》（JTG B02—2013）补做验算。若地面以下20m范围内有可能液化的饱和砂或饱和亚砂土层，应采取以下方法加固地基：

1.水泥浆灌注法。在基础四周钻孔，放入注射管，进行压浆。水泥浆按水灰比1:0.8或经试验取得的水灰比进行配制。

2.旋喷灌浆法。将带有特殊喷嘴的钻具，送到土层的预定深度，用2kPa左右的压力将水泥浆（或其他固结材料）射入，通过钻孔中钻具的高压喷嘴，使浆液与土体搅拌混合形成胶糊柱体，待硬化固结后起到加固地基的作用。

3.硅化法。将水玻璃（硅酸钠，$Na_2O \cdot SiO_2$）用注射灌注入土中，然后再注进入氯化钙溶液，形成一种有胶性的硅胶膜强化土质。还可将水玻璃和磷酸溶液的混合液同时压入土中，产生硅胶，固结地基。

411.10 盖梁、承台抗震加固

对盖梁和承台的加固可采用钢筋混凝土加大截面，或采用施加预应力的方法；对于承台还可用增加厚度的方法进行加固，以提高其刚度。

411.11 计量与支付

1.计量

桥梁抗震加固按加固方法以处为单位计量；采用的混凝土、圬工的构件和材料均应按设计图纸施工，按结构物的体积计算，以立方米为单位计量；采用的钢筋、钢构件均按重量计算，以千克为单位计量；调整桥台形式、拱轴线的桥梁按座计算，以座为单位计量。

2.支付

按上述规定计量计算的实际体积、重量（或个数）数量，按合同单价计算合价后支付。此项支付包括施工安全、运行维护、挖基及基底处理、砌筑、灌注、混凝土浇筑、回填作业等一切为完成本项工程所必需的全部费用。

3.支付子目

子 目 号	子 目 名 称	单 位
411	桥梁抗震维修加固	
411-1	梁桥防止顺桥向落梁的抗震加固	
-a	桥台胸墙抗震加固	m³

子 目 号	子 目 名 称	单 位
-b	增设挡块	m³
-c	固定主梁（板）	处
-d	主梁连成整体	处
411-2	梁桥防止横向落梁的抗震加固	
-a	增设横向挡块	m³
-b	增设横向挡杆、钢拉杆	kg
-c	固定主梁	处
-d	桥面改造	m²
-e	增设横隔板	m³
411-3	防止支座破坏的梁桥抗震加固	
-a	增设支座挡块	m³
-b	增设连接钢筋	kg
411-4	拱桥的抗震加固	
-a	增设牛腿	m³
-b	增设钢筋斜拉杆	kg
-c	浇筑钢筋混凝土	m³
-d	增设横系梁	m³
411-5	桥墩抗震加固	
-a	增设横斜撑	kg
-b	增设钢套管	kg
-c	增设抗震墩	m³
-d	加大桥墩断面	m³
-e	增设套箍	m³
411-6	桥台抗震加固	
-a	加筑围裙	m³
-b	增设挡土墙	m³
-c	修筑扶壁或斜撑	m³
-d	调整桥台形式	座
-e	顶推调整拱抽线	座
411-7	基础、地基抗震加固	
-a	水泥浆灌注法	m³
-b	旋喷灌浆法	m³
-c	硅化法	m³
411-8	盖梁、承台抗震加固	
-a	加大截面	m³
-b	施加预应力	kg

第412节 涵洞的维修与重建

412.01 范围

本节工作内容主要为涵洞进出水口、地基基础、侧墙和翼墙的维修加固工程等相关的养护作业。

412.02 涵洞的维修

1.涵洞进出水口处如已严重冲刷,可采用下列方法维修:

(1)位于陡坡上的涵洞或直接受水流冲击的涵洞,其入口处应采取适当的防护措施。

(2)用浆砌块石铺底,并用水泥砂浆勾缝。铺砌长度视土质和流速而定,铺砌的末端应设置混凝土或浆砌块石抑水墙。

(3)流速特别大的涵洞,应在出水口加设消力设施,如消力槛、消力池等。消力槛的末端应设置混凝土或浆砌块石抑水墙,或设置三级挑槛。

2.管涵的管节因基础沉陷而发生严重错裂时,应挖开填土处理地基,再重建基础。也可直接采用对地基及基础压浆的方法处理。

有铰管涵管,如变形大于直径的1/20时,应查明原因进行处理。

3.波纹管涵发生涵管沉陷、变形,应挖开填土进行修理。管底应按土质情况做好垫层,管上加铺一层防水层,并注意对回填土分层夯实。

4.涵洞的侧墙和翼墙,如有倾斜变形发生,应查明原因后加以处理。如因填土未夯实发生沉落,或填土中水分过多、土压力增大而引起的,应更换透水性好的填土并夯实;如属基础变引起的,则需要修理或加固基础。

412.03 涵洞的加固和改建

1.因加宽或加高路基导致涵洞长度不足时,应接长处理。一般可将涵洞洞身接长,两端新建洞口端墙和路基护坡;当路基加高、加宽不多时,也可采用只加高两端洞口端墙或加高加长洞口翼墙的方法。

2.承载力不足的涵洞可分别按下列方法加固或者改建:

(1)挖开填土,用混凝土或钢筋混凝土加大原涵洞断面。

(2)涵内用混凝土或钢筋混凝土预制块衬砌加固或用现浇衬砌进行加固。

(3)挖开填土,用新构件分段进行更换改建。

3.对局部损坏及承载力不足的涵洞应及时维修加固或改建,保障通行安全;当加宽或加高路基原有涵洞长度不足时,经验算,满足承载力要求的涵洞一般进行接长;当路基加宽或加高不多时,也可采用加高涵洞上下游端墙的措施。

4.当涵洞位置不当,过水能力不足时应进行改建。改建施工宜分段进行,并做好接缝的防水处理。

412.04 计量与支付

1.计量

(1)涵洞进出水口维修应按设计图纸施工,按结构物的体积计算,以立方米为单位计量;沉砂井的修复按不同断面尺寸沉砂井个数之和计算,以个为单位计量。

（2）地基或基础处理以及侧墙和翼墙的维修,按设计图示体积计算,以立方米为单位计量。

（3）涵洞的接长按设计图示长度计算,以米为单位计量。

（4）涵洞的加固按设计的体积计算,以立方米为单位计量。

（5）涵洞重建或新增以道为单位计量。

2. 支付

按上述规定计量计算的实际体积（或个数）数量,按合同单价计算合价后支付。此项支付包括施工安全、运行维护,挖基及基底处理,砌筑、勾缝、混凝土浇筑、回填作业等一切为完成本项工程所必需的全部费用。

3. 支付子目

子 目 号	子 目 名 称	单 位
412	涵洞的维修与重建	
412-1	进、出水口处维修	
-a	浆砌块石	m³
-b	浆砌片石	m³
-c	水泥砂浆勾缝	m³
-d	混凝土抑水墙	m³
-e	浆砌块石抑水墙	m³
-f	消力设施	m³
-g	沉砂井	个
412-2	侧墙和翼墙维修	m³
412-3	涵洞接长	
-a	洞（涵）身接长	m
-b	新建洞口的端墙	m³
-c	新建护坡	m³
-d	加高洞口的端墙	m³
-e	加高加长洞口的翼墙	m³
412-4	涵洞加固	
-a	混凝土	m³
-b	钢筋混凝土	m³
-c	混凝土预制衬砌	m³
-d	钢筋混凝土预制块衬砌	m³
-e	现浇衬砌	m³
412-5	涵洞重建或增设	道

第500章 隧 道

第501节 通 则

本章内容为隧道洞口与明洞工程的维修,洞身及路面、人行道和车行横洞的维修;斜(竖)井、风道、排水设施、吊顶和内装及人行道和检修道等病害处治工程有关的养护作业。对隧道病害的处治应包括破损结构的修复,消除结构病害,恢复结构物设计标准,维持良好的技术功能状态。

第502节 洞口与明洞工程维修

502.01 范围

本节适用于洞口与明洞工程,主要内容包括清除洞口危石、浮土,洞口坡面防护,洞门建筑,明洞衬砌裂纹、剥落、剥离,偏压明洞挡土墙,遮光棚(板)维修等养护工程作业。

502.02 洞口与明洞的维修

1. 清除洞口的危石、浮土

承包人应及时清除洞口边仰坡上的危石、浮土,冬季应清除积雪和挂冰,保持洞口边沟和边仰坡上截(排)水沟的完好、畅通,修复洞口挡土墙、护坡、排水设施和减光设施等结构物的轻微损坏,维护洞口花草树木的完好。

2. 洞口坡面病害处治

洞口处的边、仰坡一般较高,如坡率与岩(土)质不相适应导致坍塌,可采取下列处治措施:
(1)根据实际的边、仰坡岩(土)质及高度,整修坡率。
(2)如坡率无法整修,可局部加筑护面墙或挡土墙。
(3)根据具体条件,边、仰坡用绿色植物进行防护。
(4)增建或疏通边、仰坡的排水系统。

3. 明洞病害处治

当遇明洞边坡塌方形成局部堆积或遇暴雨、洪水,原填土大量流失时,应及时调整到原有状态,以防止严重偏压,导致明洞结构变形、损坏。

明洞产生各种病害,其处治措施如下:
(1)当地基强度不足,引起两侧墙下沉时,可在两边墙间的路面下加建仰拱,以减少地基应力。
(2)在半路堑地段,尤其是深埋基础的明洞外边墙可能向外侧位移时,可在路面下设置钢筋混凝土横向水平拉杆,锚固于内边墙基础或岩体中,或用锚杆锚固于稳定的岩体中。当地形条件允许时,也可在外边墙外侧加建支撑垛墙。

（3）如因边墙后回填不实导致边墙侧向位移,应将回填不实部分用片石混凝土、浆砌片石回填密实或喷注水泥砂浆。

（4）明洞的防水层已失效或损坏的,应及时修复。其顶部覆盖填土与边坡交接处上方,应加修截水沟,截水沟的深度应符合标准要求,一般不小于0.6m,底宽一般为0.4~0.6m,边坡为1:1.0~1:1.5,截水沟的水流应尽量远离隧道口。

4. 洞门病害处治

端墙、翼墙位移、开裂,应根据综合分析后查得主要原因,采取针对性治理措施。一般病害可按下列方法处治:

（1）当地基为膨胀性岩层或承载力不足而引起局部下沉时,如下沉不严重,可采取扩大基础提高承载能力的方法。

（2）端墙外倾,可采取下列处治措施:

①墙背填土改换内摩阻角大的填料。

②向墙背填土压注水泥浆或者化学浆液。

③完善、修整端墙墙后的排水系统。

502.03　计量与支付

1. 计量

（1）清除洞口危石、浮土按设计断面面积的天然密实体积,以实际清除范围为依据计算数量,以立方米为单位计量。

（2）洞口坡面防护根据防护类型按设计图纸施工,修复的实际数量,分别按工程情况以立方米、米、千克、平方米为单位计量。

2. 支付

按上述规定计量计算的实际数量,按合同单价计算合价后支付。此项支付包括施工安全、运行维护以及一切为完成本项工程所必需的材料、劳力、设备、运输等全部费用。

3. 支付子目

子目号	子目名称	单位
502	洞口与明洞工程维修	
502-1	清除洞口危石、浮土	m³
502-2	洞口坡面防护维修	
-a	浆砌片石	m³
-b	浆砌混凝土预制块	m³
-c	喷射混凝土	m³
-d	砂浆锚杆	m
-e	中空注浆锚杆	m

子 目 号	子 目 名 称	单 位
-f	钢筋网	kg
-g	种植草皮	m²
502-3	洞门建筑	
-a	混凝土墙身及帽石	m³
-b	浆砌料石(片、块石)墙身	m³
-c	墙身镶面	m²
502-4	明洞衬砌裂纹、剥离、剥落	m³
502-5	偏压明洞挡土墙	m³
502-6	遮光棚	
-a	混凝土	m³
-b	钢筋	kg

第503节 洞 身 维 修

503.01 范围

本节工作内容主要为无衬砌隧道的碎裂、松动岩石和危石的处理、围岩的渗漏水、无衬砌隧道新增衬砌、新增喷浆,衬砌隧道的裂纹、剥离、剥落、漏水等病害处治养护工程作业。

503.02 无衬砌隧道

1. 无衬砌隧道的围岩,在长期使用过程中,由于岩石松动,或受风化、行车振动等影响,围岩发生破碎,产生危石、渗漏水等病害,应及时处治,以保证行车和人身安全。

2. 处治围岩破碎和危石应本着少清除、多稳固的原则,可采取下列措施:

(1)发现危石,如能清除者应及时清除。当因清除危石牵动周围大片岩石时,可喷浆或压浆稳固。

(2)碎裂范围较大时,根据病害程度及范围,可采用喷射混凝土、锚喷混凝土或挂网锚喷混凝土稳固。

(3)对不能清除又无法压浆稳固的个别危石,应及时用混凝土或浆砌块石垛墙做临时支撑,以确保安全。然后,根据垛墙侵占隧道净空的具体情况及隧道所在的公路性质和交通量大小,研究永久性治理措施。

3. 隧道内的孔洞、溶洞或裂缝,均应封闭。封闭前将松动的岩石清除。对内小外大的孔洞,可在孔洞外石壁上埋牵钉、挂钢筋网、喷射或浇筑水泥混凝土封闭。对内大外小的孔洞,用素混凝土封闭。有水的孔洞,应预埋泄水孔接引水管,将水从边沟排出。

503.03 病害处治

1. 隧道病害处治应根据隧道结构的检查结果,分析病害产生的原因,按照安全、经济、合理的原则确定病害处治方案。处治方案可由一种或多种处治方法组成,见表503-1。

病害处治方法选择表　　　　　　　　表 503-1

处治方法	病害原因												病害现象特征	预期效果
	外力引起的变化							材料劣化	渗漏水	其他				
	松弛压力	偏压	地层滑坡	膨胀性土压	承载力不足	静水压	冻胀力			衬砌背面空隙	衬砌厚度不足	无仰拱		
衬砌背面注浆	★	★	★	★	★	★	★		○	★			衬砌裂缝	衬砌与岩体紧密结合,荷载作用均匀,衬砌和围岩稳定
防防落网								★					①衬砌裂纹、剥离、剥落；②衬砌材料劣化	防止衬砌局部劣化
喷射混凝土	○					○	○	☆			☆		①衬砌裂纹、剥离、剥落；②衬砌材料劣化	防止衬砌局部劣化
锚杆加固	☆	★	☆	★	★	○	☆	○				★	①拱部混凝土和侧壁混凝土裂纹,侧壁混凝土挤出；②路面裂缝,路基膨胀	①岩体改善后稳定性提高,防止松弛压力扩大；②通过施加预应力,提高承受膨胀性土压和偏压的强度
排水止水	○	○	☆	○	○	★	★		★				①衬砌裂纹或施工缝漏水增加；②随衬砌内漏水流出大量砂土	①防止衬砌劣化,保持美观；②恢复排水系统功能,降低水压
套拱	○	☆	☆	☆	☆	○	○	☆			★		①衬砌裂缝、剥离、剥落；②衬砌材质劣化	由于衬砌厚度增加,衬砌抗剪强度得到提高
滑坡整治		☆	★										①衬砌裂缝,净空宽度缩小；②路面裂缝,路基膨胀	防止岩层滑坡
围岩压浆	○	○				○		○		☆	☆	☆	①拱部混凝土和侧壁混凝土裂缝,侧壁混凝土挤出；②路面裂缝,路基膨胀	周边岩石体改善,提高了岩体的抗剪强度和黏结力

DB 34/T 3268—2018

续上表

处治方法	病害原因												病害现象特征	预 期 效 果
	外力引起的变化							材料劣化	渗漏水	其他				
	松弛压力	偏压	地层滑坡	膨胀性土压	承载力不足	静水压	冻胀力			衬砌背面空隙	衬砌厚度不足	无仰拱		
灌浆锚固	☆	★	★	★	★						○	★	①拱部混凝土和侧壁混凝土裂缝,侧壁混凝土挤出;②路面裂缝,路基膨胀	由于施加预应力,提高膨胀性岩层、偏压岩层的强度
增设仰拱		★	☆	★	★	○	☆					★	①拱部混凝土和侧壁混凝土裂缝,侧壁混凝土挤出;②路面裂缝,路基膨胀	提高对膨胀围岩压力和偏压围岩压力的抵抗力
更换衬砌	☆	☆	☆	☆	☆	○	○	★	☆	☆	★	★	①拱部混凝土和侧壁混凝土裂缝,侧壁混凝土挤出;②路面裂缝,路基膨胀	更换衬砌,提高耐久性

注:1. 符号说明:★-对病害处治非常有效的方法;☆-对病害处治较有效的方法;○-对病害处治有些效果的方法。

2. 松弛压力中包括突发性崩溃的情况。

2. 采用衬砌背面注浆方法处治病害,应符合下列要求:

(1)应根据专项检查结果,确定空隙部位,合理布置注浆孔。

(2)注浆压力应小于0.5MPa,在注浆过程中应加强监测。当发生衬砌变形或排水。系统堵塞等异常情况时,可降低注浆压力或采用间隙注浆,直到停止注浆。

(3)注浆效果检查可采取取芯、超声波或雷达检测等方法。

3. 采用防落网方法处治病害,应符合下列要求:

(1)防落网必须选用耐火的材料。

(2)施工前应凿除衬砌剥离劣化部分。

(3)防落网可用锚栓固定在衬砌表面上,应固定牢固。

4. 采用喷射混凝土方法处治病害,应符合下列要求:

(1)喷射混凝土的主要种类有素混凝土、钢筋网喷射水泥砂浆、钢筋网喷射混凝土和钢纤维喷射混凝土等,应根据病害程度和施工条件等因素进行选择。

(2)喷射混凝土必须有足够的强度和附着率,其配合比应通过试验确定,喷射机的工作风压,应满足喷头处的压力在0.1MPa左右。

(3)当采用钢筋网喷射混凝土时,钢筋网必须有恰当的保护层厚度。

(4)终凝2h后应喷水养护,养护时间应不少于7d;当隧道内相对湿度大于85%时,可采用自然养护。

（5）当喷射混凝土作业完成后，应对喷射混凝土层进行检测，强度指标应达到设计要求。其强度指标及检测方法可按表503-2执行。

锚喷支护实测项目　　　　　　　表503-2

序号	检查项目	规定值或允许偏差	检查方法和频率
1	混凝土强度	在合格标准内	按JTG H12—2015附录B检查
2	锚杆拔力	28d拔力平均值≥设计值，最小拔力≥0.9倍设计值	按锚杆数的1%做拔力试验，且不小于3根
3	喷层厚度（mm）	平均厚度≥设计厚度；检查点的60%≥设计厚度；最小厚度≥0.5倍设计厚度，且≥60	每10m检查1个断面，每断面从拱顶中线起每2m检查1点，用凿孔或激光断面仪、光带摄影法确定厚度

5. 采用锚杆加固方法处治病害，应符合下列要求：

（1）锚杆的长度和间距应根据病害原因和地质情况确定。

（2）当采用水泥砂浆锚杆时：注浆开始或中途停止超过30min，应用水泥或稀水泥浆润滑注浆罐及其管路；杆体插入后，若孔口无砂浆溢出，应及时补注。

（3）当采用自进式锚杆时：安装前，应检查锚杆中孔和钻头的水孔是否畅通，若有异物堵塞，应及时清理；锚杆灌浆料宜采用纯水泥浆，地质条件差时可灌入聚氨酯、硅树脂。

（4）锚杆质量的检查可按表503-2做锚杆拔力试验。

6. 采用排水、止水方法处治病害，应符合下列要求：

（1）当隧道局部出现涌水病害时，宜采用外置排水管和开槽埋管的排水法处治。其施工应注意以下事项：

①水管的位置、间距应根据涌水量的大小和位置等情况确定。

②水管不得堵塞，管道材料应具有抗老化性和足够强度。

③当采用开槽埋管法时，衬砌表面可用氯丁橡胶等材料覆盖。

④当采用外置排水管时，可用固定装置将U形排水管固定在衬砌表面，将水引入管内排出。

⑤外置排水管的设置不得侵入建筑限界，并严禁在设置机电设施的地方开凿排水沟槽。

⑥设置外置排水管应尽量减少对隧道外观的破坏。

（2）当地下水沿衬砌裂纹、施工缝以滴水形式漏出时，宜采用向衬砌内注浆的止水法。其施工应注意以下规定：

①衬砌内注浆宜采用水泥浆、超细水泥浆、自流平水泥浆、化学浆液。

②注浆时采用低压低速注浆，化学注浆压力宜为0.2～0.4MPa，水泥浆注浆压力宜为0.4～0.8MPa。

③注浆后待缝内浆液初凝而不外流时，方可拆下注浆嘴并进行封口抹平。

④衬砌裂缝内的注浆施工质量检验可采用渗漏水量测，必要时采用钻孔取芯、压水（或空气）等方法检查。

（3）当漏水量小且呈表面渗透状时，可设置防水板进行处治。施工时应注意以下要求：

①防水板材料应具有耐热和耐油性,一般有聚乙烯(PE)、乙烯醋酸共聚体(EVA)、橡塑、橡胶板等。

②防水板不得侵入建筑限界。

③施工前应清除粉尘并保护好电缆等设施。

④防水板的搭接处理应牢固,不漏水。

⑤有裂纹需要检查的部位,可在防水板上设置检查观察窗。

(4)当地下水特别发育并有稳定来源时,可采取在隧道内设置排水孔、水平钻孔、加深排水沟和深井降水等措施。施工时应注意以下规定:

①应采用过滤性良好的材料,防止排水孔堵塞。

②应根据地下水位,确定排水沟加深的深度。

③排水孔和排水沟之间应有管道连系。

④排水钻孔的位置,必须根据围岩的地质条件和地下水的状况决定。

(5)隧道内渗漏水的几种处治措施:

①增设衬砌背面排水系统。即在边墙内加设竖向盲沟及泄水管,将渗漏水引入隧道的边沟排出,见图503-1。

②对裂缝集中处的漏水,可采用封闭裂缝埋管排漏的方法,见图503-2。处治程序如下:

a. 将各漏水缝向选定的排水集中点开凿八字形沟槽。

b. 视漏水量的大小,用可透水软管嵌入八字形沟槽内,同时填抹速凝砂浆稳固。

c. 在排水集中点埋入一段硬塑管,并用砂浆稳固。

d. 在硬塑管外接一排水管,并固定在侧墙上,使漏水通过排水管排入边沟。

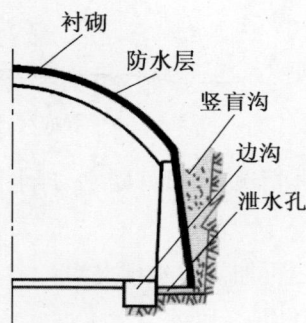

图 503-1 衬砌背排水

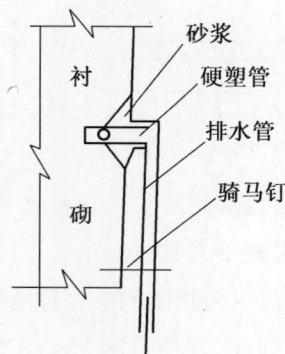

图 503-2 埋管排水

③衬砌工作缝处漏水,可加设工作缝环形暗槽,将漏水通过暗槽内的半圆管排入纵向边沟,见图503-3。处治程序如下:

a. 以工作缝为中心,开一个宽15cm、深10cm的槽。清槽,涂刷一遍沥青。

b. 布设玻璃布半圆管,用螺栓将其固定在槽壁上。

c. 在半圆管外侧涂抹快凝砂浆。

d. 在快凝砂浆外侧布设两道铁窗纱。

e. 用防水砂浆将槽口封平。

④对少量渗水,可抹防水砂浆封闭,也可在衬砌表面铺一层防水层。防水材料可用水泥或树脂类材料,但注意不应使其承受水压。防水层外面还可喷一层水泥砂浆或水泥混凝土保护层,见图503-4。

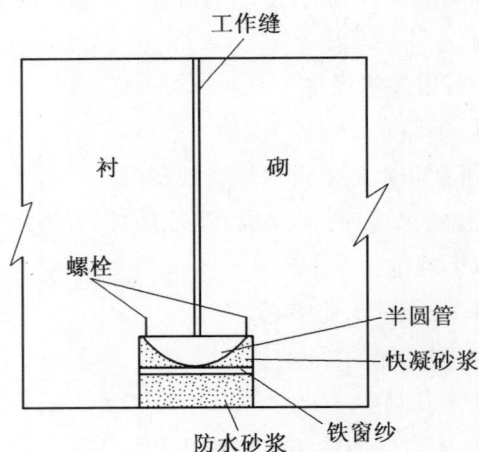

图 503-3 环形暗槽

⑤在围岩与衬砌间压注防水水泥砂浆或水泥浆,可掺入早强速凝剂,形成密闭层以防渗漏。但应注意不得在衬砌背后有排水设施的部位压浆。

⑥设表层导流管。即将漏水量大的裂缝顺走向开凿成喇叭形沟槽,嵌入半圆管接水,管底用水泥砂浆稳固,用引水管将漏水排入边沟,见图 503-5。

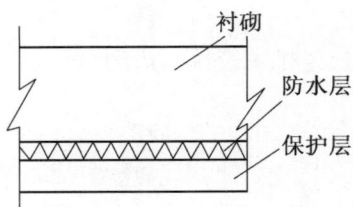

图 503-4 表面防水层

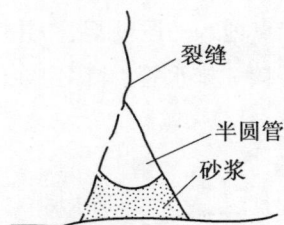

图 503-5 表面导流

⑦无衬砌隧道加修衬砌前,应根据隧道渗漏水的具体情况,先做好防水、排水设施,然后加修衬砌。

⑧对地下涌水,可采取下列方法处治:

a. 设横向盲沟并加深纵向排水沟。当涌水量大时,还可加修中心排水沟。

b. 修建水泥混凝土路面,并在路面下设隔水层,以阻断地下涌水。

c. 在路面与围岩之间压注防水水泥砂浆或水泥浆。

7. 采用套拱加固方法处治病害。

由于隧道衬砌变形、开裂,应根据综合分析后查得的主要原因,采取针对性治理措施。

(1)由于衬砌背面存在空隙,可在衬背压注水泥砂浆,使衬砌受力均匀,有效地利用衬砌强度。

(2)由于衬砌厚度不足,年久变质,腐蚀剥落严重或裂缝区域较大而影响到衬砌强度时,可在衬砌外露面喷射水泥混凝土,其厚度一般为 8～15cm,必要时可加配锚杆及钢筋网。如建筑限界能满足要求,还可考虑在衬砌下加筑一层套拱,见图 503-6。

在加筑块石或预制块套拱时,应注意下列事项:

①应采用先墙后拱法施工。为加强新旧侧墙的整体性,可在原侧墙上凿锚固孔,埋入钢筋混凝土连系键并填实,再砌新侧墙。

②新旧拱圈间应填满水泥砂浆,必要时可加锚固钉连系,见图 503-6。

③为保证隧道的净高符合规定,如加套拱后净高不足,可适当降低洞内路面。

(3)对已稳定的裂缝可采用压注环氧水泥砂浆或水泥砂浆的方法加固。

(4)对于衬砌表面腐蚀、剥落及灰缝脱落,可先清除表面已松动部分,分段或全面加喷一层水泥砂浆或者水泥混凝土保护层,一般喷厚为3~6cm。

采用套拱加固方法处治病害,应符合下列要求:

①套拱设计不得侵入建筑限界。

图503-6 套拱加固

②为确保衬砌与套拱结合牢固,施工前应凿除衬砌劣化部分,衬砌内面应涂抹界面剂,并设置联系钢筋。

③当套拱厚度较大时,可在套拱与衬砌之间设置防水层。

④当隧道净空无富余时,可在衬砌的裂纹处贴碳素纤维,提高衬砌承载能力。

8. 采用滑坡整治方法处治病害,应符合下列要求:

(1)洞口段边仰坡出现裂缝,可用黏土等填实,必要时可采用锚杆加固。

(2)滑动面以上地层厚度不大时,可在滑动面下端设置抗滑锚固桩。

(3)对洞顶山体进行保护性开挖,减轻下滑力。

(4)在滑动面下方修筑挡土墙,进行保护性填土,土方应夯实不积水。

9. 采用围岩注浆方法处治病害,应符合下列要求:

(1)围岩注浆压力应比静水压力大0.5~1.5MPa。

(2)注浆材料宜采用水泥浆、超细水泥浆、自流平水泥浆等。

(3)围岩注浆可采用钻孔取芯法对注浆效果进行检查,必要时进行压(抽)水试验,当检查孔的吸水量大于1.0L/(min·m)时,必须进行补充注浆。

(4)注浆结束后,应将注浆孔及检查孔封填密实。

10. 采用增设仰拱方法处治病害,应符合下列要求:

(1)仰拱的厚度可根据围岩情况确定。

(2)应使用拱架模板浇筑仰拱混凝土。

11. 采用更换衬砌方法处治病害,应符合下列要求:

(1)衬砌的内轮廓线必须与原衬砌内轮廓线一致。

(2)施工前应收集衬砌背面空洞和围岩垮塌资料,必要时可用超声波进行检测。

(3)拆除衬砌时,应根据围岩地质情况及时进行支撑。

(4)施工时,在不影响通行的情况下可采用简易施工台车。

12. 隧道墙体病害的处治。

(1)当地基为膨胀性岩层或承载力不足够而引起局部下沉,可采取下列措施:

①扩大基础提高承载能力:如果下沉不严重,可采用扩大基础提高承载能力的方法。在隧道内净宽符合要求的条件下,还可在扩大基础上浇筑水泥混凝土撑托,并用钢筋联结,见图503-7。

②设置仰拱:在路面下加设水泥混凝土或钢筋混凝土仰拱,见图503-8。

(2)隧道内侧墙外凸(鼓肚),可采取下列措施:

①向侧墙与围岩之间的填料压注水泥砂浆。

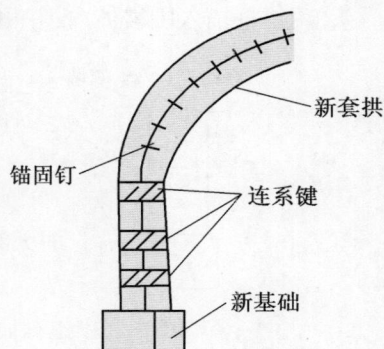

②用锚杆锚入围岩体内,并用水泥砂浆封固。

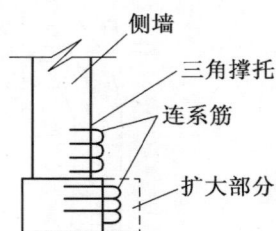

图 503-7　扩大基础加固　　　　图 503-8　设仰拱加固

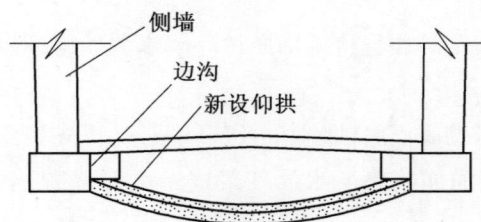

503.04　计量与支付

1.计量

(1)无衬砌隧道的碎裂、松动岩石和危石的处理,按设计清除碎裂、松动的岩石体积计算,以立方米为单位计量。

(2)无衬砌隧道围岩的渗透漏水,按设计引水管长度计算,以米为单位计量。

(3)无衬砌隧道新增衬砌,按设计图示以设计体积计算,以立方米为单位计量;新增加喷浆按设计喷射面积乘以厚度得到的体积计算,以立方米为单位计量。

(4)衬砌裂纹、剥离、剥落,按处治的类型如注浆、防落网、喷射混凝土、锚杆、排水止水、套拱、压浆灌浆等措施,以设计的数量计算,分别以立方米、平方米、米、千克为单位计量。

(5)衬砌的渗漏水处理,按处理的方法如注浆、压浆、更换衬砌等措施,以设计的数量计算,分别以米、立方米为单位计量。

2.支付

按上述规定计量计算的实际数量,按合同单价计算合价后支付。此项支付包括施工安全、运行维护以及一切为完成本项工程所必需的材料、劳力、设备、运输等全部费用。

3.支付子目

子　目　号	子　目　名　称	单　位
503	洞身维修	
503-1	无衬砌隧道维修	
-a	无衬砌隧道的碎裂、松动岩石和危石的处理	m³
-b	无衬砌隧道围岩的渗透漏水处理	m
-c	无衬砌隧道新增衬砌	m³
-d	无衬砌隧道新增喷浆	m³
503-2	衬砌裂纹、剥离、剥落处理	
-a	衬砌背面注浆	m³
-b	防护网	m²
-c	喷射混凝土	m³

子 目 号	子 目 名 称	单 位
-d	锚杆加固	kg
-e	排水、止水	m
-f	套拱	m²
-g	绝热层	m²
-h	滑坡整治	m³
-i	围岩压浆	m³
-j	灌浆锚固	m³
-k	增设仰拱	m³
-l	更换衬砌	m³
-m	防水卷材	m²
503-3	衬砌的渗漏水处理	
−a	排水、止水	m
−b	围岩压浆	m³
−c	更换衬砌	m³

第 504 节　路面及其他设施维修

504.01　范围

本节工作内容主要为隧道内路面病害处理的养护工程作业。

504.02　病害处理

路面拱起、沉陷、错台、开裂,应根据综合分析后查得的主要原因,采取下列相应措施:

1. 由于围岩侧压力过大引起两边侧墙内移而导致路面拱起,应在路面下加设水平支撑或仰拱。

2. 路面局部沉陷、错台、严重碎裂,可采取下列措施:

(1)挖除碎裂路面及其下部已损坏的基层直至围岩,清底后用低强度等级混凝土重铺基层,再铺面层。如为土质隧道,基层和土基挖除深度应根据土基围岩具体情况和面层类型通过计算确定。

(2)路面局部沉陷、错台、开裂处往往伴有严重的渗漏水,应同时治理渗漏水,并将水引入两侧边沟。

504.03　计量与支付

1. 计量

(1)路面维修,应根据病害类型和处治方法,按不同的结构厚度及面积,以平方米为单位计量。

(2)人行和车行横洞、斜(竖)井、风道维修,以处为单位计量。

2. 支付

按上述规定计量计算的实际处数,按合同单价计算合价后支付。此项支付包括施工安全、运行维护、开槽埋管等以及一切为完成本项工程所必需的材料、劳力、设备、运输等全部费用。

3. 支付子目

子 目 号	子 目 名 称	单 位
504	路面及其他设施维修	
504-1	路面维修	
-a	挖除老路结构层(厚…mm)	m²
-b	铺设基层(厚…mm)	m²
-c	铺设面层(厚…mm)	m²
504-2	人行和车行横洞维修	处
504-3	斜(竖)井维修	处
504-4	风道维修	处

第600章 交通安全设施

第601节 通 则

601.01 范围

1. 交通安全设施养护工程工作内容包括护栏、立柱、隔离栅、隔离墙、交通标志、交通标线、收费安全岛等的损坏部分的拆除与修复更换施工及有关作业。

2. 本规范对所有工程在施工中使用的原材料、半成品或成品,隐蔽工程以及施工原始资料和记录,均进行一系列的控制与检查,使工程质量符合规定的质量标准。在每一节的施工要求中,对质量标准、质量等级、检验内容和方法等的要求均有规定,如有未写明之处,应按照现行有关规范规定且必须经业主批准执行。

3. 规范中的任何节,若其所述的材料和施工并非本合同所要求者,除非事前得到业主的批准,否则都应认为是不适用的。

601.02 一般规定

1. 凡规范(本规范与其他规范)中未规定的任何细节,或在涉及任何条款的细节说明时若没有明显的规定,都应认为是指经业主同意的我国公路工程的正常做法。

2. 应按照《公路交通安全设施施工技术规范》(JTG F71—2006)的规定施工,按照《公路养护技术规范》(JTG H10—2009)的规定养护,按照业主的要求以及工程师的指示进行施工。如果立柱采用钢管,应是新的、整根的,不允许有对接。

3. 道路交通标志。

(1)道路交通标志按《道路交通标志和标线》(GB 5768—2009)、《道路交通标志板及支撑件》(GB/T 23879—2009)的规定和业主的要求执行。

(2)道路交通标志的反光方法和反光级别,应符合《道路交通标志和标线》(GB 5768—2009)的规定。

(3)在同一地点设置两种以上的标志时,可合装在一根立柱上,但最多不超过4块,并按警告、禁令、指示的顺序先上后下、先左后右排列。

4. 道路交通标线。

交通标线是各种路面标线、箭头、文字、立面标记的统称,应按照图纸及《道路交通标志和标线》(GB 5768—2009)的规定设置交通标线。

601.03 其他规定

1. 施工现场施工标志牌的布置应符合《公路养护技术规范》(JTG H10—2009)和业主有关施工安全的规定。

2. 养护施工过程中不得破坏、损伤、污染其他公路设施。

601.04 计量与支付

本节内容不支付。

第 602 节 护 栏

602.01 范围

本节工作内容包括中央分隔带上及路侧的波形梁钢护栏、中央分隔带开口处的活动式钢护栏,这些设施均应按照本规范及《公路交通安全设施施工技术规范》(JTG F71—2006)的要求进行施工。工作内容包括更换、调整及零部件的补缺。

602.02 材料

1. 波形梁钢护栏及活动式钢护栏采用的钢材及防腐处理应符合《公路交通安全设施施工技术规范》(JTG F71—2006)的技术条件和要求。波形梁钢护栏所用各种材料的规格、材质均应满足《波形梁钢护栏 第 1 部分:两波形梁钢护栏》(GB/T 31439.1—2015)、《波形梁钢护栏 第 2 部分:三波形梁钢护栏》(GB/T 31439.2—2015)和《结构用冷弯空心型钢》(GB/T 6728—2017)等标准、规范的要求。

2. 波形梁钢护栏产品质量要求。

(1)波形梁、立柱、防阻块、横隔梁、端头、螺栓、螺母等构件应符合交通运输部颁发的有关产品标准的规定。

(2)波形梁、立柱(用型钢制造)的形状和尺寸应符合《公路交通安全设施施工技术规范》(JTG F71—2006)的规定。

(3)产品质量要求包括外观检查、缺陷检查、尺寸检查、防锈处理检查。前两种检查可参见质量检查的基本要求;尺寸检查、防锈处理检查,以 200 件一批为取样单位,取出一片护栏板、一个端头、一根立柱、一块托架进行检查,如果受检的一组构件不符合要求,另选两组检验,如果这两组中有一组不符合要求,则以此为样品的整批产品应被拒收,一切费用由承包人自付。

(4)高强度螺栓应抽样进行楔负载拉力试验,断裂应发生在螺纹部分或螺纹与杆部交接处;如不能做楔负载拉力试验,则应做芯部硬度试验,芯部硬度值为洛氏 HRC 34～40。螺母应抽样进行保证荷载和硬度试验。

(5)护栏板、端头梁、立柱的长度和宽度方向不允许焊接或裂缝,其他构件也不应出现裂缝。

3. 油漆。

含锌硅酸盐漆应是无机硅酸盐调漆液内含锌金属粉末。承包人可以提出含锌硅酸盐漆或等效产品的型号、成分及性能报建设单位批准。

4. 反光薄膜应是高强级反光标志膜,并符合《道路交通标志和标线》(GB 5768—2009)的规定和业主的要求。承包人订货前,应将样品交工程师批准。

414

602.03 施工要求

1. 波形梁钢护栏

（1）承包人应在护栏运往工地前向工程师提供所采用护栏部件的样品及出厂检验合格证书供工程师审查批准，必要时应根据工程师的要求进行荷载试验。所有运往工地的护栏构件的质量均应符合有关技术标准。

（2）护栏在施工前，承包人应向工程师提交详细的施工组织设计，供工程师审查批准。无论采用何种方法安装护栏，承包人应尽量避免损坏路面下埋设的管线设施，若造成损坏，承包人应负责修好。损坏后的修理费用由承包人承担。

（3）设置于路侧的波形梁钢护栏的断面布设，不应使护栏面侵入公路建筑限界以内，并不得使护栏立柱外侧的侧向土压力明显减小。立柱外边缘到路肩边缘的最小距离：当土路肩宽度为0.75m时，不应小于0.25m；当土路肩宽度为0.5m时，不应小于0.14m。

（4）路侧波形梁护栏的起讫点应进行端头处理。路侧护栏的端头构造形式应根据规范和建设单位所示施工。逆行车方向的上游圆头式端头与护栏标准段之间应设渐变段，顺行车方向的下游端头可与标准段护栏成一直线布设。护栏的搭接应顺行车方向搭接。当在路侧安装护栏时，路缘面以上的护栏面应与路缘面垂直。装设护栏不应破坏或干扰地下结构或其他设施。

（5）在中央分隔带上设置的波形梁钢护栏，有分设型（单柱单面）、组合型（单柱双面）两种，其构造特征及埋设方式亦因之不同，应按《公路交通安全设施施工技术规范》（JTG F71—2006）的规定和要求及建设单位的要求进行施工。

（6）设置于中央分隔带起点、终点及开口处的护栏应进行端头处理。分设型波形梁护栏，其端头应与中央分隔带线形相一致，在分隔带开口处，护栏的圆端头的半径应与分隔带开口处的线形相一致。中央分隔带开口处活动式钢护栏的构件，应按建设单位所示要求在工厂加工和拼装后设置。

（7）立柱放样：施工前应根据规范和建设单位要求进行立柱放样，并以桥梁、涵洞、通道、立交、分隔带开口处等为控制点，进行测距定位。放样后应调查每根立柱下的地基状况，如遇地下管线、泄水管等，或涵洞顶部埋土深度不足时应改变立柱固定方式，或调整立柱位置。

（8）立柱安装应符合规范和建设单位要求，并与公路线形协调。立柱可采用打入法、开挖法及钻孔法进行安装。立柱定位后应用与路基相同的材料回填，并分层夯填密实。铺有路面的路段设置立柱时，除非另经工程师批准，立柱都应在路面铺筑前埋设，在邻近护栏的路面铺完，方可安装栏杆部件。当立柱位于将摊铺水泥混凝土、沥青混凝土或其他预拌沥青材料面层的地方时，先埋设好立柱，柱坑应先在路面底面50mm以下处回填好，剩余的柱坑深度应使用与路面相同的材料回填，并压实到使工程师满意。

（9）钢立柱应打入或埋入在已压实的路基上，在打入时，应先冲出或钻出导洞以防打入时损坏钢柱，并注意预埋管线不被损坏。填入洞内的土应夯实，达到与周围路堤相同的密实度。当立柱埋入岩石时应预先钻洞，固定护栏立柱时用土填实，但不能用水泥混凝土填充。柱子在纵向和横向都应垂直竖立，间距应定为在架设护栏时无须为对孔或任何其他原因而移动柱子。柱子在路面边缘上方的高度应如图纸所示。

（10）采用钢管做立柱，应有合适的防雨帽或密封焊端。

（11）护栏栏杆的安装一般应在路面施工完成后进行，或等到路基充分压实并满足规范要求，经工程师同意后方可进行。但设置于通道、涵洞等顶部的护栏立柱的基础应作预先处理。

（12）栏杆构件应按规范和业主指示架设，并应取得平顺、连续的安装效果，所有搭接应按交通流的方向拼接。螺栓应有足够长度，穿出螺母外的长度不应小于6mm，但亦不能大于25mm。位于半径小于或等于50m的弯道上的栏杆应在车间内预先弯好。

（13）波形梁的连接螺栓及拼接螺栓不宜过早拧紧，以便在安装过程中利用波形梁的长圆孔及时进行调整。波形梁顶面应与公路的线形相协调，当护栏的线形认为比较满意时，方可最后拧紧螺栓。

（14）已被磨损露出金属的镀锌表面、所有锚固件和扣件的螺纹部分及螺栓的切断端头都应符合规范的要求，涂刷二层锌漆。

（15）插拔式活动钢护栏的安装，应使其垂直于地面，纵向线形适顺，不得有凹凸和扭曲，安装后应易于拔出及重新插入。

2. 立柱的埋设

（1）批准的立柱油漆后，在路基满足压实要求并经工程师认可后，方可进行埋设；埋设地段的地点、间距、埋入深度应按工程师的指示进行。

（2）埋设的立柱在纵向或横向都应垂直，在水平方向和垂直方向上，形成一舒顺的有规则的线形，并保持均等的高度，牢固地埋入土中，并使工程师满意。

（3）埋设护柱，应开挖柱坑，净深达到图纸要求；回填土应分层压实，每层厚不超过0.15m，若无其他规定，压实度应不小于相邻原状土的密实度；石质柱坑应用粒料回填并夯实。

602.04 质量检查

1. 波形梁钢护栏

（1）基本要求
①立柱按规范和业主要求准确定位，并埋至规定深度。
②安装后的护栏线形与公路线形协调一致，无局部凹凸不平。
③波形梁护栏的端头处理应满足《公路交通安全设施施工技术规范》（JTG F71—2006）的要求。
④所用钢材质量应符合设计要求，护栏构件镀锌层均匀，无疤斑、滴流等表面缺陷。镀锌量和镀锌工艺应符合图纸和《公路交通安全设施施工技术规范》（JTG F71—2006）的规定。
⑤采用先钻孔后打入法施工的钢立柱，其顶部应无明显塌边、变形、开裂等现象。
⑥护栏板的搭接方向正确。
⑦安装的护栏一般取500m为验收单位，连续取10跨护栏进行验收。
⑧插拔式活动钢护栏立柱插座位置正确，尺寸规格应严格按照图纸要求执行。
（2）检查项目
波形梁及其立柱成品尺寸检查项目见表602-1，波形梁钢护栏检查项目见表602-2。
（3）外观鉴定
①波形梁和立柱的镀锌层剥落面、气泡、未镀锌面、划伤面等不超过该构件表面积的1%，并整修完好。

波形梁及其立柱成品尺寸检查项目 表 602-1

项次	检 查 项 目			规定值或允许偏差	检 查 方 法
1	波形梁	标称长度（mm）	4320	±5	每 200 片抽查 1 片,用尺量测
			3820	±4	
			3320	±4	
			2820	+3,−2	
			2320	+3,−2	
		标称厚度（mm）	4	+0.16,−0	每 200 片抽查 1 片,距端部 100mm 量测
		标称宽度（mm）	310	+5,−0	每 200 片抽查 1 片,用尺量测
		平面、立面翘曲（mm/m）		1.5	每 200 片抽查 1 片,用样板量测
		螺孔孔距（mm）	4000	±4	每 200 片抽查 1 片,用尺量测
			3500	±2.5	
			3000	±2.5	
			2500	±2	
			2000	±2	
			160	±1	
			100	±1	
2	立柱	长度（mm）		+10,−0	每 200 根抽查 1 根,用尺量测
		外径（mm）	114	±1.14	
			140	±1.4	
		螺孔位置（mm）		±2	
		螺孔直径（mm）		+1,−0	
		厚度（mm）		−0.1,+0.25	
		弯曲度（mm/m）		1.5	每 200 根抽查 1 根,用样板靠量

注：端头的基体金属板厚为 4.0（−0,+0.16）mm,防阻块的基体金属板厚为 4.5（−0,+0.16）mm。

波形梁钢护栏检查项目 表 602-2

项次	检 查 项 目	规定值或允许偏差	检 查 方 法
1	立柱外边缘距路肩边线距离（mm）	±20	直尺:抽检 10%
2	立柱中距（mm）	±5	直尺:抽检 10%
3	立柱竖直度（mm/m）	±2	垂线、直尺:抽检 10%
4	护栏顺直度（mm/m）	±3	拉线、塞尺:抽检 10%
5	横梁中心高度（mm）	±10	直尺:抽检 10%

②波形梁线形顺适,色泽一致。

③每个活动式钢护栏之间的纵横向错位不大于 5mm,顶面高度相差不大于 5mm,线条正顺美观。

2. 护柱

(1)基本要求

①埋设后的立柱,不得有断裂或倾斜现象。

②埋设后的立柱,如有油漆脱落现象应予以补漆。

(2)检查项目

立柱检查项目见表 602-3。

立柱检查项目   表 602-3

项次	检查项目		规定值或允许偏差	检查方法
1	立柱埋设位置 (mm)	横向	20	每 5 根拉线尺量
		纵向	±50	每一间距
2	立柱纵、横向垂直度(mm/m)		5	垂线:抽查 10%
3	立柱顶面高度(mm)		±10	直尺:抽查 10%

(3)外观鉴定

立柱埋设牢固,舒顺、美观。

602.05 计量与支付

1. 计量

(1)混凝土设施完善应按规范和业主(或其委托人)指示经验收后以立方米为单位计量。嵌缝材料以及油漆涂料等作为混凝土护栏的附属工作,均不另行计量。

(2)波形梁应是安装就位(包括明涵、通道、小桥部分)并经验收合格沿栏杆面(不包括起终端段)量取以米为单位计量。波形梁护栏防阻块经验收合格后以个为单位计量。埋置土中或安装在明涵、通道、小桥部分的波形梁护栏立柱以根为单位计量,连接螺栓、螺母、垫圈不另行计量。波形梁护栏立柱帽以个为单位计量。

(3)起终端头布设应按规定的和安装好的以个数为单位计量。

(4)活动式钢护栏和桥梁护栏钢管扶手应拼装就位准确,经验收合格以米为单位计量。

2. 支付

按上述规定计量,经工程师验收并列入了工程量清单的以下支付细目的工程量,其每一计量单位,将以合同单价支付。此项支付包括材料、劳力、设备、运输等及其他为完成护栏、护柱安装工程所必需的费用,是对完成工程的全部偿付。

3. 支付细目

子目号	子目名称	单位
602	护栏	

子 目 号	子 目 名 称	单 位
602-1	混凝土设施完善	
-a	C15 混凝土	m³
-b	C20 混凝土	m³
-c	C25 混凝土	m³
602-2	防撞设施完善	
-a	单面波形梁钢护栏	m
602-3	钢护栏防阻块	个
602-4	钢护栏立柱	
-a	立柱(路基)	根
-b	立柱(桥涵)	根
602-5	波形梁钢护栏起止端头	
-a	分设型圆头式端头	个
-b	组合型圆头式端头	个
602-6	活动式钢护栏	m
602-7	钢护栏立柱帽	个
602-8	桥梁护栏钢管扶手	
-a	桥梁护栏扶手钢管焊接	m
-b	桥梁护栏钢管扶手油漆	m

第 603 节　隔离栅和防落物网

603.01　范围

本节包括设置隔离栅等,这些设施应按本规范及《公路交通安全设施施工技术规范》(JTG F71—2006)的要求进行施工,工作内容包括隔离栅的更换、修复。

603.02　材料

1.冷拔钢丝网和及钢板网

(1)冷拔钢丝网应符合相关技术规范的要求,并经过浸塑工艺处理。

(2)钢板网应符合《碳素结构钢》(GB/T 700—2006)的技术条件,按规范和业主所示尺寸制成,并经过浸塑工艺处理。

2.立柱及连接件

(1)立柱可采用钢管、槽钢或钢筋混凝土柱,按照规范和业主所示。柱身上的弯钩及支撑拼接应进行加工,或预制时先行预埋,管柱应有合适的塑料防雨帽或密封焊端。

（2）用来预制立柱的混凝土和钢筋应符合规范的要求。

（3）立柱、斜撑及连接附件的钢材技术条件应符合《碳素结构钢》（GB/T 700—2006）的规定。

3. 表面处理

隔离栅的所有外露金属件均应经过浸塑工艺处理，并经业主同意。

603.03 施工要求

隔离栅施工应满足《公路交通安全设施施工技术规范》（JTG F71—2006）7.3.1、7.3.2 条的要求。

1. 拆除

隔离栅更换前应对损坏的部分按业主指示拆除，拆除不应损坏其他完好无损的部分，拆除的隔离栅及其部件按业主指示地点统一堆放。

2. 立柱

（1）任何立柱在运到工地前，首先承包人应向工程师提交每一种柱子的试样。工程师应检查其修饰标准，并进行检验，并通知每种柱子是否适用。所交付的柱子都应符合相应标准。

（2）工程师可以按交货的每种柱子从每 100 个柱子（或每种中的一部分）中任意挑选一个进行复验。如果柱子未能通过复验，应加倍抽验，如仍不合格，则由该试件代表的所有柱子均应被拒收。

3. 施工

（1）承包人应根据批准的施工组织设计，严格按规范和业主要求进行施工放样定出立柱中心线，进行必要的清场并挖除树根，以便按规定的坡度和线形修建隔离栅。

（2）一行隔离栅中如有断开处，或在道路交叉口时，可视需要适当调整立柱间距。

（3）按规范规定和业主要求将立柱、支撑或锚头打入混凝土中时，承包人应设置必要的临时拉索或支撑，以把立柱固定于适当位置，直到混凝土硬化到足以承受立柱时为止。在混凝土养生 7d 之前，不应在立柱、拉索和支撑上安装或拉紧任何材料或部件。所有立柱均应按照要求和线形垂直埋设。

（4）尺寸和型号符合要求的钢板网隔离栅，应按设计图纸指定方式牢固安装到立柱的挂钩上；或将网片安装在框架内，要求框架与立柱连接牢固。所有的网及铁丝均应绷紧而不变形，并按规定高程安装。

（5）在有输电线、配电主线或辅线越过安装的隔离栅的地方，隔离栅应接上地线，即应在穿越点的正下方埋设一个长 1.5m、直径为 12mm 的镀锌或镀铜钢棒。钢棒应垂直打入地内，直至棒顶端埋入地面以下 0.30m。应使用一根 6 号实心铜导线或等效导电物把每个隔离栅构件与接地钢棒连接起来。这些接头应用铜焊法或用经过批准的不腐蚀夹具固定。

（6）当电线平行或接近平行于隔离栅且在其上时，应在每端或在栅门柱或按不大于 400m 的间距埋设地线。

（7）当接地的钢棒不能达到垂直埋设的要求时，也可采用等效的水平地线连接。

（8）隔离栅一般应顺着地形设置。必要时，须进行土工整平，以取得整齐的外观。在低洼地区，当地面纵剖面发生突变，无法保持规定的离地净高时，可使用较长的立柱，然后拉上多股带刺铁丝。带刺铁丝的间距应小于或等于 150mm。在开挖或钻孔之后，所有立柱应按批准的方法埋设。立柱一般每隔

100m 应在其两侧加斜撑,以保证其稳定性;在隔离栅改变方向的地方,立柱应设三个方向斜撑。

(9)桥上防落物网,应按规范要求和业主所示修建,牢固地安装在立柱或支撑上。

(10)栅门应设在公共汽车站、服务区或工程师指定的其他地方。栅门应从高速公路上向外推开。门柱基础、立柱上下轴转动门框、双门用的插销和基座等均应按图纸所示或工程师的指示进行施工。

(11)隔离墙砌筑应符合设计图纸的要求,并符合《砌体结构工程施工质量验收规范》(GB 50203—2011)的规定。

603.04 质量检查

1. 基本要求

(1)用冷拔钢丝网、钢板网制作的隔离栅和防落物网,安装后要求网面平整,无明显翘曲和凹凸现象,刺铁丝拉紧固定后的中心挠度小于15mm。

(2)金属立柱弯曲度超过5mm/m,有明显变形、卷边、划伤者,以及混凝土立柱折断者,均不得使用。

(3)冷拔钢丝网、钢板网、金属立柱、斜撑构件和连接件的材质、规格及防腐处理均应满足要求,具有产品合格证并经工地检验后方可使用。

(4)立柱埋深应符合规范和业主要求。立柱与基础、隔离栅与立柱之间的连接应稳固。

(5)隔离栅起终点应符合端头封围要求。

(6)立柱混凝土基础应满足设计要求。

(7)隔离墙基础、沉降缝、砂浆抹面等均应按业主的指示进行施工。

2. 检查项目

隔离栅、防落物网检查项目见表603-1,隔离墙检查项目见表603-2。

隔离栅、防落物网检查项目   表603-1

项次	检 查 项 目	规定值或允许偏差	检 查 方 法
1	立柱垂直度	±3	直尺:垂线每100根测2根
2	柱顶高度(mm)	±10	直尺:每100根测2根
3	立柱中距(mm)	±20	拉尺:每100根测2根
4	隔离栅、防落物网顺直度(mm/m)	±5	30m拉线,抽检2%

隔离墙检查项目   表603-2

项次	检 查 项 目	规定值或允许偏差	检 查 方 法
1	墙垂直度(mm/m)	±3	直尺:垂线每100根测2处
2	墙顶高度(mm)	±10	直尺:每100根测2处
3	加厚墙中距(mm)	±100	拉尺:每100根测2处
4	隔离墙顺直度(mm/m)	±5	30m拉线,抽检2%
5	基础宽、高度(mm)	±20	每50m抽检2个点

3. 外观鉴定

（1）不得脱焊、虚焊，焊点数应符合设计要求。

（2）立柱混凝土损边、掉角长度不超过 50mm。

（3）网面的锈蚀、擦伤、折叠面不超过该网面的 1%。

603.05　计量与支付

1. 计量

（1）隔离栅、防落物网按规范和业主要求安装就位并经验收，分别按冷拔钢丝网、钢板网等，从端柱外侧沿隔离栅中部丈量，以米为单位计量。预埋件、支撑、连接部件作为附属工作不另计量。

（2）桥上钢板网型防落物网以米为单位计量，安设钢板网的立柱以根为单位计量，预埋件、支撑、连接部件作为附属工作不另计量。

（3）所需的清场、挖基、土工整平和设置地线等工程均不作直接计量与支付，均应作为承包人的附属工作。

（4）隔离栅的拆除、弃运工作不另行计量。

2. 支付

按上述规定计量，经业主验收并列入了工程量清单的以下支付细目的工程量，其每一计量单位，将以合同单价支付。此项支付包括材料、劳力、设备、运输等及其他为完成隔离栅安装工程所必需的费用，是对完成工程的全部偿付。

3. 支付细目

子 目 号	子 目 名 称	单　位
603	隔离栅和防落物网	
603-1	隔离栅	
-a	浸塑隔离栅网更换	m
-b	立柱	根
603-2	防落物网	
-a	金属编织网	m
-b	立柱	根

第 604 节　交 通 标 志

604.01　范围

本节工作内容包括各式交通标志板、反光膜、轮廓标、支架等的提供和设置。

604.02　材料

1.材料应符合下列要求:

(1)标志板(未粘贴反光膜)。

①标志板采用铝合金板制造时,应符合《一般工业用铝及铝合金板、带材 第 3 部分:尺寸偏差》(GB/T 3880.3—2012)和《一般工业用铝及铝合金板、带材 第 1 部分:一般要求》(GB/T 3880.1—2012)的规定。采用薄钢板制造时,应符合《冷轧钢板和钢带的尺寸、外形、重量及允许偏差》(GB/T 708—2006)和《连续热镀锌薄钢板及钢带》(GB/T 2518—2008)的规定。标志板背面的滑动槽钢和三角钢可采用铝合金挤压型材制成,并符合《一般工业用铝及铝合金热挤压型材》(GB/T 6892—2015)的规定。标志板所用铝合金板其最小厚度应不小于2mm。

②标志板的厚度、卷边形式、加固、连接按照《道路交通标志和标线》(GB 5768—2009)附录 E 的要求。

③标志板面应无裂缝、撕破或其他表面缺陷,标志板边缘应整齐、光滑,标志板的尺寸误差为±1.5mm,其平整度最大偏差为 0.5%。

④除尺寸大的指路标志外,所有标志板应由单块铝合金板加工制成,不允许拼接。

⑤考虑到大型指路标志在制造、运输、安装过程中的困难,厂家在制造过程中,应在业主(或其委托人)指示下,根据标志板面设计的具体情况采取适当分割的方法来制造。可以分别粘贴反光膜,分别运输,在安装时可按标志板拼接设计中规定的方法拼接。

⑥大型指路标志最多只能分割成四块,并应尽可能减少分块数量,标志板的拼接应采用对接,接缝的最大间隙为 1mm。所有接缝应用背衬加强,背衬与标志板用铆钉连接,铆钉的最大间距应小于200mm,背衬的最小宽度为 50mm,背衬的材料与板面板材相同。

⑦标志底板面应进行化学清洗和侵蚀或磨面处理,从而清除表面杂质。当标志图案、字符是喷漆制作的时,应先在标志底板面均匀涂一层磷化底漆。

⑧标志板背面不应涂漆。但应采用适当的化学或物理方法,使其表面变成暗灰色并不反光。标志板背面应无刻痕或其他缺陷。

(2)定向反光膜。

①反光强度。

反光强度按门架式、悬臂式标志采用二级反光膜,其他标志采用三级反光膜。反光膜应符合《道路交通标志反光膜》(GB/T 18833—2012)的规定。

②加工性能。

a.反光膜应便于切割,在相对湿度为 20%～80%、温度为 25～36℃的条件下,能用相应的透明或不透明油漆进行颜色加工。反光膜还应具有良好的热稳定性。对于高强级热敏型反光膜,在没有生产厂商的特别说明时,不能进行颜色的加工处理。

b.在标志图案、字符加工制作过程中,应采用反光膜生产厂商推荐的透明或不透明的油墨和油漆,并采用丝网印刷法。在加工制作过程中,不应把油墨等溅到标志底板上。

③收缩性。

把尺寸为 230mm×230mm 的反光膜试样(带有粘贴剂)放入相对湿度为 50%、温度为 32℃的恒温箱中 1h 后,取出试样,剥去粘贴剂保护膜,把试样放在一干净的平面上,粘贴层朝上,测量反光膜的尺寸,在揭掉保护膜10min后,再把试样放入恒温箱中,24h后取出并测量其尺寸。两次测得的反光膜收缩量应分别小于0.8mm和3.2mm。

④柔韧性。

a. 根据 ASTM B209 的试验要求,把工程级反光膜粘贴在干净的铝合金板上(尺寸为10.5mm × 51mm×203mm),放入相对湿度为50%、温度为32℃的恒温箱中24h后,将反光膜卷绕在直径为19mm的圆棒上,反光膜不应出现裂纹。

b. 把高强级反光膜的粘贴剂保护膜揭掉,放入相对湿度为50%、温度为32℃的恒温箱中24h后,在1s内将反光膜卷绕在直径为3.2mm的圆棒上,反光膜不应出现裂纹。

⑤粘贴剂。

a. 反光膜应预涂有压敏型或热敏型粘贴剂。这样,反光膜可直接粘贴在反光膜或其他干净的表面上。

b. 压敏型粘贴层应由侵蚀性黏结剂组成,不需要再加热溶剂或做其他准备就可直接粘贴在平滑的表面上。而热敏型粘贴层要求反光膜在真空箱中加热到79℃,才能粘贴在平滑的表面上。

c. 粘贴层上的保护膜不需要在水中或其他溶剂中浸泡就可撕掉,在撕开保护膜的过程中,保护膜不应发生断裂、撕裂或把粘贴层一起撕掉的现象。

d. 把反光膜放入70℃的恒温箱中4h后,在0.145kgf/cm² 的拉应力作用下,保护膜应很容易被撕掉。

e. 把反光膜粘贴在平滑的铝合金板上,并按下述方法进行试验。反光膜粘贴层握裹力的大小应能悬挂0.793kg的物体5min,且剥落长度不大于51mm。将两片51mm×152mm的反光膜放入70℃的恒温箱中,并用0.145kgf/cm² 的压力作用于反光膜上。4h后,把反光膜放入温度为32℃、相对湿度为50% ±4%的平衡器内24h。将每片反光膜切割成尺寸为25.4mm×152mm的试样,在不使用水和其他溶剂的条件下,用手撕开保护膜,在撕剥保护膜的过程中,保护膜不应发生断裂、撕裂或把粘贴剂一起撕掉的现象。然后把长度为102mm的反光膜粘贴在试验板上,将试验板水平悬挂,并将反光膜试样朝下。将0.793kg重的试块悬挂在反光膜的自由端,允许反光膜的自由端发生90°变形。当试块悬挂5min后,测量反光膜剥落长度。如果有一次试验不符合要求,则认为整个试验失败。

⑥耐久性。

a. 根据 ASTM G23 的试验要求,采用 Type E 或 Type H 的仪器进行试验时,将工程级和高强级反光膜分别放在加速老化试验箱中1000h和2200h,反光膜不应出现明显的褪色、裂纹、起泡和尺寸变化。对于工程级反光膜,其反射强度不小于标准值的50%;对于高强级反光膜,其反射强度不小于标准值的70%。

b. 用于加速老化试验的反光膜样品还应进行颜色老化试验,将试样放入中性洗净剂中潮湿后,将反光膜分别放置于自然光和色温为7500K的模拟光中照射,比较其颜色变化:

优良——颜色无明显变化;

良好——可感觉到颜色变化;

不好——颜色有明显变化。

"颜色有明显变化"意味着当两试样比较时,发现试样与标准样品间有明显的不同。如果近距离观察和改变光线角度,颜色稍微有所变化,则认为颜色变化不明显。

c. 定向反光膜应用压敏胶或不剥落的热敏胶来粘贴。粘贴时应使定向反光膜紧密地贴在标志板上,其表面不应产生任何气泡等缺陷。

d. 承包人应向业主(或其委托人)提供获准使用的定向反光膜材料的详细技术资料及样品。

(3)预制里程标、公路界碑以及其他路标等所用的水泥、钢筋等材料,以及钢筋混凝土的预制和养生等均应符合本规范第603、610节的要求。除图纸另有示出或业主(或其委托人)另有指示外,混凝土强度应符合设计要求。各预制件应符合《道路交通标志和标线》(GB 5768—2009)的要求进行油漆,油漆应符合本规范802.02-4条的要求。

(4)扣件、结合件和连接件等配件应采用与被连接材料相一致的材料。当接触的金属材料不同时,应铺设绝缘材料,以防止电解腐蚀。

2. 承包人应在施工前30d,根据本规范向业主(或其委托人)提供所有拟用材料的样品,附有生产厂商的使用说明和规定。

604.03 施工要求

1. 基础

标志基础可根据相关规范就地浇筑或预制后再埋置。浇筑混凝土立模和锚固螺栓的设置,都应经业主(或其委托人)批准后方可进行。

2. 支承结构

(1)路侧式标志的装设,应按《道路交通标志和标线》(GB 5768—2009)第10.5条进行。在平坡或下坡处的高架标志,其垂直轴线应略微向后倾斜。

(2)钢支承结构应根据《道路交通标志和标线》(GB 5768—2009)的规定制作和安装。

(3)管状或空心钢截面的支承结构,应设有经过批准的、吻合紧密的防雨帽。

(4)钻孔、冲孔和车间焊接,应在钢材电镀之前完成。提供的连接件和附件适合标志安装系统并符合《道路交通标志和标线》(GB 5768—2009)附录E的要求。

(5)承包人应把其推荐的安装系统,包括多标志组合装置的详情报送业主(或其委托人)审批。安装期间,标志板应适当支撑和加固,其表面应采取防止损坏的保护措施。

(6)标志中铝合金或其他金属接触的所有钢材都应加以保护,以避免发生钢材或铝合金锈蚀的危险,保护措施应使业主(或其委托人)满意。

3. 标志

(1)标志板应在车间剪裁或切割,以产生整齐、方正的边缘,不应有锐角或毛刺,并按《道路交通标志和标线》(GB 5768—2009)附录E进行加固。所有标志板的槽钢、托架、连接件等都应在粘贴定向反光片之前焊接好。

(2)制作标志板面图案的图形、符号、字体与颜色,应符合《道路交通标志和标线》(GB 5768—2009)的规定;标志中文字尺寸应符合图纸要求。

(3)承包人应先提供各类标志板面图案的配置图,在取得业主(或其委托人)同意之后,再进行图案制作。

(4)定向反光膜应用不剥落的热活性胶粘剂粘贴,并采用既能将反光膜牢固粘贴到标志上,又不会在表面上产生任何气泡和污损的方法。

4. 其他标志

里程标、安全标、固定物标志及其他标志应根据《道路交通标志和标线》(GB 5768—2009)和业主要求制作和设置,并按图纸所示或业主(或其委托人)指示精确定位。

5. 承包人应对标志牌进行维护,保持标志牌结构完好,固定牢固,表面清洁,反光效果良好。在合同期的前半期、后半期各检查一次连接固定状况并对松动部件进行固定,同时对标志牌进行清洗。

604.04 质量要求

1. 基本要求

(1)安装完成后标志板面应无任何裂纹和划痕以及明显的颜色不均匀。在任何一处面积为 $0.01m^2$ 的表面上有两个或两个以上面积大于 $1mm^2$ 的气泡。

(2)标志制作符合《道路交通标志和标线》(GB 5786—2009)的规定。标志板的外形尺寸偏差不大于 ±0.5%;四边互相垂直,垂直度偏差不大于 ±2°;平面翘曲偏差不大于 ±3mm/m。

2. 检查项目

标志检查项目见表604-1。

标 志 检 查 项 目　　　　　　　　　　表604-1

项次	检 查 项 目	规定值或允许偏差	检 查 方 法
1	混凝土抗压强度(MPa)	在合格标准内	按 JTG F80/1—2017 附录 D 检查
2	立柱竖直度(mm/m)	±3	垂线、直尺,检查10%
3	标志板安装角度	±2°	拉线、量角尺,检查10%
4	标志板下缘至路面净空(mm)	−20,+50	直尺,检查10%
5	标志板内侧距路肩边线距离(mm)	±20	直尺,检查10%
6	基础尺寸(mm)	±15	直尺,检查20%

3. 外观鉴定

(1)金属构件镀锌面的损坏面积不超过该构件表面积的1%。

(2)外露的混凝土标志或构件表面蜂窝麻面面积不超过该面面积的0.5%,深度不超过10mm。

604.05 计量与支付

1. 计量

(1)标志板(即金属构件部分)应按提供、装好、埋设就位和经验收的不同种类、规格分别计量:

①所有各式交通标志板(包括连接件)均以平方米为单位计量。

②所有交通标志牌结构(金属构件)以吨为单位计量,底座和为完成组装而需要的附件,均不另行计量与支付。

(2)公里牌和百米牌等均应按埋设就位和验收的数量,以个为单位计量。

(3)反光膜以平方米为单位计量,反光膜的粘贴为附属工作。

(4)基础混凝土经检查验收合格后,以立方米为单位计量,挖基、支模板等为附属工作,不另计量。

2. 支付

按上述规定计量,经业主(或其委托人)验收并列入了工程量清单的以下支付项目的工程量,其每一计量单位,将以合同单价支付。此项支付包括材料、劳力、设备、运输等及其他为完成交通标志安装工程所必需的费用,是对完成工程的全部偿付。

3. 支付细目

子 目 号	子 目 名 称	单 位
604	交通标志	
604-1	交通标志牌	
-a	交通标志板面制作安装(含反光膜)	m²
-b	交通标志牌结构制作安装	t
604-2	公里牌(含反光膜)	个
604-3	百米牌(含反光膜)	个
604-4	反光膜	
-a	二级	m²
-b	三级	m²
-c	四级	m²

第 605 节　道路交通标线

本节内容参照交通运输部《公路工程标准施工招标文件》(2018 版)。

第 606 节　防 眩 设 施

本节内容参照交通运输部《公路工程标准施工招标文件》(2018 版)。

第700章 绿化及环境保护设施

本章工作内容为公路绿化的铺设表土、绿化补植和种植以及声屏障的拆除、修复和安装工程等有关养护作业。

第701节 加铺表土

701.01 范围

本节工作内容为公路路线局部改移或需要新增绿化范围后,在绿化区域内按要求保持地表面的平整,翻松、铺设表土等养护作业。

701.02 材料

1.表土应为松散的、具有透水作用并含有有机物质的土壤,能助长植物生长,不应含有盐、碱土,且无有害物质以及大于25mm的石块、棍棒、垃圾等;采集时,表土上生长有茂盛农作物、草或其他植物时,则证明该土质是良好的。

2.利用的表土,是指本规范第203节道路挖方或开挖存放的适用材料。

3.开挖的表土,是指承包人可以在公路用地界内取得,其开挖的部位、深度,应在监理人指导下进行;如当地无表土可取,承包人应负责自他处取得。

701.03 施工要求

1.承包人应有表土采集的计划安排,支付所有的费用,在用地界外采集的表土应经有关部门批准。

2.覆盖表土范围的地表面,应进行深翻,将土块打碎使其成为均匀的种植土。不能打碎的土块,大于25mm的砾石、树根、树桩和其他垃圾应清除并运到监理人同意的地点废弃。通过翻松、加填或挖除以保持地表面的平整。

3.铺设表土的厚度应符合表701-1的要求。当表土过分潮湿或不利于铺设时,不应进行铺设。

植物生长的最小土层厚度   表701-1

植物种类	植物生长的最小土层厚度(m)	植物种类	植物生长的最小土层厚度(m)
草本花卉	0.30	小灌木	0.45
大灌木	0.60	浅根乔木	0.90
深根乔木	1.50		

除非另有规定,表土铺设完成后,其表面高程应比路缘石、集水井、人行道、车行道或其他类似结构低25mm。

4.表土按要求厚度铺设后,应符合图纸要求的线形、坡度和边坡。承包人应用机具将表土滚压,并形成至少深50mm的纵向和横向有均匀间隔的沟槽,以利排水。

701.04 计量与支付

1. 计量

表土铺设应按完成的铺设面积并经验收以立方米为单位计量。

2. 支付

按上述规定计量,经监理人验收并列入了工程量清单的以下子目的工程量,其每一计量单位,将以合同单价支付。此项支付包括施工安全、运行维护、材料、劳力、设备、运输等及其他为完成铺设表土所必需的费用,是对完成铺设表土铺设的全部偿付。

3. 支付子目

子 目 号	子 目 名 称	单 位
701	加铺表土	
701-1	加铺表土	m³

第 702 节　绿 化 补 植

702.01　范围

本节工作内容为按图纸要求或监理人指示在绿化区域内铺设表土的层面上撒播草种或铺植草皮,在需要补栽植物的地方进行绿化补植,以及布设喷灌设施等绿化养护作业。

702.02　材料

1. 草种。

草种应注明品种、品系、产地、生产单位、采收年份、纯净度及发芽率,不得有病虫害。其纯度和萌发率均应达到90%以上。

2. 草皮。

种植草皮应具有耐旱、耐涝、容易生长、蔓面大、根部发达、茎低矮强壮和多年生长的特性。

3. 肥料。

(1)应优先使用经过沤制的农家肥。

(2)使用的化肥应是标准农用袋装化肥,其氮、磷、钾的含量应根据施工季节和土壤肥力状况选定。

(3)混合肥料由10%的有机肥、20%的化肥、70%的表土均匀拌和而成。也可使用有效营养成分符合要求的液体化肥。

4. 种植或养护植物用水应无油、酸、碱、盐或其他对植物生长有害的物质,并应符合《农田灌溉水质标准》(GB 5084—2005)的要求。

702.03　施工要求

1. 撒播草种。

(1)草种撒播一般情况下每1000m²平地面不少于6kg,坡地面不少于9kg。

（2）将采用的草种和混合肥料拌和，均匀地撒播到已准备好的表土区内。也可在播种前不超过 48h 内施肥，使肥料深入表土层内，化肥的施肥量每 1000m² 不少于 70kg。

（3）应在规定的播种季节正常播种、施肥和覆盖。如未能在规定的要求季节施工，则应在生长季节进行播种、施肥和覆盖，并不应在刮风天播种，也不应在过湿或未经耕作的土地播种。

2. 铺植草皮。

（1）铺植草皮和撒播草种应在适宜季节进行。草种类型应符合下列规定：

①冷季型草播种宜在秋季进行，也可在春、夏进行。

②茎枝栽植暖季型草播种宜在夏季和多雨季节进行。

③植生带、铺砌草块或草卷，四季均可。

（2）所有草皮在采集场地挖移前，应进行植物病害和昆虫传染的检疫以及对草皮的检查。

（3）草皮块运输时宜用木板置放 2～3 层，保护好根系。移植发育充分并有足够根系的草皮时，应防止在装卸中破碎。

（4）草皮铺植可铺成条状方格。除平铺外，在边坡较高、较陡之处也可自坡脚向上钉铺，用小木桩或竹签将草皮钉固于边坡上。铺植的形式可采用叠铺或方格式铺植。铺植后应进行喷灌浇水。

3. 绿地喷灌管道。

喷灌管道及闸阀、水表、洒水栓等应按设计图纸的要求进行敷设或埋置。

4. 补植乔木。

（1）补植的乔木应与周边的树种相一致，穴、槽符合种植的设计要求。乔木应选用根系发达、生长苗壮、无病害、规格及形态符合设计要求的。

（2）苗木挖掘、包装应符合《园林绿化工程施工及验收规范》（CJJ 82—2012）的规定。

（3）裸根乔木长途运输时，应覆盖并保持根系湿润。裸根苗木自起苗开始暴露时间不宜超过 8h，必须当天种植。当天不能种植的苗木应进行假植。

5. 补植灌木。

（1）补植的乔木应根系发达，生长苗壮，无病害，规格及形态符合设计要求。

（2）补植穴、槽的定点应符合设计要求。

（3）补植的植物材料的整形修剪应符合设计要求。

（4）苗木挖掘、包装应符合《园林绿化工程施工及验收规范木本苗》（CJJ 82—2012）的规定。

（5）裸根苗木自起苗开始暴露时间不宜超过 8h，必须当天种植。当天不能种植的苗木应进行假植。

6. 补植攀缘植物、绿篱等按灌木类要求栽植。

702.04　计量与支付

1. 计量

（1）撒播草种按经监理人验收的成活草种的面积以平方米为单位计量。

（2）铺草皮按经监理人验收的数量以平方米为单位计量，当采用叠铺时，按叠铺程度确定叠铺系数（经监理人同意）增计面积。

（3）绿地喷灌设施按图纸所示，敷设的喷灌管道以米为单位计量。喷灌设施的闸阀、水表、洒水栓等均不另行计量。

（4）人工补植苗木经监理人按成活数验收，乔木、灌木及攀缘植物等均以棵为单位计量。

2.支付

按上述规定计量,经监理人验收并列入了工程量清单的以下子目的工程量,其每一计量单位,将以合同单价支付。此项支付包括施工安全、运行维护、材料、劳力、设备、运输和养护、管理及其他为完成补植工程所必需的费用,是对完成工程的全部偿付。但应在工作进行中根据工程进度分期支付:

(1)在开始种植时期按工作量预付给承包人工程款项的50%,支付的确实数额由监理人决定。

(2)其余支付承包人款项,在工程交工验收植物成活率符合规定后支付,未达到成活率要求的应进行再补植。

3.支付子目

子 目 号	子 目 名 称	单 位
702	绿化补植	
702-1	补播草种	m²
702-2	补植草皮	m²
702-3	绿地喷灌管道维修	m
702-4	补植乔木	棵
702-5	补植灌木	棵
702-6	补植攀缘植物	棵
702-7	补植竹类	棵
702-8	补栽绿篱	m
702-9	补栽绿色带	m²

第703节 声屏障维修

703.01 范围

本节工作内容为完成公路养护工程合同内有关声屏障设施的养护作业。

703.02 一般规定

1.对原有声屏障环保设施应定期检查其结构的安全性、完整性,发现有损坏的部件或有不安全影响因素应记录在案并及时处理。

2.由于交通量的增加和周围环境的变化,声屏障的功能逐渐削弱,有条件时应进行检测后作出增高、增长的决策。

3.声屏障应设在靠近声源处,路堤地段声屏障内侧距路肩边缘不宜大于2.0m;路堑地段则应设在靠近坡口部位;桥梁地段可结合护栏一并设置。

4.声屏障的高度、长度应根据噪声衰减量、屏障与声源及接受点三者之间的相对位置、公路线形、地面因素等进行设计。声屏障高度不宜超过5.0m。当声屏障长度大于1km时,应设紧急疏散口。

5.声屏障材料应具备隔声、高强、低眩、耐久、耐火、耐潮等性能。

6.声屏障临公路侧的表面应减少对声波、光波的反射,其形式和色彩应与周围环境相协调。

703.03 声屏障工程

1.金属结构的声屏障在使用时间变久后,锈蚀会逐渐变得严重,应有计划地安排全面除锈防腐作业。

2.对于降噪效果差或低矮或腐蚀严重的金属结构,应有计划地考虑以防腐性能、降噪效果好,并具有防火、防风化的环保材料制作(混凝土及木屑复合结构)的声屏障替代。

3.风化严重的声屏障吸声板部件,应有计划地更换,保持声屏障设施的功能正常。

4.声屏障的拆除。

(1)应先拆除声屏障的消声板;立柱的拆除应在立柱与基础的连接根部位置截断;基础的挖除深度最小为路床下80cm。

(2)拆除的声屏障应在监理人的指示下堆放在指定位置。

5.声屏障的安装(常用声屏障)。

(1)按设计图纸要求在规定的位置浇筑声屏障的钢筋混凝土基础护栏,并在护栏顶部预埋钢板和螺栓。

(2)将立柱与护栏顶部预埋钢板连接牢固,准确连接(焊接)立柱与横梁。

(3)立柱间插装吸声板元件,压紧并使元件插装牢固。

703.04 质量检验

金属结构声屏障实测项目见表703-1。

金属结构声屏障实测项目表　　　表703-1

项次	检 查 项 目	规定值或允许偏差	检查方法和频率
1	降噪效果	符合设计要求	按环保复查方法
2	与路肩边线位置偏移(mm)	±20	尺量:检查30%
3	顶面高程(mm)	±20	水准仪:检查30%
4	金属立柱中距(mm)	10	尺量:检查30%
5	金属立柱竖直度(mm/m)	3	垂线、尺量:检查30%
6	镀(涂)层厚度(μm)	不小于规定值	测厚仪:检查20%
7	屏体厚度(mm)	±2	游标卡尺:检查15%
8	屏体宽度、高度(mm)	±10	尺量:检查15%

703.05 计量与支付

1.计量

声屏障设施的拆除、修复和安装应按设计图纸所示,按不同声屏障规格和高度、长度计算,以米为单位计量。

2.支付

按上述规定计量并经验收合格后的实际数量,按合同单价计算合价后支付。此项支付包括施工安全、运行维护；拆除、废弃、清理现场；修复破损部分；基础开挖和处理；浇筑混凝土(含钢筋、底座法兰盘、预埋件制作及安装)、支柱、吸声板的制作与安装等以及一切为完成本项工程所必需的材料、劳力、设备、运输等全部费用。

3. 支付子目

子 目 号	子 目 名 称	单 位
703	声屏障维修	
703-1	声屏障	
-a	拆除	m
-b	修复	m
-c	重建或新增	m